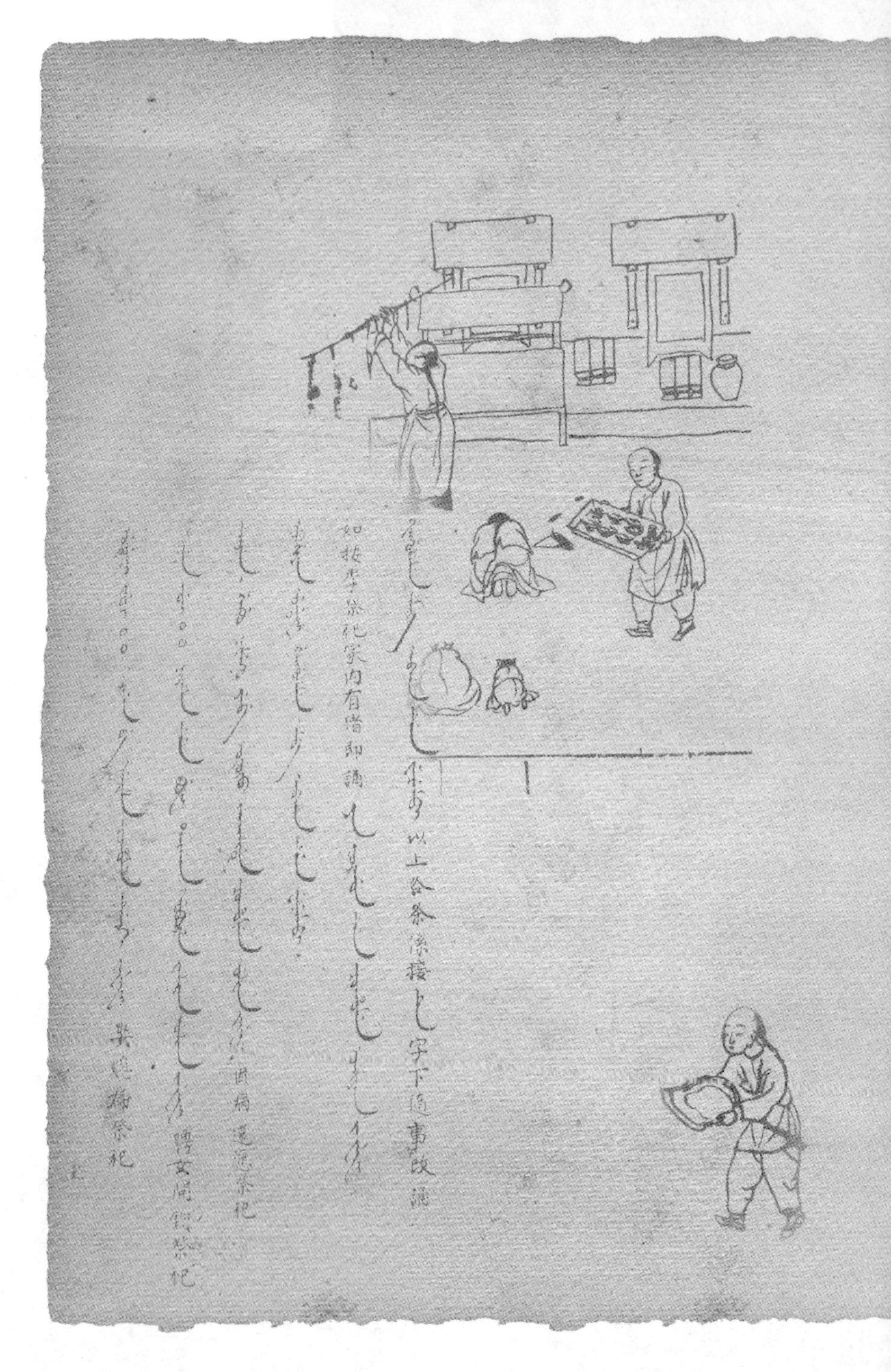
以上合祭係接
字下適事改誦
如按季祭祀家内有譜即誦
因病還愿祭祀
娶媳婦祭祀

满族民间祭祀礼仪注释

刘庆华 编

辽宁民族出版社

图书在版编目（CIP）数据

满族民间祭祀礼仪注释 / 刘庆华编. —沈阳：辽宁民族出版社，2013. 12

ISBN 978-7-5497-0721-8

Ⅰ. ①满… Ⅱ. ①刘… Ⅲ. ①满族—祭礼—少数民族风俗习惯—中国 Ⅳ. ①K892.321

中国版本图书馆CIP数据核字（2013）第316572号

满族民间祭祀礼仪注释

MANZU MINJIAN JISI LIYI ZHUSHI

出版发行者：辽宁民族出版社
地　　址：沈阳市和平区十一纬路25号　邮编：110003
印 刷 者：沈阳航空发动机研究所印刷厂
幅面尺寸：145mm×210mm
印　　张：13
字　　数：350千字
印　　数：1-1500
出版时间：2013年12月第1版
印刷时间：2013年12月第1次印刷
责任编辑：佟　强　王哈申
封面设计：杜　江
责任校对：陈文本

标准书号：ISBN 978-7-5497-0721-8
定　　价：45.00元

法律顾问：陈　光
举报电话：024-23284336
邮购电话：024-23284335
联系电话：024-23284340
网　　址：www.lnmzcbs.com
淘宝网店：lnmz2013.taobao.com

前 言

有关满族民间祭祀礼仪至今尚无专著面世，其记载多散存于满族各姓氏手中及各级图书馆、档案馆，且多为手抄本。官方纂修的《钦定满洲祭神祭天典礼》《大清通礼》等书，仅记皇族祭祀礼仪，而对满族各姓氏民间祭祀礼仪，却略而不载。《清史稿》虽对满族民间祭祀礼仪作了记载，然仅用了七百余字，语焉不详，言不尽意。

编者多年来搜集到满族民间各姓氏祭祀本、神词、祭文百余篇。这些神本、神词，有满文本、汉字记音转写本、满汉合璧本、汉文夹带满语词汇本、汉文本，成书年代，多为清朝中后期至民国时期。最早为乾隆三十六年（1771）手抄本《舒舒觉罗哈拉永远规模祭祀全书》。除手抄本外，还有木刻版、石印版、铅字版。这些祭祀文本各姓氏称呼不统一，多数写作“祭祀礼仪”，还有写作祭祀规条、祭天、祭神仪注、祭仪大略、祈福换索仪规、祭祀仪制书、祭祀仪注本、祭祀换锁条规、祭祀规矩、祭祀事项、家祭、仪礼考、跳神仪、祭祀图仪等等。又从清代至民国时期四十余种府、厅、州、县志中，集得一批满族民间祭祀资料。各地对满族民间祭祀活动的称呼，记载亦不相同，分别写作祭祀礼仪、祭祀、祭礼、家祭、大祭礼等。对满族的族称亦不同，民国初年以前出版的地方志称作“满洲”，民国以后出版的地方志，称呼“满人”“满族”。

满族各氏族神本，虽然名称不同，但所载祭祖、祭天神、祭品、祭器、祭祀程序等主要内容，是基本一致的。由于姓氏不同，居住地域不同，贫富不同，传承不同，在祭祀礼仪、敬奉神祇、牲品等，相互存在一定差异。如各氏祭祀牲品皆用黑猪，少者一口，多者七口。有的氏族除用黑猪外，还用牛、羊、鹅、鸭、鸡、鱼等作为牲品。所祀祖先神、萨满祖神、农神、星神、保婴神、战神、马神等等，为各姓氏共同供奉的神祇。各姓氏供奉的部落神、自然神及外来神祇，各不相同。正黄旗石克特里氏供奉的雕、虎、蟒、火等自然神，就有二十六位之多（《满族萨满跳神研究》导论）。

萨满，是萨满教的领神人（大萨满）、祀神人（家萨满，主持家神祭祀，伺神者）。萨满是如何产生，怎样传承其技艺？有关记载萨满教的书籍，语焉不详。萨满的产生有两种途径，一是大萨满，通过神授，即“抓萨满”，不需要教授。二是家萨满，是因故许愿或由族内民主协商选定后，由老萨满教授技艺、礼仪。《佟佳氏教萨玛规矩》，记载新萨玛（家萨满）是由因病许愿或族人公推而产生的。老萨满对新萨满如何考验、认可、教授礼仪、内容、时间等都作了详明记述。老萨满教授新萨满，要举行三天祭“祖爷”仪式，但不举行“换锁”“祭天”仪式。“本族教乌云之旧例，共三乌云，每乌云原例九天，后改七天，现在共计二十一天，为乌云终了。”除教新萨满学会各项祭祀礼仪外，还要学会满语神词十八章。此外，还传授祭器、祭品、十二属（生肖）、十二月、三十日、四时（季）、日期时刻、男女称呼、吉祥话等常用满语百余句。《佟佳氏教萨玛规矩》是目前发现记载教萨满最系统、最鲜明、最完整的神本子。

这些神本子中，《钮祜禄氏祭天祭神仪注》《舒舒觉罗哈拉永远规模祭祀全书》，文末附有图录，但仅限于祭器、生活用具图。就连官修的《钦定满洲祭神祭天典礼》，文末附图也只有祭器图像。《厢（镶）蓝旗赵氏祭祀事项》文末仅绘有一幅摆祭图，且无人物活动场景。《佟赵氏全书》文末附图二十三幅，《辽滨塔满族家祭》文末附图三十五幅。此两种附图虽以人物活动画像为主，记载各项祭祀场面，但画工拙劣，人物比例失调，器物失真。唯有《瓜尔佳氏祭祀图仪》，所绘大小图录五十四幅，虽未注录说明，但画工精湛，技法娴熟，线条流畅，所绘人物表情生动形象，器物逼真，各项祭祀场面连贯、明了细微，是单纯文字难以说明、描述的十分珍贵的满族民间祭祀礼仪图像史料。

这些神本、神词，不仅是研究满族萨满教的第一手宝贵资料，同时也是研究满族社会发展史、民俗、文学、语言文字、音乐舞蹈等方面的重要参考资料。

1. 史料价值。满族的萨满教，是以穆昆（家族）为单位进行宗教活动，每个姓氏都有自己的萨满。通过这种宗教祭祀活动，增强了民族的向心力和凝聚力，是维系满族特色家族制度的纽带。满族各姓氏祭祀神词（祝词），往往一开始都有“哈苏里哈拉（原本姓氏），本家某姓（穆昆哈拉，即胞族姓氏）”。我们今天一般讲的是满族穆昆哈拉，并非“哈苏里哈拉”，但由此可以追索满族姓氏的演变过程。如费莫氏（《金史》写作裴满氏。《金史语解》写作费摩氏），其后演化出马佳氏、巴彦拉氏，此三姓虽非同居一处，实为同宗同祖。逊清以后，又分别冠以马、金、刚、赵、费、麻、巴、白、富等汉字姓。从满族姓氏演变中，反映了满族社会结构的特点。我们进而结合其他史料进行研究，就能探索满族先世的历史进程及其发展规律。

满族先世的迁徙原因、路线、居住环境等是满族史研究的一个重要问题。满族各姓氏祭祀神本、神词中总要讲明其祖先神“自长白山而降”或“穆林山而来”“沿着某江、某河而降”“越过某山、某峰”“到了某处、住在某地”等。这些信息为研究满族先世迁徙史，提供了重要的史料。

从满族各姓氏所祭祀的神祇中，如祭鹰、虎、熊、豹、野猪、鹿、鱼、马、风、雨、水、云、星、农神等等，可以看到不同历史时期、居不同地域满族的生产、生活环境，其所祭祀的各种神祇，正是渔猎经济及农业经济在人们精神观念中的真实反映。

满族萨满教，“姓氏各殊、礼皆随俗”（《钦定满洲祭神祭天典礼》上谕，页一)。由于姓氏不同、居住地域不同，其祭祀的神祇、程序、礼仪、神词等，存在着特异性，反映了各姓氏间社会政治、经济、文化发展的不平衡。我们研究清楚这种差异性，就能从中探索满族社会发展进程及吸收他族文化程度等重要问题。

2. 民俗学价值。满族在20世纪40年代之前，普遍信仰萨满教。各姓氏按时分别举行祭祀祖先神、天神、山神（长白山)、树神（柳、榆)、星神、雷神及鹰、虎、熊、鹿、蟒等神祇，是对人的灵魂及大自然的信仰形态，成为满族民间思维观念的习俗惯例，即信仰民俗。因此说，不研究萨满教，不熟识各项祭祀礼仪，便无法真正了解满族的信仰习俗与文化传统。

满族民间祭祀神本中，详细记载了撒糕、打糕、豆面饽饽、菠罗叶饽饽、椴叶饽饽、苏子叶饽饽、酸饽饽、炸角子、炸穆丹、水团子、小豆泥、小肉饭、干饭等制作用料、选料、方法、方式、糕点式样、过程、礼仪等。还对酿造米儿酒（亦称黄酒)、烧酒的原料、制作方法、过程、礼仪，也作了详细的记载。这些食品和酒类，既是祭品，又是满族四季常用饮食。从其独特的制作方法和风味，形成了自己民族的黏、酸、凉之食俗特点。满族制作主、副食，特别是调制肉类所用炊具、食器等，保持了传统的民族特色。如槽盆、笸箩、丫儿虎槽盆、木方盘、圆木菜板、木桶、木榔头、燎皮木钩、铁钩子、铁刮子（刮猪毛专用工具)、大小行灶、木碗、木勺、盘、碟、盅、托盘、解食刀等等。神本还对宴客先后、长幼座次、见面礼节等，也作了详明记载。

《瓜尔佳氏祭祀图仪》等书，详细绘制了各项祭祀活动场面图仪。如不同场合、不同季节，男、女、老、少所穿的袍（箭衣、箭袖)、褂（补服、常服)、马甲、围裙、腰带；男方头皂靴、薄底快靴、平底鞋；女“花盆底”鞋；礼帽（暖帽、凉帽)、便帽；男发辫、花翎顶戴；女（成年)“燕尾式”发式上插钗簪等首饰及耳环；男腰挂荷包、女胸前右第二扣绊挂荷包等等。所绘形象逼真，是文字难以叙述的，展现了满族服饰的独特民族风格。

《祭祀图仪》还描绘了满族居室设施、建筑特点及庭院格局。室内南西北三面炕相连，炕沿下镶“炕裙”，在拐角处及中间立有雕云卷纹饰立柱，南炕东头立有莲花柱头。西山墙正中上边安设祖宗板。南北炕上各放炕桌一张。南窗为木棂窗格。外房门对开，上部为菱形花格，下部镶嵌木板。院内门东设立索罗杆子等。无名氏用图画展现了满族特有的居住习惯。

3. 文学价值。满族民间祭祀神本，用形象生动的艺术语言，记述了各项祭祀活动场面。特别是神词（祝词），用通俗活泼的语言，歌颂对祖先的崇敬，赞扬祖先的功绩，对自己故乡的热爱，渔猎生产活动的收获，对现实生活的理解与期盼等描述，首首神词都是民歌（少数近似散文诗）。神词语言形式不拘一格，常常是脱口而出，自然流畅，讲究韵律，注重元音和谐。利用比兴、排比、夸张比喻、衬词等，继承和保持自己浓郁的民族文化传统，抒发普通民众的心声与思想情感。

神词的创作，来自于民间的传统语言，来自于民众生产、生活，蕴含丰富，民族特色鲜明。由于神词的广泛流传，对满族的八角鼓词、岔曲、子弟书、二人传、东北大鼓、东北秧歌词、满族戏以及诗、词、小说等方面的创作产生了深远的影响，为满族文学的发展和繁荣奠定了一方基石。

4. 语言学价值。满语在继承女真语的基础上，吸收他族部分借词逐渐完善的。16世纪末，创制了满文。满语成为满——通古斯语族中唯一具有文字的语言，在比较研究通古斯族领域中占有举足轻重的地位。清代，满语文成为全国官方及民间通用语文，称为“国语”。

随着清朝的结束，官方已不再使用“国语”，但是，在东北及内蒙古地区，满语文仍有人继续使用。满族民间祭祀之神本、神词及器物名称、十二生肖、十二月、数目字等日常用语，有满文本、满汉合璧本、满汉兼本、汉文本。目前见到的最早的满文本，是乾隆三十六年手抄本，较晚的是1925年满汉合璧本。但是，较多的是用汉字记音满语手抄本，且多为民国时期抄写。如，《安图瓜尔佳氏祭祀神本》中的满语祭文、日常用语，就是该族16世荣萃于1941年用汉字记音的形式写成的。

满族民间祭祀的神本、神词，以及汉语（特别是东北话）中现今保留通用的满语词汇，是研究满语文发展、演变、方言、书面语与口语关系、对他族语言影响等方面的重要资料。

5. 音乐舞蹈价值。满族民间祭祀活动离不开萨满。萨满在各项祭祀活动中的唱（神歌）、跳（舞）及所持各种响器（伴奏乐器）等，对满族传统舞蹈、民歌、戏曲文艺的发展，起到了至关重要的作用。

萨满针对祭祀的不同神祇，所唱的神歌（神词）内容各异，长短不一，唱词有繁有简，有的是传承歌词，有的是即兴创作，曲调亦不同；特别是野祭（放大神），一神一歌。萨满神歌的腔调、调式的主导风格是粗犷奔放、高亢嘹亮，尤其是利用颤音、波音、滑音等装饰音来调整、美化腔调，形成了独具一格的满族萨满音乐艺术特色。这一特色，对满族传统的民歌、八角鼓、子弟书、奉天大鼓、二人传、秧歌词、评剧等的曲调、唱腔的创作和发展起到了重要作用。

满族民间祭祀中用的抓鼓、抬鼓、腰铃、响刀（神刀）、响铃（神铃）、札板、马叉等等，既是祭器又是乐器，亦是舞具。特别是鼓点的节奏、鼓点的套数，成为萨满跳神音乐节奏、节拍的“根基”。因而，“鼓点的快慢强弱变化是节奏节拍的生命之所在；而鼓声的高低音色变化犹如旋律的灵魂”①。鼓点鼓声是萨满歌唱舞蹈的特殊音乐语言。

萨满穿戴的神帽、长衫、神裙、飘带是萨满舞蹈的舞服，所持的各种响器是舞具。萨满在各项祭祀活动中，“说着唱、唱着说、乐中舞、舞中歌”。萨满头戴神帽，身穿舞服，手持舞具，耸肩、

---

① 石光伟、刘厚生：《满族萨满跳神研究》导论。

摆腰、摇肘、甩手、振臂，跳、蹲、跨、跃、跄、蹚、挪、转、进、退等多种粗犷、威武、刚劲的舞姿，热烈、火爆、紧张、欢快的动人表演，显示了满族机智、勇敢、强悍的民族性格。萨满的舞姿造型，来自于对现实和客观事物的理解与体会，反映满族征战、生产、生活和理想追求，多模拟骑射、劳动、祭拜及鸟兽动作，“盘旋作势”，形成了自己独特风格的满族萨满舞。萨满舞对满族传统民间舞蹈的发展，产生了直接的影响。民间广泛流传的莽势舞之九折十八势，即直接受萨满舞影响而形成发展的。清代宫廷中的“扬烈舞”（庆隆舞）、“喜起舞”，“都是由莽势舞演变而来的”（《满族历史与文化简编》第十一章）。东北大秧歌是莽势舞的继承和发展。活跃在辽东城乡中的满族秧歌，则直接源于萨满舞而形成发展的。满族民间的抓鼓舞、单鼓舞（太平鼓）、狩猎舞、腰铃舞、铜镜舞、祝寿舞等等，皆是萨满舞的继承和发展。萨满舞还对满族各种戏曲的表演艺术产生了重要的影响。萨满舞，“可以说是满族舞蹈的一座宝库”（张佳生《满族文化史》第十章）。

本书将散藏在满族各姓氏（多数为手抄本）及各地区今天能见得到的满族民间祭祀礼仪本（神本）汇集到一起，每篇均采取按语、勘误、加注的形式，进行考释和介绍。同时，为便于与蒙古八旗、汉军八旗萨满信仰作比较研究，选取数篇有代表性的祭祀礼仪，一并提供给大家研究参考。

凡 例

1. 本书所选满族民间祭祀礼仪各文，条理清晰者，选全文。内容庞杂者，节录有关部分。

2. 所录各地、各姓氏祭祀礼仪，皆注明出处及版本。未注明者，皆为私人收藏。

3. 对祭祀礼仪无标题者，酌加一简明标题。

4. 对原文无标点、无段落，予以标点、分段。

5. 原文干支纪年或朝代年号纪年，皆于注节中注明公元纪年。各文中年号相同者，只注一次。

6. 文中错、衍字以（ ）改正；漏字用［ ］增补；残缺字或难辨认字用□表示。对异体字或俗字不作统一改正。

7. 文中以“康德”纪年再现时，编者在“康德”前均加一“伪”字。

8. 文中满语词汇，为方便排印，用罗马字母转写后，作简明译注。

9. 每文注释后，皆加编者按语，简介该文编写背景、内容及学术研究价值。

10. 对蒙古八旗、汉军八旗民间祭祀礼仪及有代表性的神词，选取数篇，作为附录，供研究者参考。

目 录

钮祜禄氏祭祀礼仪

春秋二季跳大神，春在二三月；秋在九十月，总在上半月为是。春天洒糕，秋天打糕。

每于祭祀前二日，定期磕头。西炕设桌一张，香碟四个[①]。北炕设桌一张，香碟三个。香上一路，先向西行礼，起。转身向北行礼，退回。复向西行礼，起。又向北行礼，退回。仍向西行礼，再向北行礼。以上共三次，各桌俱三跪九叩。如家内有猪，唯止磕头，默禀所定之期。若家内无猪，请牲祭祀，须约略猪价银数，将银用布幅托放碟内，供在西炕桌之东北外角上。行礼毕，俟香尽，将香碟请送于原供之倭扯库[②]处。北炕桌垛在西炕桌上。将银用托幅包好，仍放碟内。西炕北角，安设杌子一张，银碟放于杌上，即煮饭作（做）酒。次日清晨，将银领出请猪。

祭祀日早晨。西炕上挂黄云缎蒙（幪）子，南炕上设小桌一张。取预藏净纸二张，剪钱两路，每路钱七个，剪完将上边反复折叠，挂在蒙（幪）子上两边。蒙（幪）子前设炕桌两张，摆香碟四个，上香二路，点火。每香碟前，供酒一盅，共供饽饽十盘。桌南头西炕上，设大长方盘[③]一块，内摆堂子上香碟二个，上香一路，不点火。酒二盅，饽饽二盘。如打糕，每盘内摆馃子三块，即令打糕人打糕。糕石前，地正中放高桌一张。打糕人打一台糕，仆妇二人立在高桌两边作（做）糕，大小宽窄亦如菓式。每馃一块，上摆糕一块，再摆一层馃子，再上一层糕，共三层，每盘是九块糕。南炕上放炕桌一张，作（做）豆泥塔。当中糕上摆炸面鹿，一边面塔，一边豆泥塔，面塔上插翎子雀儿。作（做）完饽饽取水，取水人进门立在东边，接水人捧碗立在西边，水注碗满，供于桌下正中炕沿上，余水倒煮肉大锅内。若洒糕，翻糕时取水。堂子桌预先安屋内东南角上。俟桌上糕供完，方盘内糕亦摆齐，请堂子桌在仪门东，斜向东南安设，再请摆香碟、糕、酒之方盘。将香碟、糕、酒，由方盘供于堂子桌上，加火点香，行初次礼，起。将盅内供酒向空浇洒，换注新酒，再行礼，起。又将盅内之酒向空浇洒，再换新酒，三次行礼，毕。进屋西向，行三跪九叩礼，起。请南桌二香碟连火尊藏正房西廊檐下倭扯库内，并撤下蒙（幪）子上南边挂的钱纸，收放倭扯库之匣内，俟岁暮随神纸一起焚化。将北炕桌上供的二香碟挪正，请老爷像悬挂，换酒。拿猪，将所有捆绳解净，散拉腿进屋，头西肚北，一人手搬下边前腿使卧。萨玛太太跪于挨炕正中稍偏北，西面，用盅盛水，放碟内，举过头顶，唱祝。如不会神歌，亦将祭祀缘由默祝。四人持栅（札）板，跪于尽东头，面向西，拍板四栅。板须令一齐同声，勿乱响。于萨玛太太举水时，齐声呵助。举水罢，即止呵。将水递与主祭男子，跪于猪南，面向西，接水，亦举祝，再浇猪耳。领接后，使籛籛（扦）老[4]，抬进矮桌，放在迎门地正中。将猪抬放矮桌上，头向西，剥皮，解件[5]。萨玛太太磕头起，立于北炕沿下。碗内余水，亦倒于煮肉大锅内。俟肉解完下锅后，萨玛太太始准坐于东头北炕沿边。猪腔内取出之血，盛小槽，顺桌东西，放于挨西炕之高桌上。净纸上剪下的钱眼纸、苦胆、尿泡、蹄蹦、鞭、脐，俱盛碟内，放北头桌里角。血槽上放小木勺一把，把向西，以便灌肠。灌完血肠，将血槽随血肠拿入屋内，将血渣一并入锅。下髓（水）在院内西南角倒洗。猪头、蹄、尾，在大灶上燎刷洁净，入肉锅同煮。肉熟，由锅上捞肋条一块，胸×（叉）一块，装供肉锡里木槽内，抬出顺放高桌上。将炕桌上供的饽饽，尽行撤去。尽北头一盘，移供于北边蒙（幪）子后。肉照生时原长处摆放。按件俱割三五片，装碗内，是阿母孙肉[6]，浇汤安箸，供肉槽正中猪头后。再将乌×（叉）[7]肋条二块拿出，摆小长方盘内，放于此桌正中，插尖刀一把，刀上缠血肠一条。肉槽上猪头用瞒肚油[8]蒙上，亦缠肠一条，插刀一把。再将血渣数块，连汤装小盅内，放于苦胆碟旁。再换酒，行三跪九叩礼，毕。撤下乌×（叉）肋条，归大槽内，拔去尖刀。将猪头搬歪，主祭人将碗内阿母孙肉撤下，用箸翻挑三次，向西举碗，立叩行受祚礼。尝肉一二块，递给萨玛太太尝肉，此为领福祚阿母孙肉，不但不给外人吃，即未出嫁之女，亦不给吃。桌东地上，放方盘十三块。自西头起，一对盘胸×（叉）脖子；二对两琵琶骨；三对两窟窿骨；四对两大后腿骨；五对两前腿腱子；六对两后腿肘子；尽末尾一盘乌×（叉）骨。按盘放肋条一条，杂样下膸（水）各一块，以备亲族人食用。俟诸事毕，查齐骨数，撤下蒙（幪）子上北边钱纸，放骨头方盘上。萨玛太太行一跪三叩礼。舀汤半瓢，将碟内苦胆、尿泡、钱眼纸、盅内血渣等物，俱倒汤瓢内，连净纸随骨头撩大门外十字路口，毕。然后尊藏圣像；请香碟；收蒙（幪）子；将桌桌（擦）拭净，垛于北炕上。是早间礼毕。

晚间。北炕摆桌二张。靠西边设蒙（幪）架，拴青布蒙（幪）子，中挂铃铛。铃铛杆在北边，铃铛向前，安放时万不许响。东边设宝座，蒙（幪）子前摆香碟二个，宝座前摆香碟一个，上香二路点火。每香碟前供酒一盅；共供饽饽九盘；取水如早晨一样。供桌下正中炕沿上，行三跪九叩礼。拿猪不捆，顺腿绊住，抬进屋。猪头向北，肚向西，卧。萨玛太太跪正中偏西，面北，使碟托盅，举水默祝，不用栅板。举祝毕，递与主祭人。主祭人跪于猪东，面北，接水举祝，浇猪耳，接领后，抬进矮桌，放于迎门地正中。将猪放矮桌上宰。萨玛太太磕头起，立南炕沿下。宰猪血盛小槽内。抬进高桌，放于挨北炕，顺顶两炕桌，血槽放高桌上。槽上放小木勺一把，把向北，灌血肠后，血槽随血肠拿入里屋，血渣一并入锅。萨玛太太俟剥皮、解件完，始准坐东头南炕沿边。下膸（水）亦在院内西南角倒洗。猪头、蹄、尾，在大灶燎刷，同肉下锅。煮熟摆于锡里木槽，按件安放，亦如早晨，唯不拿阿母孙肉。猪头上蒙油，缠血肠，插刀，毕。将炕桌上供的饽饽，西头两盘不动，留着背灯。余七盘撤去，换酒，行三跪九叩礼，起。猪头插尖刀不动，再换酒。将香碟内火拨去，屋内所有灯火尽行撤去。令四仆妇拉布幔，将萨玛太太三面遮住，止（只）留北面。诸人俱出屋外静候，不得有声。止（只）萨玛太太一人脱去大褂，在幔内行三跪九叩礼，毕。点灯撤幔，再行一跪三叩礼。将猪头搬歪，拔去尖刀，抬下肉桌，放于屋东头地正中。尊藏香碟，收蒙（幪）子、宝座。是晚间礼毕。

祭天。于当日五更，在杪木杆[⑨]北，设高桌一张，供锡碟三个，装熟稗米三碟。将杪木杆由鼓石请下，拔去杆尖陈骨，请下锡碗，擦洗洁净，供于高桌上锡碟之南。杆子亦用净布洗擦，斜立于高桌之北面，靠桌之东角。令人拿猪，去捆绳，唯后腿各拴单绳一条，长不过二三尺。猪头向南，肚向西，卧。拿猪人跪于猪东，主祭人率子弟对桌敬跪。萨玛挨高桌站立，一手举装米锡碟，一手撚米一撮，向空掷撒，诵祝祭神歌。共撒米三把，诵毕神歌，萨玛退下。主祭人等行一跪九叩礼，起。使籛籛（扦）猪。正对高桌北，设矮桌一张，俟猪扦老，抬放矮桌上。将高桌上供的装米锡碟，折空一个，拿至矮桌边，装盛生件。凡猪之上下唇及眼、耳、鼻、舌、奶头、尾尖、四蹄，俱割一小块，盛装碟内，供高桌上，再剥猪皮。剥皮时，脖、尾不可挑断，唯割开四肢，按半边划剥。剥完半边，即照解骨件数，按件割拿。中路以西偏北，设大炕桌二张，以备抹肉丝之用。桌西设蒙（幪）架一座，上搭红毡一条。蒙（幪）架后或铁灶或揸（插）砖灶或挖锅腔俱可，上安大锅，满注净水，烧滚以便煮肉。拿肉时，须分段间空贴骨割剔，庶不致早间精肥，晚间净剩瘦肉。随拿随即入锅滚煮。此边半拿毕，再剥那半边皮，亦照样按骨件割剔。胸×（叉）骨止解开半边，以便开膛取拿下髓（水）。此分下髓（水），在院内东南角倒洗。尿泡、胰子、鞭、脐、苦胆，俱装生件碟内。开膛后，将心划开，心血擦润杆尖。腔血舀于小木槽内，顺供于高桌尽西边。槽上放木勺一把，把向南。所有心、肝、脾、肺、肠、肚、瞒肚油、脂油、鸡冠油、腰子、里脊肉，俱分半入锅。其猪之全身皮骨，俯摆于供肉锡里木槽内，用原皮苫盖，仍似整猪俯卧势，头向南，供于矮桌上，以便祝诵行礼。血肠止（只）灌小肠一条，其余血清留于午间灌肠。血块捞控入锅，煮熟抹丝。脖项骨解下，亦入锅煮熟剔净，备安杆尖用。剩余下膸（水）、油块、血清，各装小槽，俱放锡里木槽内猪皮下。肉熟抹丝时，亦按件割一小块。将高桌上米碟再折空一个，盛装熟件。凡油、肉、下膸（水），抹成细丝，各归一处。俟锅内所有各样，俱抹完结。先将下膸（水）丝入锅，锅滚后再入肉丝。俟熟烂时，始将细丝入锅。细丝一下，即便盛装供碗，血肠割薄片，单层摆碗内肉丝上，余者全行倒肉丝锅内。肉碗浇汤供献。脖项骨剔净放件碗内。以桌之东头起，供头碗汤饭，次二碗汤饭，插匙安筯。主祭人仍对桌敬跪，萨玛仍前挨桌站立，一手举米碟，一手撒米，诵供肉神歌，撒米三把，诵毕神歌，萨玛退下。主祭人等，行三跪九叩礼，起。将锡碗安杆上。脖项骨鼓肚向外，安杆尖上。所有锡碟盛装生件、熟件，并余剩稗米，俱装锡碗内，以供喜雀（鹊）、乌鸦食用。锡碟俱扣放高桌上。头碗汤饭送进屋内，止（只）家主人食用，即未嫁之女亦不给吃。二碗汤饭，一半入锅，一半留与萨玛食用。锅内肉丝连汤分送屋内，备亲族人食用。锅内下饭，备家中及亲族从人食用。自此起，屋内肉不准出院，院内大锅饭不准进屋。俟午后，将矮桌上所摆全猪，抬进屋内。解件下锅时，院子锅内如尚有余饭，方准于旁门抬进别屋，亦不准进上屋正门。猪皮、猪头、蹄，在院子灶上燎刷洁净，拿进屋内，一并下锅。将蒙（幪）架上红毡折叠，仍搭架上，连架移放于上屋门西廊檐下。撤高、矮桌。屋内肉熟，装槽搭放于里屋门外地正中。向西仍摆放方盘十三块，依前摆件。分装下膸（水）、煳皮，蒙（幪）架连红毡，移放于大北炕上倭扯库门偏东。俟剔净骨头，查全数目，舀汤半瓢，撩骨头于杪木杆东。是祭天礼毕。

米儿酒。于定期磕头前二日，将祭祀所用一切小黄米、大黄米，俱各舂簸洁净，俟定期磕头毕，请香碟后，将小黄米三升，宽汤煮粥。锅滚后，舀清米汤一小盆，凉凉，用槐曲十二两，砸烂，入凉米汤内泡揞，再用筛罗过净。将浓粥盛装盆内，用木勺搅温入曲水合匀，分装两瓶，放北炕倭扯库门东正中炕热处，用祭祀上净蓝布乞单[10]双层裹严，使发。上放尖刀一把，尖东把西，刃向北，上放磁碟一个装灰。上香一路，止（只）一次。此酒二瓶，分早晚供献。

淋酒，江米、小黄米俱可[11]。以米六升，拣净舂好。于磕头定期之前二日淘净，用凉水浆泡。磕头前一日，即入锅蒸饭。勿令过烂，饭熟透后，盛于大槽内拨凉。冬日手沾凉水拨拌，夏日天气炎热，防其发变，沾烧酒拨拌，俟温时，用上槐曲一块，止（只）要四分之三，总以二十四两为度，压细少合米汤，止（只）要扪开曲面，拌入饭内，是为糜饭。盛注地缸。将糜饭贴在缸之四边，正中坐竹篓。篓下糜饭不过厚一二寸。篓上放木板一块，板上压石，勿令浮起。缸放于北炕西头正中热处，使发。缸用红毡围裹，缸上蒙黄布乞单，再用磁（瓷）碟装灰，上香一路，点火，下压尖刀一把，把西，刃向里。须两日工夫，方能出酒。如已发透出酒，即舀出两小缸，以备早晚供献。倘发不甚透，只好舀出早间供酒，仍蒙严使发，晚间再舀晚间供酒。

洒糕。将舂净之小黄米一斗，于酒后淘洗洁净，分盛二筛内控粉，各坐于缸盆上。用木板凳二条，摆放于挨西炕桌前地上。粉一夜，次日压面，用大方盘盛凉，放于西炕桌腿上。新压之面潮湿，须不时翻划，以防热变。又用小豆三升，砬[12]。用温水泡，令退皮，用小笊篱将皮漂净。于祭祀日五更，先将豆腊铺放锅内蒸熟，再将大方盘内之面，分五分之三，抬进屋内放锅上，就在豆腊上洒面。洒一层，盖上锅盖，令上气。气匀后，再洒第二层面，盖上盖，上气如前。每洒一层，不过五七分厚。面洒完，用乞单将锅盖严。俟气元（圆）满，住火。等气落，方为透熟。用刀沾水切块，早晨十二块，晚间九块。切开后翻过，令下面朝上，为上面粘豆踖。再上面时，须将洒糕屋门闭住，不准人走，以防覊气，其所留五分之二余面，系晚间洒糕应用。

打糕。于磕头定期前二日，舂米。即将小黄米一斗，淘洗洁净，分盛二筛，坐缸盆上控粉，第二日即压面。于祭祀前二日清晨，以六升米面，合水作（做）窝窝蒸熟。将四升熟面，掺一升多生面，作（做）菓子。早晨用一百零八块，晚间用八十一块，共作（做）一百八十九块。余下二升熟面，多掺生面，令劲（筋），以便作（做）鹿塔。鹿二十一个，塔二十一座，雀儿二十一只，翎子二十一根，作（做）完即系祭祀前一日。用净苏油八斤，在院内烧滚。须俟稍落滚后再炸，防其崩破。炸好盛大方盘内，放西炕桌腿上，用祭祀乞单苫盖，勿令落灰。再将七升或江米或大黄米俱可，淘洗洁净，浆泡于地缸内，放西北角地上，以便次日三更蒸饭。蒸饭时，须将水汽控干，勿令饭泞。亦闭门不许人走，防其覊气。糕石放地正中，石东，放毡垫一个，以备擦饭；糕石西，放高桌一张，以便用（做）糕。俟饭极烂时，撮一木铲，放大槽内，用榔头尽力研擦。待成一事，方撮出上糕石拨打。打至极细时，盛盆内，放高桌上。令二仆妇立桌两边，手沾凉水，如式揣作（做）。糕供齐后，再淘米四升，浆泡于西角上，以备晚间蒸饭打糕。

豆泥。用小豆一升，拣净淘洗。前期煮烂擦泥，用筛罗过细，分装两盆，以便次日早、晚临供时作（做）塔。

豆面饼。拣净黄豆三升，淘洗炒香，压面，筛细。再将七升小黄米，舂净淘洗，粉控如前，以便压面。早间用四升米面，晚间用三升米面，于祭祀日五更，合水作（做）成窝窝，入锅蒸熟，起出重揣，沾水作（做）成牛舌式，两面俱粘豆面。每盘三垛，每垛三块，一盘共是九块。

拉拉饭。即小黄米溪（稀）饭。须少着水，半蒸半煮，务期干粘，以便装盘不溜。

籤猪。将下边前腿，从上边前腿后用力搬起，上边前腿即弯向前去，其胳肢窝处便露出籤眼，用籤望（往）下直扎入内，以籤尖砬（拉）着下边肋骨为度，万不可再望（往）下扎，恐致透出。将籤顶稍望（往）后斜用力，望（往）下按捺，籤顶因不令直横，亦不可太望（往）后斜，防伤膈膜，总之以猪不能叫，即为彆（憋）住。

新年初一日。五更，院内供神纸上香后，西炕、北炕各设炕桌一张，堂子上桌，亦摆在屋内东南角上。请香碟，换新灰，不去净留根。如遇白事后，香碟亦更换新灰，全换不留根。新年初一日换灰后，上香一路，点火。请堂子桌，斜放于院内东南角，摆香碟加火。先在堂子桌前，行三跪九叩礼。进屋向西炕桌，行一跪三叩礼，起。转身向北炕桌，行一跪三叩礼。退回，再向西行礼，又北向行礼，总各足三跪九叩礼数。将正房廊檐下倭扯库匣内，所藏钱纸请出，随神纸焚化。香尽后，请香碟、撤桌。

春秋二季跳大神作（做）酒。春天洒糕，秋天打糕。若跳喜神暨还愿祭祀，俱不作（做）酒。香碟前盅内供净水，或作（做）豆面饼，或蒸拉拉饭俱可。其余领牲、籤猪、供肉，俱大祭一样。

祭祀日蒙（幪）子上挂的净纸二张，每张剪二路，每路钱七个。年下挨西墙棚上，与大梁正中贴的钱纸二张，每张剪钱四路，每路钱十一个。

關新任俸祿祭祀

陞官祭祀

春　夏　秋　冬

祭天拿猪神歌

娶媳婦祭祀

聘女開鎖祭祀

因病還願祭祀

如按李祭祀家内有猪即誦

以上各条係接字下隨事改誦

[illegible]

[illegible]

供肉神歌

[illegible]

[illegible]

[illegible] 以上各祭係接 [illegible] 字下隨事改誦

如按季祭祀家内有猪即誦 [illegible]

[illegible]

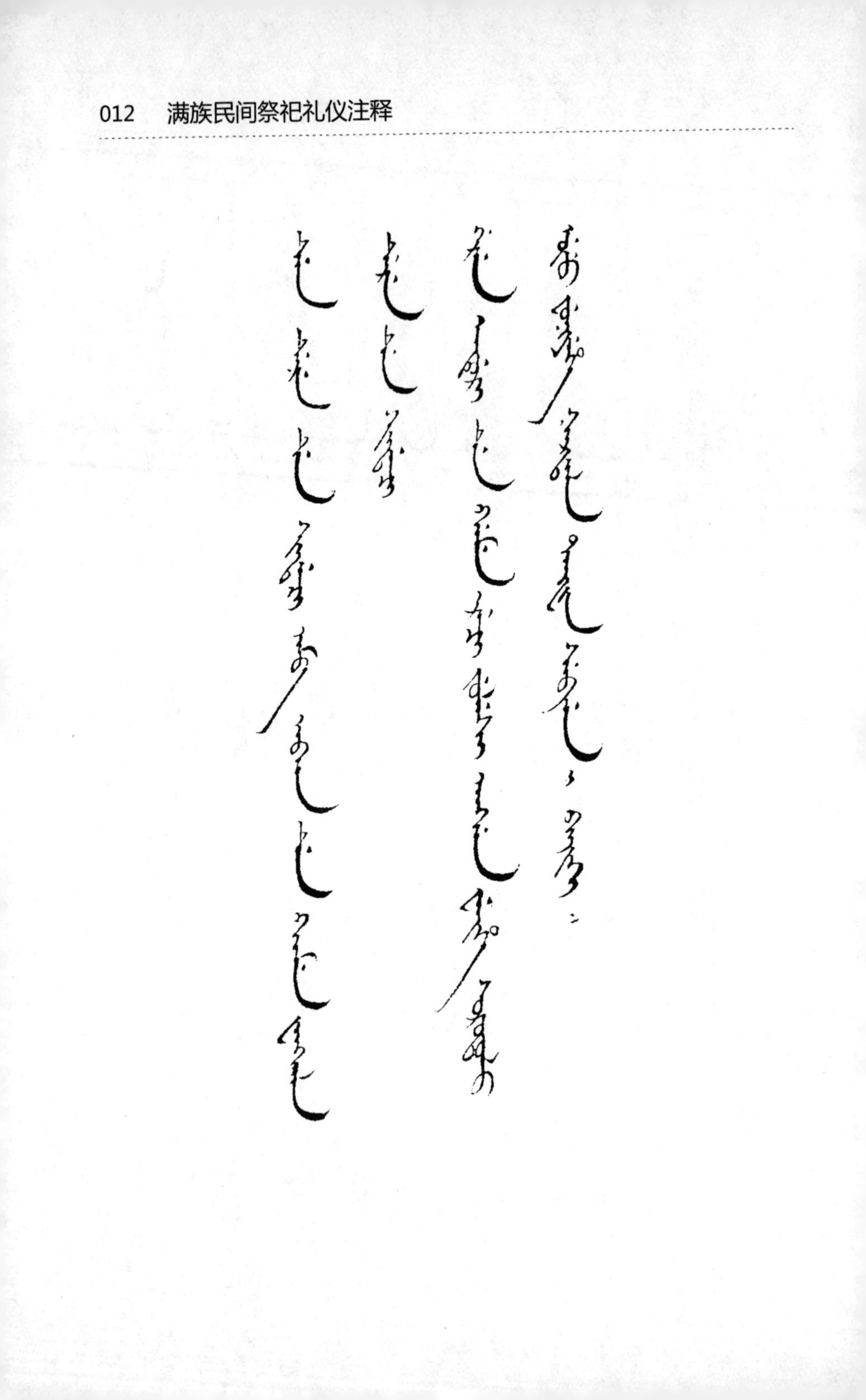

译文

祭天拿猪神歌

上天以闻，原本姓钮祜禄氏，赏赐觉罗姓。

何年？男的名字。

今于春季（春）、夏季（夏）、秋季（秋）、冬季（冬），拟正升为何衙门什么官职，敬神祭祀（升官祭祀）。

新任职关领奉银敬献祭祀（关新任俸禄祭祀）。

第几儿子□□（名字），聘娶正妻，敬献祭祀（娶媳妇祭祀）。

女儿□□（名字），为解索敬献祭祀（聘女开索祭祀）。

因谁（名字）病愈时，特意敬献祭祀（因病还原祭祀）。

买乌猪恭谨敬祭上天（如按季祭祀，家内有猪，即诵），何季，特意敬献乌猪，恭谨敬祭上天（以上条系接“特”字，下随事改诵）。

卑下诚意伏乞上天受领供献物品，请恩赐全家福祉。

供肉神歌

上天以闻，原本姓钮祜禄氏，赏赐觉罗姓。何年？男的名字。今何季，特意敬献乌猪（此系家猪祭祀）。今为什么事，特意买乌猪敬献（此系请猪祭祀）。

上天保护，今所敬献还愿，请领下。

从此，众神佑我们牙齿牢固，直到皓首变黄，家道殷实，太平快乐地过日子。

（译者按：括号内文字为该书原注。）

鍋○煮熟擺於錫裡木槽○按件安放○亦如早晨○惟不拿阿母孫肉○猪
頭上蒙油纏血腸插刀畢○將炕桌上供的餑餑西頭兩盤不動○留
着背燈○餘七盤撤去○換酒○行三跪九叩禮○起○猪頭插尖刀不動○再
換酒○將香碟內火撥去○屋內所有燈火盡行撤去○令四僕婦拉布
幔○將薩嗎太太三面遮住○止留北面○諸人俱出屋外靜候○不得有
聲○止薩嗎太太一人脫去大褂○在幔內行三跪九叩禮○畢○點燈撤
幔○再行一跪三叩禮○將猪頭搬歪○拔去尖刀○抬下肉桌○放於屋東
頭地正中○尊藏香碟○收幪子寶座○是晚間禮畢○
祭天於當日五更○在杪木杆北○設高桌一張○供錫碟三個○裝熟稗米
三碟○將杪木杆由鼓石請下○拔去杆尖陳骨○請下錫碗○擦洗潔淨○
供於高桌上錫碟之南○杆子亦用淨布洗擦○斜立於高桌之北面○
靠桌之東角○令人拿猪○去綑繩○惟後腿各拴單繩一条○長不過二
三尺○猪頭向南○腹向西○卧○拿猪人跪於猪東○主祭人率領子弟對
桌敬跪○薩嗎挨高桌站立○一手舉裝米錫碟○一手撚米一撮○向空

按

此《礼仪》书宽13厘米，高24.5厘米，小楷手抄，线装1册，细麻纸，无页码，无边框及鱼尾。无撰写者和抄写者署名。全书分内容不同的满汉文两部分，无标点。汉文部分30页，每页7行，每行直书25字，另起一段首行抬头一字，为26字，共16段。满文部分，行书（手写体）4页，21行。内容为：祭天拿猪神歌（分春、夏、秋、冬四季）；升官祭祀神歌；关新任俸禄祭祀神歌；娶媳妇祭祀神歌；聘女开锁祭祀神歌；因病还愿祭祀神歌；用自家猪祭祀神歌；请猪（外买）祭祀神歌；供肉神歌等。

从该书所用纸张、墨迹、装订及满文书写、汉文中夹杂一些“倭扯库”“空单”“乌×”“拉拉饭”“阿母孙肉”满语词汇等情况分析，此书似为清中期手抄本。其所记该氏族祭祀礼仪及祭品制作程序等甚为详细，是研究满族祭祀及满族食俗的重要参考资料。

注

① 香碟：满族祭祀特有祭器。木制，长方形，分大小两种。大者长约四寸，宽约二寸，高约三寸，周雕莲花纹，顶部刻槽约五分深。用时，槽内装草木灰，灰上撒安春香（野杜鹃叶阴干碾碎制成），点燃。满族因姓氏不同，祭祀时所用香碟数亦不同。

② 倭扯库：又写作“倭彻库”“倭车库”“渥辙库”。满语weceku。《清文总汇》卷十二注：“神主，家内祭祀之神。”《清文鉴》卷十九注：“神祇。”《大清全书》卷十四注：“神主。祭器。”俗称神板，其外沿贴一满文大挂旗。平时，板上存放祖宗匣，即神匣。

③ 大长方盘：木制，长方形，长三尺，宽二尺，周沿高二寸，满族家用器具。用其装饽饽或端盛菜、汤、饭之碗盘。

④ 籤：用白蜡树（木樨科乔木，其皮中药称秦皮）条长约二尺，粗寸余，去皮，一头削尖，沾豆油，反复火烤，其硬如铁。钮祜禄氏晨祭、祭天所用猪，不用刀宰，而用此籤将猪刺死。

⑤ 解件：将宰杀后之猪，按不同部位，分解成十三块，俟供祭。

⑥ 阿母孙肉：又称阿玛尊肉。满语amsun。《大清全书》卷一注：“祭品。”《清文汇书》注：“酒食及献神者，饎。”《清文鉴》祭祀二：“祭神肉。”钮祜禄氏唯晨祭时备阿母孙肉。

⑦ 乌×：满语uca。《清文鉴》饭肉注：“尾骨。”《清文总汇》卷二注：“凡牛羊鹿的、猪尖尾骨，整煮熟者。”

⑧ 瞒肚油：肚肠上之油，完整剥下成网状，俗称水油。

⑨ 杪木杆：即索龙杆，或又写作“索伦杆”“梭罗杆”“镇莫杆”“索木杆”“沙木杆”等。顶部安放锡斗，其斗有圆形，亦有方形。

⑩ 它单：满语wadan。《清文总汇》卷十二注：“单包袱。单被。本旧话，与旗纛幅子通用。”《清文鉴》包裹注：“䌷布单。”俗称包袱皮。

⑪ 江米：即黏大米。小黄米，即黏谷碾成之米。大黄米，即用黍碾成的米。此种黍，亦称糜子，黏性，其米颗粒大于小黄米。

⑫ 砬：即磨。

钮祜禄氏祭天祭神仪注

满洲祭祀总序

恭查满洲旧规，最重渥辙库祧神祭祀之大礼。大凡供神、立神杆之家，如遇有从外面跑入驴、马、猪等样牲畜及马鞭等物，所有穿戴白毡帽、戴无缨帽之人，概不准进神堂院门、神堂屋内。并不准哭泣、讲说不吉祥之语，亦不许打骂众人。其奉事诚敬，丝毫不敢少懈。余髫龄时，每见家中祭祀之日，尊长甚为恭敬。遇有吉凶之兆，总在渥辙库上磕头。虽度日清减，亦仍按时祧神。于此一节，从不少减，其所以实在源流，亦不能深知详细。后及年齿加长，往往汉人有言此：不过满洲旧俗，何能与古礼相合。余闻此语，心中殊觉不爽。是以每遇满洲识大体之人，即向其考究源流。佥云：此系满洲纯诚旧规。其祭堂子者，及祭尚锡神之东南隅方。又闻：长白山发祥之始，再满洲开国之初，每逢征讨，无不先行告祭于天，无不深蒙默佑，所以，今有次日祭天之礼。其早间祧神，原系满洲住居东土时，因忽遇瘟疫最盛，曾经在前明，请去关帝、菩萨二像祭供，后随（遂）皆蒙庇威佑，所以，立愿世世不忘，至今祭供，以成扱本之行耳。并见御制全韻诗内，所论满洲肇基始祖，原系天降神女降生，所以，今有背灯之礼。是以满洲祭祀一事，上自大内，外而王公，凡我八旗满洲家家举行，至恭至重。并检查本家旧存书籍所载，方知大略。至余充国史馆纂修时，又得见我高宗纯皇帝[①]按无圈点老档《钦定满洲祭祀典礼》一书，始知我等满洲祭祀之礼，竟于（与）古礼祭五祀之意，遥相符合，实谓纯朴诚敬之至。随（遂）于经书内详查，层层皆有可据，方知向日读书之时，习而不察，不能触类旁通，又未尝细究其详，即至此时，方觉于心璺然。即如《礼记》所云："天子祭天地，诸侯祭社稷，大夫祭五祀。"又云："王立七祀，曰：司命、中霤、国门、国行、泰厉、户、灶；诸侯立五祀；曰：司命、中霤、国门、国行、公厉；大夫立三祀，曰：族厉、门、行；适士士立二祀，曰：门、行；庶士庶人立一祀，曰：或灶或户"等语。查此七祀、五祀、三祀、二祀、一祀，皆系周礼。又查五祀辨，郑氏谓五祀，通于上下，记王制，云大夫祭五祀等语。查满洲有疾病，则祭祀祝祷于神。士丧礼亦有疾病，则祷于五祀之文。满洲有供神位于屋外廊下西南隅者，又似礼所云五祀供奥之所。旧规，满洲人等所至之处，遇有所祷，即寻洁净之木，立为神杆以祭者。而关东等处土居之汉军，亦有于春秋二季祭天者。又有行路以祭者，颇似古礼五祀之祭门、祭行。是以余言，大似上古五祀之礼，即如满洲祭祀之次日祭天之礼。不知事之人，即曰天子始祭天地，尔等何得滥祭？殊不知次日之祭，乃祭天神耳。在天者为神，在地者为祇（祇），统言之曰：祭天原系扱本不忘之意，又何敢僭越以祭天乎？记云礼者也，反古求本不忘其初者也。君子不以菲废礼，不以美没礼，故满洲祭祀之礼，虽至极贫者，断不敢废，亦不敢身处富贵而妄加增。但满洲所祭之神，或昏夜祭七星，或因神庥默相昭，格于我先人而申荐响；或因子女生痘，避杀猪之名，以糕做猪，以祭祷；或因神灵庇佑显著，于前代而报以馨香；或因除祟，祭神于室之西山墙外。又闻，盛京土风，或因田苗生虫，或因亢旱，以细木夹纸条，插于田中；蒸糕与饭捧至田间，以祭田苗之神。或秋成，祭场院等祀，大都皆与古礼吻合，无不若合，符节是满洲所行之礼，实系古礼，又何疑焉？呜呼！上古之礼，至遭秦火坑儒之变不行，于禹贡之内湮没久矣。其时，满洲远处东方，并不与禹贡边幅相连。彼时，虽秦政暴虐百端，残政万出，亦未稍涉及满洲。所有彼时古礼不存，于汉人而独存于满洲者，此也，是以古法尚赖满洲之礼犹存。自秦政废礼之后，迄今千有余年，汉人未尝经见，所以汉人言未必与古礼相合者，正此之谓也。记云：祭各有所主，满洲各姓祭祀，微有不同者，或因此也。又查满洲祭祀典礼细节内，如祭之前二三日，将做糕、做酒应用之米豆，请至家中，主妇率众妇，在神堂南炕，务将豆米中之虫吃、半豆、黑丁、土块及杂米，逐一拣出，淘洗洁净，磨面蒸做祭品，并酿酒，即至富至贵大家，亦皆亲为奉事，断不准委之仆众。（按：原下双行小字注：旧规、如有自种之田，将收获之黍、稷、糯米，取至家中，以手揉舂簸妥当，收好，以祭祀。京中满洲种田者少，是以拘（购）买。此礼与《诗》生民章所云："或舂、或揄、或簸、或揉，释之叟叟，烝之浮浮"之意相似。）

祭祀前一二日，主妇率众妇；将祭祀应用一切桌张器皿，涤洗揩抹洁净，以备应用。（按：原下双行小字注：此节与《礼·祭义》所云：孝子将祭，虑事不可以不预，此时其物不可以不备，虚中以治之之意相似。）供神后，主妇敬酒，主祀人亲宰省牲。（按：原下双行小字注：满洲祭祀旧规，牲皆亲自宰省，此时，盛京犹有行之者；京中满洲多有不能宰牲者，是以用司俎人宰省。此节与《礼器》所云："君制祭，夫人献盎；君亲割牲，夫人献酒"之意相似。）祭祀用萨莫读祝词，以降神、献牲、俎，皆今祝词。（按：原下双行小字注：清语萨莫，即汉语司祝也。此节与《礼》所云："修其祝嘏，以降上神。"《诗》云："工祝致告"之意相似。）祭祀，必夫妇皆亲其事。（按：原下双行小字注：此与《礼·祭义》所云："夫祭也者，必夫妇亲之，所以备内外之官也。"《诗·采蘋》有云："谁其尸之，有齐季女"之意相似。）祭祀如不做酒，即用净水灌猪耳，古名曰：元酒。（按：原下双行小字注：太古无酒，用水行礼，后王重古尊之名为元酒。今满洲祭祀不做酒，即用净水行礼，乃仍尊古礼元酒之意也。）祭祀告牲之前，摇神刀。（按：原下双行小字注：神刀之式，长二尺四寸，宽二寸许，背有九环，柄有五环，满洲之神刀也。此节于（与）《礼器》所云："割刀用鸾刀之贵。"《诗》云："执其鸾刀。"注曰：鸾刀，刀有铃者"，岂非满洲之神刀也哉?）祭祀请牲，必用毛色纯一不杂，如猪有白毛者、有病疮疥者，皆不用。请牲至神堂门外，放于甬路少偏西，将猪身上泥土扫刷洁净。主祀人献酒，灌于猪耳，以祝神受牲。猪宰省后，取猪血以盆盛之。取猪耳尖、猪胆、猪尿泡、猪蹄甲、猪尾、毛，共盛一碟内，并血盆，俱设于供桌之左。（按：原下双行小字注：此节与《礼》所云："纳牲诏于庭，血毛诏于室郊。"特牲云：毛血告幽全之物也。告幽全者，贵纯之道也。注曰：杀生之时，以毛及血告神者，血在内，是告其幽也；毛在外，是告其全也；贵纯者，贵在表里皆善也。"《诗》云："执其鸾刀，以启其毛，以取血膋。"左氏亦云：故奉以告曰："博硕肥腯，谓其不疾瘯蠡也"之意相似。）祭祀献俎时，按肉骨件，每件取肉一块，细切为小块，盛于大碗内，浇汤以供。（按：原下双行小字注：大碗，即簋。汤，即太羹。肉细切，即臧羹也。《礼》云："荐其血毛，腥其俎，熟其淆。"此节与太羹臧羹、献俎之意相似。）祭祀供神后，萨莫念神歌三次，众用琵琶、三弦、拍板以和之三次。毕，然后将牲拉进于神堂以献。（按：原下双行小字注：此节与《礼》所云："殷人尚声，涤荡其声，乐三关，然后出迎牲声音之号，取以诏告于天地之间也。"之意相似。）祭祀叩首，必皆免冠。主祀人必亲自省牲、切肉。（按：原下双行小字注：旧规祭祀，牲必亲宰；献俎，必亲切肉。此与《礼》所云："君再拜稽道，肉□亲割，敬之至也"之意相似。）祭祀献俎后，将牲骨件肉，分盛盘内，按尊卑次序散福。尊者，散以后胯；次者，散以前肩；再次者，散以后腿。以骨件大小，分尊卑以散福。（按：原下双行小字注：《礼·祭统》云：凡为俎者，以骨为主。骨有贵贱，殷人贵髀，周人贵肩。凡前贵于后俎者，所以明祭之必有惠也。是故贵者取贵骨，贱者取贱骨，贵者不重贱者，不虚示均也。《疏》曰：殷质贵髀之厚，贱肩之薄。周文（人）贵肩之显，殷人贱肩之隐，前贵于后。据周言之，今之祭祀分骨件，有以后胯为上分者，有以前腿为上分者，此与《礼·祭统》所云之意颇相似。）祭祀之翌日祭天，取猪胸叉骨，猪软肋骨、前脊骨，再将猪按骨件，各取骨上肉一半，入锅煮熟后，将肉切成肉丝，盛二大碗，上放胸叉骨、软肋骨、前脊骨，以献俎。（按：原下双行小字注：《周礼·春官·大宗伯》云："以疈辜祭四方事物。"疏云："披牲胸曰疈，磔曰辜。"满洲翌日祭天之礼，与此颇相似。）祭祀之日，不敢哭泣。穿凶服者，概不准入门。（按：原下双行小字注：此节与《礼·祭义》所云："郊之祭也，丧者不敢哭，凶服者不敢入国门，敬之至也"之意相似。）冻河时，取鲤鱼以荐。（按原下双行小字注：此与《诗》云："漪与漆沮，潜有多鱼。有鳣、有鲔、鲦、鲿、鰋、鲤，以享以祀之"之意相似。）祭祀有马神之祭。（按：原下双行小字注：此与《诗》云："吉日维戊，既伯既祷"之意相似。）

以上数条，皆与古礼相吻合，所可称奇者，满洲自上古之世，即处长白。稽之典籍，尧、舜、禹、汤文武、周公、孔子诸大圣人，皆未能身莅其地，即有书籍，亦未能行至其方。而满洲所行于君臣父子之义、祭祀、婚丧之礼，无不与古礼若符节者何也？自是满洲之地圣人出时，皆不过从心所欲，视为日用经常之礼，人所共知，又何待载及典籍，传揄姓名耳。孟子曰：先圣后圣，其揆一也。岂不然乎？我满洲总应仍遵本家旧规而行，亦孝子不匮之一端也。是上世古礼、古乐，咸在其中；先王、先民，复见于今日。余赋性拘迂，幼年失于学问，而生时最晚，未能熟聆长上并故老之训诲，又不能博采群书，以考其详，孤陋寡闻，莫余为甚，有愧于先人远矣。今偶得一己之见，亦不敢少存含糊，谨照《钦定满洲祭祀典礼》一书大概规模，及家内旧存仪注，按节拟出，并质诸故老讲习礼仪守旧之人，公同参定《仪注》一本。虽不敢传揄大众，亦不过遗为后人，使之稍有遵循，庶不至遇事无所措手，以至忘其本然之意耳。尚望后之高明，其中果有挂一漏万之处，祈为更订续入，是所幸甚耳。

时

嘉庆元年丙辰仲春[②]

钮祜禄氏静园索宁安

手撰[③]

满洲祭天祭神仪注目录

敬酒
供糕
供肉
打栅（札）板
浇猪耳
请牲
剪喜纸钱
剪拴马红䌷条
撩（撂）骨
吃啊木苏[⑥]肉
杂仪
祧神应用祭器

元旦日行礼仪注

除夕夜，则将祭用高桌，暂设于大屋内，俟接神后，再安设于院中东南堂子处。再将炕桌一设于西炕，一设于北炕。先请堂子上香碟二个，各上香三汤（趟），供于堂子桌上。次请早辰（晨）供用香碟四个，各上香三汤（趟），供于西炕桌上。再请晚间香碟，各上香三汤（趟），供于北炕桌上。俟三更接神时，则将香点上。于接神后，先在堂子上行三跪三叩礼。毕，遂在屋内，向西上先行一跪一叩礼；起身，即在原处转身，向北上行一跪一叩礼；起身，复向西上行一跪一叩礼；起身，又向北上行一跪一叩礼，如此三次行礼。毕，再将上年所存喜纸钱，皆敬谨取出，随百分[⑦]焚化。俟所有眷丁行礼毕，及香待尽，然后将香碟熄香，敬谨安供原处。再将桌张收放于原处。务期洁净，非祭日不可擅动。此乃元旦日行礼仪制也。（按：原下双行小字注：此日行礼，不免冠，与升官礼同。余祭日，皆免冠叩首。）

新正磕头仪注

新年预择上旬吉日定，先期前二日，用上好细白江米一斗二升，用红江（绛）豆[8]五升。（按：原下双行小字注：此系例用整红江豆，以为新年之意。）米豆齐全，主妇即带同仆妇，在大屋挑拣洁净，用菠萝（笸箩）盛贮，上用盖单盖妥，放于北炕西角春凳上。至次日，将所拣江米，送出碾净（精）细。毕，即将早间所用之面，分出十分之六，下余四成，以为晚间之用。其江（绛）豆，亦照样分妥，俱用盖单盖妥，仍放于原处。毕，将祭日应用一应器具收拾洁净。将高桌放于大屋门西傍，其余一应器具，俱安放于北炕上。至三更，则先令人蒸豆撒（洒）糕。俟糕蒸成，则按七寸大方式样，准切成十二方块，不动，仍蒙盖妥。则主妇率同子妇家人等，先行安设堂子上香案于院中东南外边，家人即照原处安站灯一对。主妇带同香碟上人，先请东厢东南廊内所藏堂子上香碟二个，拂净，上香三汤（趟），安供桌上。（按：原下双行小字注：此桌上，应用红油桌灯一对。）再进屋内，安放西炕供桌二张，悬挂神幔。毕，香碟上人，即请关帝、菩萨香碟四个。先将菩萨香碟二个，上香三（趟），安供于西炕供桌南案上。次将关帝香碟二个，上香三汤（趟），安供于西炕北桌上，再将香点上。先将糕九个，自南起摆匀。神上妇人，即起蒸糕。仆妇二人，抬糕至神桌前。主妇率同子妇等，先摆蒸糕二盘，供于堂子上。次摆屋内糕，亦自南摆起。供毕，再盛糕一盘，供于神幔后小桌上。则主祭人等，先至堂子上，行一跪一叩礼三次。礼毕，再进屋内，在菩萨、关帝神幔前，行一跪一叩礼三次。毕。俟香尽，则按次彻（撤）糕。（按：原下双行小字注：先撤堂子上，后撤屋内。）收香碟。（按：原下双行小字注：先收堂子上，后收屋内。）收神幔并一切桌张。毕。至午后，主妇一面令人撒糕；一面带同仆妇，安放北炕供桌二张，悬神幔。（按：原下双行小字注：幔悬架上，铃铛杆挂西头，铃铛向外。）安供毕，请屋内北炕神柜上原供香碟三个。（按：原下双行小字注：自西为上先供，其东头香碟一个，例应少前。）上汤（趟）香三汤（趟）。安供毕，则摆糕盘九个。（按：原下双行小字注：亦自西为上，先摆。）随令人起蒸糕，仆妇二个将糕用大方盘抬至神供桌前。主妇率同子妇，亲供蒸糕。供毕，则主祭男妇带同子弟男妇，向上行一跪一叩礼三次。毕，则俟香待尽，随彻（撤）供糕，熄香，敬收神幔、香碟于原供处。并收一切桌张、祭器。即无背灯礼，若力量充足，早晚俱可添牲口、做酒，并行背灯礼，俱于（与）祭喜神礼同。无敬酒礼，若无酒，请牲用净水亦可，其余仪节，俱于（与）祭喜神礼同。此即磕年头礼也。

春秋二季官（关）俸禄祭神仪注

每春秋二月、八月官（关）俸，合家领受国恩，自宜首先享神为重。每按季官（关）领俸银到家，则本日即在俸银内，将祭神之费先行拿出，在神炕上暂设小桌，用碟盛银，供在桌上。主祭人叩首一次，毕，则将此银暂收洁净处。随（遂）择上旬吉日定。前期三日，将做水饼之江米，在神堂内，按数选出五升，于祭之前一日，令神上仆妇，将米磨成细面，盖妥，收于神炕西北。令人请牲。至祭日五鼓，令神上仆妇，将面做成大饼，在神锅内煮熟拿出。再令众仆妇，在北炕洁净做成小水饼。（按：原下双行小字注：周边不过二寸大。）做毕，下锅煮透。主妇随（遂）令仆妇，将西炕上供桌二张安放毕，带同子妇悬神幔，请西廊下所藏供香碟四个，至屋内各上香三汤（趟）。菩萨香碟，供南桌上；关帝香碟，供北炕上，将香点上。随将水饼俱摆于盘内。（按：原下双行小字注：自南先供，每盘十八个，共九盘，神幔后一盘。）供毕，则令人请浇猪耳之新汲净水一大碗，浇猪耳之水盅、盅盘并签猪铁签，俱陈于供桌下正中炕沿边。毕。主祭男妇率众子女，行一跪一叩礼三次。毕。则将南桌上菩萨香碟二个请出，敬谨仍藏于西廊下龛内西正面。将屋内北桌上关帝香碟二个，少移于正中安供，毕。主妇跪于炕沿下北傍，随（遂）令人请牲。请牲二人，将牲拉进。一人在前按拉，一人在后拉绳。主祭男子视牲进屋内，则跪于炕沿下南傍。主妇随将浇猪耳之净水，盛于盅内，连盘敬举，默祝，叩首。毕。即递与主祭男子，亦敬举，默祝，叩首。毕。然后敬谨浇猪耳内三次。俟神接受，男妇同叩首。毕。男子起身，在旁侍立。（按：原下双行小字注：家人二名，随将高桌搭入屋内正中安放。）主妇则将铁签授予请牲人，请牲人接签者省牲。毕。拉绳人看牲气息，则将拉绳解下，交付旁人，即抬牲于高桌上剥皮。主妇上北炕西头坐，俟牲收拾毕，方下炕。令神上仆妇，将供用高桌搭于西炕下正中。其剥猪人，将猪开膛取血，先供神前。次收拾下水。（按：原下双行小字注：例在院内南墙下西边。）按分（份）卸开，送入神锅，加火煮做。再将头、蹄烧（燎）去皮毛。将蹄尖、苦胆，俱如仪供在桌北头。即取大、小肠，供在桌前南傍。跪灌血肠，毕。下锅煮熟，先装槽［盆］内，供于桌上。再将所供之水饼彻（撤）下。（按：原下双行小字注：名为换饽饽。）俟肉好，按分（份）装入槽［盆］内。每块先片数片，共盛一碗。（按：原下双行小字注：名为啊木苏肉，即神惠也。）并添汤满碗，供箸一双，供在槽［盆］内猪肉南傍。其猪首南插木靶（把）小刀一柄。其乌叉[⑨]并肋骨一块，另装大盘，亦木靶（把）小刀一把，供在神桌上。香碟北傍，供汤一盅。毕。主祭男妇率众子弟，同行一跪一叩礼三次。礼毕。主妇将所供之啊木苏肉彻（撤）下，用供箸向上挑至三次，递于（与）主祭男子。主祭男子接过，向碗立，行受胙礼，少尝。毕。即收入内室。（按：原下双行小字注：至午间，率众分食，不与外姓人食。）先彻（撤）肉上小刀，将猪首斜过，再将供肉彻（撤）下，按分（份）分待亲族。除啊木肉外，其余不可些少存留。俟亲族人等吃完，即在前地下，向西上铺毡三排，令家下人等，均霑神惠。毕。槽［盆］上人，查全骨数，于午前，主妇行撩（撂）骨礼，一跪一叩礼一次。毕。槽［盆］上人，即彻

（撤）下骨槽至院中索木（莫）杆处。将槽［盆］内骨条，拿出数件，撩（撂）在杆前，余送外边河内。万不可秽污。撩（撂）骨完毕，将一切祭器洗涤洁净，以备晚间背灯应用。至午后，先将早辰（晨）所留神惠啊木苏肉吃毕，再令神上仆妇，做晚间供用水饼，如早辰（晨）一例做好。主祭人令人将牲，由门拉入院内西边，拴妥。（按：原下双行小字注：将猪嘴并四蹄，俱各拴妥。）主妇，（按：原下双行小字注：晚间但穿袍，例不穿褂。）即带众妇，按（安）供背灯神桌于北炕正中后，安神幔架。将神幔悬于架上，铃铛挂于幔架西头。（按：原下双行小字注：铃铛向外，杆向里边。）请北炕神柜上原供香碟三个，供于桌上。其东头香碟，例应稍前，俱上香三汤（趟）。毕。随（遂）将煮做水饼如仪。摆供神幔前九盘。毕。即令取浇猪耳之新汲水一大碗，并水盅，俱放于北炕沿桌下正中。毕。主祭男妇，同行一跪一叩礼三次。毕。主妇跪于北炕沿下西傍，令人请牲。主祭男子视牲进屋内，则跪于北炕沿下东傍。请牲人将牲搭进至神前，将首向上，则一人彻（撤）回，但留一人跪候按拉。（按：原下双行小字注：其搭牲桌人，亦随请牲人进屋，将桌安于迎门正中。）主妇则将炕沿上所放净水，盛于盅内。（按：原下双行小字注：不用托盘。）敬举默祝，叩首。毕。递与主祭男子。主祭男子接钟（盅），亦敬举默祝，叩首。毕。即浇灌猪耳内三次，俟神接受，主祭男妇，同行叩首，起身。请牲人将牲请下，放在高桌上，首向西，用小刀省牲。主妇坐于南炕东南隅以待。（按：原下双行小字注：俟牲收拾完，方下炕。）众家人将牲如法剥卸、煮做、其供血、收拾下水、灌血肠，俱同早辰（晨）一例。但换水饼饽饽不用血肠。俟脂油熟，先装槽［盆］内供献。将所供水饼饽饽彻（撤）下七盘，留西头二盘，以为背灯之用。俟肉煮熟，如式全装槽［盆］内，猪首西傍，插木靶（把）小刀一柄，供汤一钟（盅）。毕。主祭男妇率众子弟，同行礼三次。毕。主祭男子，出门外，即关门、熄香、背灯。众仆妇将围幔遮好，主妇在内，自行一跪三叩礼一次。（按：原下双行小字注：神上仆妇，在神库内高声说："背灯了"三字。）主妇行礼毕，令人掌灯。即开围幔后，复行一跪一叩礼一次。毕。即彻（撤）下小刀，开门。主妇率同妇女，敬谨收神幔、香碟，彻（撤）供饽饽。主祭男子带同家人，将供肉、供桌搭下，在屋门、房门之正中，按分（份）摆出，分送亲族。毕。次日，令神上仆妇，将一切祭器，收拾洁净，敬谨收藏。此二季俸神，看力量光景有无，次日祭天礼俱可。若祭天，亦同大神祭天礼同。其婚嫁、升迁，并生子女、小儿出花痘，一切祧喜神礼，俱同此。但遇小儿出花痘之喜神，俱用红江（绛）豆。将猪之头、蹄，在库房内，可另煮做。此日不可令残废人吃肉。此即俸神喜神，大概礼也。

春冬二季祭大神仪注

每年三月、十月祭大神，预择上旬吉日定。前期九日，做酒。自此做酒之日起，主祭男妇，即当洁净斋戒。如遇孝房等处，俱不可亲往。主妇更不可出门他往。至祭之前一日，将祭日应用执事男妇，各分派定。主妇亲带神上仆妇开酒坛，将酒起去蒙头酒皮，拂拭洁净，仍照旧盖妥。再令神上仆妇，将一切应用器具、家伙、桌张，洗涤洁净。主妇剪红绸条九条，每条长五寸，宽一寸，上用红线穿成一处，放于神柜上，以备祭日拴马。令人请净纸，用粉连丝纸一张。前一日，即令家人上市请牲，务选洁净整齐。前二日，将做糕之江米，主妇带同仆妇，选精细洁白者一斗二升。于祭之前一日，令人磨成细面，盖妥。再用上好白江（绛）豆八升，用水漂去粗皮，俱放在西炕上，以备次日供用。至祭之日五鼓，令神上人撒（洒）糕。先安放院中东南堂子上桌张、站灯。请东南廊内藏香碟，上香三汤（趟）。再安放屋内西炕上供桌二张，悬神幔。请上屋西廊内藏香碟四个，至屋中各上香三汤（趟）。菩萨香碟，供南桌上；关帝香碟，供北桌上。安供毕，主妇在南炕上，用小桌一张，将前一日所请净纸取出，分用三分（份），留一分（份），以为次日还愿净纸之用。将此二分（份）纸，剪成纸钱，名为喜钱。将喜钱挂在神幔上两边。其剪下纸钱眼，同红绸条，俱供在供桌北头。安设毕，即先将堂子上香碟点香，先点东边。再点屋内香碟之香，先点南边。毕，即起蒸糕，先供堂子上二盘，先供东边。次供屋内九盘，先供南边。再供神幔后一盘。即令人开坛盛酒，先盛酒浇猪耳之酒一碗；次盛堂子上供酒一碗，敬酒一缸；再盛屋内供酒一碗，散酒一缸。毕。主祭男妇，即出院预派搭酒桌二人，盛酒一人，撩酒二人。（按：原下双行小字注：预备毡人随后。）令仆妇二人，抬矮桌一张，上放酒缸一个，敬酒盅二个，一［托］盘，抬至堂子桌前。主妇跪，随侍仆妇一人，即自左傍，上前将酒盅盘，递与主妇，即将缸内敬酒盛满。打叉板五人，在大屋东阶下坐，打起叉板[10]。主祭男子，率众子弟，在右傍敬谨立候。主妇敬酒三次，每敬一次，高桌两旁仆妇撩酒二人，即将所敬之酒接过，向供桌前高撩。毕。仍放托盘内，盛酒人再盛，主妇再敬，如此三次。毕。主妇就跪处，叩头一次。毕。即停打叉板。仆妇将酒桌抬开。供酒仆妇，即将所备供酒，盛在桌上供盅内。主祭男妇，率众行礼一次。毕。供酒人，即将供酒照前撩去，另添供酒。主祭男妇，再行礼一次，再换供酒，如此三次。礼毕。即进屋内盛敬酒一缸；预派盛酒一人，换酒二人；预备毡一人。其敬酒之桌，亦系在供桌前安放。但桌上添空缸一个，以备换酒。具敬酒三次，俱同堂子上一礼，亦打叉板。但所敬过之酒不撩，系倒在空缸内。余俱与外边礼同。敬酒毕，亦系主祭男妇，同行礼三次，供酒三次。将所换下供酒，倒在空碗（缸）内。礼毕，即将南边所供之菩萨香碟，并南边喜纸请出，仍藏供于原供香碟之西廊下龛内西正面。将屋内北桌上所供之香碟，少移于正中安供。毕。即将盛出浇猪耳之酒碗、酒盅、托盘、铁签，具放在西炕沿上中间。毕。主妇在西炕沿下北边跪，令人请牲。请牲二人，将牲拉进。一人在前按拉，一人在后拉绳。主祭男子，视牲进屋内，则跪于炕沿下南边。家人打起叉板。所敬过之酒不撩，系倒在空缸内。余俱与外边礼同。敬酒毕，亦系主祭男妇，同行礼三次，供酒三次。将所换下供酒，倒在空碗（缸）内。礼毕，即将南边所供之菩萨香碟，并南边喜纸清出，仍藏供于原供香碟之西廊下龛内西正面。将屋内北桌上所供之香碟，少移于正中安供。毕。即将盛出浇猪耳之酒碗、酒盅、托盘、铁签，俱放在西炕沿上中间。毕。主妇在西炕沿下北边跪，令人请牲。请牲二人，将牲拉进。一人在前按拉，一人在后拉绳。主祭男子，视牲进屋内，则跪于炕沿下南边。家人打起叉板。主妇将炕沿上备浇猪耳之酒，盛在盅内，连盘敬举默祝，叩首。毕。递与主祭男子。主祭男子接过，亦敬举默祝，叩首。毕。即浇灌猪耳内，俟神接受，主祭男妇，同叩首。男子起身，停打叉板。（按：原下双行小字注：家人二名，将高桌搭入屋门内正中。）主妇将铁签授予请牲人。请牲人接签省牲。毕。拉牲人，看牲气息，则将拉绳解下，交付傍人。即抬牲于高桌上，剥皮开卸。主妇上北炕西头坐，俟牲收拾完毕，方下炕。即令仆妇二人至堂子上，将供糕揪撩二块于房上。熄香、撩酒。收香碟于原供处。彻（撤）糕。将桌搭入屋内供桌前正中。其剥猪人，将猪开膛取血，先供神前。次，收拾下水。（按：原下双行小字注：在院西南廊下，晚间一样。）按分（份）卸开，送入神锅，加火透煮。再将头、蹄烧（燎）去毛。将蹄尖、苦胆，俱供在红绸条、钱眼一处。即拿大、小肠，在神桌前南边，跪灌［血肠］。毕。仍下锅煮熟，即先装槽［盆］内，供神桌前。再将所供之糕换下，俟肉好，按内（份）装槽［盆］内。每样先片啊木苏肉数片，共盛一碗，并添汤满碗，插供箸一双，供在槽［盆］内。猪首之南傍，插木靶（把）小刀一柄。其乌叉、硬肋骨一个，另装大盘内，插木靶（把）小刀一柄，供在神桌上；北傍供汤盅。毕。主祭男妇率子弟同行礼三次，换酒三次，礼同前，行礼毕。即将神马牵进。主妇乃将香碟，自南至北请下，交主祭男子，自马鼻上薰过，将红绸条交与拉马人。（按：原下双行小字注：于院内，即拴在马之头鬃、尾各一条。）主妇再将所供之啊木苏肉彻（撤）下，用供箸向上挑至三次，递与主祭男子。主祭男子，立行受胙礼，少尝，收于内室，再俱彻（撤）下，按分（份）待亲族，除啊木苏肉外，其余亦不些少存留。俟亲眷吃毕，即在神前地下向西，上铺毡三排，令家人等，均沾神惠。毕。槽［盆］上人，查全骨数，于午前，主妇行撩（撂）骨礼，一跪一叩礼一次。毕。即带人敬收神幔、香碟，并一切桌张。槽［盆］上人，即彻（撤）下骨槽至院中索莫杆处。将槽［盆］内拿出骨条数件，撩（撂）在杆前，余送外边河内，万不可秽污。撩（撂）骨完毕，将一切祭具，洗涤洁净，预备晚间背灯应用。至午后，将早辰（晨）所留神惠啊木苏肉吃毕，即令神上仆妇，蒸豆撒（洒）糕。俟糕熟透，主祭人，令神上请牲人，将牲由中门拉入院内西边，拴妥。（按：原下双行小字注：将牲之口，并四蹄，俱各缚拴妥。）主妇脱去大褂，即带众妇，安供背灯神桌于北炕西中后，安神幔架，将神幔悬于架上西头。挂铃铛杆，铃铛向外，杆向里边。请北炕神柜上原供香碟三个，供此桌上，其东头香碟例应少前。上荡香[11]三汤（趟）。毕。令人盛浇猪耳之酒一碗，次盛供酒一大碗。毕。即点香，香自西点起。起糕，供糕。毕。即供酒三盅。（按：原下双行小字注：糕、酒，俱自西先供起。）主祭男妇行礼，换酒。［行］礼三次，俱与早辰（晨）礼同。毕。主妇跪于炕下西傍，令人请牲。请二人将猪搭进至神前，首向上，则一人彻（撤）回，但用一人跪候按拿。（按：原下双行小字注：其搭牲桌人，亦随请牲人进屋，将桌安在迎门正中。）主祭男子视牲进屋内，则跪于炕下东傍。主妇将炕沿上所放浇猪耳之酒，用盅盛出，敬举。（按：原下双行小字注：不用托盘。）默祝，叩首。毕。递与主祭男子。主祭男子接酒盅，亦敬举，默祝，叩首。毕。即浇灌猪耳内三次，俟神接受。主祭男妇，同叩首，起身。请牲人将牲请下，放在高桌上，首问西，用小刀省牲。主妇坐于南炕东南角以待。俟牲收拾毕，方下炕。众家人将猪如法剥卸，将血先供于供桌上，按分（份）卸妥。将肉送入神祸，加火煮透。收拾具同早辰（晨）一例。灌血肠人，仍在神前跪灌。毕。俟脂油煮熟，先装槽［盆］肉供献。将所供之糕换七盘，留西边二盘，以为背灯之供。俟肉熟好，如式全装槽［盆］内，猪首西傍插木靶（把）小刀一柄，供汤一盅。毕。主祭男妇率子弟，同行礼三次。其换酒、供酒礼，俱与早辰（晨）礼同。行礼毕，主祭男子出门外，即关门，熄香背灯。众仆妇将幔遮好。主妇在幔内，自行一跪三叩礼一次。（按：原下双行小字注：神上仆妇，高声在库房内说“背灯了”三字。）行礼毕，主妇令人掌灯，即开幔后，复行一跪一叩礼一次。毕。彻（撤）下小刀，即收神幔、香碟，彻（撤）供糕。主祭男子带众家人，开门入屋内，将供肉供桌搭下，在屋门房门之中，按分（份）摆出，分送亲族。此即祧大神并背灯礼也。

祭天还愿仪注

每逢祭天之日，黎明齐集。众家人等，将铁锅灶安设于大院西北角，并将蒙（幪）子架请出，安设于院西向东正中，上搭红毡一条，前放矮桌二张，上陈小案板八块，对面铺毡条二块，左设大方盘一个，其一切应用器具，陈列于左傍。收拾猪之高桌，安设于院中正中。毕。将索莫杆请下，尖东柄西，横放于架杆上。将锡碗请下，拂拭洁净，供于高桌上正中。即一面令二人，自屋内取水、火，随供高桌拿出；二人将供桌并应用喜纸、米碟三个、铁签连桌搭出，供于索莫杆前。令人开门请牲，主祭人立于院中，萨莫立于桌后。俟牲进院内，按于供桌东边，首向上。毕。主祭人跪于后，萨莫即将碟内米，用手抓起，向上撒一把，又向西撒一把，又向东撒一把。随（遂）恭读祝文。毕。再照例撒米。毕。主祭人则行三跪三叩礼。萨莫即将铁签授予签猪人，签猪人接签省牲。毕。将猪搭于东面高桌上，随将猪各处应拿之处，俱少割些，须拿全。再剥皮、开膛，将猪苦胆供于杆前桌上。油、肉并锁子骨，俱皆取下，不过少存些须（许），其余俱下锅透煮。（按：原下双行小字注：收拾下水，在院内东南角。）收拾毕，将猪之[illegible]（筋）骨俱不卸开，整装槽［盆］内，仍用毛皮盖妥，放于高桌，首向南。俟肉熟，则令人分割，切片，抹成细丝。萨莫将锁子骨收拾洁净，并将各块肉上，亦俱少取些须（许），盛碟内，供于桌上。肉丝切完，仍下锅煮透，捞出盛二大碗，又盛稗米饭二大碗。用四人各捧饭、肉、匙、箸；饭在前，肉在后，自东一齐供于桌上，各插匙、箸。（按：原下双行小字注：饭上插匙，肉丝上插箸。）供毕，主祭人跪于后，萨莫随（遂）照例撒米、读祝文。毕。主祭人则行三跪三叩礼。礼毕，乃将肉、饭少挑于碟内，方彻（撤）下。主祭人即行受胙礼。敬尝肉、饭些须（许）。即将碟内所盛各色生熟肉、饭及苦胆等物，俱放于锡碗内。碗按（安）杆上，将锁子骨按（安）于杆顶正妥，即将新喜纸加（夹）于杆柱中缝二铁箍之间，乃立索莫杆于石鼓之上，全然正妥。则将院内按（安）放猪骨槽［盆］上猪首少移偏西，再将肉丝、汤肉分送于屋内，以待亲族。已盛进屋内，不可复行拿出；留于院外，亦不可拿进。众皆吃毕，至午后，即将索莫杆前高桌彻（撤）下，并院内蒙（幪）子架、矮桌及小案板等，俱暂放于大屋东次间阶下。啊木苏上人等，则将所剩存骨肉，搭至屋内，收拾下锅煮熟。于午后，同众子弟，仍在大屋领惠同食，亦不可拿出。食毕，则亦将骨数查全，拿出数件，撩（撂）于索莫杆前，其余俱送于洁净河内，断不可秽污。此即祭天礼也。

做米儿酒仪注

每于祭大神之前九日，主妇率同仆妇，在大屋南炕，将做酒江米，选择洁净细白者四大升；甜曲十六两。次日，带同仆妇，将米在神锅内煮烂成饭，搭在西炕晾凉。则在神炕前，令神上仆妇将甜曲用净水泡开过罗，手搓极细，再用水一桶，并将江米饭倒入搅匀，装入坛内。共盛二坛，放于北炕西头神柜前，用盖盖好，外用红毡盖妥，上放灰盘一个。上汤（趟）香一汤（趟），放木靶（把）小刀一柄，尖西、柄东、刃向外。则即不令人擅动。至祭之前一日，主妇则带同神上仆妇，去盖单，将发出蒙头去净，仍就（旧）盖妥。至祭日五更，则将西边之酒坛，先抬至西炕沿下正中，以备供用。其东边酒坛，系背灯时，方抬至炕沿下，以备供用。用其盛酒务用洁净妇女，断不可少有秽污，以昭诚敬可也。

撒（洒）糕仪注

每于祭大神之前三日，主妇率众仆妇，在大屋南炕，将撒（洒）糕用之江米，选洁净细白者一斗二升；再将白江（绛）豆，选洁净细白者八大升。于次日，将米令人磨成细面，并将选出之白江（绛）豆，用磨磨碎成豆拌（瓣），再用水漂净豆皮。则将面、豆，俱分为两分（份）。早辰（晨）十分之六，晚间十分之四。分妥，俱放于北炕神柜傍。至祭日四鼓，则将江（绛）豆先铺蒸笼内蒸好，再将撒（洒）糕之面，少用水花拌匀搓细。俟笼内蒸气圆满，则将面先撒（洒）一半，少待，俟蒸气复行圆满，再将余下之面，续行撒平。俟糕蒸成，按七寸见方式样，切成十二块，不动，仍盖妥，以备供用。至晚间同此。其正月磕年头供之撒（洒）糕，例用整红江（绛）豆，以为新年之意，其余俱同此。

淋酒仪注

每逢挑（祧）大神吉日定。前期九日，主妇带同仆妇，将做酒用之江米，选洁净细白者一斗五升拣出，则令人将应用祭器、酒缸，洗涤洁净，全分（份）预备清楚。至次日，先将酒缸安设西炕正中，下垫木墩一个。则令人将江米，在神锅内蒸烂，再用上好曲方二块，捣烂。俟江米饭蒸烂，晾凉。则用净水三大桶。令神上仆妇将酒曲，用手搓烂，用罗过细，即兑水饭，盛于缸内，将塞安妥。上盖布㐌单一块，红毡一条，盖妥。上放灰盘一个，上香一汤（趟），放木靶（把）小刀一柄。俟祭之前一日，则令人将小酒坛拿出，放于缸下。则拔去缸塞，接清酒二坛，放于北炕上，以备祭日供用。此则淋酒仪注也。

三月打糕仪注

每年三月祭大神，力量足者，例应打糕，用豆面做供。每逢三月祭大神，前期三日，主妇带同仆妇，将应用江米，选洁净细白者四斗，做豆面之黄豆八升拣出，用簸箩（笸箩）装好，上盖讫单，暂放于北炕西头春凳上。至次日，则将江米，用水淘泡洁净；再将黄豆炒好，磨成极细豆面。至晚间，则令人将打糕大石座垫蓆块，俱搭于大屋迎门正中。石块暂立于北炕沿下，其一应水缸、水盆、木榔头等项，皆安放妥。至祭之前一日二更，主妇带同子妇，先安供堂子上桌张、香碟后，再安供屋内桌张，悬神幔，摆香碟毕，内外香俱点上。则将喜纸钱剪出，悬掛幔傍。预备妥，一面即令神上仆妇，先将江米煮成烂饭。于三更，即令家人进内打糕。其拨糕妇女，先坐石傍东边，向西上跪坐。则神上妇女，将蒸熟米饭盛出，入于大木槽内，令人抬至石傍。打糕二人，则进屋内，将槽内米饭，用榔头蘸水，先擦少烂，则倒于石上。二人随（遂）用榔头轻轻打成饼，用力蘸水打成极细。力乏，即更换人，轮替打做。（按：原下双行小字注：拨糕妇，则看糕之厚薄拉拨。）至打成，将头一台擦台糕拿下，赏神上人等。俟第二台糕打成洁净极细，则拨糕人，将糕盛入大方盘内，抬至神前，主妇视令众仆妇，做成糕块，二寸宽，九寸长。分摆于应供各盘内。（按：原下双行小字注：每盘先供一个，每层两个，即撒豆面一层。）如此打成，屋内九台。则即打堂子上，并神幔后供用，共三台，如式摆供。打十三台，全完，则将石块等物，俱令人抬至院内西廊下。主妇再至堂子上敬酒，磕头。毕，再进屋内，如仪敬酒，磕头，请牲，俱于前礼同。但打糕，祧神。（按：原下双行小字注：堂子上敬酒九次，屋内敬酒五次，又三次。）至午间，于撩（撂）骨后，即蒸饭打糕，俱于早辰（晨）礼同。但打九台，即是供用。其一切祭供、行礼、俱于前所记撒（洒）糕、祧大神礼同。

四月供博罗、椴树叶饽饽仪注

每年四月，应用菠罗叶做饽饽祧神。如不得菠罗叶，即用椴树叶，二样俱可。每于四月，令人找得此叶九百张，即择上旬吉日定。前一日，主妇即带同仆妇，将上好江米，选洁净细白者五升，拣出磨成细面；再将红江豆三升，俱放于西炕北头。至祭日四鼓，令神上仆妇，先将红江豆煮烂，擦成豆泥，过罗。将菠罗叶用酥（苏）油在正面摸（抹）好，再合一个。再将江米面，做成大水饼煮熟。再令人改做豆馅角子，外用此叶满包好，送神锅蒸笼上蒸透。主妇带同子妇，安设桌张，悬挂神幔，安供香碟，上香一汤（趟）。毕。则供饽饽九盘。主祭男妇率子弟，行一跪一叩礼三次。毕。俟香待尽，则彻（撤）供饽饽，敬收神幔，并收供用桌张。至晚间，照早辰（晨）一样做饽饽，在北炕悬神幔，安设桌张，摆供香碟，供饽饽，行礼，俱与早辰（晨）礼同，但无背灯礼。如力量充足，添牲口，则有背灯礼。俱于祧喜神礼同。

五月苏子叶饽饽神仪注

五月，苏子叶饽饽神，其一切仪注，俱于四月菠罗叶饽饽神礼同。

六月小鸡小鹅神仪注

每年六月，择上旬吉日定。令人找得洁净鸡、鹅各二只，于祭之日黎明，令人先安堂子上供桌，请供香碟二个，上香一汤（趟）。主祭男妇行礼一次。毕。则令人将小神灶、小锅、小桌，安于院内东厢房前北阶下。再令人将鹅一只，拿于小矮桌上省毕，退净翎毛，即在院中小神锅内煮熟，供于堂子供桌正中，上插木靶（把）小刀一柄。主祭男妇，率众行一跪一叩礼一次。毕。即进屋内，安设西炕神桌，悬掛神幔，请西廊内藏供香碟四个，如仪安供，上香一汤（趟）。毕。主祭男妇，先行一跪一叩礼一次。毕。即将南桌上安菩萨香碟，请奉于原供龛内。将北桌上关帝香碟，少移正。则令人将院内所设行灶，移于库房。矮桌移于屋内迎门正中。则令人将鹅一只拿进，向上省毕，送库房内，退毛煮熟，供于神桌正中，上插木靶（把）小刀一柄。主祭男妇，随（遂）率众行一跪一叩礼。毕。俟香待尽，则彻（撤）下。主妇率同子妇，敬收神幔、香碟，并一应桌张。至午后傍晚，主妇则带同仆妇，安放北炕供桌一桌（张），神幔架悬神幔，挂铃铛，安供香碟三个，东头少前，上香一汤（趟）。毕。则令神上仆妇，将小鸡一对，拿至神前，用手掏（掐）宰。毕。随（遂）令人在库房行灶内，退毛煮熟，共盛一盘，插木靶（把）小刀一柄，供于神桌正中。主祭男妇率子弟，行一跪一叩礼一次。毕。男子退出。主妇随（遂）令人背灯，将围幔遮妥。主妇自行一跪一叩礼一次。毕。主妇随带同子妇，敬收神幔、铃锣、香碟、令神上仆妇，彻（撤）下小刀，再彻（撤）去小鸡盘，收神桌等物。此即供鸡、鹅神大概礼也。

七月供酸饽饽神仪注

七月，例用糜子米[12]做酸饽饽祧神。其一切礼仪，俱于（与）苏子叶饽饽礼同。若力量可以，添牲口，即添背灯礼。于（与）喜神礼同。

九月炸角子祭神仪注

每年九月，例应炸角子祧神。预择上旬吉日定。前三日，主妇先将做饽饽之江米选出，用洁净细白江米一大斗，再用上好红江豆五升，用酥（苏）油廿斤。至次日，将米磨成细面，放于西炕。至第二日，则将豆泥擦出，再将江米面，令仆妇做成大水饼煮熟，再改做豆泥馅角子。（按：原下双行小字注：长五寸。）再用酥（苏）油炸好，盛于肉槽内，用乞单盖妥，暂放于北炕神柜前。至祭日黎明，主妇带同仆妇，安供神桌，悬挂神幔，摆供香碟，上香，供炸角子，每盘九个。其一切行礼礼仪，并晚间供饽饽行礼礼仪，俱与祧苏子叶神礼同。若有力量，添牲口，则有背灯礼，于（与）祧喜神礼同。此即炸角子神大概礼也。

九月用野鸡背灯仪注

每年九月，例应用新鲜野鸡。每至期，择定吉日定，找得新鲜齐全野鸡一对。本日即在北炕神柜前，放矮供桌一张。将野鸡一对，盛在大盘，先供桌上。至晚间，主妇带同子妇，安供神幔架，矮供桌一张。神幔架单挂铃铛，不悬神幔。安供香碟三个，上香一汤（趟）。则令神上妇女，将野鸡拿在神前，择（摘）去翎毛，再送库房神灶小锅内煮熟，共盛一盘，插木靶（把）小刀一柄，供在神前。主祭男妇，率众行礼一次。毕。男子出外，关门。仆妇遮蔽围幙（幕），主妇照例行背灯礼，俱于（与）小鸡神背灯礼同。此则野鸡神背灯礼也。

十月祭大神炸穆丹打糕仪注

每年十月祭大神，力量能者，例应打糕、炸穆丹等样。每于祭之前五日，主妇即带同仆妇，将炸穆丹应用之黄米一斗，小米五升，拣选洁净。再用酥（苏）油三十觔，俱放于西炕上。至次日，将米俱磨成细面。并将一切应用器具，洗涤洁净，预备完毕。第三日五更，主妇带同仆妇，将黄米面、小米面合成一处，做成大饼煮熟，拿出用力同面揣到。则在北炕设桌五张，令仆妇等搓成穆丹。

（按：原下双行小字注：每个四根一连。）送库房神锅内，用酥（苏）油炸好，盛于大木槽内，晾于西炕上。（按：原下双行小字注：共做二百六十个。）其南炕放桌二张，则令仆妇做鹿、松塔[13]、面雀、喀巴角等样，做妥，亦送神锅内炸好，俱放于大方盘内。（按：原下双行小字注：每样三十个。）第四日，则将打糕之江米拣出，黄米亦可。并将做豆墩之白江豆八升，选出用水泡好，去皮。再将打糕之米，用水泡好。至晚间，先将江豆蒸烂，令仆妇做成豆墩三十个。至祭日，打糕一切礼仪，俱于（与）三月礼同。但盛供时，每盘先摆穆丹两排一层，则供打糕一层。（按：原下双行小字注：此季打糕，用酥（苏）油沾做，不用豆面。）每样五层，共十层。上面系单摆一个，每样一层，顶上摆鹿、豆墩、松塔。（按：原下双行小字注：松塔上，有杆三根，上插炸面雀三个。）后将喀巴角，俱各如式摆供。其一切祧神背灯、敬酒、磕头等礼，俱于（与）三月大神仪节同。此则十月炸穆丹、打糕大概礼也。

十一月鱼祭神仪注

每年十一月，冻河前，例应祧鱼神。每至期，择定吉日，令人找上好大鱼一对。至晚间，主妇带同子妇，在北炕安供神桌一张，安神幔架，挂铃铛，不悬神幔，供香碟三个，上香一汤（趟）。安供毕，随（遂）令神上妇女，将鱼收拾洁净，在库房行灶小锅内煮熟，盛在大盘，供于神桌正中。毕。主祭男妇，率众行一跪一叩一次礼。毕。俟香待尽，则彻（撤）下。主妇带同子妇，敬收香碟、神幔架、铃铛、桌张等物。此则鱼神大概礼也。

除夕日换香碟灰仪注

神上供用香碟净灰，例应于年终除夕日易换新灰，余日俱不可动。每于年终除夕日正午，主妇令人将祭用高桌预设于大屋正中。

主妇乃沐手，令人将神堂灶内新灰取出，筛净，盛于盘内。再令人将堂子上香碟两个，请入屋内正中桌上。则将陈灰去净，将新灰换妥，再用红纸覆上，用手压平，收拾洁净，则去所覆红纸，仍安供原处。次将早辰（晨）供用香碟四个，照样易换新灰，仍送原处安供。毕。再将晚间背灯用香碟三个，亦按次照样易换新灰，收拾洁净，毕，安供原处。虽此小节，亦必须主妇亲看收拾，断不可委之仆妇，以示诚敬可也。（按：原下双行小字注：将陈灰仍送神灶内，不可抛弃。）

上香

此事，当令子妇习学，不可全委仆妇。上香、点香，俱自右为上，俱是里面先点。堂子上，东为上，早辰（晨）南为上，晚间西为上。每祧神背灯，俱系三汤（趟）香。但做酒香盘上，系一汤（趟）香。

磕头

堂子上磕头，如无萨莫，除敬酒主妇在正中，则主祭男率众子弟，在南傍跪；其众妇女，在北傍跪，俱系一跪一叩，两手加额打问心三次。但背灯主妇，在围幙（幕）内叩首，系一跪三叩。再，妇女于背灯摆香碟时，即不穿大褂，单穿袍衬。男子叩首，俱系免冠叩首，不戴帽。其所有神上执事家人等，例不戴帽。

供酒

堂子上供酒、捧酒仆妇一人，在东傍立，俟敬酒礼毕，则上前自东起，盛于香碟前供钟内，退回；又俟撩酒后，再盛，再供，如此三次。屋内早晚供酒，俱系用二人。一人捧空碗，在前撤供下之酒；一人随后捧添供之酒碗。俟撤酒人撤回，即添新酒，俱系三次。早辰（晨）自南先供；晚间自西先供。

敬酒

主妇敬酒，除打糕大祭日，堂子上敬酒九次，屋内敬酒五次，后又三次外，其三月、十月撒糕祧神，俱系三次。每逢敬酒，跪捧托盘，上放大酒盅二个。若堂子上则撩酒，仆妇二人即将矮桌缸内敬酒盛满，敬酒主妇随跪起，两手高举敬酒向上举献，手落时，随（遂）于钟上轻轻叩首。毕。则撩酒仆妇二人，随彻（撤）下酒盅，向桌前高撩。毕。放盅于托盘内，再盛再敬，如此三次。若在屋内神前敬酒，则即无撩酒之礼。例应即系彻（撤）酒、供酒二人，盛供酒下时，亦系此二人，将酒彻（撤）于空缸内，再盛再敬，亦系三次。敬毕，主妇在原跪处，自行一跪一叩礼一次。毕。方起身搭桌，同众行礼。

供糕

每供糕，令仆妇二人，自库房内将糕盘搭出，抬至神前。主妇率众子妇，将桌上安供糕盘，自南先捧起，令人将糕做方正，放于盘内。随（遂）仍自南先摆供。毕。幔子后一盘，供毕，再摆供堂子上糕盘。其神幔后，名为背珲[14]，此盘糕，例应赏香上人。再，堂上糕，例应于献牲后，则令仆妇二人，至堂子供桌前，将酒如仪高撩，将糕些少揪下，亦撩房上。再熄香，收香碟，搭供高桌放于神前，以备供血。

供肉

每于肉熟时，槽上人先至槽子两旁，将槽擦净。立候一人，将肉用方盘捧至槽前。先捧四大腿、大骨等件，后捧下水。槽上人，则按件，俱片数片于大碗内，将肉如式摆妥。将细血肠，并臁贴，搭头上，于右傍插木靶（把）小刀一柄。再将硬肋骨一个，放于乌叉上，插木靶（把）小刀一柄，供于神桌北头，供汤一盅。将所片啊木苏肉插供箸一双、泡汤满碗，供于牲首南傍。随（遂）退出。以待主位叩首。

打栅（札）板

每于祭大神之日，敬酒时，并请牲时，俱打叉（札）板。其余寻常祭祀之日，则不用。其栅（札）板用三人打，再添二人拍巴掌随行。在堂子上敬酒时，其打栅札板五人，例在大屋东阶下坐打。在屋内敬酒时，其打叉（札）板五人，则在大屋东迎门向西坐打。视敬酒主妇敬举时，皆随举高下，则高声抑扬念祝。敬酒毕，则即起身退出。屋内堂子上，具同一礼。再献牲时，亦当打栅（札）板，视牲接，则即起身退出。

浇猪耳

每逢祭日，主祭男妇，务须洁净斋戒。于请牲时，主妇将酒亲手盛出，敬举默祝，叩首后，递主祭男子接过，亦敬举默况、叩首。随（遂）少少浇灌猪耳内，牲接，则即叩首起身。如不接，则可另接酒，再浇灌。如仍不接，则将盛出之酒，并盅、碗，俱换，另盛□□净酒。如猪耳不通，则可将猪翻转另灌。如仍不接，连三次不接，则即将此猪换第二日所用之猪。第二日［猪］另请。务令接受，方是。若不做酒，则是□换洁净新水，方妥。再如遇晚间背灯之猪，则不换，只可另换酒水，并洁净器具，此乃满洲家最要之件，合家吉凶之验也。虽老例如此，然余想，若如此谆谆读告，未免反失诚敬之礼，莫若遵照复浇猪耳三次为度，至接于（与）不接，原系示以吉凶大兆，又何谆谆渎告也。

请牲

每逢祭神，于祭之前一日，令人上市请牲，务择毛片纯色，无杂毛，诸处齐全洁净方可。务用编（?）猪，不可用耳上有孔之猪。如力量足者，总须家内自蓄者更好。

剪喜纸钱

每于祭大神之前一日，令人买洁净粉连丝纸一张。于祭之日五鼓，安设香碟后，主妇则在南炕放小桌一张，将此纸分作三块，留一张，第二日祭天之用。则将此二块摺作四层，自上自下，剪出纸钱，冲开，挂于神幔两旁。并将剪出钱眼，供于神桌北首香碟前。于磕头后，则将南傍所挂之喜纸线，随南桌菩萨香碟请出，藏于西廊内，专俟元旦焚神纸时，则将喜纸钱请出，随神纸一并焚化。其北傍所挂喜纸钱，并纸钱眼等样，俱系例应随撩（撂）骨肉槽，送于外边河内。

剪拴马红绸条

（名为塔尔哈布丁）

每于祭大神之前一日，主妇则将洁净新红绸，剪出九条，每条长五寸，宽一寸，上用红线串（穿）成一式，收于北炕神柜上。俟祭之日五鼓，安供香碟时，则供于北首。行礼后，将香碟在马鼻上熏过，则将此红绸条递于（与）拉马人。拉马人接过，则由南转下，拉于院中西廊下，将红绸拴马门鬃上一条，脖鬃上一条，马尾一条。拴完，再由中门拉出。

撩（撂）骨

每于祭肉吃毕，正午时，槽上人则将骨数查全，并将供酒、喜纸钱眼、猪蹄尖等件，俱装入槽内。主妇则在神前行一跪一叩首礼。毕。槽上人则将槽请下，至院中索莫杆处，将槽内骨条拿出数件，撩（撂）于杆前，余再送外洁净河内，万不可秽污。

吃啊木苏肉

此啊木苏肉者，乃神赐神惠也。例应于背灯请牲前，午间率众子弟男妇食毕，方可安背灯香碟、献牲，不可于（与）背灯肉相连。再，此啊木苏肉，例应不与外姓人食。

杂仪

每逢祭日定，男妇不可出门，丧家犹不可去，务须斋戒，以昭慎重。男子磕头，俱系免冠叩首。仆人，亦皆不戴帽。背灯，主妇不穿褂。再，满洲家安立神位后，院内有索莫杆，其驴、猪等蓄（畜），并马鞭，俱不拿入院内。如做酒后，遇本家重孝，则将酒送入河内，则不祭。过一年后，方可安杆祭供。如系近派或本房，皆应过百日方祭。若族孝，即不过，更换新月择吉补祭。满洲旧规皆系如此，不可不遵。

祧神应用祭器

索木（莫）杆，高一丈三尺，根见方三寸，上有锡碗一个。矮柱五尺，见方四寸。石墩，高一尺五寸，方一尺五寸。

堂子上香碟二个，例在东厢房南廊内收供；关帝香碟二个，名为晕（荤）的；菩萨香碟二个，名为素的。早辰（晨）共四个，例在大屋西廊内收供。背灯香碟三个，例在屋内北炕神柜上安供。共香碟九个。（按：原下双行小字注：宽三寸，高五寸，长七寸。）

神幔架二分（份）。

早辰（晨）神像一分（份）。

早辰（晨）神幔一分（份）。上用红云缎，下用黄云缎。

背灯神幔一分（份）。通身用墨绿缎。

铜铃铛大小七个；木杆一根，长三尺三寸，粗七分。

香匣一个。

香匙一把。

香箸一双。

香式二个。

栅（札）板三分（份）。

供匙二把。

供箸二双。

供用大碗四个。七寸口面。

供用小盅十五个。三寸口面。

供用大盘一个。一尺八寸口面。

供盘十五个。九寸大。

香盘一个。七寸大。

米碟三个。三寸大。

托盘二个。

磁（瓷）酒缸二个。

大酒缸一个。淋酒用，随木座。

大水缸一个。

矮水缸二个。打糕用。

酒坛二个。

缸盆二个。一尺八寸口面。

磁（瓷）盆一个。一尺二寸口面。

铁签一把。

铜大罩（笊）篱一个。

铜勺四把。

铜漏子一把。

铁钩子一把。

背灯罩灯一个。

木靶（把）小刀二把。

有环大鸾刀一把。

压幔石二块。

供矮桌二张。

供高桌一张。

粗高桌一张。

敬酒矮桌一张。

供肉大槽一个。锡里。

整木大饭槽二个。

丫尔虎槽[15]二个。

长春凳一条。

大长方糕盘一个。

小长方盘二个。

小案板八块。

大神锅一口。

大蒸笼一分（份）。

大蒸箅一分（份）。

蒸箅木架一个。

大行灶一个。还愿用。

大铜锅一口。还愿用。

小行灶一个。

小铜锅一口。

大小锅盖各一个。

打糕大方石一块。随草墩、蓆垫，方三尺，厚九寸。
木榔头四个。
大饭菠萝（笸箩）二个。
大面菠萝（笸箩）二个。
大瓢一把。
小瓢二把。
绢罗一个。
马尾罗一个。
大白布乞单二块。六尺见方。
小白布乞单二块。
红毡二条。
（满文祝文，略。）

按

《满洲四礼集》一函五册，线装，书通高24.8厘米，宽14.8厘米，双页，双边框，双鱼尾，每半页十行，每行十八字，抬头行二十一字，无标点，嘉庆元年（1796）由其族人国史馆纂修索宁安撰，嘉庆六年（1801），省非堂藏版。《满洲祭天祭神仪注》，为该书第一册。索宁安所记，实是钮祜禄氏祭天祭神仪注，并非满族各姓氏的综合性祭天祭祀仪注。

此书记载该族祭天祭神仪注，较他书详细明了。所记祭器、祭品、程序、礼仪等，有自己的特点。特别是祭品，体现了满族在清中期时的饮食特色。所记祭祀神位、礼仪等，与其他满族各氏祭祀有一定的差异。这是研究满族民俗的重要文献。

注

① 高宗纯皇帝：即乾隆皇帝弘历。

② 嘉庆元年：即1796年。

③ 索宁安：钮祜禄氏，隶满洲镶黄旗。乾隆末年，曾任国史馆纂修官。

④ 菠罗叶：柞树幼树之嫩叶，满族用其包饽饽。

⑤ 穆丹：满语mudan，《清文鉴》饽饽三注："搓条饽饽。"《清文总汇》卷九注："小米、黄米、荞面做的米面弯条子油炸者。"还释为"打鸟的夹子上的弯曲木、曲路、回、韻、遭（次）、弯子"等等。

⑥ 啊木苏：又写作"阿母孙""阿玛孙"。满语音译，即胙肉。

⑦ 百分：满语bofun，《清文鉴》包裹注："包袱"。即包衣物等之方幅布。

⑧ 红江豆：此处红江豆，指全红色小豆。白江豆，即白小豆。

⑨ 乌叉：满语uca，此处专指猪尾巴。

⑩ 叉板：又写作"栅板""拍板""札板"，满族大祭中所使用的响器之一。

⑪荡香：满族祭祀所用的安春香，俗称达子香。

⑫ 糜子米：即大黄米，黍子碾成之米。

⑬ 松塔：此处指用面做松塔形饽饽。此松塔，即果松之果实外壳形。喀巴：满语kaba，《清文总汇》卷三注："凡物双附合者。"日常对物体一头连在一起，另一头叉开者，皆称喀巴，又写作卡巴。

⑭ 背珲：满语beibun i efun，《清文总汇》卷四注："跳神供肉撤下的饽饽，剩一盘供在神主阁板上的饽饽。"

⑮ 丫尔虎槽：满语yalhū，《清文鉴》器用六注："有把槽盆。"即整木或木板做成有四个把的大槽盆，多为长方形。

安图瓜尔佳氏祭祀礼仪[1]

叙

凡人有五种，是满、汉、蒙、回、藏也。唯我瓜尔佳氏亦系满人。又尝闻：礼莫大于祭，而祭天祭先，尤其綦重者也。吾先祖聪明睿智，虽不尽心于祀典，而祀典自无不详明。延乃后裔，德凉识浅，纵于祭祀之事，有亲身目睹者，非见而辄忘，即冥然罔觉，则陨越遗羞，畴知操跪之有节，更颠倒失序，那识俎豆之几何？兹于缣缃中获一书简，内载祭祀之事，甚觉细腻。然于始终条理不遗（贻）误之处。爰就族中知者，互相参补，粗成斯编，以志不忘云。

祭祀仪式、礼节列后。

供献屋内礼仪

凡供献屋内，以西为上为右；以前炕为右，后炕为左。祭必先右后左。执祭人必用正嫡，六耳环全备妇人[2]。妾庶孀居，原来孀居或被出者，俱不用也。

冬祭仪节

择历立冬后吉日。先两日，做酒两瓶，安放前炕西头。早祭在右，晚祭在左。又备一小瓶为京达密酒[③]。做酒以（已）毕，将小瓶亦靠在左边，用红毡盖之，以祭祀神刀压放。早祭右酒瓶，刀把朝右，刃朝后。再请供板上右边香碟，拈香压放神刀上。若无神刀，尖刀亦可。即做他力哈[④]，马他力哈四长条，均两下分缝完，拴蒙（幪）架上右边。又做人他力哈方块与索线，按人数多二三枚方可，完，拴蒙（幪）架左边。再剪纸六条，均缝两份，完时，拴在高柜门上。

格酒仪节

于祭礼前一日，备柳枝一株，与石安放房门外，将柳枝插其上。晚间格酒[⑤]，将京达密酒瓶移出，用罗格清。放桌两张，盛酒一碗，供于两桌之中，顺碗放筷子一双。再将酒盛两碗，放于西炕左右两旁，右为京达密酒，左为背灯酒。安放以（已）毕，原人三叩首，起，将酒碗撤下，桌子横立西炕中间。

再祭日，早起，净扫炕、地，净抹桌张、祭器。先将压酒瓶、香碟请上。放桌两张，对两供板正中，前靠炕沿，后靠架。挂蒙（幪）绸，立两桌正中后，即将索绳头，拴两供板正中圈上，一头暂放在排叉上[⑥]。换索箭，将五色线索绕箭头上，立右桌靠蒙（幪）架。即请右供板上香碟，放两桌正中，靠前拈香。将早祭酒瓶抬下炕，放两桌正中前地上。供糕九盘，从右先起，两桌顺放四盘，桌后横列五盘。又贝勒上一盘[⑦]，放右供板上，左边靠后。又供酒七盅，亦从右横列香碟后，供盘前。又将京达密酒碟、酒盅放香碟两边。靠桌前边，又放净碗一个，举水碟，水盅同放桌前炕沿上。供妥扫地。执祭人立前炕沿边，率主祭人大小男妇，近前叩头。执祭人立起原地，子弟换酒，如此三遍。将京达密酒，均两碗，放桌两头。子弟待立两旁换酒，执祭人跪对右供板，主祭人跪对左供板，同举酒递与子弟换酒，如此三遍。二人同起，再将桌子酒全换，男妇又叩头三遍。起即换索，将索绳、纸条一份，同拴门外柳枝上。又将瓷香碟，拈香端出，放在柳树下石上。执祭人立对右供板，平擎索箭行出门外，右绕柳枝三遍，因立桌前，如此三遍。将索箭立放原处，再磕头，换酒三遍。即将右首香碟请上，主祭人擎水至大门外取净水，回至桌前。执祭人将桌前放（的）净碗持起接水，放还原处。即令人抬进祭猪，放桌前地上，右耳朝上，嘴朝里。主祭人跪在右边扶猪，执祭人跪在左边端碟、盅舀水，高举一遭，递与主祭人，将水灌入猪右耳内。省牲完，抬到房门口内宰退。将血盆放在供桌右首。供肉时，撤供盘、酒盅。先从右撤，留末四盘与酒末四盅，放肉槽，对两桌正中；供盘、酒盅均肉槽两边顺放；香碟亦放两旁。肉按前后左右摆妥，内腹五脏俱放内，外盖脂油。尖刀靠猪首左放，磕头，换酒三遍。执祭人将马他力哈绕肉槽三遍，递与子弟，拴马尾上。无马，拴厩中亦可。撤供，先右首起撤去。早祭毕。

晚祭。放桌、请酒瓶、立蒙（幪）架同前。请左供板香碟、拈香。供糕十二盘，酒九盅，摆列同前。执祭人立后炕沿下，扫地，换酒，磕头三遍。主祭人取净水，执祭人接水，安放同前。先备一盅，放炕沿。令子弟抬进祭猪，放同前。先换酒，磕头三遍。只将酒碗传递，不须（许）从猪前走过。省牲、宰退，同前。血盆放左首。供肉时，撤供，亦留末四盘、酒四盅。供肉时，样同前，必见星宿。又扫地、换酒，磕头三遍。执祭人将人他力哈同前，绕递子弟分戴。又撤糕两盘，酒两盅，将香碟请上，酒瓶抬去，蒙（幪）架抬过，蒙（幪）子叠好。将主人枕头放肉槽头正中，口朝前。添换背灯酒，撤去灯火，止谈笑痰嗽声音。执祭人磕头四次，每次三叩。完，持灯撤供。

还愿。次日早起，以净高桌一张，放房门口内。三小碟放桌上，中碟盛稗米，头碟盛净水；签子放桌上；东边锅、火，应用刷帚、笊篱等物，预备屋内。即拿猪，一人在院东边扶立祭猪；助祭人立桌后，以右手撒米；念颂吉言，主祭人桌后跪诵完，磕头起。抬桌至院中，对梭罗杆横放。遂将应用器皿取出，又念诵一遍，磕头人同前起。又主祭人将杆拔下，坡立桌后。助祭人持签，左手签死。将锅安外院内西，措火添水。祭猪开膛，将梭罗杆子尖戳猪膛沾（蘸）血，复立桌前原处。又将猪遍身按件割下些须（许），放桌上西边碟内，余皆扒皮、燎毛，劈割煮熟。抹肉丝，亦按件割下些须（许）。再灌血肠，煮熟，割十片，分作两摞，放肉丝碗内不露。供时，稗米饭盛两碗，肉丝两碗，放高桌碟前边。先东起一碗饭，二肉丝碗，三饭碗，四肉丝碗。又筷子两双，头朝外，斜插两碗饭上。铜匙两把，靶（把）朝外，斜放两肉丝碗上，俱放碗东边。又撒米念诵，磕头同前。完，将碟内零肉俱装杆子上锡碗内，立起安正。随将生肉送屋内。再一饭碗，二肉丝碗，亦送屋内。余饭、肉丝送院中锅内，以备小人食用。高桌抬放柳枝西边；小碟扣饭上；锅放桌下。屋内、屋外吃饭，不须（许）来往乱拿，饭毕。

午后换索。先将肉煮熟后，用黄米面，使开水和均。漂小饽饽十八个，分作两碗。再漂大圆饼八十一个。从桌中均摆一趟，共九摞，放后炕西。再漂九个，用大盘装，分三摞。先将两碗小饽饽，再煮小豆两碗，并早晨稗米饭、肉丝各均两碗，共八碗。筷子两双，铜匙两把，俱安放方盘内，放于前炕西头。教家中小儿女上炕赴席。又将柜上纸条拴柳枝上，磁碟拈香。执祭人左手擎箭，右手端盘，行至门外柳枝下，左绕三圈，走至小人席上；助祭人将盘内饽饽，拿下三个，放小豆碗内，如此者三。后将箭上线索拿下，放在饽饽桌上，抬在柳枝下，前三摞粘在柳枝上，余收起，三日后，家中人自食。再赴席，小人与子弟等，用线索拴在柳枝上，即时解下，与他力哈一并拴在索线上，将大肉剔骨，骨装在肉槽内；撒米一把；签子亦放在槽内，一并抬至梭罗杆子下，移放他处。大家同吃大肉。还愿完毕。再者，念祭时，他人不立中门，不出入，不从院中横过。祭文列后。冬祭毕。

春祭仪节

过新年，择正月上旬吉日。前一日做酒，仪同冬祭。唯早祭供糕七盘，酒七盅；晚祭供糕九盘，酒九盅。不杀牲，不背灯，余同。

夏祭仪节

供苏叶饽饽。前一日，做酒、压面。早祭同前。晚祭，宰雏鸡供献。背灯并同冬祭。

秋祭仪节

新谷黏糕，不做酒，不杀牲，余俱同春祭。

解索规则仪节

祭日早起，净扫炕、地。用桌一张，供黏粥七盘，磕头三遍。即取水抬猪。先拴索绳至排叉（栅）方妥。猪亦照冬祭安放，磕头三遍，即举水省牲。晚祭，供黏粥九盘，余亦同冬祭。明日，索绳收起，完毕。

祭文（即念杆子吉言）

安吉顿阿不嵯顿得磨端吉按巴阿不嵯阿那磨端吉哈四乎哈啦瓜尔佳哈啦某名阿弥鸦哈哈八音薄洛力色磨三音依能依（吉）伯孙着非悖落昏某克哈吉非西分伯勒西色勒非爱心都嵯伯内非爱心图阿薄搭不非阿不嵯花得乌吉阿乌尔尖薄怀他磨扎法非乎诸得乌吉何乌而（尔）尖薄乎忒乎磨扎法非发他哈薄发牙非恶勒根薄恶衾音不非阿不嵯寒得阿里不木必恶某哈拉阿里磨该非琢哈拉他磨所该非杀不勒秃吉申得蛤马你不勒秃吉宁滚得蛤马按木巴阿不嵯乌而昔非顿阿不嵯端吉非恶勒七诸勒十班吉磨八音不窝磨身不阿不打哈各伦阿拉苏

不夫勒合书民夫孙布八音特非颁吉不三音特非杀可搭不我木必其倭什昏阿吉根其倭什珲唐五阿弥阿他他拉哈阿库你音朱阿尼阿你磨库阿库昂阿韦何梭洛他洛乌朱夫捏合杀拉他拉保衣不齐按巴阿吉哥各伦图其勒薄勒夫录搭拉八得他里布恶伦薄恶勒舍非花薄乌是七。

十二属

鼠（兴哥力），牛（依寒），虎（他四阿），兔（孤尔麻昏），龙（某都力），蛇（每合），马（磨林），羊（祸弥音），猴（剥牛阿），鸡（辍可），狗（音打浑），猪（乌尔尖）。

十二月

正月（阿牙必牙），二月（昨），三月（依兰），四月（都音），五月（卧他），六月（宁文），七月（那丹），八月（扎坤），九月（乌云），十月（转），十一月（窝木卧），十二月（着力珲）。

以上即念祭文吉言。后世人恐不能念，即可用川表纸照此写明，主祭人生年月，以火焚化梭罗杆下，即心诚则灵矣。

伪康德八年正月元旦[⑧]

荣萃　沐手敬订[⑨]

按

《瓜尔佳氏宗谱》，是由乾隆四十四年（1779）从北京抄录之宗谱增补而成，其后裔又续修两次。该族始祖松阿力贝勒，原住苏克素护河（今苏子河）下游北岸安图瓜尔佳寨（城），即今新宾满族自治县上夹河镇腰站村东北山之阳，萨尔浒城东约二十里处。松阿力之孙福力丹瓜喇，为萨尔浒部长，其弟诺米纳归太祖，“共起兵，攻尼康外郎”（《太祖武皇帝实录》卷一页四下）。至万历十三年（1585）九月，安图瓜尔佳寨为太祖破之，“杀其寨主内莫昏而回”，至此，其族人全都归顺。旗制定，该族人隶满洲正红旗。《八旗通志·旗分志六》载：“正红旗满洲都统第一参领所属第九佐领，初令钮尼雅哈管理（五世，松阿力之元孙，骑都尉、户部理事官，署副都统）”；第十佐领“初令夸占管理”（钮尼雅哈之侄，骑都尉兼）。入关后，居北京臭皮胡同。至八世翁窝图支子孙，于康熙二十六年，“由京师拨回奉天府，遂卜居东边凤凰城镶红旗界”。其后裔分十三支，移居各地。至1941年，该族已传至二十一世。

该《宗谱》中的祭祀篇，有自己的独特性，从中可以窥见建州女真与海西女真、东海女真各族间祭祀的不同特点，具有很高的研究价值。

注

① 标题为编者所加。

② 六耳环全备妇人。耳环，亦称耳钳。《清稗类钞》服饰类载：乾隆乙未年谕：“旗妇一耳带三钳，原系满洲旧风，断不可改饰。”有地位之满族妇女，每耳戴三环，双耳共戴六环。

③ 京达密酒：满语jingdembi。《清文鉴》丧服注：“对封奠酒”，即满族家祭的专用酒。

④ 他力哈：又称作他哈、他哈补丁。满族换索祭时，用绸布做成方形（寸许）、长条形（长三寸宽寸半）。方形有单层、双层。双层者，四周围线缝上，一角留一长线头，以便拴挂。

⑤ 格酒：米酒在用前，用纱布或细罗滤去渣滓，使之澄清。

⑥ 排叉：俗称栅壁子。满族旧居，在里外屋中间，南北炕头处，用木板做的间壁墙。

⑦ 贝勒：此处指该氏族始祖松阿力贝勒。

⑧ 伪康德八年：1941年。

⑨ 荣萃：字聚轩。该族十六世《宗谱》第三次续修者及《祭祀礼仪》的修订者。

正红旗瓜尔佳氏祭祀[1]

大际（祭）头天，拴猪绳三条，柳叶刀一把、血盆一个、烧酒三盅，达子香碟一个、水碟一个、小米饭两碗，均格（搁）在供桌以上。请杆子时，供桌台（抬）道（到）房门内廷（庭）。住杆子戳在桌子［旁］。全在屋内，面相（向）供桌，跑（跪）下举香、举酒，念祭杆子满语一遍，同起。请杆子在外供桌，放杆坐（座）前，杆子戳在桌上，同跑（跪），举香、举酒。用猪一口，放在桌前。念满语一遍，猪领升（牲）。换香，将猪上各样内全少割，放在天义（地）杆碗内，将猪喉骨，套在杆子尖上。左胁（肋）三根，右胁（肋）二根，供在桌上。换香时，同跑（跪），念满语一遍，急将杆子立起。在外边安锅一口，叉[2]达子饭用。猪下水叉饭。垫锅石头三块，不宜多少。

际（祭）杆子满语：安阶，得尔吉、阿普卡、端吉期、满洲哈哈、瓜尔佳哈拉、腮咤库拉、靡八、达郎阿、多罗、专、乌云阿那、专叭、专厄莫得三音、依能依、孙啄靡、乌尔兼博、噉吉、勒敏尼、克什得、喀录拉靡、擘棱危（厄）、乌尔滚、哲漠、呵临吉期尼、舍穆。毕，抄（绰）五谷粮。天井西边扎草城圈。（按：编者重新标点）

二天黑早［前］，外边用谷草三捆，南一捆，东一捆、西一捆。东边草上有马屉[3]一个。用柳树枝三枝，一捆草上一枝树枝，上有白纸步（条）九个，一个树枝上三条纸岁（穗）。用供桌一个，桌上红烛一对，饽饽三盘，当中一大盘，两边用小盘，烧酒三盅，达子香一碟。供毕，跑（跪）举香酒。用鹅一支（只）。早起急（即）领升（牲），大吉。换香时，全鹅抬在外，见白香毕。全册（撤）屋内。用米酒九盅，饽饽九碗。换香。供时，册（撤）两碗。斗在北边炕，滉浪[4]一个；南炕上，用新枕被一床，饽饽一碟。

晌午，两边烧酒［各］一盅，用鸭子一支（只），在南炕领升（牲），大吉。贝（背）灯换香，酒连三次，见白毕。姑（始）祖七位，南边二位喝烧酒，北边五位吃米酒，贝（背）灯。

三天，换所（索）。柳树枝一枝，安在门外东边，用毛头纸岁（穗）三个；年（黏）黄米面饽饽十八个，一碟内九个；水碟一个；香碟一个；烧酒三盅；乌猪三口，在树下领牲，大吉。在屋请所（索）绳时，用饭桌一张，将香、酒、饽饽全摆好，拾（抬）桌。所（索）绳拴树上。将猪大解八块。见白［天］换香举酒，同跑（跪）。吃快当肉。在炕上吃饭，不用桌子，叩头脱帽。外有黄令（绫）子凹达布[5]四尺。猪苦胆、气丧（囊）[6]，擒树树（枝）上。

（原载李林主编《满族家谱选编（一）》，辽宁民族出版社）

按

此文出自《关姓族宗谱书》。《关姓族宗谱书》纂修于何年？何人撰修，谱中均无记载。其《瓜尔佳氏花名册》载："大清雍正七年十二月初三日人丁花名数目清册，拨往熊岳城驻防"；"乾隆五拾九年册。"原隶盛京正红旗阿三太佐领下，后为偏禄佐领管辖。《盖平县志》职官志载：顺治元年设熊岳城守尉。雍正五年裁熊岳城守尉，设副都统一员，增添官兵。此瓜尔佳氏于此次熊岳城增添官兵之际，其五世萨哈连（时任骁骑校，官至防御）等族人，由京迁来驻防。《谱书》共记十一世，当于光绪年纂修。

该《谱书》中所载《祭祀》之祭器、祭品、程序、礼仪、祭天神歌等，与其他瓜尔佳氏祭祀礼仪，多有不尽相同之处。这对研究满族民俗，是有价值的参考资料。

注

① 标题为编者所加。

② 叉：音chā，方言，即煮、熬之意。

③ 马屉：鞍下之衬垫。

④ 滉浪：方言，亦称晃铛、铃铛，铜制。满族祭祀时，用一根二尺余木棍，三分之一处，绑数个小铜铃，作为响器之一，同抓鼓、扎板、腰铃等同时使用。

⑤ 凹达布：满语wadan。《清文鉴》包裹注："绸布单。"《清文总汇》卷十二注："单包袱。单被。"俗称包袱皮子。

⑥ 气囊：禽鸟喉咙下装食物的地方，俗称膆子。

辽滨塔瓜尔佳氏祭仪大略[1]

祭礼序

尝思人道莫于孝者，而孝又不仅生养死葬祭之以礼也。盖必上推前人之心，以远追于高、曾、祖、祢之始，下启后人之诚，以曲成夫孝子贤孙之志，使之世世相承，递为传授，相与共尽孝思于无穷，乃为极之至耳。设为人后者，与先人祭祀之典不细讲求，听其弛废，不唯无以尽一己扱本返始之责，又何以感发后人使之慎终追远哉？

我家祭思（祀）典概于（与）古合，不简不烦，极为恰当。但相沿既久，不无舛错。今特为斟酌，成一定制。虽云本于文公家礼，不过藉之以为范围。因见先人所遗原自有本，今之所定尤可遵，非于旧制有所增减修饰也。唯其间所注之语，率多鄙陋不文，而自敢肆议者，只求其详明，以翼后人之易解。后之有志修理者，其谅之。故数语，以为序。

前旬日卜

前旬者，每月前十日也；卜，择也。唯择初十以内之吉日，犹丁祭之必用上丁也。或谓卜日宜在一旬之前，凡事预则立也。然诚意虽贵早立定期，尤宜临时，恐预先拟定或至期以有事而不能行，反似亵矣。唯于三日前，焚香以告，则庶几无失。若单荐，用中旬亦可。

前期三日斋戒

古礼，三日前，主人帅（率）众丈夫致斋于外；主妇帅（率）众妇女致斋于内。沐浴更衣，饮酒不得至乱，不得食肉茹荤，不吊丧，不问病，不听淫乐，凡一切凶秽之事，皆不得预。礼本宜然，须敬从之。

前一日设位陈器

设位，设所祭之神位也；陈列先祖所藏之重器也。古礼，将营室，先立祠堂为龛，以奉先世。庶人无堂，设于寝室，随（遂）祭于寝。我家神龛设于正寝西墙上，南北有二，各用二扬手[②]，上安一板，香碟各三。南龛一大匣内，贮神索绳与斡单布[③]；北龛一小匣，内贮香末。外有神箭一支，与斡单架子，俱放在龛下扬手子上。

当祭之时，前一日，将香碟请下，先南后北，重筛净灰，俱著于龛前。凡他哈绸子与新索［绳］，以及祭祀一切应用器物，皆预备齐楚，收拾洁净，而陈于神位之前。

省牲

省察所用以祭之牲也。我家牲用豕，朝一夕一，次日祭外神一，皆宜豮（豮）。或于晚祭用豚亦可。均宜先期详察，择其齐整无缺、无杂色毛者用之。凡祭祀所用器皿，皆宜刷洗洁净也。

具馔

具，备；馔，食饮也。祭之前日，宜预备所用以祭之酒食也。我家礼，于前一日，用元［豆］（编者按：即黄豆。）斗许，令妇女拣选其元［豆］整者，炒熟碾成细面，待来朝蒸糕、做饼。再用黄米一二碗，淘净。先作成饭，再加曲（麯）蘖，做酒二瓶，分别先后共供于神之前。上香，将南龛第一香碟请在第一酒瓶上，外边著刀一把，柄南刃西。其余五香碟，仍请在龛上。主人以下，皆再拜。并预［备］数尾［鱼］或鸡一支（只），待来早蒸熟以共（供）换索之用。

厥明夙兴

祭之日，黎明而早起也。先令主妇帅（率）众妇女将黄米面蒸成糕，取出揣合作（做）小圆饼九九八十一枚，余作圆长饼，外捏面剂④，俱分先后。若在七月，则用苏叶包饼⑤，内裹小豆，他时不用。

作（做）毕，著一洁净桲椤（编者按：即笸箩。），放在北炕西头。并令人砍取柳树一大枝，栽在房门外东边。先定（钉）桩于地，用新麻绳绑住，谓之安神树。

次将神匣索绳取出，内拴于神龛南扬手上，外拴于神树枝上。再将韩单架子安插妥当，放在南边神龛前，蒙上杏黄韩单，即将所作（做）他哈绸子与新索共搭于其上。有神马者，亦将二他哈绸条搭于其上北边。前面设大桌一张，为之香安［案］，再将神箭打开，如有新生男添三批（匹）麻，生女二批（匹）。将神箭立于桌上南边。即天将明，再令人拿猪，放在房门外神树南边，头西足南。

设菜果酒馔

供时随时新鲜菜果以及酒馔也。我家礼，馔而无菜果，唯墓祭则有随时菜果。且于春、夏换索则用鱼；秋则以苏叶包饼，内裹小豆；冬日换索则用鸡，亦随时菜果之意也。当是［时］，则供上圆长饼十二盘，每盘九枚。一盘供于北龛上南头；一供于皂（灶）神龛上；神前桌上供九盘，两行横列各四盘，南头单一盘，桌下一盘。

再，神桌南头设一小桌，盛小米饭两碗，供于桌上西边；箸各一双，放于碗上南边。其外，再供整鸡一盘、汤二碗、鱼二碗带汤。再外，面剂两碗；豆面［饽饽］两碟，则九罗（摞），横供于桌上东边，每罗（摞）九枚。

质明奉主就位

质，当也。当黎明时，奉神主以就祭祀之位也。我家礼，此则再将两龛香碟复行奉下，各著于龛前。只将南龛三香碟上香。第一、第二香碟，俱请在神桌上西边，南北列；第三香碟，请在桌下外边。先将头瓶酒打开，酌酒四杯，三供于桌上饼盘空间，一供于桌下香碟旁边。急令人于井中取水一大盏，以待降神。

参神

参，拜也。主人帅（率）众皆序立，若尊长有疾者，休于他所。于是，俱跪叩三次，换酒三次。则主人令子弟辈将九罗（摞）小饼，由上各取一枚，［拿］出夹于神树枝上。自乃以右手拿箭，左手奉桌［上］酒，由南而北依次拿出。以神箭向神树数绕，将酒泼于树上三次，毕。

如有神马者，将引至神前西向立，主人将桌下香碟奉起，从马头而上越至尾后，由里边绕回，如此三次。并［令］子弟二人，将神马他哈布请下，一编于首，一编于尾，及［香］碟绕毕，亦俱编完。随（遂）将马笼头摘下，放出。再从（重）换酒，以备降神。凡祭用神马者，家能畜马，即以敬许特用，后须终养之。

降神

降，下也，来也。灌酒求神来降祭祀之位也。古礼：酒灌于茅，或灌于地，或灌于牲耳；或用酒，或用净水。净水即明水也。我家礼，先将牲取进，放于神前，头西足南。主人帅（率）众俱跪。令主妇在室西北向南立。取净水一盅，著于碟内，向神略举，递于主人。主人跪接，亦略举，以右手持盅水，向牲左耳灌之。如牲播（摇）首，神降默领矣。

跪叩三次毕，主人将牲曳［下］，令子弟辈在室内东边杀牲。于是，主人以及家中男妇老幼，俱以次跪领索，主妇在旁代神赐之。如有老病不能行礼，或现于外出者，俱令亲近卑幼之人代之领下。即毕，则主人亲宾共食余饼，令童子亦食九罗（摞）饼。食毕，至午刻，即将换索之祭物与桌彻（撤）去。

若有聘女随此摘索。有猪者，于正祭领牲后再用。聘女令灌其牲，至正祭终献，侑食后，另行摆祭。仪俱如前，唯不用小桌拿件肉。至食毕，亦随正祭撂骨。余俱见于单换索仪中。

进馔初献

古礼：主人献酒，读祝而再拜。我家礼，前于参神换酒三次，即献酒也。继于降神跪叩三次，再拜也。始终唯祝于心，而不以文从乎质也。至日，外祭，始有祀文。此际执事者，即以杀牲，即将血盆供于桌南头外边，随将牲，以水退（煺）［毛］净，即开膛，将尿包，胰子、肛门、苦胆等四样取下，放在神桌血盆之旁，或即毛血之荐也。

随（遂）即将牲解作十块：头与胸叉、四腿、两肋、腰骨、尾骨，俱著锅内煮之。执事者一边收拾肠肚，一边令人攥（搅）血。先将血盆取下，放在神前地下，人向南单［腿］跪。将血攥（搅）开，以水调之，即肠肚收拾洁净，则灌于肠中，亦著锅内与肉并煮。

亚献

古礼：主妇与诸妇女奉炙肉及分献，俱如初献之仪，但不读祝。我家礼，至牲肉即熟，随（遂）即上香。令人设大豆于神桌子前，并设小桌子于大豆之前。再令一人，执刀向南单［腿］跪于小桌子之北。用大碗一个，名为拿件。即令人奉肉摆祭，亦有次第：先上头，次［两］前腿，次胸叉，次两肋，次后足（腿），次尾，次心、肝、肺、肠、水油等向（项），次腰脊。每次奉肉者至，亦即单［腿］跪小桌之前，待拿件者，按样割取一大片，切在碗中。始起，摆于豆上。拿毕，碗满，则牲肉亦于大豆上摆完。中间唯将水油蒙于牲首，口左插小刀一把，柄上刃西，主妇将拿件肉碗，持去冒汤，加箸一双，供于神桌南头。即主妇献炙肉之礼也。

终献

古礼：或兄弟之长，或长男，或亲宾献炙肉，亦如亚献之仪。我家礼，虽皆主人亲御之，凡奉肉、摆祭、拿件肉等事，均系兄弟子侄辈与亲宾共为奔走，亦即子弟与亲宾献炙之礼也。至一切完备，即将拿件小桌撤去。主人及亲朋，俱跪叩三次，换酒三次，即为终献。

侑食

侑，动也。古礼，主人斟酒，主妇正箸，向神再拜而劝食。我家此礼，即在三献之中，前于终献换酒三次，即主人斟酒；于亚献奉拿件肉碗冒汤，加箸供于神前，即主妇正箸；至是，主人将肉碗奉起，以箸将碗内汤，向神三泼之，即侑食也。礼毕，主人将牲首小刀拔下，向南略转之，随撤于北边地上。另设常桌，将牲肉逐件解开，并著（着）锅内重煮之。大豆亦即撤去。

阖门

古礼，未撤（按：即撤豆。）之前，主人以下皆出祝，阖门。无门处，降帘可也。我家礼：在侑食之前，于阖门后，主人跪叩三次，始行侑食礼，默祝三噫歆，乃启门。

启门

古礼，祝声三噫歆，乃启门，主人以下皆入。主人与主妇献茶。我家阖门、启门之礼，谓之背灯，俱在晚祭中侑食前后，朝祭无之。但晚祭侑食，则只用空汤一碗，或［古］祭献茶之似也，并无主人与主妇另献茶礼。

受胙

胙，福肉也。古礼：主人跪拜，以食饮神惠。又，众人跪进尊长而共再拜。我家礼，于此则主人先食拿件肉，亲尝神酒，食换索饭，盖俱受胙之意也，并无跪拜礼。将油单分铺于炕上，著咸［菜］、酸菜、酱碟，待亲友渐至，或有知礼者，亦向上再拜，而后就席。无酒，亦无别肴。肉拿整件与肠、肚、肺、肝各样少许，令卑幼者，单［腿］跪于席前片肉，即众人跪进尊长之仪也。凡亲友来食神惠，尚且行礼，而主人受胙反无跪拜，或亦后人失之也。盖先以行礼，而此不必再渎，以遂（随）其便。今后，宜本文公家礼行也。

辞神

古礼，主人以下，皆再拜而辞神。我家礼，于共食神惠之后，再将一牲之骨，刮刻干净，供于神前，复上香一行跪叩。即毕，再将骨与毛、粪等物，俱扔于门外静处，示食毕不留神惠之意。遂阖家大小，各自跪拜。将领他哈绸子与索，俱撤下，拴在索绳上，即谓辞神。

纳主撤馔（馂）

主，古人汉礼俱有神主，于奉主就位时启匮（柜），至是则复纳于匮（柜）中，撤去馂食余也。我家神龛与古略异，至辞神香尽，则凡神桌所供酒馂一切撤去，著于龛前。候晚祭毕，始将六香碟一齐上香，纳于龛上。连索绳与斡单并两匣与神箭及斡单架子，亦俱撤去，如旧安置妥协。遂再拜，即所谓纳主撤馂。古礼，至撤馂后，主人监分祭品，命人归胙于亲友。余者主人颁于外仆，主妇颁于内执事者，遍及微贱，其日俱尽。礼本宜然，须谨遵之。以我家祭法推之，文公家礼，大关节目似无不合，但古礼有初献、亚献、终献之分。我家礼，虽亦具备，而次第节目间，又似简微，三献若合一焉。盖礼贵简不贵烦，简则易恭，烦则易亵，先人其本此意乎？

晚祭

省牲以前，俱见时祭中。

涤器

先将一切祭器，重洗洁净也。

具馔

于朝祭时，即将酒与圆长饼特意留出。

厥明夙兴

此则向晚而举事也。先于北龛上，秉烛一支，皂（灶）神龛上，秉烛一支，余处有用即设。

设菜果酒馔

将神箭、斡单并架子，移在北神龛前，复设大桌一张，秉烛一支。将元（按：应作“圆”。）长饼盛作十盘，一供于南龛上北边，一供于皂（灶）神龛上，桌上八盘两行横列，南边单盘与桌下不设。换索小桌与神箭亦不设。将第二瓶酒打开，酌酒三杯，共（俱）供桌上。余俱如朝祭之仪。

质明奉主就位

兹则当昏，将北龛三香碟上香，共请于桌上西边，南北列。

参神

仪俱如上。但无引马、拿箭等事矣。

降神

进馔初献、亚献、终献，仪俱如上。但杀牲解作九块，不拿胸叉。至摆祭时，又不用小桌拿件肉矣。

侑食

将牲摆完，只用汤一碗，箸一双，余俱如上。但此礼行于阖门之后，毕则启门。详又见下。

阖门　启门

我家礼，至是，主人帅（率）众，跪叩三次，换酒三次。毕，则预备汤碗与箸，供于神前。随（遂）背灯，将烛或止于屋内或拿于外，然［后］阖门。主人复自跪叩，默祝三次，暗将汤奉起，以箸向上三泼之，即为侑食。歆乃启门，复秉烛如故。

受胙、辞神、纳主撤馂礼，俱如上，但不用撂骨。毕，则通共上香。将香碟俱复［归］于龛上。随将索绳与斡单，贮于大匣，分香一并拿于龛上。再将神箭与斡单架子，俱著于两龛下扬手子上。主人跪叩再拜，而告利（礼）成焉。

古礼，时祭之外，又有冬至祭始祖、立春祭先祖、季秋祭祢三祭，俱如时祭之仪。后文公以立春、冬至二祭为僭，只用季秋，适值某生辰，亦非确手宜行。更有生辰祭、忌日祭，墓祭之礼，亦俱如时祭之仪。我家尚无生辰、忌日二祭，今亦未能遽行。如值某日，行之以荐亦可。至于墓祭，向按清明、七月中、岁墓（暮）三季行之。唯我先人俱有坐褥，至临祭，先铺于墓前，随（遂）设桌，供以随时新鲜菜果肴馔，箸插馔上。主祭者乃帅（率）众俱跪。更令一人，单［腿］跪于旁，斟酒递于主人。主人奉碟略举，随（遂）灌于地，谨按位次各奠酒三杯。三叩毕，以各样肴馔略奠于地，亦未能如时之仪。

唯是时祭之次日，旧有外祭一礼。虽云不恒举，三二年中必一行之。春秋之间固亦或有，而特行多在于冬。非唯有似于祭祢、祭先祖、始祖，直类于郊［祭］，揆之义理，尤属不宜。第考之满人相沿已久，非特一家独僭也。况以乾父坤母论之，士庶虽卑，而其宜于敬礼则一也，故谨易其名为祭外神云。

祭外神

时祭之次日，厥明夙兴。先预备小米饭与盐、酱、咸［菜］、酸菜团，以及刀、勺、菜板、锅、盆、碟、碗、匙、箸等物。一切齐备，则拿猪放在东院，随（遂）于屋内龛前，横设一桌，用水、米备二碟，由南夹陈于上，即将神竿（杆）取来，收拾洁净，倒放于桌上南头。若未立神竿（杆）者，则以秫秸作竿（杆），匕用麻绳四道，绑草把尺许以代之。于是，主人于两龛上香，亲自跪叩，以禀命于先人。

礼毕，即令人将神竿（杆）与桌抬至房门内，东西放。主人帅（率）众向外俱跪，令读祝者立于桌西，左手捧西边米碟，右手将米向外三撒，朗诵清（按：即满文。）祝文一番，米碟仍放桌上。主人与众，俱三叩，即迎神也。

再将神竿（杆）于（与）桌抬至院东，亦向外，东西放。众执事者，即将一切应用之物，随神桌一齐抬出，俱放西院。近南支大锅一口，贮水烧之。于是，荐牲。主人于牲前神桌之北，帅（率）众俱跪，令祝者，复洒（撒）米、诵文，悉如迎神之仪。共叩毕，仍将米碟放故处。随（遂）令人于神桌后，令（另）用长桌杀牲。祝者急将神竿（杆）取来，以尖粘（沾）血，仍倒放于桌上东头。即杀牲，将血盆亦放神桌东头。随（遂）将东边米奉来。按牲鼻、唇与舌、两眼、两耳、四蹄合脐与尾共十三处，各割少许，著于碟内，将碟仍放故处。或谓割牲，更有乳上一处，似不必从。又谓共十一处，亦未确，姑志之。

随（遂）取喉骨，并割胸叉与周身皮，唯头与四蹄不剥。至一切剥完，先解胸叉与喉骨，同著锅内煮之。再开膛将尿包、胰子、肛门、苦胆四样取出，放在东边米碟之旁。次解两肋，左边头三根，右边头两根。再将腰脊两边与四腿之旁、肚子两边，各割一条，合上胸叉、喉骨共十二处，俱著锅内煮之。随（遂）将皮仰铺于桌，牲覆其上。待五脏收拾洁净，亦各样拌著锅内。余放在牲下皮上。即血，亦割一块，煮之。

及诸样皆熟，胸叉、肋条外，按样捞出，亦各割少许，放在东边米碟内，余俱剁碎作丝，复著锅内煮之。及胸叉与肋条亦熟，再将肉丝捞作两碗，各著铜匙一把；再盛小米饭两碗，各箸一双，共供于神桌南边。箸与匙把，俱向南；先饭后肉，由东而夹陈之。再将胸叉捞出，供在东边肉丝碗上；肋条亦捞出，供在西边肉丝碗上。再将东一碟内米与生熟碎肉并尿包等四样，俱著于神竿（杆）锡盘上；喉骨套于竿（杆）首，安在故处古（鼓）石上。主人乃帅（率）众俱跪，复令祝者撒米、诵文，仪俱如前。共叩毕，则将桌上水、米各碟俱覆，待撂骨后始撤。若系现作（做）秫秸神竿（杆），再将碎肉与尿包等物，俱绑于草把内，喉骨亦套于上，立在大门东边，三日不动。忌一切不喜庆物。

当立竿（杆）安神后，即将东边饭碗与肉丝碗并胸叉，俱撤十屋；至西边碗内饭与肉丝，俱著院中锅内，并下小米饭。再将所预备菜团，量其咸淡，著于锅内，与饭拌匀。无论上下生熟人等，俱在院内共食神惠，谓之小肉饭。唯肋条上肉，止（只）准家内人吃。已［食］毕，即令人将牲解开，拿入屋内煮。再将皮与蹄与胸叉，皮有毛者，俱以火燎焦，收拾洁净，亦拿进屋，一并煮之。随（遂）令（人）㩟血灌肠，亦煮锅内，同皆烂熟。共食毕，亦跪叩，撂骨。随（遂）将院内神桌与碟与一切器物，俱撤。并将柳枝解开，置于净处，毋令蹂践。（按：此处不应写此句，柳枝为换索祭所用。）随（遂）入屋，于神龛上香，跪叩如前，即复命也。

单荐　俗名换索

先期卜日。前一日，挑豆轧面，淘米作（做）酒。至祭日，厥明夙兴，蒸糕作（做）饼，作（做）面剂与饭，烹鸡与鱼，以及栽神树，拴索绳，俱如时祭之礼。但米酒至（只）作（做）一瓶。毕，亦上香。瓶上所供是南龛南头香碟，余碟俱供龛上，跪如前。若有聘女摘索［用］猪，则酒上亦供刀，无猪则已。倘能配行晚祭，则早、晚俱以如时祭之仪。唯于摆祭，不用拿件。若力实不能，亦不必强。

若只单换索，当俱馔已完，即于南［龛］之前设一大桌，上供小米饭两碗，箸各一双。著于碗上南边前面，或供鸡一盘、汤二碗。若鱼数尾，则盛二碗代汤。则（再）前则供圆长饼一盘，共九枚。两旁面剂二碗，两边豆面［饽饽］两碟，前九罗（摞）饼，横到（列）外边矣。若寻常按季行此礼，则将阖家索绳与他哈绸子，俱著桌上西头两边，即将神箭打开，加麻如前，立在桌上南头。

随（遂）上香。将酒瓶上香碟，供于桌上西头中间，余碟仍供龛上。再将酒瓶打开，酌酒三杯，供于桌上。主人乃帅（率）众俱跪，敬叩三次，换酒三次。随（遂）拿箭执酒，夹九罗（摞）［饼］，仪俱如前。

若兼聘女摘索，则将牲拿至神前，令女亲灌猪耳以降神。毕，则领索杀牲。至肉将熟，则上香摆祭，亦俱如前。但不用小桌拿件肉，唯用空汤一碗。主人亦跪叩，行侑食礼。毕，则俱撤复煮。至是，始令童子食九罗（摞）饼。待肉烂熟，随（遂）合亲友共食神惠。毕，则摘索，撂骨，辞神，纳主撤馔，俱如前。

若只换索而无牲，则于参神后，即领索。至香尽，则食九罗（摞）饼。及午刻，即摘索而俱撤矣。（按：此处加“祭外神”所衍之句：“并将柳枝解开，置于净处，毋令蹂践。”）毕，仍一齐上香。将香碟共请龛上，跪叩如前，即单换索之礼也。

文公云：“凡祭，主于尽爱敬之诚而已。贫则称家之有无，疾则量筋力而行之。财力可及者，自当如仪。”我观以上三祭，俱用牲，又复相连，恐非贫者所易能，故于时祭中，特择出换索一节。设于四季中，不能俱行时祭之礼，而按季不阙换索，亦可稍尽人子之心。且此单换索，本属旧有，老人尚有亲见者。但先年家道殷实，故举则并举，而后人不可以贫而并废也。

道光二十九年六月初一日[6]

八世行六　喀达郎阿　撰修[7]

伪康德十一年二月初十日岁次甲申[8]

十一世　玉璞　誊录[9]

（祭仪大略敬神图像略。）

附录：

祭日十二禁忌

一忌意不诚笃　　一忌仪度错乱

一忌器物不洁　　一忌生气角嘴

一忌衣冠不整　　一忌闲谈外事

一忌喜笑无度　　一忌长幼无序

一忌投犬顿器　　一忌刀勺声响

一忌内祭未毕不洁出屋

一忌外祭未毕不洁入屋

按

辽滨塔瓜尔佳氏的家祭，记载的较详细。但祭祀之祭器、祭品、程序、礼仪等，与其他地方瓜尔佳氏及满族其他姓氏家祭，有一定的差异。这是研究萨满教及满族民俗有重要价值的资料。（此文原载姜相顺、佟悦、王俊《辽滨塔满族家祭》，辽宁民族出版社）

注

① 标题为编者所加。

② 扬手：祖宗板的支架。其文内的龛，并非龛，而是撰文者把祖宗板比作龛，其所绘之图明确为祖宗板。

③ 斡单：又写作“洼单”“挖单”“窝单”，多数为一方黄布，亦有蓝布者，各氏所用大小尺寸不等。

④ 面剂：实是面疙瘩。撰文者写作面剂，为首见。

⑤ 苏叶包饼：即苏叶饽饽。称作包饼，仅此一见。

⑥ 道光二十九年：1849年。

⑦ 喀达郎阿：隶满洲镶黄旗，道光年间官刑部笔帖式。

⑧ 伪康德十一年：1944年。

⑨ 玉璞：该族十一世，为喀达郎阿曾孙辈人，但其谱系中无此名。

讷殷瓜尔佳氏祭祀记录（节录）①

第一节 满族的祭祀

满族现存的祭祀，官方人员曾于1938年末，在吉林市郊区的满族居住区进行了实地调查……

1938年12月17日下午一点，我们乘坐奉吉线列车由吉林出发，约一小时后，到达了口前车站。似乎事先已有了联系，一下列车就看到祭事的主祭人关氏，已为我准备好大车前来迎接我们了。我们一行共十五人，其中包括为保存满族祭祀记录，而特地前来参加的满铁摄影班人员。我们坐在摇摇晃晃的大车上，在坡道上走了约二三里路，于下午四点半到达了一个小部落。

部落周围，树木林立，白雪皑皑。位于部落中心，有一个宅门修得很气派的纯满族建筑样式的宅院，此处就是关氏的本家。主人前几年去世了，所以祭事在他弟弟家里举行。

凡是举行祭祀的房屋，是不准穿狗皮衣服和被认为是不洁的人进入的。

一般认为，满族的祭祀之所以不见闻于世，也许是因为它的祭祀是秘密的，不让异族看的原因。自康熙十二年起，特别规定：在举行春秋两季祭大神等仪式时，不允许汉人介入。

祭祀的名称

于阴历十月的吉日举行的秋季祭大神仪式和大祭的翌日早晨举行的最具有萨满祭祀特色的祭天还愿仪式，在清代，上至皇族，下至普通满族家庭，都庄重地举行……

在以上这些祭祀中，主要的是元旦行礼仪式、新年叩头仪式、春秋二季官俸禄祭神仪式、春秋二季祭大神仪式、祭天还愿仪式、除夕换香碟灰仪式六种。本来，满族的祭祀与清朝皇宫中的大同小异，但后来变得简略了，其仪式和供品也根据身份和富有程度而不尽相同。

神堂

在姚元［之］的《竹叶亭杂录（记）》（卷三）中，有这样的记载："跳神，满洲之大礼也。无论富贵仕宦，其内室必供奉神牌……春秋择日致祭，谓之跳神。"由此可知，满族的萨满祭祀，一般被称为"跳神"。然而，作为与一般职业巫师不同的祭神，则称作祭祀。满族人家中设有神堂，专门充作祭神圣地，这在《满族祭祀故事汇记》卷一中，有清楚的记载，现概述如下：

"我满族自昔敬天与佛与神，出于至诚，故创其盛京，即恭建堂子，以祀天。

又于寝宫正殿，恭建神位，以祀佛菩萨神。虽建立坛庙，分祀天佛暨神，而旧俗未敢或改，与祭祀之礼并行。至我列圣定鼎中原，迁都京师，祭祀仍遵昔日之制，由来久矣。而满洲各姓，亦均以祭神为至重。虽各姓祭祀，皆随土俗，微有差异，大端亦不甚相远。

若大内及王、贝勒、贝子、公等，均于堂子内向南祭祀。至若满洲人等，均于各家院内向南以祭，又有建立神杆的祭者。此皆祭天也。”

通过上述，我们可以了解到，就是一般满族人，也是准照皇宫中的立杆大祭来进行祭祀的。

关氏神堂的样式，与奉天清宁宫的相同。正如清宁宫既是祭神的圣地，又是皇帝、皇后的正殿一样，关氏的神堂也是主人的正室。神堂，即正室，是朝南的，入口靠右侧，这也是它的一个特征。南北都是采用前面门窗安设格子的造法，中央是玻璃窗。

从入口进去，左侧（西方）是神堂（正室），右侧是家属的屋室和厨房。厨房内有大炉灶和锅。进入神堂，正面的西炕上，装饰着中国式的大镜子，镜子两边摆着大小瓶。镜子上方有供板（神栅），其上供着两个装有神衣的小漆匣，左右各放一个。炕的柱子上，贴着用红纸写的吉祥词句。南炕一侧是“兰桂齐芳”、“家余善庆”；北炕一侧是“备致嘉祥”。

祭祀仪式

祭祀仪式，从十八日（农历十月二十八日）早晨二点开始。首先制作（做）米糕，这要通宵进行。制作（做）时，互相之间不准说话、谈笑，只是默默地进行。这种仪式，的确是郑重庄严的。

我们早晨二点之前来到了举行祭祀的神堂，但由于人多混杂，而祭祀是神圣的仪式，有各种规定，所以当时的调查不够充分。

神堂整理的非常清洁，供板下，即西炕上，供着用于打糕的黄米，上面盖着白布。

仪式一堂屋淘米和仪式二打米糕

这种捣制米糕的仪式，根据主祭人的说明，也就是为了将五谷献给神而供米糕。捣制米糕的房间，是没铺地板的土地，房间中央，撒着稻米壳，稻谷壳上放着打糕石。北炕一侧，放有一个供捣制米糕人坐的木凳。首先用水把打糕石洗净，接着，用粗捣了的黄米，将打糕石的上部和周围擦净。把在厨房蒸好的黄米，装入长一丈、宽三尺的船形容器中，用一根捣杵粗捣，大致捣出黏性后，再把它放在打糕石上。

最初，我们是在南炕上观看，将要开始时，我们被让到了北炕。这时，十几名妇女进入神堂，上了南炕，将制作米糕用的低桌放好，再把苏子撒在桌上。靠近正面的北炕上，有两位老太太，她们定出米糕的大小后，绕到南炕。

各种准备完毕之后，正式捣制已是早晨三点了。捣制的人，是由部落中宗族的年轻人和宁安②来的老萨满组成，共十余人。担当点名的人在念完捣制人的姓名后，首先出来两人，一人背向西炕，一人背向入口，手持捣杵。北炕一侧，捣制人坐在木凳上。捣制过程中，不准说话，约五分钟更换一次。打糕石与日本的石臼不同，捣制时容易使米溅到四周，似乎不够理想。但是，捣制人则能熟练而巧妙地将捣杵一直打在打糕石的正中央。从宁安来的那两位老萨满的捣制方法，与内地的不同，他们的捣法既敏捷又准确。左手常常紧握捣杵把不放，朝右肩向上挥动时，右手握在左手之上；朝左肩挥动时，右手握在左手之下，这样，左右交替地挥动捣杵进行捣制。捣制完一个米糕，大致需要三四十分钟。这期间，要更换六七次人。

（关于米糕，据嘉庆二十三年出版的殿本《大清会典》中的《满洲祭神祭天之礼》卷七十四，可知有八种。正月供饺子，三月和九月的春秋大祭供打糕、搓条饽饽，四月八日和五月供椴树叶饽饽，六月供苏子叶饽饽，七月供淋浆糕，八月供饺子。唯有淋将（浆）糕是用黍米制成，其余全部用稷米制作。）

捣制完毕，将捣好的米糕交给西炕的老太太，两位老太太将糕切成一定规格的小块之后，绕到南炕。在南炕，十几名妇女把小块米糕在撒有苏子的桌子上，拉成细长的椭圆形，做好后，供于神前。

上述这些劳作，要进行一通宵，一直持续到翌日早晨八点。

举行这种祭祀所用的经费，由关氏同族人共同担负。关姓，是近几年起的。他们自称原来是春姓，据说春姓在清代是具有副都统地位的名门[③]。现将宗族所传祭礼仪式略述如下。

清代春副都统宗族祭祀仪式：

1. 堂屋淘米。

2. 打米糕。男子轮换打糕，众妇女做糕饼。

3. 请六位神主列位，供献安楚香、米酒、白酒、打糕。萨满率族人跪下，读祭词。

4. 起立，打台鼓，扎板响动。萨满手持哈玛刀[④]，向神堂站立，读满文祭词毕，撤。

5. 请八位神祖列位，供献安楚香、米酒、白酒、打糕。萨满带腰铃，扎彩裙，齐打手鼓、抬鼓，向神祖读满文祭词，舞动后腿前进毕，撤。

6. 猪祭。复请八们神祖列位，供献打糕、米酒、白酒、拈香。将猪抬到堂子地下，萨满披装站立打鼓，向神祖读满文祭词，舞动周围毕，宰猪，卸件，煮之。暂停。

7. 肉件煮熟，供献神堂桌上，依前跳神。叩首毕，背灯，坐打抬鼓、扎板，萨满读满文祭词。礼毕，明灯，共食祭肉完，撤。

8. 院内索木杆祭。清晨，设桌于院，准备净水三盅，安楚香一碟，院中设锅。宰猪，剥皮、卸件，煮成熟。将肉件切碎拌饭，用草包肉饭，束杆上供献，叩头。卸猪礼毕，一并拿入室内者，共同享食。

仪式三

1. 打糕完毕，神板（神栅）下置架，架前设大低桌，低桌上供七盘黏糕。在其前方放七个酒杯。最前面设有两个香碟。

2. 架（挂神衣用的）的左侧（南炕一侧）挂黄布。黄布上挂两件神衣，另四件神衣挂于无黄布处。似乎是以左方为上位，神衣是以白、桃红、红、黄、蓝为顺序。

3. 准备完毕，本家长子点香。

4. 两位萨满并排立于正面。萨满左侧是主祭人，宗族年长者成四排立于右侧，其他族人成四排跪下，每排各四人。

5. 进行此仪式时，妇女不参加。

6. 萨满庄重地宣读祭词，行三叩首礼。

仪式四

1. 三叩首礼毕，族人各自持鼓，一人在面向北炕入口处，将大鼓拴在由天花板上吊下的绳子上。

2. 两名萨满分别站于两侧，萨满宣读祭词。左侧的族人，恭敬地双手持神刀，其高度与肩相齐，前后移动，刀链（按：应是刀环。）作响。

3. 右侧的族人，手托香碟，上下移动。

4. 击扎板。祭词结束后，起舞步，进进退退。然后，在神前再次宣读满文祭词，仪式完毕。

仪式五

1. 将仪式四中，用过的神衣，装入神板上的神箱内。然后，再从其他神箱中，取出八件神衣。

2. 架的左侧，挂一方白布，其上放有绿、红、黄三色神衣和绿、橙、白三色神衣各一件。

3. 将五六个铃，拴在木棍上，然后伸向前方，掛在左侧的神衣上——置于白布之上的神衣。

4. 将装有米糕的九个银盘和九个酒杯，以及三个香碟，置于桌上。

5. 两位萨满身穿镶有花纹的彩裙，腰间佩带腰铃。

6. 身穿浅蓝色彩裙的萨满，面向神前，立于左侧；身穿茶色彩裙的萨满，面向神前，立于右侧。

7. 六名族人持鼓分别立于南炕和北炕前面，主祭人持鼓立于萨满右侧。

8. 下午二点，族人开始击鼓。有两人在入口处击扎板。

悬于北炕入口处的大鼓，通常专门设一人敲击。

9. 下午二点十分，两名萨满开始击鼓，并以盘跄步后退。尔后，猛然的击法，在左方（南炕一侧）由一列横队变一列纵队，背朝南炕，横进于神前。这其间，通常是反复摇动腰铃前进。

10. 萨满背向神前，横进北炕一侧，然后，像开始时一样，立于神前，并扭动腰肢，进进退退。

11. 这时，两侧的人均站立不动，只是击鼓。萨满起舞，步进于神前，成原来的姿势，再次宣读满文祭词。这时，通常是敲击鼓的音耳。

12. 二点二十分，停止宣读满文祭文，摆动腰铃，以盘旋跄步后退，在入口处又排成一列，绕到南炕。在神前成一列横队，进入北炕一侧。在神前扭动腰肢，进进退退，行至神前后，停止摇铃和击鼓。时间约有五分钟左右。

13. 更换萨满。南炕一侧的萨满身穿茶色彩裙，北炕一侧的萨满身穿蓝色彩裙。

14. 二点半，在诵满文祭词的同时，开始击鼓，并起舞步，进进退退。

15. 这时，神堂里只有两名萨满，片刻之后，出来三人。主祭人站在北炕一侧。

16. 二点四十分，停止诵祭词，只摆动腰铃，并以盘旋跄步退去。这通常是一边击鼓，一边向前迈出右脚，稍停片刻后，退回右脚，再迈出左脚，退去。

17. 约五分钟后，停止响铃，以缓慢的节奏击鼓，右侧的萨满和左侧的萨满交替诵祭词。

18. 二点五十分，萨满停止诵祭词，摆动腰铃后退。反复摇动铁制神铃，由南炕绕到北炕。同样，行至神前，扭动腰肢，进进退退。

19. 约二点五十五分左右，停止响铃。然后，宗族男子全体集合，行叩首礼。萨满诵满文祭词。

20. 叩首礼完毕，已是午后三点。

仪式六

1. 此仪式，换为儿童萨满。左侧是主祭人本家的长子，身穿蓝色彩裙；右侧是从宁安县来的萨满的孩子，身穿茶色彩裙。

2. 三点十五分，将猪抬入神堂，猪叫声划破神堂。本仪式中的供品——米糕，只放于左侧的石臼前。

3. 阴气逼人，室内充满了奇异的气氛。

4. 三点二十分，开始诵祭词。（祭词大意为：本日举行此祭祀，从各处买来了猪作为献礼。）这时，猪叫声停止。

5. 三点三十分，南炕一侧的萨满开始击鼓。祭词停止，摆动腰铃后退。突然，改变了鼓的击法，两短一长，由南炕绕过来。

6. 三点三十六分，停止响铃，北炕一侧的萨满开始诵满文祭词。

7. 三点五十分，停止诵满文祭词，响铃后退。又改变了鼓的击法，行至神前，起舞步，进进退退，行至神前停下。

8. 到了四点，神堂内光线暗淡，气氛阴森。两位穿不同颜色满服的厨师进入神堂， 将猪置于神堂正中的低桌上，这时，猪又发出凄惨的叫声。

9. 一位厨师将弯刀刺入猪喉咙的左上方，血突然冒出。下面放有盛猪血的盆，血可以全部流入盆内，不致污染神堂。猪开始抽动、痉挛。另一位厨师用力压住猪腹，将血挤出，到猪完全停止痉挛为止。此处是最神圣、最重要的地方，过于恐怖，神堂竟至使人毛骨悚然，阴气逼人。

10. 血，作为供品，置于神衣前面。

仪式七

1. 仪式从晚上八点钟开始。萨满一边诵满文祭词，一边摇铃环绕周围行走。这样约十分钟之后，停止诵祭词，边后退边摇铃，环绕周围行走。

2. 最后，“当、当、当”鸣三次铃而结束。

3. 更换萨满。

4. 九点二十分，开始击鼓，随即起舞步，进进退退。来到供品前，诵满文祭词，然后响动腰铃后退。

5. 从南炕一侧走出来，行至供品前，然后后退，又向前来到房间正中，停止响铃，诵祭词。

6. 诵祭词约十分钟，然后再次响动腰铃，开始后退并转圈行走。

7. 走到正面，进进退退，尔后，站立不动。

8. 然后熄灯。因为举行背灯祭时，人们将要在黑暗中回到自己的房间。

9. 不久，传来了鼓声，并持续约一小时。

在《大清会典》中，关于满族祭神祭天之礼，在卷七十四中，有这样的记载：朝夕则祭神。朝祭为寅时[⑤]。其中还列举了朝祭和夕祭所祭神祇……

背灯祭

1. 石桥氏所著的《北平的萨满教》一文，叙述了继夕祭之后的背灯祭。主祭人叩首完毕，起来之后，熄香，并撤去灯火，以幔遮窗，关门，留下主妇，全家一同到门外静候。主妇独自留在神堂内，行九跪（按：应是三跪）九叩首礼，并把插于牲首（猪头）的鸾刀取下，轻轻放在桌上，然后高喊掌烛。

2. 家人随喊声持烛进屋，撤幔，上香，下俎，领神胙。这时，全家每人取三片神胙，用所供的热水用食。与朝祭相同，此仪式不许异姓人参加。

祭天还愿祭

有关在背灯祭翌日举行的祭天还愿祭的准备活动，同样可以在《北平的萨满教》一文中看到。它与关氏宅中的祭祀仪式，大同小异。

1. 上述背灯祭结束之后，当夜就将院前的神杆放倒，擦杆、洗斗，准备第二天用。但关氏宅中的神杆无斗。

2. 然后将香案、祭器、锅灶、柴薪，以及米、水、火、盐、醋等准备好，置于院内。

3. 翌日丑时（清晨二点至三点）把祭桌置院中，桌上摆三个碟，一个装香，一个装稗米，一个是空碟（准备装牲肉用）。

4. 主祭人率全家人立于桌前，戴帽行叩首礼。

5. 然后请下香案和祭器等，置神杆前。

6. 将斗安在神杆上。将杆尖上的旧颈骨拔下，扔到房顶上。然后请牲。

7. 主祭人走到牲前，将它全身扫净，更换缚绳。然后，像朝祭、夕祭一样，把它拉到祭桌前，供于神杆之前。这时，要使猪头向上，背向东。

8. 祝词人开始宣读祝词。

9. 然后洒（撒）米（把米向上、西、东三个方向撒）。

10. 主祭人脱帽，行三叩首礼。

11. 礼毕后，主祭人监督厨师“省牲”。“省牲”与朝夕两祭相同，将血盛于盆内，供在祭桌的左面。

12. 主祭人把血涂在神杆上的尖端，然后立起神杆。

13. 剥下牲皮后，将肉切碎放入锅内。

14. 为了使肉便于放入锅内煮，将其颈骨和塔枯拉骨[⑥]（膝盖骨）取下，放在桌上。

15. 尔后，从牲的全身各部位取出若干肉件——胸骨、肋骨（左三右二）和塞勒[⑦]（三节），以及各部位的好肉约十分之三（这些肉叫做小肉）放入锅内。

16. 然后，把皮添进剩余的（叫做大肉）中，并放入俎里，供于神前，同时焚香。

17. 肉煮熟后，切成肉丝，装进两个碗中，与装有稗米饭的两个大碗，一起供于神前。这时，在肉丝上放上塞勒和两根右肋与七片血肠，在两碗饭上各插一个匙，在两碗肉丝上各放一双筷子。主祭人戴帽跪下。

18. 祝词人宣读祝词。

19. 洒（撒）米三次。

20. 主祭人脱帽，行三叩首礼。

21. 取出碟中供品，放进神杆的斗内。

22. 将剔下的颈骨，穿进神杆的上端。

23. 撤下饭肉，置于院中。

24. 将塔［枯］拉骨，送给祝词人。

25. 小肉吃完后，再将大肉从锅内倒出而食之。

26. 午后清理骨头，烧（燎）牲皮。祭天仪式结束。

朝祭、夕祭、祭天还愿，均供有作为牺牲的所谓圣肉。关于这一点，在石桥氏所著的《北平的萨满教》一文以及其他文献中，也有记载。然而关氏宅中则只在夕祭和祭天还愿时，才供圣肉。

在这些仪式中，所谓供牲，即是将作为牺牲的两头猪，从门外抬进屋内，放在西侧的炕下。抬起猪的前腿，使它成半站立姿势，然后将净水注入猪耳内。此时，如果猪的哀叫声越大，就认为是越吉利。如果猪不哀叫，就要反复做数次，直到猪发出哀叫为止。

以上是满族关氏家族家祭的概况。当然，其他满族的家祭与它也是大同小异。所谓《钦定满洲祭神祭天典礼》，不过是把这种家祭宫廷化了，使它变得更加复杂。但通过文献可以证实：宫廷与宗室，以至满族其他家庭之间，其家祭还存在着一些不同之处，程序上也有所差别。

关于牺牲的意义，从宗教仪式的原则上看，各种祭祀仪式，一般都是积极追求神圣化，它们也都是由此而发展起来的。因此，进入这种的神圣化的过程和保持已获得的神圣性，虽然，从整个祭祀仪式看是很简单的，但却能很清楚地看到这一点。特别是所谓“签猪”（或者叫“省猪”）一词，就是为了忌讳“杀”字而代用的。“省牲”一词在《鸿雪因缘图志（记）》中可以查到。在《典礼》、《会典》中用“省”字，也是为了回避“杀”字。从宗教的角度看，这也显示出它的神圣性。那些作为牺牲的圣肉，在供完之后，便全家共食。以上这些，不过是在供牲仪式中，具有代表性的一例。

请牺牲而进行“省”时，还规定了各种净化活动和禁令，这都是为了加强这种牺牲的神圣性。在不同于平素的规定下，净化活动和禁令，所以能得到遵守和执行，这确实是一个异乎寻常的神圣性的标志。

在祭天还愿祭时，主祭人将牲血涂于神杆尖端。然后立起神杆，脱帽，行三叩首礼，这种做法，不仅与中国的古礼相通，而且，还能说明它在宗教方面的意义。

血，是生命的动力，这是古代人的一般观念。因此，血被人看成是有威力的东西，而把这种具有威力的东西——血涂于器具等物上面，就会使之得到极大的威力。这就是衅礼的目的，这也是具有宗教意义的。

将这种具有威力的血，附在器具上，当然是为了祓除邪气，从这个意义上虽不能说“衅”无祓禳方面的意义，但如果从衅礼的特点来分析，我们就可以这样认为：由于器具本身具有了强大的威力，所以邪鬼就难以接近。不仅如此，如果我们把利用血的威力所进行的祭祀仪式与立杆大祭的仪式进行比较，就不难理解满族是多么重视这种祭祀并努力使它神圣化了。满族的祭祀，已随着时代的推移和变迁而逐渐简略。这种古老的具有宗教性的满族民俗，已濒于灭亡，这种状况，不论在满族的信仰上或是社会上，都是不容忽视的问题。

第二节　堂子祭和索木祭

关于满族的祭祀，高遵义曾写了极其通俗的调查报告。他的调查是与上述的调查同时进行的，对于祭祀的起源，写进一些朴素的传说，颇饶兴趣，兹介绍如次。

满族的祭祀

满族固有的祭祀活动与汉族的完全不同。汉族是表现在社会表面。在汉族文化已经普及了的今天，满族这一概念在人们的印象中已经淡薄了。他们的生活习惯已经完全汉化，并失去了自己的民族特征。但是，从满族的房舍、服装、结发等方面，仍可看出古老的风习。尤其在满族家庭所举行的祭祀中，那种难以割舍的风习，还是遗留了下来，特别是其中的索木祭和堂子祭，更富有满族风习，那是赞颂尚武精神的祭祀仪式。

堂子祭

堂子祭，是祭祀的第一天，在室内举行：索木祭，则是第二天，在野外举行。

（以下传说故事，略）

堂子祭，首先是在前一天晚上，准备供给祖先的供品。从前一天午后三点钟左右开始，先将制作（做）打糕用的黄米，装进被称作（做）“掏盆”的容器中，横放于堂子（祭祀的房间）。晚十点钟左右，蒸黄米。深夜三点，全家总动员，在严肃的气氛中制作神糕（称打糕饽饽），这要在天亮之前做完。

这一夜的气氛，恰似日本的除夕。用“掏盆”制作米糕，先是在“掏盆”内把黄米弄黏，再把它放在石盘般的平底石臼上捣……有趣的是，这种捣制方法，与日本的相同。

在真正的满族家庭里，火炕位于三面。在祭祀祖先的西炕上，放有一张长方形红桌。当米糕捣制完毕，就把做好的米糕摆在桌上。打糕饽饽一经擦在这里，就不许任何人触动了，因为它已经成为神圣的东西。米糕呈椭圆形，很薄，一般在做完之后，要撒上苏子。以上准备完毕，就静静等候中午的正式仪式。

到了中午，负责主持祭祀仪式的两个萨满，身着便装，不戴帽子，他们先把用无花纹的三角形缎子制作的“六位神祖”，挂在置于西墙上的两个小匣的上端，然后，再把桌子放在它的前面，将供品置于桌上。

供品中的酒，是米酒（黄酒）和高粱酒（白酒），这些酒，是在祭祀的前三天，斋戒酿制的。

供品中列干前排的安楚香……香木是碧绿的，气味极其芬芳。首先把香末倒在一块马蹄形板上，然后拿到长方形的香炉上方，将香末撒进香炉里。

供品全部陈设完毕，萨满开始诵满文祭词。此时，同族人均跪下静听。礼拜结束后，乐队出场，开始奏乐。随即两位萨满立于神前，左侧的萨满双手捧起哈玛刀，右侧的萨满拿起哈玛刀链，并上下挥动。同时，两位萨满轮换诵满文祭词。

上述仪式进行完毕后，将以前的六位祖改为八位，即将以前的六种缎子条幅改为八种，米糕改为八碟，其他供品也随之增加，但安楚香仅增加一个。八位神祖比起六位神祖，更加威严，何况还增加了萨满的舞蹈。萨满以前只是直立诵祭词，而这时穿上紫色和蓝色的鲜艳的腰裙，翩翩起舞。这种舞蹈，很像西伯利亚的舞蹈。此时，挂在腰间的腰铃也响了起来，真是充满了热烈的气氛。

神祖前还供有猪肉，堆积如山。可见，八位神祖不仅喜舞蹈，而且还喜欢猪肉。据这种供猪，必须是没有一根杂毛的黑猪。当仪式进行到傍晚，将无杂毛的黑猪抬进堂子，并把猪头朝向西侧的神祖，放好。萨满诵满文祭词。然后，全家人开始以舞蹈着的萨满和猪为中心而起舞。舞蹈结束后，厨师进来，当场将猪杀掉。

杀猪时，如果按照正规的祭祀仪式，要向猪献酒，以示祈祷。即向还活着的猪耳内注酒，注酒时，如果猪耳抖动，就认为是有神意，也就是说得到了神的允许，只有这样才开始杀猪。

到了八点，在八位神祖的供桌上，点上一对鲜红的蜡烛，装饰神坛。然后将作为供品的猪的头、尾、肩肋、肺等，全部装入大铜盘。这些肉被称作阿玛尊肉或背灯肉。

萨满再次进行与朝礼相同的仪式，然后熄灯，进行祭祀，将此称之为背灯仪式。也就是说，这时神祖开始静静地享受供品了。

背灯仪式结束后，吃阿玛尊肉。但这种肉只分给最亲近的亲友，这已经成了习惯。据说吃了这种肉，会得到幸福。

索木祭

这一祭祀，是祭一丈多长的索木杆的仪式，在野外举行，此祭祀仅男子参加。

关于索木祭的起源，传说是这样的（按：以下是乌鸦救主的民间故事，略）。因此，后来就把乌鸦当作神鸟，每年秋天都要树立一次索木杆，进行祭祀，以报答乌鸦之恩。后来逐渐成为一种习俗，是“反古求本不忘其初”之意。

据说过去索木祭是在堂子祭的前一天举行，但后来由于它变得复杂了，所以改到堂子祭之后举行。

此祭祀是在四点左右开始。主祭人坐在堂子的神祖前，然后亲自做三根细草绳，作祭祀时用。神祖前置桌，桌上置酒三杯和碟子二个。一个碟里装灰，一个碟里装小米。以上这些，都是为祭祀而做的准备。正式的祭祀，一般是在这之后于野外进行，而现在是在院内举行。

祭祀开始后，首先将猪杀死，然后把猪各部位的肉件，挂在很长的索木杆上端，目的是为了让乌鸦吃，此外，索木杆的尖端，还要涂上猪血。因此，在杀猪时，短刀所刺之处涌出的血，要涂在索木杆的尖端。然后，再把猪各部位的肉各选一些，绑在索木杆的尖端。最后，把煮熟的肉拌进饭里，用吉林名产乌拉草捆好，拴在索木杆上端。

准备到此结束，将索木杆立在院内影壁的后面，全家人在一起礼拜。此时，既没有前一天堂子祭中萨满的舞蹈，也没有诵祭词等活动。礼拜结束后，仅在院中设立炉灶，煮饭、炒菜，进行野餐。如果说有什么特别的地方，那就是把树枝插在猪的四条腿上，用火烧，颇有原始情趣。

据说，从前乌鸦和喜鹊曾飞来吃过索木杆上的肉，但是，现在这不过是一种形式而已。

按

以上调查记录，为方红象、葛化东译自满洲事情案内所编《满洲事情案内所报告（79）》（1940年日文本），定名《满族民俗考》，发表在1981年《黑龙江民间文学》第三期。此文原是《报告》的第三章，调查记录人不详。

此关氏，即讷殷瓜尔佳氏，原隶宁古塔满洲正黄旗，康熙年间移驻吉林，改入吉林满洲镶蓝旗第二佐领，其族人随之迁入今吉林市南郊定居。宁古塔地方仍有其族人居住。《报告》详细记录了该族在20世纪30年代末举行家祭的全部过程，从中让我们看到了这一时期满族家祭状况。这一时期，满族民间祭祀虽然与清代时期大体一致，但已看清了祭祀的祭品、祭器、过程、礼仪等，由于时代不同而发生了一定的变化，即较前从简了。这对于我们研究萨满教和满族民俗演变，有一定的参考价值。

注

① 标题为编者所加。

② 宁安：原称宁古塔，为清代八旗驻防重镇。今为黑龙江省宁安市。

③ 春姓：指关氏先人恒春，光绪三十一年，任珲春副都统，三十三年十一月病解。同族人讷荫，清末任伯都纳副都统。举行祭祀的关氏，是副都统恒春直系后裔。

④ 安楚香：又写作“安春香”，满族祭祀特用之香。哈玛刀，即祭祀专用神刀。

⑤ 寅时：即三至五点钟。

⑥ 塔枯拉：满语tahūra。《清文鉴》河鱼四注：“蛤蜊。”《清文总汇》卷七注：“蛤蚌。”以此形比喻猪腿上骨名。

⑦ 塞勒：满语seire。《清文鉴》人身六注：“腰节骨。”《五体清文鉴》卷二十七饭肉类注：“脊骨。”即脊椎骨。

赫舍里氏祈福换索仪规

道光辛卯冬至日：穆精额　口述

道光十七年十月景昌　抄写

叙

道光十一年辛卯孟冬之念二日[①]，行尝祭祈福换索，礼毕。余略坐片息时，长男景昌趋座前请示于余，曰：历年祈福换索礼节，即皆口受（授），儿恐遵行既久，或有脱误，有失满洲旧范，愿口授记闻笔之于楮，以传永久。唯祈斟酌明示，以备遵行。余随（遂）将素往记闻，先太妣[②]暨先父指授所记礼节，一依口授，遂述之，遂录之，数日成稿。景昌恭誊，遂膳（缮）一册，以备将来不致遗忘东兴旧礼，亦申述而不作不敢妄肆周章之意尔，后嗣子孙遵而行之，守而弗失，是余之望耶旃，毋忽。

道光辛卯冬至日穆精额敬述

男景昌沐手敬书

赫舍里氏祈福换索供鲤鱼黄面水饼条例

祭日清晨，先安设神位毕，将鲤鱼三尾，供于左次，淘米晒晾毕，将屋内外掸扫洁净。取水净手，将柳枝供于西案上（按：原小字注：高桌、矮桌）亦可。合家行礼毕。禁止谈笑。

正午时，将黄蒙（幪）［子］请出，系神架上。合家行礼毕，着一人当执掸尘，余各执其事。

黄昏时，将屋内外掸扫洁净毕，将子孙们祖母神像（编者按：原为满文，juse omosi mama），请供架上。合家行三跪九叩礼。礼毕，前设长枕一个，将神板上第三［香］碟请下，供于神位前，拈香毕。合家行磞头礼[③]，礼毕。禁止谈笑。

至祭时，将屋内外扫净。将柳枝请示院内，系杆上系妥。将索［绳］请出屋外，系杆上。将精纹纸折成三尖哈达[④]，尖上用净白棉花线拴妥。主祭家长手执哈达，与合家大小，擦拭周身，祈福去灾。擦拭毕，将哈达请于院内拴系向屋三杈柳枝上。前设矮桌一张，即将屋内像前香碟请出，供于杆前桌上，拈香叩首毕，屋内将鱼请献座前献生，将胆、腮等类取出。（按：原小字注：屋内一尾，盛于一碟，屋内香桌下边供放。院内二尾之腮等类，盛于一碟，供院内香桌左边。）即将仓米下锅，煮盛（成）干饭，分为三碗。次将鲤鱼献生时请院内两尾、屋内一尾。（按：原小字注：白水煮熟，加盐少许。）院内二尾，饭二碗。屋内一尾，饭一碗。（按：供鱼时，院内鱼头向南，腹向东。）从南为首碗，第一碗鱼，二碗饭，三碗鱼，四碗饭，以上俱是鱼上放筯，饭上安匙。屋内鱼，头向北，腹向西。鱼供北边，饭供南边。将鱼、饭俱供于长枕上。以上屋内供礼，亦是鱼上放筯，饭上安匙。供妥，主祭家长兄，在院内率众叩头。起立，复率众叩头。众跪等家长起立，行头次礼。家长趋至杆右傍，请右向筯，自右向左，以夹鱼、饭，朝杆上、柳枝上让一次，家长退跪叩头，众随叩头。家长起立，众随起立。家长复跪叩头，众随叩头。（按：以下同上文，略）众跪等家长行三次礼。家长趋至杆右傍，先请左筯，自左向右，夹鱼饭向柳枝让一次后，请右筯，自右向左让一次，家长退跪叩头，众随叩头。家长起立，众随起立。复率众进屋内，朝像行磞头礼。礼毕，用小碟盛鱼、饭少许，着一人跪杆左傍，双手捧碟跪，等屋内行礼。再着二人，请香桌，向屋内随行随祝：玛玛巴德助[5]。众亦遂行遂祝，恭请至屋内神像前。将香桌供妥。合家行三跪九叩礼。礼毕，家长趋桌傍，尝鱼少许，向院内传呼：吃克什[6]。杆旁捧跪者，即食克什。毕，进屋内朝像叩头。家长请鱼碗，依次俱张口食肉，领福讫。屋内掸扫干净，将鱼骨等，撂出院内。再行供饽饽礼。

是时，将黄［米］面和成。将豆泥分作二碗，记准头、二碗次序。（按：原小字注：豆泥之碗用二次，每次二碗，像前一碗，枕上一碗。）将黄［米］面亦分作二次，每次约三斤，内分出八九两，以备作（做）小饽饽用。按：供小饽饽：每次应用二碗，像前一碗，枕上一碗。按：供大饽饽，共用二十五个，外多作（做）备用。令设小桌一张，上放院内筯二双，屋内一双。盛克什小碟一个；豆泥二碗，上安匙；小饽饽亦放于上。（按：原小字注：俟院内供糕时，拨一二人进屋内像前上供，将饽饽三碗、豆泥三碗，供在像前、枕上。）院内着一人，跪于香桌右傍。用一二人，将糕请出，向杆跪举，右跪人将筯夹糕放桌上，由左向右供一层，增至五层，即五个一路（摞），共用二十五个。俟摆齐，主祭人率众行礼，叩首，起。复率众叩头。众跪，等家长一人起立，行头次礼。家长趋至杆右傍，请左向筯，自左向右，以筯夹糕，朝杆上、柳枝让一次。（按：以下同鱼祭仪式文字相同，略。）家长趋桌傍，尝糕少许。传呼吃克什，杆旁捧跪者，即食克什，毕。进屋内，朝像叩头。家长将豆泥碗请起，依次张口，家长于各人一二匙，为福。又将小饽饽碗请起，家长敬于各人小饼一二个，依次张口，领福增禄。家长将克什散毕，合家食糕毕。扫净屋、院，再行二次供饽饽礼。以上所行祭礼，同前领福后，合家吃糕、豆泥等无拘，或吃糖蜜无忌。

不应给亲朋外姓人吃克什，开列于后：

计开：如遇供猪，胙肉三碗、下颏肉、猪口中含之左蹄。如遇供饽饽，鲤鱼三碗、仓米饭三碗、屋内（按：原小字注：像前每次）豆泥二碗、小饽饽三碗，以上俱是本家亲族吃，亲朋等概不准让。杆前撤下大水饼饽饽无拘。所有大、小饼、豆泥等，概不准许送亲友。以至备用豆面，同前。所有在屋内食克什者，嚼净方许出屋。

按《清文鉴》载，满洲供糕礼，供九路（摞），每路（摞）九个；供七路（摞），每路（摞）七个；供五路（摞），每路（摞）五个。

应记条规

每遇让神，不拘翁姑子媳掌家者，准其伺候敬神之差。

每逢升娶添子增人进口，请索后，索绳上应添细条。不拘颜色，绫罗、纱帛，是新料俱可添用。缎子不可用。

请柳枝，要三杈九股。如无，必须请三大杈，要紧，以备拴哈达用。如遇供猪，将牙杈骨[⑦]放杆尖上套挂，柳枝根上骨，向屋门。

供头次饽饽前，收拾屋内。将涤洗器物水、扫尘、鱼骨送在院内。务将屋、院香桌上下所供生鱼中腮、胆等类，务必撂在房上。如遇供猪，不供黄面饽饽，等献熟，吃克什毕，将所有屋内肉汤等送归另室，再将涤器水、扫地土连猪全骨查齐，猪毛等类，送在街，名曰：撂骨头。将留生肾、胞、尾、蹄等类，撂在房上。

煮豆泥。将赤小豆祭日前请到家，供于西炕上。合家择一人，净手，在南炕上作（坐）定，将虫吃豆、杂色、破碎豆挑净，仍供于西。至祭日，将豆请下，用碗量数，不可错记。如中碗量豆一碗，亦用本碗量水三碗。至豆十碗，必用水三十碗。大数，增减无定……俟熟时，将木勺于锅内细研成泥，方可。

礳（磨）面。用大黄米三大升，白糯米一大升。祭前一日，淘净，晒半干，上碾礳（磨）面。

作（做）饽饽。将黄米面三成，水七成，上火打成酱糊，约干面若干，将酱糊和匀、揣好，将凉水少许润手，以备作（做）饼。共作（做）二十五个，备用不拘。作（做）小饽饽，将黄米面揉荔枝大，将中指在面中点一坑，曰：小饽饽。

应用祭礼鲤鱼三尾。如鲤鱼欠少，另样名色鱼，千万请不得。若请不着，另设祭礼，将净白面作（做）鲤鱼三尾，不致临期有误。

请香碟。（按：满洲室内祖宗板供西墙上，后铺垫板无拘。）按香碟从南首为第一碟，本支请碟礼，南首一碟为第一碟，乃祭天用。中间一碟为第二碟，乃祀神、祖及元旦、每月朔、望用。北首一碟为第三碟，乃祈福换索用。请香碟时，看碟座下次序为要。

用猪礼。于祭日吉时，院内柳枝杆前献生（牲）领生（牲）后，在堂屋正中（按：原小字注：腹向东，头向屋门。）宰毕。（按：原小字注：血盛盆内。）供。（按：原小字注：院内香桌上右边，就在宰牲外煺猪，拿七窍毛、挖杭[⑧]靴子、尾尖、嘴尖、胆、尿胞系连肾系、肾胞、耳尖、毛，拿出，用二碟供于院内香桌上左边，其余俱下锅。下锅时，将右蹄含在猪嘴内，必须含妥，一并煮熟。）

献熟礼。家长跪院内供肉槽左傍，厨师单腿跪在槽右傍，子弟亲族各捧盘托肉，分依次跪，递于家长。家长敬接，举献后、放槽内。厨师于份拿肉，排摆槽内。遂献、遂拿、遂摆讫，厨师将胙子肉切丁和匀，切血肠，按数放碗浇妥，依次分院内、屋内供献。再注，肉丁三碗，院内二碗，浮上摆血肠三块，系头碗；浮上摆血肠二块，系二碗；浮上摆身肠五块，乃第三碗，此碗供屋内像前。务要记准，屋、院头、二三碗次序。依次顺序，每碗浇汤半碗，不可错误。

献份排槽。先猪头，次脖圈，三胸叉，四肚囊，五前左腿，陆（六）前右腿，七后左腿，八后右腿，玖（九）心、肝、肺、腰子，十肚子，大、小肠，十一脊梁骨，十二后座尾骨，依次请份，依次家长托献。依次厨师排摆，随手依次拿份上肉一块，大小不拘，以备切胙肉（即阿母孙肉）。

大份依次摆妥。将猪头连头带耳、嘴，用网油罩妥。其连贴[9]，横扣鼻梁上。再将细血肠做圈，搭十字绊，起嘴叉，套于耳后，如扯手形。额间，插解手[10]两把。

请牲礼。牲口头向东，腹向南，尾向屋门。用水一盅，浇右耳后，叩头，行蹦头礼。

祭牲祈福换索条例

祭前一日礼节，与供饽饽礼同。正祭日吉时，院内供柳枝，请索，拴哈达，与供饽饽规矩同。

请牲口，头向东，腹向南，尾向屋门，用水一盅浇右耳，请乞领牲，神喜，牲抖耳，即叩头，行蹦头礼，齐声曰：嘫嘫[11]。

头向外，请进屋内堂屋正中，头向门，宰牲。

应拿七窍毛，杆前桌上。全猪煮熟，按份排槽内。

献熟。俱按份托献，随拿胙肉及杂碎等，必须献全、拿全。拿胙肉毕，俱切成肉丁（按：原小字注：分作三碗，顺序记明，上摆血肠，浇汤半碗。）屋内一碗供像前，院内二碗供杆前。院内让肉礼次序，于（与）前供鱼、饽饽礼同。行礼毕，合家领福后，系吃阿母孙肉。家长将牙插（叉）骨，用净汤洗好，剔牙叉骨，小心骨上牙一个别失，挂在柳枝上。午前撣扫洁净，撂骨头，收索。请像入龛，向龛行礼。毕。神座，三日后请起。

遇跳神避灯后换索条例

每逢大祭，避灯后，送祖宗归神堂后，齐集，合家撣扫屋内洁净，请像，悬幪、悬像。将柳枝前一日请来，供龛傍。悬像供妥，拈香。请萨玛告祝，行三跪九叩礼。请柳枝供院内杆上。请香碟供院内矮桌上。请萨玛告祝，行礼，领牲。领牲后，行蹦头礼，齐声曰：嘫嘫。萨玛引牲入屋内像前，祝毕，行蹦礼毕。家长看视宰牲，下锅，俟肉熟。家长按份托献。随手拿胙肉，全安妥。按次内、外供妥。请萨玛告祝，行头次礼（按：原小字注：让肉与供鱼礼同。）、二次礼（按：原小字注：萨玛告祝，让肉礼与让鱼礼同。）、三次礼（按：原小字注：萨玛告祝，与让鱼礼同）。行礼毕，萨玛响鼓[12]引行，家长随行、随祝。众捧桌、槽，亦遂行遂祝至像前，桌、槽安妥。萨玛告祝，家长率合家，行三跪九叩礼。其家长尝胙，散福。合家领福礼，同常祭礼。

后记

本支历年祈福换索礼节，概皆口授，恐遵行既久，或有脱误，有失满洲旧范，随（遂）将素往祖父口授礼节，恭膳（缮）一册，以备不致遗忘东兴旧礼，笔之于楮，以传永久。今仰感玛法敬念祀事之虔诚，恭录是册，谨呈玛法[13]备览，慎勿与族中论及彼支系东兴旧礼，此支系新定章程，且新旧仪规，俱不过举心一念虔祀神祖之心耳。概举心敬祀神祇，为尽孝思之心也，岂有他哉。故曰：心即神，神即心。愧心无愧神，各遵先祖指教，不敢妄自周章而矣。敬录原程，呈玛法正。

道光十七年十月[14]

祀神吉日后

族孙景昌　沐手　敬书

按

《赫舍里氏祈福换索仪规》为该族人穆精额于道光辛卯年，即道光十一年（1831）冬口述，其子景昌记录整理。又于道光十七年十月，重新抄写，“恭缮一册”，原书无标点。现藏于国家图书馆。

此书对该家族祭祀时间、祭器、祭品、程序、礼仪等，记载颇详。其中如神像、祝词等段落，用满文书写，未译成汉文。汉文中亦夹杂满语词汇。该家族祭祀活动，有其独特之处，是研究满族祭祀及满族民俗的重要资料。

注

① 道光辛卯：即道光十一年（1831）。孟冬，即农历十月的代称。

② 太妣：此为景昌之祖母。

③ 磞头礼：即俗称的叩响头。

④ 哈达：满语hada。《清文鉴》地舆四注："峰。"《清文总汇》卷三注："石峰之峰，石小崖，山小崖，崔嵬，山峰之峰。"等。此处指将纸叠折成如山峰样的三角形状，作为祭器。

⑤ 玛玛巴德助：满语mama bade jiu。《清文总汇》卷十注："叫人来，招人来。"此处为请祖先进屋里来之意。

⑥ 克什：满语kesi。《清文总汇》卷十一注："主子的恩，造化，受天的福，恩，幸。"克什肉：满语kesi yali。同卷注："胙肉。祭壇庙时，主祭人所受之盘肉，曰克什肉。"凡受领祭祀之肉食，满语皆可称为吃克什。

⑦ 牙杈骨：即猪的颏骨。

⑧ 挖杭：又写作"洼罕"。满语wahan。《清文总汇》卷十二注："马牲口蹄壳。"此处指猪的蹄甲壳。

⑨ 连贴：又俗称连肌，即猪脾。

⑩ 解手：即满族所用之解食刀。

⑪ 嗻嗻：满语je je。《清文鉴》问答二注："急应声。"

⑫ 响鼓：此指萨玛敲响抓鼓。

⑬ 玛法：满语mafa。《清文鉴》人伦注："祖。"同书老少注："老翁。"此指景昌之祖父。

⑭ 道光十七年：1837年。

赫舍里氏祭祀规条

三十日晚：放上桌子，将香碟俱请下来。南边三个，头向南；北边四个，头向北，一溜摆上。香添一道，南边自南点起，北边自北点起。不请蒙（幪）子。叩头毕，将［香］碟子请起，仍供板上。

叩年头：正月择吉日，清早，放上桌子，挂上蒙（幪）子。将南边三个香碟，头向南，摆在桌上，添香，南边留口。盘子自南摆起，里面五个，外面二个。坐锅点香。拉拉[①]熟时，自南里面盛起，盛完，外盛一盘，供在板上。叩头毕，将蒙（幪）子、香碟，俱请供在板上。晚上，放上桌子，挂上幪子，将北边四个香碟，头向北，桌上摆三个，桌下摆第四一碟，添香，北边留口。盘子自北摆起，里面五个，外面二个，桌下三个。坐锅点香。拉拉熟时，自北盛起。叩头毕，将蒙（幪）子、香碟俱请起，供在板上。

跳神：择吉日。前一日，早晨，净板子。午间，将猪请在家内。晚间，夜子初[②]，将小桌陈在炕前，分左右，南边小桌上，设大碗一个，托盘盅子二份；北边小桌上，设笤箒一把，净黄布一块。取净水人，取回时，将净水壶，放在南边小桌上。炕上放桌子，呈请蒙（幪）子、香碟之人，先行三跪九叩礼。礼毕，将蒙（幪）子挂上。将南边三个香碟，请供在炕桌上，里边自南摆起，头向南，添香，南边留口，自第一香碟，里面按次点香，合家行三跪九叩礼。煮拉拉，俟拉拉熟时，盛八盘。炕桌上，自南摺，里面五盘，外面两盘，板上供一盘，合家行三跪九叩礼。礼毕，撤拉拉。将第一、第二香碟，请供板上原位。将第三香碟，请在桌正中。将猪不捆，用秫秸一节，麻绳一条，套猪两后蹄，捆嘴，自外请进，左耳向上。男跪北边，将桌上笤箒掃猪身，用黄布净猪耳。女跪南边，将碗内净水，挹在盅内，向上供举，叩头。将净水灌在猪耳内，领了，合家碰头。将猪头，向屋门掃之。生命七窍，用托盘盛上，供在桌上南边。开膛时，将尿泡、苦胆取出，并蹄甲，亦放在七窍碟内。肉熟时，按份摆在槽子内，供上。盛汤一碗，上放筷子一双。猪首蒙网油。用血肠一条，作扯手。左嘴边，插小刀一把。合家行三跪九叩礼。叩头毕，将汤用筷子挑三挑，本家人饮之。将肉按份切一片，为阿母孙肉，本家人食之。将蒙（幪）子收起，将猪头上撤去网油、扯手，供在桌上正中。晌午时，将骨剔净，所有剩物、脏水、土、七窍等物备齐，合家行三跪九叩礼。收香碟供板上。摞骨头完毕。

晚祭：未正[③]预备。放上桌子，呈请蒙（幪）子、香碟之人，先行三跪九叩礼。礼毕，将蒙（幪）子挂上。将北边第一香碟摆在桌上，北边第二香碟［摆］里面桌上正中，第三香碟［摆］里面桌上南边，第四香碟供在北边炕上，俱头向北，添香，北边留口。自北边外面点起，合家行三跪九叩礼。礼毕，煮拉拉。炕前陈设小桌二张，分左右。北边小桌上，设放净水壶一把，大碗一个，托碟盅子一份；南边小桌上，设放新笤箒一把，净黄布一块。俟拉拉熟时，盛十盘。自北摆起，桌上里面五盘，外面二盘，桌下三盘。合家行三跪九叩礼。礼毕，撤拉拉。请猪时，将猪前后腿十字捆上。捆嘴，自外请进，右耳向上。领牲人，男跪南边。将小桌上笤箒扫猪身，用黄布净猪耳。女跪北边，将小桌上碗内净水，挹在盅内，向上供举。叩头毕，将净水灌在猪耳内。领了，合家碰头。将猪头向屋门扫之。不拿七窍，不拿阿母孙肉。供肉时，按份擺在槽子内，供上。用网油蒙猪头，用血肠一条，作扯手，在左嘴，插小刀一把。合家行三跪九叩礼。礼毕，将香碟内火，俱拨灭。将蒙（幪）子撤去。桌上三个香碟，请安板上原位。留第四香碟，放在槽内肉上中间，头向北。将肉槽子向西北略挪些。桌西北炕，立主人枕头一个。将门户闭严，不使见亮。领牲妇一人，向上行三跪九叩礼。礼毕，叫点灯。持灯进屋，将槽子内香碟，请供板子上。撤供。不供猪头。礼毕。

还愿：丑初[④]预备。屋内向门设神桌一张，正中设香碟一个，盛香灰，上横添香一道。东设空碟一个，以备盛七窽。西设空碟一个，以备盛福儿骨。北设碟一个，盛仓米。神杆以秫秸三根，捆把为神杆，上横拐为神斗，供奉在神桌上，尖向东南斜设。神桌东，设矮桌一张，上放水壶一把。神桌西，设矮桌一张，上放秫秸一把。迤西，又设火炉一个。东矮桌迤东，设槽子一个，内盛供碗四个，匙子一把，筷子一双，并一切应用之物备齐。再向屋门东南院内，预备立神杆铁镢（橛）一个，订（钉）妥，上下拴红头绳二根，以备立神杆用。神杆正西，设放鞍笼架一个，上搭鞍笼一条。鞍笼架正北，设行皂（灶）一个，皂（灶）门向东南，烟炯（筒）向西北。皂（灶）西，备用秫秸一捆，水一担，烧柴夫一名伺候。行皂（灶）上放铁锅一口，以备煮小肉。行皂（灶）正东，设侵（宰）猪案一个。屋内东边矮桌迤北，跪二人，一个预备请神桌，一人预备清水壶。西边矮桌跪二人，一人预备请神桌，一人预备请火把。俟内外俱齐，神桌上点香。萨玛在神桌北，面向南神桌站立伺候。念神歌，洒（撒）米三次。大家在神桌迤北跪听。神歌念毕，大家碰（磕）头。毕，请神杆先出，第一请神桌，第二请水，第三请火把，第四请槽子，第五大家随出。神请放在铁镢（橛）北，神杆在神桌面斜立。请水。将水入在行皂（灶）锅内后，方准添水。请火，将火点行皂（灶），秫秸生火。将猪前后腿十字捆毕，请牲，请在神桌北众人前。猪头向南，左耳向上。大家在神桌迤北跪听。萨玛洒（撒）米三次，神歌念毕，大家碰头。将猪向神桌侵（宰）之，收刀口血并开膛心血，擦杆尖上，立在铁镢（橛），上下拴好。并生拿七窍、胆，盛东小碟内，并达呼噜皮[⑤]，搭在神桌向北秤上。择肉下锅，余皆按份解开。将猪首并蹄甲、皮，蒙在槽内，向皂（灶）东边矮桌上陈之。肉熟时，按份切丝，盛两碗；仓米饭盛两碗，自东迤西供起。第一碗肉丝上，放筷子一双；第二碗仓米饭上，放匙子一把；第三碗肉丝，不放筷子；第四碗仓米饭不放匙子。将福儿骨，陈在西小碟内。萨玛向神桌北，面南，念神歌，洒（撒）米三次。念毕，将碟扣上。大家向神桌北跪听神歌。念毕，大家行三跪九叩礼。礼毕。将胆捆在横拐上，将碟扣上。将索子骨，插在杆尖上，将碟子扣上。将七窍、达呼噜皮，请在皂（灶）内焚之。第一、第二肉饭二碗，拿在屋内，本家人食之，不给外人吃。将西边第三、第四二碗肉饭，放在锅内，给外人食之。祭日，向（晌）午时，将神桌上扣碟并鞍笼、行皂（灶）、槽子内幪皮，一并撤去。俟晚间星星全时，将神桌撤去，并神杆请起，扔在房上。礼毕。

换锁：预计孩童。用三蓝线，每个辫锁一挂，上钉绸补丁一块，挂在神箭扣上。用柳枝一株，对屋门竖立。用花小豆，煮豆泥。将江米押（压）起为面，烫好。将锁绳自屋内拉出，拴在柳枝上。作（做）大饽饽百余个，其余皆作（做）小饽饽。俟饽饽煮熟时，向板子放上桌子，里面一溜供大饽饽九摞，每摞九个，用取灯（按：取灯一词，意不明。）插住。将神箭横放桌上，扣子向南，外面用小碟一个，盛香灰，横添香一道，点上。桌北用方盘一个，内盛小饽饽一碗，仓米饭一碗，豆泥一碗，鲫瓜鱼两个（条）一碗。承祭妇一人。向上叩头，手持神箭，在前。将桌子、方盘搭起，遂出院内，将桌放在柳枝下，方盘放在桌北。所有领锁孩童，围桌跪桌旁，持箭妇人，将箭上之麻，拂孩童之头，绕之孩童，各掳其麻怀之。绕一周，向南叩头，如是三绕。三叩头毕，收锁，散给孩童，各代（戴）项上。将方盘内供物，分给孩童，各食些。须将桌上大饽饽，每摞取一个，粘在柳枝上，给家下人吃，余皆拿进屋内，大家食之。俟星星全时，将锁绳收起，仍贮口袋内，供之。三日，将柳枝拔起，扔房上。孩童代（带）锁，三日摘下，挂在神箭铁上，俟全时，收在口袋内，俟下次换锁时，俱拴在锁绳上。

叩饽饽头：择吉日。前一日，净板子。清早，放上桌子，呈请蒙（幪）子、香碟之人，先行三跪九叩礼。礼毕。将蒙（幪）子挂上。将南边三个香碟，请在炕桌上里面南边，头向南摆起，南边留口，点香，自南边里面点起。阖家行三跪九叩礼。礼毕。坐锅，将老米面烫好，做大饽饽百余个，上黏红豇豆，蒸妥。摆九盘，每盘九个。自桌上南边摆起，里面五盘，外面四盘。阖家行三跪九叩礼。礼毕。收蒙（幪）子。请起香碟，按（安）板上原位。礼毕。

晚祭：未刻⑥，放上桌子，呈请蒙（幪）子。香碟［人］，先行三跪九叩礼。将蒙（幪）子挂上。将北边四个香碟，头向北，自炕桌里面北边摆起，添香，北边留口。点香，自北边外面点起。阖家行三跪九叩礼。礼毕。坐锅，将老米面烫好。作（做）大饽饽百余个，上粘红豇豆，蒸妥。摆九盘，每盘九个。自桌北边摆起，里面五盘，外面四盘。阖家人行三跪九叩礼。礼毕。将蒙（幪）子请起，并香碟按（安）板上原位。礼毕。

按

《赫舍里氏祭礼规条》，一册，小楷手抄本，无抄写人，无抄写时间。从其行文特点及汉文中夹满语词条等情况看，似清后期撰述抄写。现藏于中国科学院图书馆。

此书与《赫舍里氏祈福换索仪规》相较，在祭祀日期、祭器、祭品、程序、礼仪等，多有不同。应是居不同地域、不同宗的赫舍里氏，因此，祭祀互有歧异，这是研究满族民俗有价值的资料。

注

① 拉拉：满语lala。《清文鉴》饭肉一注："黄米饭。"《大清全书》卷九注："黏饭。"

② 子初：时辰，即23点钟。

③ 未正：时辰，即14点钟。

④ 丑初：时辰，即1点钟。

⑤ 达呼噜皮：满语dahūla。《大清全书》卷八注："猪肚囊皮，肷窝。"

⑥ 未刻：时辰，13至15点钟。

满洲西林觉罗氏祭祀书

目录

戊辰季夏仲严奉宽　钞[1]

序

古迄今，天子至于大夫士，俱各有祭祀，独我满洲姓氏之祭祀，普天成风，凡遇荐享供献敬谨，是将无不竭其精诚，粢盛牲拴，亦莫不极其丰洁，然其祭祀条规，因其姓氏土著各异，而其祭飧仪礼，又各有不同，况其间相传百余年，无非父传于子，姑授于（予）妇，第因世远人湮，详细条规莫能记忆，既无书籍可考，又无老成可讯，遂致进退周旋、跪叩节奏之仪，颇有不能如式，虽幸有志之士出，承先启后，留意咨访，无从考跡，甚至年既久，又无齿长经谙之人，乃于其祭，漫无遵循，草率了局，愚殊惕焉。间中执笔追忆，逐条记注，恍若观其福胙之盛，醴酒之美，馨香馥室，佳味袭人，则知其神灵赫濯，俨若降临，而其至诚所积、感昭所及，必受其福祉；喜庆荣禄寿考，骈臻辐辏，此默默中显有确乎？不然一定之理存焉。《记》曰：夫祭者，非物自外至者，中出生于心者也。又曰：贤者之祭也，必受其福。神之格思，不可度思，矧可射思，是《记》与《诗》均有所指，而明言之也。愚由是敬咏一律，以志其诚，悫动感而神应之速，仿佛如闻如见之昭著也。

圣朝天子敬神祇（祇）
家国同风遵祭仪
黍稷馨香昭感格
酒牲醇洁降福禧
祖传父受无容替
子继孙循莫敢遗
奕代有灵长默佑
簪缨世世寿耄耆（耋）

愚自念五岁成家[2]，入仕后，即奉祀家祖神，岁时祭享不敢有违。但其间祭祀条规莫能深悉，俱系逐条请示先慈。先慈一一指授，愚则心领神会，拳拳服膺。归即口授拙荆[3]，凡遇祭享，敬谨遵循，莫敢稍忽，始能不致蹈愆。今屈指迢忆，遇年逾六旬，已历四十余寒暑矣。昨孟夏四月[4]，拙荆忽染症溘逝，中乏承祀之人，诚恐日久后嗣不能记忆，无处咨访，遗迹必致颠倒舛错，以讹传讹，所关匪浅，故间中追记，记注其趋拜跪叩之礼及供献粢牲、进

（晋）爵奉酒之仪，逐一纂成条款，显如记之祭仪，可以备考。俾后嗣有所遵循，不敢任意简亵，庶可昭垂奕世，以稍赞助祭祀之诚意云耳。

祭祀定期

自国至家，各有祖神。自天子至于大夫士，亦各有祭祀之时。是以岁时祭祀，亦各有等级。各按等级，定为祭祀之期，无容损益。天子则日祭祀；王等则月祭祀；至于大夫官宦，则春、夏、秋、冬四时祭祀；士、生、监等，则春、冬或夏、冬二季祭祀，此一定不可易之常礼也。若升官发财、立产、嫁、娶，或因病祈祷，虔许心愿，各有祭祀，不在此列。

祭家祖宗神条规

各之山川水土不同，所以各处之风俗言语亦互异。昔我满洲姓氏，因其居处之地各异，是以祭家祖宗神，各处有各处之例，一姓有一姓之例。然当祭享之际，并无书籍可考，唯赖祖荐于前，父随于后，抑或父率子叩，子督孙行，历代俱系乃祖乃父，身先表率示教，而相传至今，不敢改易。愚年已望七，若不早为筹画（划），诚恐后嗣子孙，虽有身承祭祀名，而未默识祭祀之仪，以致任意简亵，获罪匪浅。故将祭祀进退跪叩，供献荐享之仪，逐一注明，留传后世。若后嗣子孙内，有有志向上者，出而承继，留意展玩，敬谨遵行。倘蒙祖宗神灵福庇，喜悦眷佑，又岂独祇于香烟有继之一端已耶。即如当祭祀期，预阅宪书，择定宜祭祀良辰二日。前一日，祭家祖宗神；次一日，祭屋外天神。然择日，除去初一、初二月朔，必用月初旬，喜其凡物更新之意。择定祭祀之日，必于祭祀良辰三四日前，承祭者斋宿不吊丧，不见秽物。先置办净水、米、豆、曲等项。酌量用米二三升，簸净其米，蒸熟成饭。遵照成例，每升米饭，拌曲若干两掺入米汤若干碗，用净坛盛装，待其自发，成就酒酿。（按：原下小字注：作酒成例，逐细开后。）供设于西炕神下靠里，以防不虞。上用红毡新者蒙盖，恐其秽触。其作（做）饽饽之米、豆，亦各用净袋盛装，供设于神下。又，于祭祀前二日，将米另用净水淘洗洁净，用竹萝（箩）盛，下用净盆托底，净去水脚。其豆亦簸净，用锅炒熟，盛盘听用。又，于祭祀前一日，差遣妥协家人，将米、豆各用器盛装，净布盖严，以防不洁，捧赴碾房，将米、豆各碾成细面，捧归。仍供于神下，候至祭祀日五鼓，东方始白，正神人交感之际，急派定洁净妇女数人，更换净服，令其洗面、盥手、漱口，用大盆盛面，滚水烫面揣好。即于南炕沿安放桌一张，做成饽饽。此饽饽式样，或长饼、或圆饼、或笼蒸、或油煎，均听承祭者之便。饽饽上浮洒豆面。此饽饽装盘，切记有第一盘、第二、三盘，至第八盘之次序，不可紊乱。饽饽装盘之际，即令洁净男子，洗手，登橙（凳），恭请神匣。又，预于西炕正中，安设供桌一张，拉开南北钉悬细绳。将绳拉至供桌正中，取神座板底横放小木杆，用拉到细绳横接，缚于正中，绳头垂下，即拴于桌撑。其横缚小细木杆，即为悬供神位之所。请下神匣，轻轻放在桌上。匣头向南，匣尾向北。然后抽开匣盖，定睛详视，不可草率。自匣内顺贴外帮神请起，且神细条上，又有记写第一、第二至第六字样可据。请出第一位神，即于横杆上从南边悬供起，按次往北排供。至第六系末位，尽北边、系门后妈妈神位。令洁净男子，从门后请到，悬供于尽北末位。供桌上供酒三盅、香碟三座。酒盅、香碟，亦各有次序，不可错误。香碟添香点火，自南至北顺设，离神甚近。酒盅亦斟（斟）满酒，从南顺供，离神稍远。供毕，然后将饽饽盘子，亦谨按次序，从南摆供起，第一盘至第八盘终。即令家人将祭猪，此牲自二三十斤，至五六十斤，七八十斤，俱可。不拘雄雌，唯择无杂毛、纯黑而肥者。捆缚悉协，从中门捧至供桌下面南坑（炕）角地上。牲首向西，嘴蹑（腿）向北。然后，一家男妇，各按尊卑长幼次序，尊长者居前，卑幼者随后。有女儿之家，如女儿已记（系）上柳枝，方许随同叩头行礼。若未上柳枝，不许叩头。此祭，男则去帽露顶，妇则华饰其钿，俱跪叩头有声。本家行礼之人，不论长幼，有熟悉执盅进（晋）爵者，或男二，或女二，或男女二具可，起立二人，敬谨行至神桌前，长者面西立于南，卑者面西立于北。长者两手顺捧起桌上第一盅、第二盅酒，卑者左手执起桌上第三盅酒，高举至神前，齐举盅向神前左右摇荡，俱齐声口颂老清语劝进爵者三声，随跪者俱随声叩头。然后长者将右手酒盅，暂放桌上，用左手所执第一盅酒，高举至第一位、第二位、第三位神前，从南挨次逐位用右手托扶神沾酒毕，将此盅放于桌上。又用左手执第二盅酒，高举至第四、第五、第六位神前，轻轻托神沾酒毕，长者略退，两手执第一、第二盅酒伫候。卑者左手执第三盅酒，高举至妈妈神前，右手轻托妈妈神沾酒毕，方一同回身，将沾剩余酒，各按次序，递相传授。立者立尝，跪者跪尝，逐一敬尝神惠。立跪之人，母（毋）得妄动。然后将盅内余酒，俱倾入另碗。洗盅重斟，其盅母（毋）得错乱，仍照从前第一、第二、第三盅次序，长者左手执第一盅，右手执第二盅，卑者左手执第三盅，近至神前，俱照从前礼仪。长者两手执第一、第二盅，卑者左手执第三盅，俱举至神面前，一齐左右摇荡，齐声口颂老清语，向神劝进爵者三声。毕，跪者随声毕，叩头。长者先，卑者次，一手举盅，一手轻轻托神沾酒一次，如是除桌上供献现成酒进（晋）爵沾酒外，复斟酒三次，执盅进（晋）爵沾神三次，跪者亦随声三次，叩头三次。初次既已俱尝神惠，不必再尝。长者、卑者行礼毕，将手执酒三盅，仍按盅次序供于神前，方一同回身，退至本地。复一同跪，叩头。俱起，退。今家人将猪持至宰牲案上。其案设于屋内相对供桌，酌量房之大小，留行礼起跪之地。牲头向南，嘴向西，必须敬谨宰牲，不许交言。一人持盆接血，急令环搅其血，少时凝滞难用。接血毕，将血盆捧至神案北边，安放炕上，俟贯（灌）肠用时，再行取回。其牲或剥皮、或刮毛，听便。若刮毛，其牲务必刮洗白光洁净。按骨缝开卸。先取苦胆，挂于妈妈神原位钉上。即将逐块肉，用盘盛送下锅。取血贯（灌）肠同煮。其肉务必煮透熟，方可捞取。肉熟，先禀知承祭家长。俱盥手，率同家人至供桌前。先将供桌上饽饽盘子分列两旁，中间留下空隙。取到肉槽，安设中间。令家人将锅内熟肉，用钩捞出盘内装盛，或一块、或二块，陆续送至肉槽。又，令派一、二家人，立于槽边，将肉仍按活牲骨缝摆设。牲首向神，牲尾向外，五脏俱安设，胸×（叉）肚肉内，前腿在前，后腿在后。唯取牲脖骨肉，供献于第八盘饽饽上，此专供妈妈神者。此盘饽饽、肉，不送人，不与外姓人食。又，将牲后右腿，唯爪割下，含在牲口内。又，用血肠牲口内含绕回，放于槽内。又，用幔肚油蒙于牲首，照例摆设，母（毋）得错误。锅内打捞，母（毋）使遗漏，稍有怠忽，即为不诚。供献完毕，洗手添香，如前俱跪，叩头。仍起立二人，长者执桌上第一、第二盅酒，卑者执桌上第三盅酒，高举至神前，左右摇荡，口颂老清语，劝进爵者三声，跪者俱随声叩头。将盅内酒倾入另碗。此桌上供酒，前番已经沾神，不必再沾。从（重）新按次酙（斟）满三盅，高举摇荡，口颂老清语，劝进爵者三声，轻轻托神，沾酒一次，跪者俱随声叩头一次，如是行礼。又，供三次，毕，进（晋）爵者将酒三盅，放于桌边，退回本地，同跪叩头，方一同起，退。即一面撤收桌上牲肉、饽饽，一面急急请神。先请起妈妈神，送归原位。次从末位神起，挨次请收。详视匣内，自匣内贴里帮安放起，逐一按次安设，归末方收第一位神。千万不可慌忙，不可错误，一次错位，传流不易。又，将南、北所系细绳挽起，仍系原处。小木杆亦仍安设于神座下，敬谨之。（按：原下小字注：此乃春、夏、秋三季照常之祭祀也。若冬季祭祀，或背灯祭祀，或否，视人之力量也。）

——凡起立二人，执盅左右摇荡，口颂老清语进（晋）爵，务必长者，一连三声，不可音短，亦不可断绝。然后放下一盅，一手高举其盅，一手沾酒。（按：原下小字注：托神沾酒一次，跪者随声叩头一次，方为一次，如是三次，为行礼一遍，完毕。）

——凡跪者，毋（毋）得旁观，务须专心看视前立进（晋）爵二人，以便随声叩头，稍有踈，即为懈怠。

——凡男女跪叩之际，虽系一家，亦宜有别。男有尊卑长幼，女亦有尊卑长幼，既按次序，亦必男与男按次顺南一列，女与女按次顺北一列，毋（毋）得混杂，体统攸关。

——凡祭祀，自作（做）酒日始，不往吊、不探病、不观死物、或出门，途遇送殡等事，俱为不祥，宜急为藏避。家人在外常行，难避不祥等事，但令用盐水洗目，尚堪役使。若有服未除，断不可用。

——凡祭祀所用米豆，不论采买自种，但要洁净，必须新净口袋盛装。唯祭祀需用之水，甚属紧要，务必另外挑取新鲜净水应用。虽家中缸内系贮新水，亦不可用。

——凡祭祀之肉，不可草率而食。盖肉骨有贵贱等级之分，而人亦有尊卑长幼之别。我满洲姓氏，于祭祀既毕，不肯偷安，犹必亲为贮视，量肉骨之等级，酌尊卑之上下，均颁神惠飨食于众者，所以示尊亲敬长之谊，更以见其无众寡、无小大、无敢慢之意也。即如祭祀事竣，奉神归位。即令家人于堂屋正中，相对西坑（炕），南北顺放矮桌一张，上放肉槽盛装祭肉。此桌西边，接放桌一张，桌上摆列大小盘子，善于搽刀割卸家人，俱令在肉槽东，各面向西，右蹆（腿）向后旋跪，左蹆（腿）向前蹲踞，以便将槽内肉骨，逐一检放盘内。第一盘是臀骨肉，俗名“后臀”，清语曰“乌×（叉）”，此即殷人贵髀之意。第二、第三盘是前蹆（腿）上节骨肉，俗名“琵琶骨”，清语曰“哈尔巴”，此即周人贵肩之意。四、五盘是后蹆（腿）上节骨肉，俗称“后蹆（腿）”，清语曰“乌木汗”。六、七盘是挨臀两旁之骨肉，俗名“窟笼（窿）骨”，清语曰“都”。八、九盘是后蹆（腿）下节骨肉，俗名“棒子骨”，清语曰“山图”。每盘又各放肋条一根、脊骨一条（节），牲之心、肝、肺、肚、肠及血肠等件，各割取一块，放于盘内，再食祭肉。不用桌张，令南、北、西坑（炕），俱铺放油布单。让客升坑

（炕）排坐。若未请客，即一姓一家，亦各序其尊卑长幼排坐。此际，家长视亲家之尊卑，酌肉骨之等次，令人捧送至食者面前摆放。若亲客谦逊者，彼此逊谦不已，或自搽刀片食，或令人片食，均听其便。（按：原下小字注：亲客食祭肉，老例：只用白盐沾食，以示其敬意。今则饭、酒、清酱、小菜掺食、殊属不敬。甚而至于用葱蒜同食，可骇之至。今大内[5]尚遵老例，一问可知。）

——记注条例内，有口颂老清语劝进爵之说。夫老清语，乃昔年本处之语。查其音声，是口颂“鄂罗”二字。“罗”字，舌上有“都伦”。复查其语意，“鄂罗”者，乃“进”字也。凡进前、进门、进奉，俱用此字。细想其情，祭者高举其盅，向神口颂进者，是劝进爵之意也。窃思祖宗神，乃昔年在本地供奉之神，当时在本地供献，即口颂本地语进（晋）爵。今虽离本地，来至内地，何敢辄改？一旦即用内地之语，赞祭，恐非诚敬。况在本地荐飨赞祭多年，恐神亦未必深悉也。且一切供献、跪叩仪礼，俱照昔年遵行。又何敢独将进（晋）爵二字，因地因人而改易之理。揔（总）之祭祀者，唯恐涉于不诚，诸凡未敢轻视耳。既是清语，又云老者，何也？盖清语内，并无此语。细细遍讯，方知乃蒙古语内，有“鄂罗”之语，是“进”字之义，是以名曰“老清语”。

——凡预买祭猪，务必详细观看，牲遍身黑毛，毫无杂色，休光润而眼无眵泪，此无病牲，用之吉祥。若牲眼有眵而声不大者，此病牲，用之不祥。

——凡祭祀之日，不可又杀牲宴客，或自食，致（至）于不敬。

——凡祭肉，不许掺杂别物同食。

——凡夕祭，所用蜡烛，宜用红烛，光韬辉煌，殊觉喜气扬（洋）溢。忌用白烛。

——凡祭肉，祇（只）宜慢火缓煮透熟，不防（妨）太熟烂。切不可加（夹）生，若加（夹）生，则外熟内生，肉无佳味，恐非神人之所喜飨也。

——凡祭祀选择良辰宜祭祀日，但拣着宪书内吉日上注吉星多，下注无恶宿者；切不可择拟斋戒忌辰等日，并不可择定焦枯日，谨防火烛。

——凡祭牲，剥皮燎毛，必须烧透肉内短毛，不可将皮浮上毛燎去，肉内夹唧之毛，并未燎去，以致入水浸泡，用刀频刮，皮色黑而泥浮，断不能洁净。若燎透之皮，下水刮之，短毛全无，皮则黄色可。虽非敬神供献之物，乃神馂之余，理宜敬谨慎重，不致抛弃亵慢也。（按：原下小字注：祭天神剥下牲皮，燎去其毛。牲首、牲爪，俱下锅煮熟飨人，一毫不可留。若背灯祭剥下牲皮，只燎牲首，牲爪，先令同肉煮熟，牲皮留后食。）

——凡祭需用，一切器皿，只宜收藏于闲屋，锁闭，恐至践踏。不可夜间掷放露地，星宿照之，殊为不祥。（按：原下小字注：凡祭器皿，一切俱不许动用，切记……）

——凡祭祀日，只宜进物，不应出物。是以人家祭祀日，往往一切用钱之事，预为料理，是日不肯用出钱财购物件，以为吉祥。

——凡祭祀之家，畜养鸡、犬、猫者，务令圈锁严紧，勿得纵放。恐致踈虞，近亵祭品。

——凡祭肉，不论筵客、自食，均不敢擅用桌张，只用油布、油纸铺食，以示敬飨神惠，不敢稍纵之意也。

——凡满洲姓氏供奉祖宗，竖立祭杆人家，一切孝服，乃系白带，穿白鞋者，一概不许进门。马、驴、牛、骡、猪、羊等，亦不许入户。倘有畜类入户，割去其耳，以除不祥。

——凡祭祀男妇叩头，男则去帽露顶，叩头触地有声；妇则华饰其钿，叩头触地有声。细思其义，古云：若崩厥角稽首，盖祭则极尽其诚之意也。

——凡祭牲，预买来家未用之际，务必牢拴紧缚，时时检点，不可忽略。活牲蹬落，绳索损坏，日间纵脱，尚可返寻，夜间疏虞，无处访踪，竟至临事仓皇，无所措手。（按：原下小字注：此系身经之事，注之为戒。）

——凡祭祀日，遇亲友有不吉之事来报，家人不必即时禀知，过日再讲。或有不可待者，俟是日祭毕事竣告知。

——凡祭牲，于供桌傍地上撒粪，或于宰牲案上撒粪，俱主发财之兆，若撒尿主家穷。

——凡祭肉味美，主家兴旺兆。若祭肉无味，非吉兆也。

——凡祭祀需用净水，若院内有井，不必前一日备用，只宜是日东方始白之时，汲取新净水。凡淘米做饽饽、煮肉等项，俱用现汲新水为上。

——凡有女之家，女儿记（系）上柳枝神者，于祭祀祖宗之时，方许其随同叩头行礼。既经祭上柳枝，又于祭祀祖宗时随同叩头，则于聘嫁之时，定有嫁期，照例向婿家索取祭祀祖之资，并祭祀老柳枝神、新柳枝神、开索之费。通国皆知，无庸置论。但索取之际，亦酌量婿家之力何如。有力之婿，无庸筹划；若果婿家无力，亦可于牲之大小，饽饽之丰简，极力节省，亦可终事。然老例本家连米水柴盐之费，俱不肯垫用，谚云：有关女娘家之富穷，故人多未敢代出其资，此补其不足也。

——凡摆饽饽供献，进牲安放后，承祭者，率众跪叩。起。立二人，执桌上现供酒，口颂进（晋）爵三声，挨次沾酒。跪者俱随声叩头。此次不算数何也？乃桌上现供之酒，非此番新斟之酒也。此酒沾神毕，礼宜颂赐神惠，令承祭者，站者站尝，跪者跪尝，但不可妄动。起立二人，初次斟酒，高举，口颂进（晋）爵三声，按次沾酒，跪者俱随声叩头，此次方为第一次。起立二人，复斟酒高举，口颂进（晋）爵三声，诸位沾酒，跪者俱随声叩首，此次为第二次。起立二人，复又斟酒高举，口颂进（晋）爵三声，逐位神沾酒，跪者俱随声叩头，此次方为第三次。起立二人，将酒即供于桌上，退回，同跪，叩头，方为行礼一遍完毕。承祭者，率众起，退，各听其便。散候。

——凡熟肉供献之后，承祭者，率众跪叩。起立二人，执桌上酒，口颂进（晋）爵，跪者俱随声叩头。起立二人，即将此酒倾入另碗，不必沾酒，何则？此系前番沾过之酒，沾余之酒，无再沾之理。设使前番将第三次进（晋）爵酒，倾入另碗，此卓（桌）上酒，乃前番重斟供献之酒，亦不便沾酒，何则？既待多时沾神，恐致简亵。

——凡祭祀做酒，或黄米，或江米，家酿三日成酒，俗名“米儿酒”。此酒只于春、夏、秋三季供献。若冬季祭祀，及背灯供神，则用家中自烧酒。愚幼时随家尊任，在盛京住，曾目睹家内自蒸烧酒供献。乃住屋后坑（炕）大灶蒸烧。今既失其传授，又无烧酒之具，大约不能自烧者，尽然。唯值冬季，择定祭期，供献祖宗及背灯供献神，俱系预遣妥协家人，前至大酒铺，明告其敬神之故，恳买其未经售人贮满其缸者为佳。买酒之时，预备大小二瓶，大瓶系装供献祖宗之酒，小瓶乃背灯供神之酒，务必分盛，以表祭祀之诚。

——凡祭祀祖宗，及祭祀屋外天神，一应需用锅灶、供桌、做饽饽桌案、搁肉槽案、宰牲桌案、洗牲大盆、淘米大盆、盛水大盆、澄泔水大盆、盛肉木槽、切肉木板。又，肉碗、饭碗、肉盘、饽饽盘、酒瓶、酒盅、倾酒大碗、匙、箸、蒙盖红毡、布单、洗器皿布等项，俱系特置另备。家中请客，不许擅用，亦不许借与人祭祀用，恐其不洁。并不许借人器皿祭祀用，亦恐其不洁。若遇丧事，曾经用过器皿，于祭祀切不可用，简亵之至。再，碗盘器皿，有力之家，多有置办铜、锡者。甚至无力家，多有置买皮、木者。磁（瓷）碗、磁（瓷）盘，人家多不肯用。盖磁（瓷）器易于破碎，恐当祭祀之日，设有疏失，致关不祥，而承祭者，忧虑无已也。

——凡供献饽饽，昔年俱系用小黄米煮成饭，用大石板一块，木郎（榔）头一个，令善于拍糕老妇，执杓捻饭，摊于石板，老妇时时用手沾净水拍于饭上。又用数健汉，轮班更换，两手轮起郎（榔）头，击打成糕，名曰“打糕”。又，用黄米面搓成长条，婉（绾）转旋绕，做成饽饽，用苏油煎熟，名曰“牡丹饽饽”；又，用小豆煮烂熟，捣碎如泥，名曰“豆泥”，今俱失其传矣。且人家既无拍糕老妇，而男子又无素悉能打糕者，况打糕之具，无处买办，是以人家祭祀，竟将打糕之事费驰（弛）。今尚有效法老例，用黄米面，在屋内大锅撒积成糕，而糕上均撒红豆，名曰“撒糕”。此糕厚者，竟有四五寸。看来非独倚赖人力可成。更可骇异，透熟到底，并无一点生面，亦无一处干面。与蒸酒相仿，恰是一气呵成，若有神力。非迄今善撒糕之人渐少，是以祭祀撒糕，亦渐稀矣。

——凡采买黄米，多有不知黄米有二三种，而做糕做饼，必用小黄米为上。小黄米味甘而黏，做成饼糕，滋味颇长。今人家祭祀，采买小黄米，簸扬淘洗洁净，箩筐摻（滲）去水脚，碾成细面，水滚水烫面揣好，做成团子，底平中空，取其坐稳易熟。蒸熟，做成饽饽，上撒豆面供献。

——凡做酒，采买小黄米或糯米（按：原小字注：俗名江米。），煮成干饭，大盆装盛。每升米，冬则用曲四两，夏则用曲三两，此因时之寒暖不一也。然必俟饭冷始可拌曲，饭热拌曲，酒味必酸。治（制）曲或碾碎，或杵碎，热水浸泡，用绢罗渗下曲水取用。其曲渣沫，抛弃不用。做酒黄米饭冷后，大盆盛装。先将称准曲泡水，拌入饭内，次将米饭澄出米汤，倾入盆内，然后用木勺搅匀，装盛净坛，口封盖严紧。坑（炕）暖则少蒙盖，坑（炕）冷则多蒙盖，酌量天时寒暖为之。酒中曲蘖酿发，酒沫发起，高顶坛盖。做酒，必觅善作之老妇酿做，而酒却有恰好之时，正及其时，开坛供献，则味甘甜馨香；未及时，则味苦有曲蘖味；过时，则酒味酸辣，然总关乎祭祀人之家运也。慎之慎之。

——神座板架、香碟，及院内祭祀木杆、木斗等项，倘有实在损伤，若不更换，恐有疏虞，无可如何，更换之时，务将更换旧物，即刻送往城外，抛于河内，任其流往。若一时不便，暂留高阁，次日再行往抛，断不可在家拆毁，闻者见者，咸云不利。切记切记。

——凡祭祀，诸项宜于预前一两天，置办妥协，以便是日黎明举行，毫无碍手。若诸项内，有些设不齐备处，虽五鼓后即起，盥洁净，以不过束手无为，何济于事。即系曲之一项，虽有米在，尚未淘净，尚未渗水，尚未碾曲，若亦俟至是日，方欲办此，逐层必需人力，逐层必须人工夫，何时做饽饽，何时火候蒸熟方可供献，故慎重其事。务必静中预为筹划，可以预为料理者，具预为料理，实在万不可预为料理者，只得留于是日料理。如此，庶不至于临时无措。慎之慎之。

祭天还愿条规

背灯祭祀者，乃另铺筵，特祭第三位祖宗神也。必于冬令祭祖宗神之日，即是日晚，背灯祭祀。当冬令三月，祭祖宗神之日，其供献饽饽，捧牲奉献桌下，率众跪叩。起立二人，执盅口颂进（晋）爵三声，沾酒，跪者随声叩头，尝惠。重斟进（晋）爵，沾酒。如是一连三次。毕。进（晋）爵者将酒三盅，仍供神前，退回本地，同跪叩头，俱起，退。然后宰牲，煮熟牲肉，槽内摆设供献等条款，俱照注仪礼行。毋庸逐条细注外，即于供献熟牲。未经行礼之先，是时，令家人将背灯祭牲，细缚妥协，从中门捧持进屋。此牲务令肥大雄者，（按：原下小字注：二、三十斤至七、八十斤具用。）皮毛纯黑光润。蹆（腿）无杂毛，耳无穿眼者为佳。亦如前牲，安放于西南坑（炕）角供桌南边地上。行礼之人，按尊卑长幼，俱跪，起立。经练进爵二人，持桌上供酒，倾入另碗，重斟新酒，高举，口颂进爵三声，轻托神体沾酒一次，跪者俱随声叩头一次。如果斟酒进（晋）爵沾酒，跪者叩头各三次。毕。进（晋）爵者持酒仍供神前，然后俱跪起。即将牲持至宰牲案上，宰牲取血供献；剥皮开卸，即取牲胆，悬于妈妈神原位。剥下牲皮，暂行高阁。牲首、牲爪、燎毛浸水刮净，同肉必煮透熟。俟至日光尽暝，满天星斗之时，方可举行。切记此祭祀之时，凡妇女之有身孕及不洁净者，并所有鸡、犬、猫、畜等类，概令远避，毋得轻犯，所关匪浅。然后，令家人执灯遍照，驱逐清净，查看妥协。畜犬者，将犬拴锁，毋令进院。然后，将屋门掩上，抵门安设矮桌一张，上供一斗，盛米平斗，米上中间，东插箭一枝，箭扣向上；西插刀一口，刀刃向北。承祭者，即洗手至西坑（炕）供桌前，恭请第三位祖宗神，奉请至屋内供桌，悬于东插箭扣上。又，请到第一座香碟，添香点火，供设于第三位祖宗神前。又于此供桌北边，安设矮桌一张，上安设肉槽盆一个，将现今煮熟之牲，捞取逐块盛送，亦如前牲摆设。复往西坑（炕），请到预另盛一小瓶酒，捧到此案，倾入另预备一大碗，安放于此供桌北左边，此系供献之酒，毋得轻亵。又，备一盘、一碗，请到西坑（炕）供桌上第一盅酒、第二盅酒，将此二盅酒，俱倾入所备一碗，即将此碗，安放此桌边，预备倾酒。将此二盅，并列于预备盘内应用。承祭者，复往西坑（炕），检看供桌上供设肉槽、饽饽盘子，及第二、第三香碟，并第三盅酒，俱不准擅动，照旧供设。又，另本家行礼，男子等，俱于西坑（炕）供桌两旁地上，铺毡盘膝敬谨默坐，勿斜倚，勿悄言，勿涕漱。然后，复令人执灯笼遍照清静。令将供桌上蜡烛、香碟内烟火，及屋内院外所见灯光、炉火尽行熄灭、掩黑。主祭者至门内供桌前，敬谨端跪，将香碟内香剔熄，叩头有声。仍跪用手摸取盅盘，轻轻复摸至瓶盛酒大碗，掂酒二盅，左右摆设盘内。高举其盘，口颂老清语，劝进爵者三声，席地端坐之人，俱随声劝进爵。承祭者将盅盘轻轻默记放于桌边。唯承祭者敬谨叩头有声。又，跪摸取盅盘在手，将盅内酒倾入预备另碗。复暗中摸至盛酒大碗，缓缓掂酒二盅，摆列盘内，两手高举，口颂老清语，劝进爵者三声。席地坐者，俱随声劝进爵。承祭者，将盘内酒盅取出，将酒一，倾于另碗，轻轻放于桌边。唯承祭者，叩头有声。行礼三次毕，俱起立。呼灯四至，照耀光明。将西坑（炕）供桌上灯烛点起，急恭敬请箭扣上悬供祖宗神，奉归原位，香碟亦捧送原所，酒盅请收。然后撤去供牲，大开屋门。一面令撤西坑（炕）供牲饽饽；一面令谙练洁净者，至供桌神位后面，请收祖宗。先请起妈妈神，捧送屋门后原位，次从末祖宗起，请收匣内。从匣内里帮顺放，逐次请收，俱如前，毋得舛错，切记。此二次祭肉，请送客人，均听其便。背灯祭牲，刮毛剥皮，各从其意，然剥皮供献者居多。背灯祭牲若剥皮供献，先将牲首、牲爪，火上燎去其毛，入水刮净，下锅一同煮熟供献。其剥下牲皮，留于次日，或燎毛刮净食。此系神享之余，不可简亵。若稽迟久留，以防牲畜窃食，恐致不敬。

——凡晚祭，务必宁心耐气，从容慰问，而口中云稍迟无碍，但嘱令毋得草率。如此办理，自然诸凡齐备，庶几祭后，始觉心安。不然，为时无几，恐其迟误。只管催捉（促），并不计其事之有济与否，则祭胙必致外熟内生，脏腑必然不洁，以致飨食之际，祭肉加血，脏腑有秽，亲朋悉皆停箸，彷徨，试问主人，何以为情，而况于享神乎？则亵慢莫甚于此。戒之戒之。

祭天还愿条规

满洲姓氏有祭天之说，俗又云："还愿。"推其本原，夫天非凡人宜祭也。必天子始可祭天，诸侯则祭山川，何敢僭越如此？况我满洲姓氏，赋性淳厚，崇俭守分，诸凡遵古重道，此非分之事，断无也。盖因俗传讹，不可更易。复查其姓，既非太宰，而又究其祈祷赞颂之言，不过是四时祭赛，报答神明，仰赖神灵眷佑。但愿夫妇偕老，子孙昌盛，禄享悠久，寿届遐龄，安居乐业，福祉康宁之辞云耳。并无僭妄越分之念，实存中心感激之诚，是以备牲祭祀，以仰答其中心愿耳。故俗云：还愿。则知其非祭天，乃祭天神也。是日也，必遇天朗气清，惠风和畅，始为喜兆辏集，一家之荣贵富厚，可预庆也。其祭，大概俱于四时祭祖宗神之次日举行。有照常四时祭者；有因升官、发财、生子、娶妇祭者；有因病痊、人归等情许愿酬祭者。祭时，令人赞颂，声明祭祀缘由，并告白承祭者姓氏年齿。近因清语生疏，不能赞颂。而聘请来者，又无竭诚洁净之人，是以有家长点香默祷，诚敬叩头而已。许愿祭者，亦必于祭祖宗神之次日，方祭天神。其祭祀条规，则非祭祖宗可比。祭祖宗神，一处有一处之例，一姓有一姓之例，实属不同。若祭天神，则普天同一例也。即如祭祖宗神之次日，拟定祭祀天神，必于祭祖宗神之日，乘带日光时，先预备净水两桶，高搁于屋内桌上，水桶盖严，以防不洁。又备干柴数根，预备种火。俟至是日五鼓后，东方始白，疏星在天，清气袭人，平旦之时，心目俱爽，私欲潜消，善机萌长，正神人交感之际。问家人俱已洗面盥手，及先请下祭祀木杆。将木杆上或锡斗、或木斗，敬谨拔下，将斗刷洗洁净。然后，用刀刮去杆尖旧涂血跡。将斗放于杆座上，将杆遂立于座后。即将祭牲，或肥猪、或肥羊，俱用雄者，捆缚妥协，俟候。又，于先一日晚，预于东边正中，安设铜、铁锅灶各一口座。（按：原下小字注：无力之家，新锅土灶亦可。）此锅不可预架，恐致不敬。是日用高桌一张，酌量屋门可平搭出者。先设于正屋门内。屋门大开，将桌向南抵门而设。桌上安放磁（瓷）碟一个，又设空磁（瓷）碟二、三个，以备应用。屋内备水两桶，两家人伺候抬水。备柴数根，一家人伺候点火，俱专候承祭者。或延请赞颂者，赞颂行礼。如无赞颂之人，即承祭者赞颂行礼。先去帽露顶，敬谨秉诚，行至供桌前，用手点香。跪叩毕，起立。两手捧取香碟，复跪，用两手高举香碟默祷，放下香碟。次用左手高举水碗，右手取匙摝水，向门外高洒三匙。次用左手执米碟，右手捻米一撮，向门外高洒三撮。毕。即跪，叩头有声。起立。其桌令人抬出，安设于祭杆座前。取座上杆斗，设放桌上。屋内之水，随桌而出，注于锅内。屋内之火，随桌而出，烧于灶下。一面即令人将牲捧至桌，放于桌东南角地上，首向南，嘴腿向西，傍放铁斧一把，留备应用。承祭者亦随桌而出，行至桌前，亦如前秉诚叩头，举碟默祷，向上洒水三匙，洒米三撮。毕。跪，叩头有声。起。立即令人，用斧背面，将猪脑门轻轻击三下，急急捧牲至宰牲案上，头向南，嘴踵（腿）向西。宰牲之际，忌闲言语。宰牲出血，用盆接血之际，令人两手持祭杆，用杆尖刺戮牲出血处，涂血杆尖，仍旧竖立正中勿动。宰牲完毕，将牲血供于供桌右边。即将牲之拱嘴、舌尖、耳尖、眼皮、爪后有毛处及尾尖，逐一用刀割下，取桌上预设磁（瓷）碟盛供。

然后，开剥牲皮。其牲皮剥下，仍铺牲下，勿动。按牲各骨缝卸开。牲膛开后，割取牲骚（臊）根系连尿泡，及苦胆，亦取磁（瓷）碟盛供桌上。卸开牲骨，每骨酌量取肉一块。酌量者，请来食早肉客之多寡也。客多则多取，客少则少取。（按：原下小字注：以便割取下锅煮熟切丝。）用盘盛送，陆续下锅，细细添柴漫（慢）煮。锅内量加白盐。开卸牲骨逐骨之肉，即先取下锅慢煮，又取臀尖骨连肉一块，又取左边肋条相连三根连肉，又取脊骨上节相连三根连肉，又取胸×（叉）骨一块连肉，割下牲肚肉，只取少半煮熟切丝；次取右边肋条相连二根连肉，又取脊骨下节相连二根连肉，又取牲脖索子骨以上，割取臀尖等骨肉，俱下锅，先慢火细煮。牲之脏腑多用醋、盐打洗洁净，亦各取一段，或一片，又取细肠一段，贯（灌）成血肠，长尺余，俱下锅慢煮。复于院西中间安设矮桌一张，南北顺设。桌上安放长肉盘一个，内放切肉木板、薄刀、小刀等项。桌四面可以坐人切肉。锅内肉煮透熟，先捞取臀尖骨、胸×（叉）骨、左右肋骨、上下脊骨、索子骨，用盘盛装，送至院西切肉案上。以上骨逐骨割肉一小片。又将锅内煮熟肉块及脏腑，亦逐块逐件捞出，用盘盛装，陆续送至，亦逐块逐件，割一小片，取供桌上预备空碟盛装，送往桌上供献。其臀尖骨等骨，既已逐骨割一小片供献，仍旧下锅，细火煮。候其余煮熟捞出肉块，及煮熟脏腑，亦既已逐块逐件，割一小片供献，即留放肉盘内尽行切作肉丝，用手拌匀，大盘盛装，复行下锅，添柴加木，紧火煮大滚沸后，用盘四个，内托大碗四个。盛肉头碗，随饭头碗。（按：原下小字注：此饭用稗米为上，仓米次之，小米又次之。碗之次序，切勿舛错。）头碗肉上，摆放臀尖骨肉一块，左肋骨肉三根，上脊骨肉三根，细血肠一段；盛肉次碗，随饭次碗，肉上摆放胸×（叉）骨一块，右肋骨肉二根，下脊骨肉二根，细血肠一段。肉碗各插匙一把，饭碗各插箸一双。肉碗量加白盐，用勺量掠滚汤浇热，俱捧至供桌前，从桌东边顺桌挨次摆设。头碗肉、头碗饭，次碗肉、次碗饭，摆毕，添香点火。承祭者，向前去帽露顶，先即伏地叩头。两手取碟，复跪，用两手高捧香碟，秉诚默祷毕，起，仍将香碟，安放原所。次用左手执淘米泔水碗，右手执匙掠水，向上高洒三匙；次用左手执米碗，右手捻米，向上高洒三撮，俱安放原所。复跪，叩头有声，起立。将四碗内肉、饭，挨次各掠挑一匙、箸，倾于杆斗内。又将割取生供之，耳、眼、嘴、舌、尿泡等项生肉。又将逐块割取小碟供献小片熟肉，亦俱倾入杆斗内。一人捧头，一人持杆，将斗串贯于杆上。然后，将牲脖子刮净之光骨，从锅捞出，贯于杆尖。又将牲拱嘴唇，贯杆尖极顶，方将祭杆竖起，插于杆座。一面预令人抬下肉锅，毋得迟缓，以示不敬。头碗肉、饭，安放于院西切肉案上，本家俱尝神惠。此肉不论本家外姓，俱可食。次碗肉、饭，令人高捧进屋，先至妈妈神前，向上高举，禀告妈妈瞧瞧。然后，安放坑（炕）中油单上。（按：原下小字注：尝屋内肉俱可，唯视本家之便。）本家俱当先尝神惠。此碗肉、饭，切记不许与外姓人食。一面令将锅内所存汤肉，酌量盛盆，（按：原下小字注：酌量者，酌量人之多寡也。）抬进屋内，亦举向妈妈神瞧看，安设妥协，款待延请亲客。此盆内肉，不论同异姓，俱可食。冬令寒冷，不妨温食。此际肉既分设内外，千万勿得紊乱，不可任意出入。即食客亦务必口内嗛净，方许出屋。倘有错误，简亵非常，切记切记。（按：原下小字注：早供之肉，俗曰小肉，碗熟之肉，俗云大肉。）屋外案上牲肉，除割取供献外，余剩牲之肉骨，仍令照旧摆放案上。剥下牲皮，仍铺于牲下。牲首向南，臀居后，前蹍（腿）列前，后蹍（腿）列后，其余肉骨，及洗净脏腑，亦俱按活牲摆设，毋得擅动。供桌撤去供桌上血盆已撤设于此案。祭献头碗肉饭及锅内余剩汤肉留于屋外，务令速食罄（罄）尽方妙。若冬月，肉饭寒凉，即于檐下用炉锅温食亦可。锅、碗内食剩残汤饭，切勿令畜食，并不可擅自入屋。屋外家人食毕，先将牲肉用槽盛放，抽取牲皮，即于院设灶内，添柴点火，用铁钩四把，搭起牲皮。铁×（叉）二把，串贯牲首、爪、俱在火上燎烧牲毛，务令燎透，浸水刮净，皮色纯黄，无黑色为佳，用盆盛装。又将桌上肉槽令人抬起，牲皮、牲血盆，具令捧随肉槽进屋时，俱高举口颂妈妈瞧瞧，及先将肉槽及血盆，抬捧至北坑（炕）大锅边。锅注新水，肉下锅缓缓烧火慢煮。牲之脏腑，打洗洁净。将血贯（灌）肠下锅同煮。燎毛牲皮连盆，放于屋内中间地上，令一二家人在盆东面西，一踶（腿）跪坐，持刀刮皮，务令肉内短毛，尽行刮净，皮色纯黄无黑色，方将盆至大锅，将刮净牲皮，亦同下锅煮透熟烂。先行查点早间供献片肉、食臀尖光骨、胸×（叉）光骨、左右肋条光骨、上下脊骨光骨暂藏。复查问内外碗、盆、锅内肉汤，皆已食完无余，方于堂屋正中地上，向西安设小矮桌一张，上放槽盆，将熟肉逐块捞出，用盘盛，送放于肉槽，细查肉俱送到，打捞锅干净，勿得遗漏。又于肉槽桌西，按（安）放矮桌一张，亦向西设，桌上摆列大、小盘子，将槽内肉、骨，逐一按其骨之尊卑，上下放盘待客。请亲本家，不可忽略，恐触客怒。满洲祭牲，放盘有一定之例，食牲皆然，不可不知。第一盘，清语乌察，汉语牲后臀；第二盘，清语哈尔巴，汉语琵琶骨，一样两盘；第三盘，后腿上节骨，清语乌木汗，汉语牲后腿，一样两盘；第四盘，清语都，汉语窟窿（窿）骨；（按：原下小字注：乃臀两旁相连之骨。）第五盘，清语山图，汉语棒子骨。（按：原下小字注：乃后腿之下节骨，一样两盘。）其心、肺、肝、肠、肚，逐件放一片、一块，血肠一段，二三寸，肋条、脊骨，逐盘各一根，又放燎皮焦皮一块。若肉盘缺一二件不全，人必耻笑。此肉不许送亲友，亦不许出屋门，亲友齐集甚多，肉有滋味，顷刻将肉食完，汤水不剩，大喜之兆。若尚有未到亲友，不便久待。先令将骨净刮，只留其肉，仍归原盘，以待来客。总之，祭肉不出三日速完为妙。此祭承祭者，尚不容稍懈，敬谨守候客至。不出迎客，去不往送。唯俟将现在牲骨查出，及早间供献臀尖等骨，俱尽行查出，一并数明全骨，（按：原下小字注：牲之肋骨、脊骨等骨，俱有一定之数）不许遗漏一节，仍用槽盆盛装，抬往祭杆前抛弃，方完祭祀之事。复令家人于骨槽送出之际，手执箕帚，扫除屋地之秽物，随槽送出，抛弃外方僻地，以免琐碎。是日清晨，屋内扫地尘土，亦不许即时送出，暂置门后，必俟肉槽出时，随槽而出。盖因未祭之先，不便将屋内之物向外抛弃之意也。

凡祭祀天神，俱系用猪。唯我西林觉罗氏，猪、羊俱可用。此事历来已久，不能稽考。但用羊，务择口齿小而肥泽，纯白无杂毛者吉。

——凡祭杆斗盛牲之泡物等项，遇有喜鹊啄食，或嘴啣、或爪抓去，大吉；老鸦亦佳。但猫、犬等畜践食不祥。

——凡祭天神有力之家，用铁灶毋庸置疑。无力者，用碎砖或用土坯砌垒成灶、或专用土坯，又或用碎砖与土坯掺砌成灶。及至锅内贮满汤肉，碎砖土坯无力支架，往往有倾颓之患，不可不防。（按：原下小字注：此系身历之事，书之为戒。）

——凡祭天神，祭牲诸物置办已定，祭期忽值暴风骤雨，无可更易，只得敬谨，终身恐非佳兆。

——凡祭天神，若遇冬月，家人在屋外院中切肉，往往天气严寒，冷风扑面，而鼻中流淌清涕，本人竟不自知。故人家有用布作鼻套，两边有系，向后拴缚，接其清涕。此方甚妙，故姑存之。然总不如承祭者在旁敬谨监视，家人自必小心，不敢疏忽，而又时时耳闻训饬之为委也。

祭星条规

祭星者，祭七星北斗也。每岁于十月初一日晚间祭祀，此一定不可易之日，无容选择。或又云：四月初一日，亦是祭期，无从稽考，不敢举行。当此祭辰，必于三日前，敬谨斋宿，更换洁净衣服。其不洁妇女、及鸡犬俱宜远避。是日清晨，先取净水一碗、鲜柳一枝高供，以备临时应用。又，买定肥小猪一口，至重不过十五六斤，八九斤俱可，毛皮黑光而雄者，不用黄白而杂者。又，预备新水一担，临时应用。必候至日色已暝，满天星斗之时，用矮桌一张，桌上供奉一斗，盛米平斗。又，剪净白纸三条一绺，共三绺，用线分缚于柳枝。将柳枝插米斗中间。桌上放点香磁（瓷）碟一个，取到净水一碗，供于桌上。又，安放净盘一个，内放净盅二个。将桌抬至屋外院东北角，酌量可望斗星高升之所，桌向东北角安设。是时，令家人报（抱）灯遍照，俱极洁净，并无鸡、犬藏匿、妇女触犯，然后，将牲捧至桌西北角地上安放，头向东北，嘴、腿向南。遂令家人出二门，将二门掩上。又，令将屋门掩上。院内所见灯光，尽令熄灭。承祭者，秉诚跪于桌前，将桌上香碟火熄，口中默祷，叩头有声。仍跪摸取桌上托盅盘，轻轻摸取水碗，取盘内盅掭水二盅，放于盘内举默祷，将盘放下，又连触地叩头。跪取水一盅，详视明确，手执此一盅水，贯（灌）入牲耳孔，牲即应乎摇头抖摔耳扇鬃领，方为神灵领接，一家庆幸非常。若疏忽浇贯（灌），将水浇于牲之耳前、后，水未流入其耳，或牲有病无觉，或祭者不诚，或供献有秽，以致频频浇贯（灌），牲始摔抖鬃耳，是神不喜悦，不肯接领，即为不祥，敬谨敬谨。神既喜悦接领，承祭者连连叩头敬谢，方呼灯至，令家人持牲入屋。即于屋内地中安设宰牲案，牲首向南，嘴腿向西，宰牲接血。将血盆送往供桌上斗傍下首供设，此供桌傍预安设灯笼一二个对照。派出童子二三人，轮班看守，谨防猫、犬，不洁妇女，近此触犯。此牲或刮毛，或剥皮，务令洁净，各按骨缝开卸。开膛后，先取牲胆，挂于斗上柳枝。锅中酌贮新水。牲肉逐块割卸下锅。次取血盆贯（灌）肠，同煮，务令透熟。屋中安设高桌一张，上放盛肉槽盆，将肉捞出，逐件送至木槽。家人桌边站立，逐骨割肉一块，脏腑亦然。将割取之肉，切成肉丁，血肠亦切成小块，分作头碗、二碗盛肉。又将熟肉逐骨捞出，亦如活牲式样，脏腑亦然，俱摆放于肉槽内。又割取牲之后右腿爪，令衔牲之口内。又用幔肚油蒙于牲首。又用血肠绕于牲首。然后，将头碗肉上插一铜匙，加盐添汤，安放肉槽内牲首之左；又将二碗肉，上插一铜匙，加盐添汤，安放于肉槽内牲首之右。令人抬出肉槽，并搭出矮桌一张，安放于供桌前面桌上安放肉槽，点香供献。令人执灯笼遍照。复令家人出二门，掩闭二门。又令掩闭屋门。凡院内看见灯光，尽令熄灭。承祭者，秉诚上前跪，将香碟内剔熄，敬谨竭诚，连连触地叩头默祝毕，然后缓起，立呼灯群至。先将斗内柳枝请起，两手高举至院内东北角原悬柳枝处。将旧柳枝解下，高掷于房上。然后，将新柳枝拴缚牢妥。家人抬起肉槽，承祭者，左手高举水碗，右手高举香碟，一面令撤去供桌米斗等项，抬肉家人等，俱一齐口颂：猪猪、猪猪，声不断绝，行至屋内妈妈神前，高举口颂告妈妈瞧瞧。然后，抬至屋内地中向西桌上安放。即将头二碗肉，俱安放坑（炕）中油单上。此二碗肉，只许本家序长幼分食，不许与外姓食。供献水碗，捧进屋时，善睹者，细看水内有牲毛，主发财；有人发，主进人口，款项甚多，不能记忆。亦即令一家新丁，序长幼，挨次尝饭，增益福寿。然后，上坑（炕）同食碗肉。槽内肉骨，亦按等次放盘，可与肉丁同食。遇亲朋，只与槽内肉食，不与碗内肉食。祭肉俱不许出屋，切记，切记，不可疏忽。至于盆贮刮洗祭牲，及打洗牲脏腑汤水、秽物，俱按祭祀事竣，方许出屋，毋得草率。

祭马神条规

马神者，专司厩内牲畜之休咎也。每岁于二、八月初一日祭祀，务于祭祀前三日，置办米豆。另取净水，先酌用米做酒，用坛盛装，安设于祖宗神座下；又用新红毡蒙盖。于祭祀前一日，预取鲜柳枝，高三、四尺，供设备用。又，将米另淘（舀）净水淘净，豆炒熟，俱于碾房碾面供设。又，取净水一担，供设备用。俟至是日东方始白，一面盪（烫）面，于南坑（炕）做饼，上撒豆面；一面用矮桌一张，暂放于南坑（炕），桌上安放一斗，斗米内插放柳枝。又，用净纸剪成三条，用线缚作三绺，共用三绺，分系于柳上。供桌上放香碟一个，添香候点。又，放空盘一个。预备停毕，西坑（炕）正中，设一供桌。桌正面拴缚木架，高二尺许。遂请到马神木筒，揭开神筒，请出马神。先用布单搭于架上，次请出神卷张挂，红马居南，黑马居北。又，请出神筒内木雕小神像，安放柳枝上。然后，摆饽饽盘子，其盘亦有次序，第一盘至第八盘，亦从桌南边，挨次摆起，至桌北边排止。即借请祖宗香碟三座、酒盅三个，点香供酒。承祭者，率众跪叩，亦如前例。起立二人，近前举起桌上供酒，向神举盅摇荡，口颂老清语，劝进爵者三声，跪者俱随声叩头。起立二人，执盅退步，亦颁赐神惠，均尝其惠。挨次尝惠毕，洗盅更满斟其盅，如是一连行礼三次。毕，俱起退。然后，将南坑（炕）暂放供斗桌案，移于屋门内，迎门而设。上供饽饽三小盘，香碟点火。亦从西坑（炕）供桌上，借请列第一、第二酒盅两个，将酒倾于另碗。将酒盅二个，用盘托盛。另备酒一壶，满斟二盅。承祭者，跪叩，高举其盘，口颂老清语，劝进爵者三声。承祭者，一手举盘，一手取盘内酒一盅，向柳枝洒其酒。又取第二盅酒，向柳枝高高抛洒。毕，将盘、盅放下，叩头。又，跪取盘盅，满斟两盅，高举其盘，口颂老清语，劝进爵者三声，一手举盘，一手取盘内酒一盅，向柳枝高洒其酒。又取第二盅酒，向柳枝高洒，将盘、盅放下，叩头。又，跪取盘盅满斟，举盘晋爵，口颂三声，取头盅向柳高洒，次盅亦高洒。毕，放下盅、盘，叩头有声，起立。呼唤饲马家人等，即令在桌西边跪坐，食桌上盘内饽饽。若一二人不能即刻食完，傍立者帮食亦可。食毕，即将此桌稍向里移。承祭者，遂至西坑（炕）前，请起神像，照旧捲好，收放神筒。令喂马人近前，捧神筒递与喂马家人。令家人左臂捧托神筒，承祭者，又站取桌上供设饽饽一盘，递与喂马家人，令其右手捧定。承祭者，用左手取桌上酒盅，倾去其酒，重斟满盅，站立举向神筒摇荡，口颂老清语，劝进爵者三声。毕。承祭者，用左手将酒递至喂马人口边，令其饮干。又，复满斟，口颂进爵三声，将酒递至喂马人口边，一饮而尽。如是照前例，又令饮一盅。三盅饮毕，令喂马［人］，仍以左臂捧托神筒，右手捧定饽饽盘子，出屋门，至屋檐前，高举神筒，系于原悬处所。又，将斗上柳枝请起，捧至院内东南角高处系住。若有旧日柳枝，解下高掷屋上。新悬柳上系安马神木像，谨记自祭记日算起，至第三日清辰（晨），务令仍请神像归于神筒，勿致遗忘迟误，以示亵慢。

祭老柳枝福禄妈妈神条规

老柳枝神，乃福禄妈妈神，专司初生儿女。记上柳枝之事，小儿女上柳枝举行祭祀，用线编索带（戴）项，保佑长命康泰，易于成立。初上柳枝祭祀，名曰“上柳枝”。自上柳枝之儿女，凡家中祭祀祖宗神，方许其叩头。曾上柳枝之小儿，若小儿长大，定有娶妇之期，即举行祭祀。从新柳枝神祭起，一连祭祀五日，名曰“开索”。此祭祀置办米、豆等项，俱系本家自备。若小女长成，定有嫁婿之期，亦举行祭祀。从新柳枝祭祀起，一连祭祀五日，名曰“开索”。此祭祀置办米、柴、鱼、猪等项，系婿家问明，酌送祭资。以上乃满洲姓氏之通例也，家喻户晓，毋庸议。即如择定祭新柳枝毕，接连又祭老柳枝神。二日前，祭新柳枝神，业已令家人，在外募化不认识人家蓝绵（棉）花线、白绵（棉）花线，每家三、五条；又，募化不论何样米，每家二三撮。募化之家，宜单不宜双，或三五家，或七九家俱可。募化来绵（棉）线，视看儿女之数，编成项索。化来之米，掺米碾面外，毋庸另行募化。线、米俟至是日，将预置小黄米，或江米，并掺募化之米，另取净水淘米洁净（按：原下小字注：若前一日淘洗更妥。）碾成细面，做成小饼，如园（圆）棋子稍大。另汲新水，煮熟捞出。又用红小豆、或红姜（豇）豆，亦用净水煮熟。用碗四个，盛小饼。头碗红豆、[头碗] 小饼；小饼第二碗，红豆第二碗。又备矮桌一张，上供米斗一个，安设于紧靠南坑（炕）东边，与排插[6]相齐。地上矮桌上，又供香碟一个。令人从里屋请到柳枝，看明枝上挽绕老柳枝神绳一团、挽绕新柳枝神绳一团，只将老柳枝神绳理开，前祭新柳枝神已将编成线索（按：原下小字注：此线索视儿女数编成。），俱挂于新柳枝上，毋庸（容）擅动。承祭者上前，将头碗饼插箸一双，二碗红豆插匙一把，供设于桌上斗前。承祭者上前点上香碟，率领小儿女俱跪叩头。毕。令小儿女等，俱上坑（炕），按长幼次序，从东起并肩顺坑（炕）沿排坐，不许交言，不许妄动。又将老柳枝神绳理开，亦从东起，绳尾拉向西去，令小儿女俱各两手把握。承祭者叩头，跪用两手高举香碟，向神默祷：愿小儿女等，无病无灾，不作残疾，不生疮疖，聪明智慧，易于长成等语。（按：原下小字注：如能清语者，清语默祝祷。）祷祝毕，叩头有声。然后，更换右手，高举香碟，向东坐头一个小儿女面前，将香碟旋绕，口中默祝。逐个小儿女面前，俱一一举香碟旋绕默祝。毕。放下香碟，叩头。又，跪取麻刷，手执刷柄，向柳枝连招三招，收回麻刷，肩担刷柄，令麻刷披于身后。预吩咐洁净老年仆妇向前，一手握定刷顶，一手连攎（捋）麻刷三遍，手指拳攥，送往首坐小儿怀内揣放。老妇又攎（捋）麻三遍，送往次坐小儿怀内揣放，如此逐个小儿攎（捋）麻揣放。完毕，承祭者收回麻刷，插于斗内。复叩头，举香碟，向神默祷。放下香碟，叩头。复跪取香碟，又向逐个小儿面前，举香碟旋绕默祝。毕。放下香碟，叩头有声。又，取刷向柳枝神连招三招，收回麻刷，执柄披于身后，老妇攎（捋）麻三把，送往首坐小儿怀内揣放，逐个小儿攎（捋）麻三把，挨次揣放毕，承祭者收回麻刷，插于斗内。三遍祷祝已终，一面令将神绳挽起，一面令小儿等，俱下坑（炕），随同叩头。毕。俱起。令将头碗、二碗饽饽，煮豆，各挑一二匙，盛于小碟，令请悬柳枝家人，立食罄尽。然后，将柳枝请起，捧送原位悬挂，务必妥协。次日，採买活跳鲜鱼。唯用鲫鱼，小者亦可。万不得已，方用鲤鱼。另取新净水煮熟，分盛头碗、二碗。小米或仓米煮干饭，亦分盛头碗、二碗。承祭者，率同叩头，举香祷祝。小儿上坑（炕）排坐，老妇攎（捋）麻揣放等项，俱遵照供饽饽仪礼行，毫无增减。祭毕，承祭者，先撤去头碗鱼，用匙挑取鱼汤，洒于柳枝上三匙。又将逐碗鱼、饭，用匙挑二三匙，盛于小碟，唤请悬挂柳枝家人，令其立食完。毕。请下柳枝上悬挂线索，分与众小儿女等，令各带（戴）线索一条于项，此线索只令带（戴）项三日，取下珍藏，勿令遗失，以致不敬。切记切记。

祭新柳枝福禄妈妈神条规

新柳枝神者，乃专保护小儿女，长命康泰，不患疾病，聪明颖悟，相貌端正，福德智慧，易于长成。当祭祀时，察（查）阅宪书，择定良辰三日，若连老柳枝神祭，则择定五日。伏察（查）老例，若照常换季祭祀，只祭新柳枝神。若有初生小儿女，欲上柳枝，亦从新柳枝神起，一连祭祀五日。若照常祭祀新柳枝神，承祭者未展敬意，尚欲连老柳枝神，增祭祀二日，均听其便。即如拟定吉日，预定令家人，在外募化蓝、白绵（棉）花线，每家三、五条。募化之家三五家、或七九家，宜单不宜双。又，募化之米，每家三五撮、或三五家、或七九家，宜单不宜双。于祭祀前一日，折取新鲜柳一枝。又，取新水淘净其米，用筐盛装，渗去泥水，碾成细面。募来之线，视儿女之数，编成线索。化来之米，掺入米内，碾面。编索之线，若不足用，家内添线亦可。是日清早，将面做成圆团，中空底平，蒸熟取出，做二寸许圆饼，不用豆面。然后，将矮桌一张，安设于南坑（炕）东头，紧靠南坑（炕）地上东边，与排插相齐。桌上供设米斗一个，斗中插供柳枝，枝上净纸三条一绺，共三绺，分悬于枝上。用磁（瓷）碟一个，点香。桌上不用盘盛，将饽饽摆列桌上，一壘（摞）九个，横摆九壘（摞），共饽饽九九八十一个。其次，又摆饽饽三壘（摞），共饽饽三九二十七个。承祭者，上前点香。率众儿女等俱跪，叩头有声。然后，令众儿女，俱起上坑（炕），从东边起，各序长幼年齿，往西并肩排坐。详认柳枝上悬新柳枝神绳，将绳理清，绳尾往西拉开，令众儿女，逐个两手握绳，不许嬉笑，不许交言。于是，承祭者，跪举香碟默祷，祷词：唯愿神灵保佑众儿女等，康泰增福益寿等语。祷毕，放下香碟，叩头有声。复跪，取香碟，举向逐儿女面前，切近旋绕，口中默祝。祝词：愿神保佑，康泰有福有寿等语。逐一挨次默祝毕，放下香碟，叩头有声。复跪，取麻刷，执柄向神连招三遍，将刷收回。仍执刷柄，将麻刷披于身后。伺候老婢，上前一手握住刷顶，一手将麻攎（捋）三把，送往首坐小儿怀内揣放。逐个小儿攎（捋）麻三把，手握送至小儿怀内揣放。毕。承祭者收回麻刷，将刷插于斗内，复叩头。又，取香碟，向柳枝神高举默祝。放下香碟，叩头有声。又，高举向逐个小儿面前，旋绕默祝。毕。将碟放下，叩头有声。又，跪取麻刷，向柳枝神，连招三遍。将刷披于身后，老婢攎（捋）麻三把，手握送至首坐小儿怀内揣放。逐个攎（捋）麻三把，手握挨次送至怀内揣放。毕。承祭者，将刷收回，插于斗内，叩头有声。又，跪取香碟，向神前默祷毕，叩头有声。又，跪取香碟，向逐个小儿面前旋绕，口内默祝。将香碟放下，叩头有声。又，跪取麻刷，向柳枝神，连招三遍。手执刷柄，向身后披放麻刷，老婢手攎（捋）麻刷三把，手握送至小儿怀内揣放，逐个小儿攎（捋）蔴三把，手握送至小儿怀内揣放。毕。承祭者，收回麻刷，插于斗内。行礼三次。毕。令众儿女俱下坑（炕），随同承祭者，叩头有声，方一同起立。将桌摆壘（摞）头、次壘（摞）饽饽，取数个，给予请柳枝家人立食。完毕，请起柳枝，悬于原位。

第二日，用新鲜鲫鱼二三斤，净水煮熟，盛作头碗、次碗。小米煮饭，亦盛作头碗、次碗。头碗鱼、头碗饭，安设坑（炕）沿；次碗鱼、次碗饭，供设桌上。香碟点香。承祭者，率领众儿女叩头。毕。令众儿女上坑（炕），从东顺坑（炕），序齿并肩排坐。将神绳拉开，各用两手握神绳。承祭者，叩头举香，向神默祷、叩头。又，举香向逐个小儿面前默祝，复叩头。又，取麻刷，招柳三遍，麻刷披后，令婢攎（捋）麻三把，揣放小儿怀内。逐个小儿俱攎（捋）麻三把，送揣怀［内］。毕。承祭者，收回麻刷，插于斗内，复叩头有声。又，跪取香碟高举向神默祷等条项，俱照供饽饽仪礼，一连三次。毕。承祭者，将麻刷插于斗内。挽取神绳，系于柳上。承祭者，令小儿女下坑（炕），随同叩头，起立。然后，取头碗鱼在手，用匙挑取鱼汤，洒于柳上。又，将次碗鱼、饭，逐碗挑取三匙、箸，盛放小碟，给与请柳枝家人立食。毕。请起柳枝，送归原处。

第三日，用肥小猪一个，约略重八九斤者，雄而皮毛纯黑，捆缚妥协，捧至供桌西北角，头向东，嘴、腿向南，安放地上。承祭者，上前点上香碟，率领众儿女叩头。令众儿女等上坑（炕），按次序齿排坐。放开神绳，俱令其于握神绳，勿得倚靠，勿得嬉笑戏言。承祭者，叩头有声。两手高举香碟，向神敬谨默祷，叩头。又，举香碟，向众儿女逐个默祝，复叩头。又，取麻刷，向神高招三招，将刷披后，老妇上前，逐个小儿攎（捋）麻三把，揣放怀中。毕。承祭者，收回麻刷，插于斗内，叩头。又，跪取香碟，高举向神默祷等条款，俱遵照供饽饽、供鱼、饭仪礼行，毫无增减，一连行礼三次。毕。挽起神绳，令众儿女俱下坑（炕），率领叩头。起，令将小牲捧至宰牲案上。其案设于地中迎门，牲首向南，嘴、腿向西。将牲放于宰案上宰，牲之血送至供桌上斗边安设。宰毕，按牲骨缝开卸。先取牲胆，悬挂柳枝。牲肉煮熟，逐块捞取。另，桌一张，上搁槽盆。捞出牲肉，放于槽盆。逐块肉骨，及肺腑，逐件俱割一块，切成肉丁；细血肠，亦切小块。用碗二个，盛肉头碗、次碗。另取净水，煮小米干饭二碗，亦分盛头碗、次碗。头碗肉、饭，供于南坑（炕）尽东顺摆；次碗肉、饭，供于桌上。肉上各插匙一把，饭上各插箸一双，加盐浇汤。坑（炕）上肉东饭西，桌上肉南饭北。然后，将牲肉亦按活牲摆妥，将槽盆抬至供桌上供献。承祭者，上前添香点火。率众儿女，叩头有声。令众儿女俱上坑（炕），序齿顺坑（炕）并肩排坐。放开神绳，令众儿女等，俱各两手把握神绳，勿得擅动，勿得嬉笑戏语。承祭者，叩头有声。两手高举香碟，向神敬祷，叩头。又，举香碟向逐个小儿女面前，举香碟旋绕默祝，叩头。又，取麻刷，举向神前，连招三招。收回麻刷，披于身后，老妇上前，一手握住刷顶，一手连攎（捋）麻刷三把，手握送往东首小儿怀内揣放，逐个小儿攎（捋）麻揣放。毕。承祭者，收回麻刷，插于斗内，复叩头。又，跪取香碟，高举向神敬祷等条款，俱照前，一连行礼三次。毕。先将神绳挽起，次令众儿女等俱下坑（炕），率领俱叩头有声，同起。承祭者取头碗肉，用匙挑汤三匙，洒于柳枝。又取次碗肉、次碗饭，各摝取数匙，盛装小碟，给予请柳枝家人立食完。毕。请起柳枝，奉归原位。

若按季只祭祀新柳枝神，即将线索请下，分给与各小儿女带（戴）项。第三日取下收藏。若连祭老柳枝神，共祭祀五日。则俟祭老柳枝神事毕，再请下线索，分与众儿女各带（戴）项。谨记，带（戴）项三日，取下收藏。勿得遗忘遗失，以示不敬。此祭肉、饭，只许屋内食，不许出屋。换下旧柳枝，高掷房上；送往河内漂流而去更妙。勿得污秽，切记切记。

按

《满洲西林觉罗氏祭祀书》，由该族人奉宽“执笔追忆，逐条记注”，于嘉庆十三年（1808）抄录成书。该书线装，页无边框，共106页。每页8行，每行19~26字不等。小楷精抄，现藏于国家图书馆。

奉宽，字仲严，西林觉罗氏，隶满洲正蓝旗，进士出身。历任内阁学士、盛京工部侍郎、兵部侍郎兼镶白旗满洲副都统、武英殿总裁、翰林院掌院学士等职。奉宽“奉祀家祖神”，“已历四十余寒暑”，所录各项祭祀条规，皆其亲身所历，详细而明了。该族祭祀过程、礼仪、规模与其他满族姓氏祭祀有较大差异。特别是祭祖、祭天、换索等重要祭祀中，不用神刀、神箭、神铃、鼓、札板、腰铃等祭器。主要祭品之猪，皆为小猪，最小者仅八九斤。该家族的祭祀礼仪，是研究清代中后期萨满教和满族民俗的重要参考资料。

注

① 戊辰：即嘉庆十三年（1808）。

② 念五：念，为廿之异写，即25岁。

③ 拙荆：旧时代对人称自己妻子的谦词。

④ 昨孟夏四月：即嘉庆十二年（1807）夏四月。

⑤ 大内：对皇宫的俗称。

⑥ 排插：即满族民居里屋与外屋中间，用厚木板做成的隔壁，亦称作栅壁子。

舒舒觉罗哈拉永远规模祭祀全书（节录）

还愿二次交祭式样

［猪］刀口内［血］点染［神］杆尖，随急将碗子串上，将腚（梭）子骨套上，再将拱嘴头串上。等熟阿玛孙肉，再交熟牲。

祭毕撤血式样

……主祭人培（陪）之，巫人吃小肉饭。大肉下锅，熟时，亲友吃用。将肉皮用杈子架上，用稷秸火烘燎。熟时，族中人吃之。诸所一毕，将骨头撩（撂）影壁前面，使犬刁（叼）出言（吉）。

院中祭蒙古祖宗式样

头次交祭，小房背后，放稷秸一捆，上搭红毡一条。插柳枝子三根，两夹间挂蓝纺（绸）子二块。东边放稻草一捆，上搭马鞯一块，柳枝子一根。各设油盘一个，盘内各放水饼二碟，阿拉占[①]。酒南边盘内两中（盅），东边盘内一中（盅），各放酒胡（壶）一把。南边盘沿儿札板[②]一付（副），备用念海扎[③]。盘前放新布瓦一块，内放箭杆、包（刨）花团五个。主祭人手托瓦，巫人念完，急将包花点着。庖人将羊往前一推，主祭人将瓦一引，羊若一闻包

（刨）花烟，是为领了。众人摘帽，磕头。厨役就在盘子前［将羊］放倒，取心，祭献。交熟牲，捧上摆在槽子内。将羊左蹄见（尖）卸下，放在羊嘴内唸（含）着，鼻子孔内，插油纸捻子两根，点着。主祭人手托布瓦，点着包（刨）花团。巫诵念，交祭。

跳神设立份式样

西炕上，供大祖宗香顺倭车库[④]发阳阿。是谁主祭，将他本人褂子供上，是为发阳阿。米斗装上米，上插棍一根，黄绫凡（幡）条三根，击（系）铜铃三个，是为香顺倭什混（浑）[⑤]。北炕，蒙古祖宗二位像。大祖宗前，酒中（盅）八盏；八碟水饼子，每一碟内水饼子九个；香碟三个。香顺倭什混（浑）前，酒中（盅）二盏，水饼子二碟，香碟一个。发洋阿前，酒二盏，水饼二碟，香碟一个。蒙古祖宗前，酒二盏，水饼二碟，酒素（嗉）一把。主祭人手托布瓦一块，内点着包（刨）花，前跪，厨役牵羊在旁跪着，听巫人交告念诵一毕，将羊往前一送，主祭人用瓦火一引，羊一闻，是为领。照前取心。

念耶哥[⑥]敬祖宗

换索。头次，屋内放饭桌。西炕下桌上，放净水一盏；水饼二碟，每碟九个；香碟一个，焚起香来。将奶光小猪，用连绳拴再（在）左后腿上，索在屋内桌前。差一人请柳枝，左手拉索，右手请枝。念完，差二人搭桌出院。猪、索、柳枝，随之至妈妈杆前。将桌放下，猪捆桌前柳枝傍。在杆上，三道新麻为（箍）。将索拴在头道（箍）上。柳枝上，穗子三个，上九条，左七条，右五条。

二次，院内交活牲。主祭男捧香碟，女等巫人念毕，用净水浇猪耳。猪摇首，声喊是为领了。随急叩响头，立身。俟屠猪。（按：原书以下三页为满文，所祭圣母九位，元君九位。）

天仙圣母　子孙圣母
荣光圣母　智勇圣母
功勋圣母　明亮圣母
巧胜圣母　仁德圣母
文理圣母

碧霞元君　广嗣元君
闸口元君　玄妙元君
运用元君　清目元君
引蒙元君　陪始元君
豆疹元君

三次，阿玛孙肉以汤。第一碗，仓米饭，匙一把；第二碗，阿玛孙肉上，血肠一寸长、五块，上盖右肋条三根，箸一双；第三碗，苍（仓）米饭一碗，匙一把；第四碗，阿玛孙肉上，血肠，一寸长、七节，上盖左肋条五根，箹一双。主祭人手举香碟，交祭。巫人念诵。

各项祭祀以全后，载或父母有疾许愿，祭祀无力承举，可许送净纸一百日，隔几［日］跳面猪神[⑦]，亦同活牲规矩一样。叩拜毕，一根稷秸夹白经文纸三张，至屋内，相（向）病患处擦、念一毕，举纸不准回头，一直送出门外。日期，自己定，或三、六、九，或二、五、八，或一、四、七日，俱可。考本相[⑧]日，或前一日，或推一日，亦可。

乾隆三十六年，岁在丁卯

本族中正撒莫（萨满）讳常青虔心顶礼，承造《舒舒觉罗哈拉永远规模祭祀全书》、《巫人诵念全录》[⑨]。

按

此书原题书名为《满洲祭祀全书》，共两册，满汉文小楷手抄本，萨满常青于乾隆三十六年（1771）撰。原书末属“岁在丁卯”，误。丁卯，为乾隆十二年（1747），应为辛卯。书名应为《舒舒觉罗氏（哈拉）永远规模祭祀全书》，现藏于国家图书馆。

该书所载舒舒觉罗氏祭祀的程序、祭品、礼仪等，有其自身的特点。文内插图多幅，每图旁皆有满文注释，使人一目了然。特别是换索祭祀，用满汉文写明了所祀诸神名称，为他书所无，这是研究萨满教不可多得的第一手资料。

注

① 阿拉占：满语alajan。《清文鉴》注：“锁子骨。”

② 札板：满族祭祀时使用的打击乐器之一。由两块长尺余、宽三寸硬木板组成。亦有三块板组成者。

③ 海扎：满语haijan。《清文鉴》乐三注：“应歌声。”为虚词，无实际意义。

④ 倭什库：满语wesiku。《清文鉴》卤簿器用五注：“仙桥。”发阳阿：满语fayangga。《清文鉴》人身八注：“魂。”即灵魂。

⑤ 倭什混（浑）：满语wesihun。《清文鉴》福祉注：“贵。”《大清全书》卷十四注：“尊，贵，仰，崇，高，上”等。

⑥ 耶哥：满语yeke。《大清全书》卷十二注：“令人讴歌。”此处意为歌颂、赞美祖先。

⑦ 面猪：即用面蒸制成猪形，代替活猪。

⑧ 本相：指本人之属相。

⑨ 乾隆三十六年：即1771年。撒莫：为萨满之异写。

厢（镶）蓝旗赵氏祭祀事项

潮头赵昌智　记并绘

祭祀祖宗先人，酬生我育我，庇护保佑之恩，以存孝思追远之诚，赖以弗忘之义也。祭祀之道，尤不可不知，故作此以详之。

事项

上午祭祖公，故用牡猪，即公猪。黄幔子、豆面饽饽置南祖宗板之上。菜刀、菜板、毛纸、手巾、枕头置幔子架南。

下午祭祖宗母，故用牝猪，即屯猪[①]。绿幔子、豆面饽饽置北祖宗板之上。菜刀、菜板、毛纸、手巾、枕头置幔子架北。

——治祭器，务使洁，祭须诚。

——唯祭祀六叩首，面西、南、北各三叩。

——食祭肉时，不饮酒，不用桌橙（凳），不食酱，食盐可也。

——祖宗板、香碟及架，均以文官国木[②]制成。祖上箭头向南。达子香包在南祖宗板之北。幔子包（黄上绿下）在南祖宗板之南。

——祭祀须先于时宪书择定吉日，上半月双月双日。

祭祀应备物品

——猪贰口，无杂毛者，一牡，即公猪；一牝，即屯猪。

——秘子[③] 八升，成黄米，为面，作（做）豆面饽饽之用。分为二份，作上、下午用。

——黄豆一升，去杂豆及破半者，炒熟为面。

——白满彩一付（副），即白挂旗。

——红烛一对，过年余者均可。

——黄束香贰只[④]，成天的烧。

——单毛纸贰张，作手巾用。

——甜酒一盅[⑤]。

酒之制造法

用黄米煮作稀粥状，加酒曲少许，即成。

祭祀事项细则

上午晨起，将祖上之香碟灰换好，须用净草灰、高粱楷（秸）灰、豆楷（秸）灰均可。将南祖宗板香碟三枚，按次序放在黄幔前的南头，再燃着达子香、黄束香，再将白满彩换上。幔子架及幔子黄色，排好。再将包幔架破纸，及旧白满彩、香碟内陈灰，均送至人迹鲜至处焚化，南园处亦可。豆面饽饽，用一大碟装二十个，供后须本家男食，置南祖宗板上供之。供桌［上］十碟，供后不许外姓人食，每碟盛十个豆面饽饽。甜酒两盅、筷子两双，南北各一，置架前。洁净枕头一个，置供桌架依（倚）西壁。菜刀一把，菜板一个，原为上、下午用，置架南。唯毛纸手巾，系架之南、北各一。叩首毕。大家再行提猪，公猪并不许捉猪耳，置在祖宗案下。族中人跪，不许外姓人跪。家主人用甜酒一盅，灌猪耳左耳，头摇即接矣。然后叩首。族中人分食豆面饽饽，再行杀猪。用左手将毛去净，唯猪蹄甲、猪鞭，置供桌下供之。肠子弄净，用血灌二根。将猪割作八件，猪头一件、腿四件、腰梁乌刹尾合一件[⑥]、肋八

（肋巴）二件、胸谱（脯）一件，外有心、肝、肺、肠、胃等。煮好，置桌上对作整猪样，头向西，头间插尖刀一把，供之。叩首毕。再每件割一块，心等亦割，切碎加汤，入二碗，分南、北供之。供后，不许外姓人食。南碗男食，北碗女食，系本家之主翁、主妇。余肉入锅合菜，不许食酱，食盐可也，大家食之。外姓先叩首，而后可食。饭自由便，高粮（粱）米、小米等均可。饭毕，将猪毛、骨、猪便（鞭）、蹄甲，粪不在内，弃东大门里埋之。

下午，将北祖宗板香碟子五个，按次序放在绿幔前的北头，再将达子香、黄束香烧上。豆面饽饽换热的，大碟数如前，置北祖宗板之上。供后，须本家女人食供桌上豆面饽饽。甜酒、酒盅、筷子，均另换。菜刀、菜板下午用的置架北。叩首后，即行提猪，不捉耳，置案下。家主妇人用甜酒灌猪右耳，头摇即接。叩首后，大家再食豆面饽饽。然后，用右手杀猪。猪便（鞭）、猪蹄甲，仍置供桌下供之。肉煮好，待黄昏后，燃烛，再摆供桌上，同上午摆法。叩首后，即灭烛及灯，是谓避灯。大众约雅静十分钟后，再燃灯烛。至于肉祭法，族人食法一如上午。唯猪毛及蹄甲、便（鞭）、骨等，则送至大门西门里。既毕，将祭器检（捡）去。

祭祀供桌及设置（绘图略）

（上录自《满族家谱选编（一）》李林主编　辽宁民族出版社）

按

此文录自《满族宗谱选编（一）》之《赵氏谱书》。《谱书》中《厢蓝旗马鲁佐领下陈满洲赵姓氏谱》记载："自康熙二十六年，由京都移住奉天府属邑复州西南距城三十五里厢（镶）蓝旗界内居住。""又于道光三年，因年饥土薄，奉上文移居双城堡者过半。"该族三世東德（不久回京）及弟领催東陈，拨往凤凰城驻防。《氏谱》实际主要记载東陈本支子孙情况，五世之后，对居京各支不再记载。至1941年修谱时，共记十二世。谱中未载该族原姓氏，《八旗满洲氏族通谱》中亦未查到该族支系，按照满族冠汉字姓规律，似为伊尔根觉罗氏。

《谱书》所载《祭祀事项》为该族十一世赵昌智所撰述。该族家祭，有其自身特点，特别是所绘祭祀供桌及设置图，在各姓氏祭祀书中，乃属罕见。较文字叙述，更明了直观，很有研究价值。

注

① 屯猪：即经阉过的母猪之俗称。

② 文官国木：即文冠果之木，为无患子科小乔木。其种子可榨油。木材坚硬，可制家具及农具等。

③ 秘子：秘为错异之字，应为“稷”，俗称糜子，磨出之米称大黄米，性黏，满族常以其米做干饭或磨面蒸各式糕点。

④ 黄束香贰只：黄束香，俗称线香。贰只（音读作“子儿”），此指其香包装数，即两封。

⑤ 酒：即黄米制成的米酒。

⑥ 乌刹：又写作“乌叉”，满语 uca。《清文鉴》饭肉二注：“尾骨。”满族对猪、羊等家畜之尾，皆称乌叉。

马佳氏祭祀礼仪

马佳氏家庙记

士大夫淑世淑身，莫不以敦本为重；作忠作孝，尤必以尊祖为先。万物本乎天，人本乎祖，尊祖即所以敦本也。圣人制礼，自天子以至于士，莫不有庙。宋朱文公作家礼、详庙制，后世遵尔守之，旧矣。我马佳氏，居长白嘉理库马佳地方，因以为氏。族人多以战功佐命来京师，我始祖战创留守陪都，遂居沈阳，也以骑射清文显。先勤直公少孤，受陈太夫人抚育教诲，由乾隆己酉[①]，选拔应朝考，钦取一等，用京秩，始入京旗。明年，即敬制倭什库祭器，备春和享。每欲立主建庙，而京秩廿余年来限于力，无立庙所，然主式庙制立图说，藏有日矣。嘉庆丙子[②]，授陪都宗伯[③]，荣归故里，赍封典，修祖茔，而旧居已不可复，谋立庙已（亦）未果，时以为憾。道光乙酉[④]，调京都少司寇[⑤]。恩禄优厚，始置第于朝阳门内，仅足容居止。先公尝指东邻屋谓琳[⑥]曰："能得此，可立庙矣。"乃谋诸邻，弗获，先公诚强求之。越十年，痛遭先公大故，而庙终不立。又十年丁未，得展屋数椽地。戊申[⑦]冬，琳卓荐入都，将择日立庙矣。适东邻出售其屋，乃亟急谋诸弟，珣[⑧]购得焉。既鸠工，恪遵先公所藏图说，考合文公家礼，立庙三楹，奉高、曾、祖、考四代主。并制祭器，定祭仪。呜呼！先公有志未逮之事，迨今六十年始克成先志，亦云难矣。谨详记颠末，使后之人知缔造之艰，恪守成规，敬修祀事，以仰承先志于弗替。古语云：成立之难如登大，覆坠之易如燎毛，可不懔懔耶。诚能尊祖以敦本，本立道生，即出而为仕，必不至逐末流忘本学以坠先业，则所以承祖泽而迓天庥者，胥不外是，尚其勉旃。谨记。

道光廿九年己酉秋八月朔吉

宝琳　敬记并书

马佳氏家庙规则[⑨]

——庙制三楹，以中间为正祠。自西而东奉高、曾、祖、考四代，各设一龛。以旁亲之无后者，附于祖侧。亲尽则祧于夹室。唯勤直公[⑩]特起至武文极品，荣封三世。及应祧时，亦百世不祧。凡首龛主祧，则各龛以次上升。末龛既虚，则以嫡长宗子之主升祀之。东间为夹室，备奉祧主。西间为附祠，凡嫡长之子尚未升祀，及支子之不入祠者，奉主皆祀于此，其子孙愿立祠以祀者听之。

——祠堂为祖先凭依之所，常须修理整洁，非参祀，勿亵入。东西设有大柜，西柜敬藏遗书，东柜敬贮祭器，不准寄放一切闲杂器物。更勿牲畜混入。凡器不准他用，违者不孝。

——祠祭之礼，所以展孝思而反始报本也。内当极其诚敬，外当肃其威仪。古人云："有其敬，则有其神；无其敬，则无其神。"祭前三日，主祭者，率子弟致斋于外，主妇率妇女致斋于内。沐浴更衣，不饮酒，不茹荤，不吊丧，不宴乐，凡凶秽之事，皆不得预。如祭仪所谓思其居处，思其志意，思其所乐，思其所嗜，斋三日，乃见其所为斋者。如子弟有斋戒不诚，行礼不恭，跛倚欠伸，一切失客之事，家主宜严加戒饬。

——都城东北崔各莊，有随茔祭田叁顷壹拾亩，每年收租京钱叁佰壹拾千，专为祠祭、墓祭之用。先勤直公，一生清操亮节，中外皆知，毫无田产私蓄，及身后仰蒙圣思，颁帑饰终，并京外赙赠所余，始置前项地四顷。除立茔并养赡坟丁用地九十亩，余地三顷一十亩，即为祭田，已于契内注明祭田字样。计祠祭、墓祭尚有所余留，为添修祭器及岁修之用。如祠、墓有大修兴作，庙由有力子孙量力筹办。自立定规条之后，子孙固不得典售干咎，亦不准挪移他用，违者以不孝论。

——每岁祭祀宜有定期。冬至祭始祖（按：原小字注：家谱内始迁之祖，冬至祭之，报本义也。）；立春祭先祖。（按：原下小字注：始祖以下，高祖以上，立春祭之，感生物之始也。）春秋大祭用仲月（按：原下小字注：二、八月上旬，摘吉致祭。）；俗节荐时食（按：原下小字注：元旦、上元、端午、中秋、重九、腊八、除夕。）；月朔[11]必荐新。朔望公拜叩，每日早晚必上香。忌日迁主祭于正寝，冥寿日亦祭于正寝。

——酌定祭仪，永宜遵守。大祭之仪，前三日，主祭者躬率子弟，竭诚斋戒。前一日，启祠门，焚香跪告。躬率子弟，洒扫拂尘，务极洁净。预备祭品，务期精洁。祭之日，主人率子弟，黎明即起，盥漱吉服。（按：原下小字注：有官［职］者，蟒袍补褂；无官［职］者，青褂长袍。）启龛启椟（按：原下小字注：将椟安放龛外偕旁，记明次序。），燃烛，在香案前，行一跪三叩礼。请降子弟奉盘进供，主祭者献供。按位供酒一、饭一（按：原下小字注：加箸。）、汤一。（按：原下小字注：加匙。）祔祀之位，各供酒一、饭一。（按：原下小字注：亦加匙、箸。）先列荤肴五，次糕点五，次果品五，主祭者上香，率众子弟在香案前，行三跪九叩礼，恭神退出。主妇率众妇序入，亦行三跪九叩礼，退出。垂帘（按：原下小字注：即阴厌之礼，所以仰体幽冥之情也），少顷卷帘。主祭者率众入，行一跪三叩礼，告撤。撤毕，行一跪三叩礼。请升，掩椟闭龛阖门。主人、主妇分祭胙于内外。长幼皆遍涤拭祭器，仍藏原处。冬至、立春二祭仪如前。供桌正中设小屏，前设神座二位，合祖考妣祀之。酒、饭、匙、箸各二。忌日之礼：前一日，将正寝堂中，洒扫洁净。居中设案，陈香炉、烛台等物。敬备祭品，思在日所嗜者备之，不得过大祭之数。祭之日，主祭者率子弟，黎明即起，盥漱素服诣祠，向本主行一跪三叩礼（按：原下小字注：请降。）。主祭者，奉主[12]于正寝，供茶、酒、汤、饭、菜、果；上香，率众跪，奠酒三爵，行一跪三叩礼，恭神退出。主妇率众妇序入，行一跪三叩礼，告撤。撤毕，行一跪三叩礼。请升，奉主为祠，掩椟闭龛。行一跪三叩礼，安住，分胙如前。冥寿之祭，亦于正寝，洒扫洁净。安供桌，设虚位，不请主，不奠酒，从俗供条面并茶、酒、菜、果。穿吉服，只行请降、恭神、告撤、请升四礼，各一跪三叩礼。供献如忌日，亦思在日所嗜并祝寿者供之。俗节荐时食，月朔荐新，俱按龛供献，一二种俱可。向正中行一跪三叩礼。朔望行礼，早晚上香，亦如之。荐时、荐新，皆清晨供献，午刻告撤。有事则告，如嫁娶、登第、授职、追赠、出行诸事，俱焚香跪告，每龛前行一跪三叩礼。娶妇，三日见庙。至三日，翁姑率子妇进庙，启椟，焚香，跪告；某人之子某人娶某氏为妇，敢告。每龛前行一跪三叩礼。掩椟。生子，弥月见庙。至弥月后，齐沐更衣，主人率妇进庙，启椟，焚香。主妇抱子立身后，主人跪告：某人之妇某氏，于某月日生子，名某，敢告。每龛前行一跪三叩礼，掩椟。

——祭物原应称家有无，今既定有祭祖，亦应酌定祭品。凡大祭，每龛供酒、饭之外，前列荤供五，如猪、羊、鸡、鸭、鱼、蟹等类。（按：原下小字注：冬用关东鹿肉、鱼、雉诸品。）无论烧、烤、蒸、煮，总以精洁为敬。中供糕点五，随时满洲饽饽。（按：原下小字注：或奶皮、奶卷、奶饼、乌他[13]等类。）外列鲜果五，随时所有，总以新鲜为敬，不在必求贵物也。酒用上好烧酒，饭用上白粳米，汤用白煮清汤，茶用上好香片。俗节供时食，元旦供素水角（饺），上元元宵，端阳角黍[14]，中秋月饼，重阳花糕、腊八粥，除夕年果、年菜。月朔荐新，不在贵重，如菜果初熟及远方初到之物皆新也。不可久贮者，有则荐之，不必拘定月朔。凡未荐者，不可食用。

——整洁酒饭菜品，乃妇女之职，应令妇女，盥沐敬谨将事，仍由男子供献。凡幼子，亦令在旁敬立，以习礼仪。

道光己酉秋九月[15]

琳
宝　　率
珣

淳
勋
绍　祺
瑞　　敬立

马佳氏转湾桥祖茔祭祀卧碑

坐落转湾桥地方祖茔，旧有随坟红册地一百八十九亩，久经出典，嗣经堂叔富兰泰[16]赎回，报入祭田，自行取租上坟。今昇寅备足原赎地价，交还堂兄相图[17]，将地接管。又自设坟丁崔君禄并伊子崔福德一户。与阖族公同议定，将祭田全数交与崔君禄等承种，不令交租，即责成坟丁按照定规备办祭物，余资赡养坟丁。每年官粮，亦由坟丁自行交纳。永远遵行，不准族人妄自更张。所有详定规条，并祭田四至段落，开列于后。

——每年四季祭期，定于清明日，七月十五日，十月初一日，十二月二十七日。每祭前几日，令坟丁进城，至各近族知会。

——每祭祭物，用六七十斤肥猪一口，菜蔬随时预备，白粳米五升，扛连烧纸一匹，金、银纸锞一千个，馒首、奠酒、小菜、青酱，必要齐备。唯十月祭，不用猪，只用猪肉十余斤，余俱照前。至清明祭，每坟上用佛多[18]一个，不烧纸锞，并令坟丁按坟添土，务要培補整齐。

——每祭，按石桌供菜五桌。每桌供整肉一分，菜五碗，馒首两碟，小菜、青酱两碟，饭、箸按位供放。正坟中间一桌，系三分；左右二桌并东边北坟一桌，供系二分；东边南坟一桌，系一分。其次坟八位，俱用方盘桌。每处供白片肉一盘，馒首一碟，小菜、青酱二盘，饭、箸按位供放，不可减少错乱。唯十月祭，不供整件，余照前。

——祭日，子孙俱应上坟行礼。如实有官差事故，必要酌准一二人前来行礼。不准坟丁随意祭奠。

——祭日上坟，不可过午。祭毕，即令坟丁将祭余备办早饭，与所来族人食用。除祭奠酒外，不准备酒。

——祭器，除桌外，设有方盘桌八个，木盘五个，磁（瓷）大碗廿五个，七寸盘八个，五寸碟十八个，三寸碟廿六个，饭碗三十五个，箸三十五双，锡酒壶、奠盅、托碟一份，大铁锅两口，大蒸笼一个，收祭器木柜一个，俱交守坟丁看守。平日，上下人等，俱不准使用。令坟丁随时添補整齐，不准缺少。

——祭田如遇干潦，不能备办祭物，准坟丁回明族人，查看是实，族人量力公摊，备办祭物。

——坟丁虽系家人，原为看守坟墓而设，其所生之子，俱令坟前当所生之女，听其外聘，不准族人使役。

——坟丁如有盗典、偷押祭田，偷卖祭器，偷伐树木等事，大则族人公同送官惩办，小则族人公同责处，不准一、二人擅自驱逐，亦不准族人自行管理，霸住房屋。

——祭田不准典押，官有定法。倘有不肖之子孙、坟丁，胆敢偷典、偷押者，经族人查出，将典押之人送官治罚。其置主亦应照律退归本主。仍按年追取花利。恐村农不知官律，特为告知，各宜遵凛。

以上十条，俱为尊重祖父坟墓起见，凡我骨肉，同是子孙，各宜督率坟丁，永远遵守。鉴此苦心，庶不致有旷祭扫。昇寅与阖族公议立此。

道光三年三月初四日立[19]

按

以上三文，载《马佳氏宗谱文献汇编》。对该族立祠祭祖、墓祭有详尽的记载，而且刻于碑石之上，此举是不多见的。该族祭祀的祭器、祭品、程序、礼仪等，有其自己的特点，与他族有一定的差异，这是研究满族民俗的有价值资料。

注

① 乾隆己酉，即乾隆五十四年（1789）。

② 嘉庆丙子，即嘉庆二十一年（1816）。

③ 宗伯，礼部尚书别称大宗伯；侍郎别称少宗伯。此时昇寅任盛京礼部侍郎。

④ 道光乙酉，即道光五年（1825）。丁未，道光二十七年（1847）。

⑤ 少司寇，刑部尚书别称大司寇，侍郎别称少司寇。此时昇寅调京城任刑部侍郎。

⑥ 琳，即宝琳，字梦莲，昇寅长子。时任保定府知府，署清河道。

⑦ 戊申，即道光二十八年（1848）。

⑧ 珣，即宝珣，字仲琪，昇寅次子。时任兵部侍郎。

⑨ 标题为编者所加。

⑩ 勤直公，即昇寅，字宾旭，该族十二世。由拔贡考授礼部七品小京官，嘉庆五年补主事，升员外郎。历任御史、少詹事、左副都御史、盛京礼部侍郎、工部侍郎、刑部侍郎、正蓝旗副都统、热河都统、成都将军、绥远城将军、左都御史兼都统、署工部尚书、礼部尚书等职。道光十四年十月，卒于官。赠太子太保，谥勤直。

⑪ 月朔，即农历每月初一日。望，即农历每月十五日。

⑫ 主，指木制供奉祖先的牌位。

⑬ 乌他，满语uta。《清文鉴》饽饽三注：“奶油糕。”

⑭ 角黍，俗称黏谷，碾成米，称小黄米，性黏，制糕点。

⑮ 道光己酉，即道光二十九年（1849）。

⑯ 富兰泰，《家谱》中写作福兰泰，该族十一世，昇寅之叔父。

⑰ 相图，富兰泰之长子，官刑部笔帖式，开原仓官。

⑱ 佛多，又写作“佛头”“佛托”。满族每年清明节祭祖墓，不许烧纸，祭扫添土后，在每个坟头上，插一佛托。即用五色纸扎一朵花及纸穗，绑于柳或榆木三尺棍头，插坟头正中。此俗，至今犹然。

⑲ 道光三年，1823年。

辉发萨克达氏祭祀换锁仪规[1]

祭祀

祭祀前一日晚上，用长条桌一张，安放在西墙前。桌上设香碟。左边锡碗一个，净纸一张。右边设水碗一个，香碟后用净水碟一个，仓米碗一个。堂屋设净水桶，靠西板秫秸一捆，净铁锅一口。院内石头后，将新杆地下垫新砖一块，暂立在地上。靠西边按（安）放行灶，烟筒口对杆石，柴火、水备齐。于某日何时前，设剺猪案子按（安）妥。候吉时，对准在屋内，向西磕头，第一次。用二人搭桌先出，随后焚著秫秸，后跟大锅，次将水桶，将桌按（安）放在石前，锅座（坐）在行灶上，将净水注满，燃着柴火，将猪抬在案上，猪腿向西，人向石头杆磕头，第二次。左手剺猪，将杆尖染红，仍立石后。将猪耳、猪嘴头、两眼皮、四蹄、心、尾尖，共俱一碗。剥皮带头蹄。将肉卸分，每分下小肉几成，水几成，下锅肉熟，按所有分（份）上，取肉丝二碗，筋（肋）条左三右二，摆在肉丝碗上，用仓米饭两碗，供在杆前，磕头，第三次。将猪嘴各等件，并仓米饭、肉丝，均盛在碗内。按（安）上杆子，再磕头，第四次。礼毕，将各分肉盛作小碗，请亲友吃用。所供肉丝两碗，仓米饭两碗，主人吃用。其余六成肉，盛在肉槽内。猪皮盖上大肉。午正，下锅吃净。将骨头抛在街上。锡碗子对准两个眼系东西，单眼是正北面。猪索骨有眼是正北面。完。

换锁

换锁前一日，预备下三岔柳枝，白净纸一张，长方木盘一个，酒盅二个，水碗一个。线锁拈（捻）好，将旧细条夹上数条，拈在新线上。将新细条红色、蓝色、月白色细条，拴在线锁上。用茶桌一张，按（安）设屋内西北锁口袋前，将肉丝碗二个，酒盅二个，净水碗一个，白纸穗三个，锁口袋，俱按（安）在桌上。于某日早吉时，将小猪捆妥屋内，磕头第一次后，将妈妈杆子[2]立上，将线锁在墙上挂妥一头，余者线锁跟茶桌至杆前安设。将柳枝拴纸穗安杆上。将小猪按在地上，脚向南，灌酒，磕头第二次。劈猪退毛开膛，将尿包、苦胆别下锅，用小碟盛上，放在桌上，供肉时撇在房上。网油别下锅。肉丝熟时，按分（份）摆妥。将网油罩在猪头上，将血肠盘在猪口上，插小刀一把，抛换酒三次，连磕头三次，完。连茶桌、肉盘，俱搭在屋内，按（安）在挂锁前。本家同族先吃，将猪按分（份）取肉丝，盛在小碟，数肉丝条，祭完。一面搭桌，将碟子肉丝给下人吃，供肉丝并余者，请亲友再吃。随时将糯米面水饼九个，分两碟，供在西墙前，焚香碟，再磕头，第四次。将骨头抛在街上。礼毕，收锁。

满洲礼祀

神向，安设大杆子连白石座、木栏干（杆）一份，上安锡碗一个；妈妈杆子连白石座、木栏干（杆）一份，上安锡碗一个（按：原小字注："随添生人口，换锁黄布口袋，黄绒绳一份。"）；匣子之座上房内东向、北向、南向者，各一座；西间檩下南向一座；祭文、祝文、跳神彩衣、铃铛、大鼓、镫支（子）暨应用祭器、行灶、大锅、肉槽子、杉木方盘、小杌子、木碗、木碟、嵌花锡碗、锡碟、锡盘等件，以及万字香盒、小刀、酒杯、匙、箸、做糕、酒大小家具全份。

公中祭田一项，坐落在直隶承德府热河地方[③]。

每岁清明、中元[④]、十月朔、岁暮祭扫，焚化包袱[⑤]。记载（按：以下为满文，其各世祖人名，如始祖伊拉达、二世祖他母布、三世祖乌达那、四世祖巴萨哩、五世祖哇岱，至祖辈共三十五人。即某某收用）最后写：罗门仆人达哈喇收用；罗门仆人何六收用；罗门仆人苏姓收用三人。后面各坟记有：萨克达氏荣姑娘、续姑娘、宝姑娘、九姑娘、十姑娘、隆鉴、隆珍、隆豫等诸人。

按

《八旗满洲氏族通谱》卷三十五载："萨克达，本系地名，因以为姓。"此支萨克达氏，原居辉发地方，后迁叶赫葫芦邑大柳村，国初来归，隶满洲正黄旗包衣。因喀喇（五世）夫人朴氏是世祖（顺治）乳母，保育皇帝之功，封为奉圣夫人（公夫人品级），此族免选秀女。康熙四十三年，由包衣抬入正黄旗满洲第四参领第十六佐领（公中佐领）。康熙年间创修《辉发萨克达氏家谱》，咸丰、光绪年续修。《家谱》为光绪二十四年荷月（六月）谷旦，隆钊（字仲弢，十一世）薰沐敬书。此手抄本，不分卷，书内所记各代祖人名及康熙上谕等，均满文，未译成汉文。世系表、人物传等用汉文书写。此书现藏于国家图书馆。

《家谱》内所载有关祭祀的祭器、祭品、程序、礼仪等详细明了。特别是对于四时墓祭有本家族的特点。对已故的仆人及未嫁诸姑娘等亦"焚化包袱"，为其他满族墓祭所罕见。这是研究满族民俗的重要资料。

注

① 标题为编者所加。

② 妈妈杆子：该家族对索伦杆子的称呼。

③ 直隶：清代北京地区、承德地区、张家口地区及今天津市、辽宁西部、内蒙古部分地区，设州、县，称为直隶省。

④ 中元：即农历七月十五日。

⑤ 焚化包袱：满族每年岁暮祭祖，用烧纸糊成信封式样大口袋，封面写亡者名字，里面装烧纸或冥币，于十字路口或河边焚烧，俗称烧包袱。

富察氏祭祀仪注本

略识祀文录

某省、市、县、村等处，我们富察氏后裔，第几世孙，某名。兹为修祖供奉，择祭祀良辰。春露秋霜，以表不忘之诚。是以叩恳祖宗位前，默佑子孙等昌盛，老幼康泰。谚云：人家旺，敬祖上。以聊忱追远之念，俾得先祖之疪。为后昆者，若能孝悌忠信，及赖先祖在天之灵，德沛下逮乎？为子孙不可忘之。其然其不然乎？谨疏理应春祀秋尝，以酬报祖德之厚恩。为祝为颂，尚飨。

某年月日具

祭祀仪注序

夫祭者，记也，所记先人之遗事。祀者，恩也，克祖宗之余恩。故水源木本，以此追远之孝。春露秋霜，足感祭祀之诚。然古人以礼仪分尊卑，今人虽不能尊古之行，而亦不可失其真礼。其然其不然乎？我们富察氏历代以来，族大支繁，散处各处，子孙繁衍，尚对祭祀不彻底者，非但惹人识笑，尤恐我族子孙相继更感茫然矣。予甚忧之，是以将祭祀仪注附录，永志不忘，云尔。

为后裔者，务要注意以上的各项，此切。

祭祀仪注择要解释

祭祀日，合族大小男子，在屋内祖宗前，不准带（戴）帽子。于头一天，令优秀妇女多名，午下，刻元米、元豆面子[①]，以备作（做）饽饽用。是日午上挑元豆酌量。合族人口办理。

祭祀应用器具等品物

用小簸箕一件；条（笤）帚；刷帚，新布一尺；挫（搓）左股绳子三条，绑猪嘴用的；新三盆一个，浇酒用的；好秫秸三根，做梭龙杆子[②]用；铁钓（钩）九把，烤猪皮用；木把小铁刀一件；筷子二双。其余酌核办理，在（再）临时现做。

吃祭肉规则

第一，不放桌子，不使筷子，葱、蒜一概不许吃，表示祖宗千年以上时，出征风餐露宿，适野设谋（席），马上传令，令简而速，所向皆捷。头一天祭祖；第二天祭梭龙杆子。分大、小祭祀，大祭十冬腊，小祭七、八、九。大祭用猪，小祭用蔬菜。有屋内从简，用猪一口亦可。

兹详供祖宗板架之原因

普通请供一架，坐西向东。供香碟三个，是供三位仙女：恩固伦、正固伦、佛库伦。再详祖宗，有随龙从征者，特请祖［宗］板二架，供香碟四个，二架共八个，以表献（现）国家之浩恩。详细列下：前三位是三位仙女，加供范察[③]，计四位，次架四位，国祖肇祖、兴祖、景祖、显祖是也[④]。

有供二架祖宗板，受清朝厚恩不忘的深心耳。

附注大祭祀礼式

主祭人择定吉日。头一天午下，抓猪绑好，放在祖宗屋外，猪头向东。族中人全脱帽行礼。女子们行举手礼，三作至额角处。起立时不作揖，男子亦不作揖。男子连叩三个一台头，三回，起立不作揖，名曰凤凰三点头的参礼。此是我们满族的长白山千年以上的老古礼也。

祭祀设备须知

主祭人日落时，催令合家族人等开办，先将祖前设备齐应用一切品物。待星星出全时，取不落地的井水装盆内。入酒三盅，浇猪用，全都备好。令厨下蒸羔（糕），选优秀妇女们作（做）饽饽。供献九碟，每碟九个。头一碟，供祖宗板上，其余［按］顺序上献，从北往南上，上齐。叩礼。礼毕，少息一小时，合族人食糕。食完抬猪，先将猪身上用新条（笤）帚扫七下，主祭人和合族人执猪耳，扶猪走三步，进屋至祖宗前。猪头向外，左耳向上，合家人等全跪下，主祭人用盆中酒水，对正猪耳头（朵）眼浇之，猪耳一幌（晃）摇，为领牲。族人一齐大声说："啊"，全叩头，不拘数，越多越好。礼毕，站起时，向主祭人道喜。宰猪抬厨中退好，割八大块，猪头不算，灌肠一条。把木资（质）槽盆放祖宗前，先献猪头，装槽盆中，［按］顺序一一的献上。上一块，用刀片割一薄片，三片亦好。先割猪哄（拱）嘴三片，装碗内，供祖宗板上。每上一块割三片，依次装碗上。上齐时，每碗加肉汤三勺，共九碗。祖宗前八碗，由北往南上。上齐时，成一个整猪形。将血肠一条，围猪嘴上。用网油一张，盖在猪头上。木柄小尖刀一把，插猪的左鼻孔中。上齐时，合族行参礼，脱帽叩头为参。礼毕，将猪抬厨下煮熟。祖宗赏下，合族人食肉。此是祭毕矣。食肉时，不准用筷子，以树枝作筷子，以表祖宗出征时候，适野设席，风餐的样子，就地坐席，即是露宿的一样。后裔们要知先祖的辛苦，以此之故，才永久存祭祀之诚。

外祭祀仪注式

外祭，即是祭天，名之曰梭龙杆子。主祭人用好秫秸三根，以绳计（系）九道，立在大门东。前放桌子一张，上供小米、高粱各一碗，以作乌鸦等食。因先祖出征时，被难有救驾好处，报之耳。主祭人将猪令人抬至梭龙杆子前，如屋内祭式一样，左耳向上，主祭人浇酒，猪领牲。合族人一样照屋内行礼道喜。礼毕。宰猪剥皮。肉照屋内祭式一样献件子。装碗浇汤和屋［内］一样。唯有猪的皮，用豆秸火烤，烤好煮好，盖槽盆上，像一个整猪形。合族人等叩礼。礼毕。猪抬厨中煮好，大家食用。供梭龙杆子桌上的碗中肉片，措（撮）合一堆混合切碎小肉丁，合小米子入锅，煮粥一大锅，名曰：小肉饭。屋内也作（做）一锅，不许内、外乱吃，各在各地场吃。吃完，此是内、外祭全完。令人把猪的喉骨，套在梭龙杆子尖上。把猪的骨，全端送到郊外。小米、高粱倒撒大门东边，叫乌鸦、喜雀（鹊）等鸟吃。此是报清初时，受过众鸟的好处不忘耳。飞禽走兽全有救驾的功能（劳），自古至今不能忘记也。

（上录自《满族家谱选编（一）》李林主编　辽宁民族出版社）

按

此支富察氏，隶满洲镶黄旗，世居地及来归时间，无从考查。入关后，居北京椿树胡同。至康熙三十年（1691），其四世顺泰一支，“奉旨移驻盛京辽阳驻防”。余者驻北京，袭爵。《谱本》由十世富庆征（字云峰，光绪十五年生）于1962年修成，十一世其侄奎伦（光绪四年生，谱中无此人名字）同年抄录。该谱共记十二世。

《满洲族祭祀仪注本》（原载李林主编《满族家谱选》），实是富察氏家祭仪注事项。该书出自何人之手，未有注明。所记该族祭祀日期、祭祀对象、祭器、礼仪、过程、规矩等，多与其他满族家祭不同。特别是祭天的索伦杆子，各氏族多以小松树制成，而该族“用好秫秸三根，以绳系九道”，这是满族各氏族家祭中，仅此一见。

注

① 刻元米、元豆面子：刻，即碾磨谷米之意。元米，即大黄米。元豆，即大豆之别称。

② 梭龙杆子：又写作“索伦杆子”“索罗杆子”“索木杆”“梭罗杆”。

③ 范察：爱新觉罗氏始祖猛哥帖木儿之叔父包奇子，建州卫右都督同知。

④ 肇、兴、景、显四祖：即肇祖原皇帝孟特穆（猛哥帖木儿）；兴祖直皇帝福满（孟特穆之曾孙）；景祖翼皇帝觉昌安（福满之四子）；显祖宣皇帝塔克世（觉昌安之四子），皆崇德元年（1636）追尊为“王”；顺治五年（1648）追尊为“皇帝”。

扈什哈哩氏祭祀仪制书

祭祀仪制序

戊午春[①]，业普丛额[②]向余索《祭祀仪制书》，知为庆大弟[③]特遣而来。因喟然曰：有是哉，弟之幸也。烝尝之礼，孰不思行；灌献之仪，孰不思肃。乃询旧典者，往往轶阙难稽，岂皆简断编残无征不信哉？未经指授予名贤，传闻易谬；欲私继述于一己，陋见亢多。夫数典不可以忘祖，收族乃所以敬宗，而或隐抱粗编，深藏匣笥，其悭吝嫉妒，负前徽而狭祖泽。为何如者，余之于弟豈其然？吾族自瓜里察移来，驻防定兴[④]，又移盛京[⑤]，世袭二百余载。沈水[⑥]一支，托赖恩荫，春秋享祀不忒，可谓美哉。而夹河住者[⑦]，祠堂渥什浑旧制[⑧]亦甚钦。一从中落，虽有仕宦之人，清贫犹昔。即或粢盛偶备，典礼失传，看看子孙不识满洲源流，染汉人习气，于道光壬辰[⑨]，幸襄秋祭，因遂辑成此本。商诗久轶，求之者未免多艰；鲁朔重行，复之者或将自喜。然非先伯安公[⑩]，望宗枋之盛，冀丰洁之蕃，赐诲殷勤，垂留简牍。余何人斯，能执笔而叩诸，视不见听不闻哉？每当撷卷，謦欬依然。具夫祖考者，合族之本源也。而记载虽出一己之手，亦非所当私也。楚人祖祝融，而夔子不可不祀；东鲁号宗国，而畿内更有周公，岂命祀专奉于大宗，礼物不宜于共备乎！且王世贞之讥金章宗也，改衣冠也，易礼乐也，视汉仪为甚美，而因之寝弱。其赞元君臣也，不改言语也，不易习尚也，视汉仪如狗彘，而至今不衰。弊则显然，效则昭然。覆车不远，前事堪师后之人，即俎豆馨香，犹宜日讨宗族而训之，以恪遵祖制。而况其制，即为禋祀也欤？今者贤弟振旧业以重兴，值章程之纂就。既不似徒传口耳，苦难记于昔年；又不似莫备牲牷，叹无田于士类。典册裔皇，尊罍森肃，奉而行之，世而守之，聚族而拜舞之。兄于此实为吾弟幸遭际焉。遑敢私而不宣，以觅所从来哉？爰命长男奇依，敬谨录成，付业普丛额寄去，用以告无罪于贤弟，且欲假贤弟之诚，并告于无罪于先伯安公。

咸丰八年三月

长白明善　谨序[11]

祭礼仪注

长白明善　谨述

祭凡四日。先备猪四口，鹅一只，鸭二只，柴炭器用什物俱全。先期主人斋戒三日。将各样家具洗涤洁净。主妇亦要斋戒，不可稍有亵慢。

第一日：祀山烟吗法[12]及西炕二板子。（按：原页眉小字注："像系二神。"）山烟吗法神位，在二门西墙里面供奉，向北。祀日，于四更时，在神像前，设地桌一张。桌上安放铜匙一把，烧酒一壶，酒盅二个，另以一木盘盛之。至五更时，主人盥漱，领儿孙等诣神前，先行免冠三叩礼，乞神聆［领］牲毕，即赴西炕前，行免冠三叩，俱烧满洲香。（按：原页眉上小字注："祭后，板之所贴之满洲朱才[13]亦须换新。"）[14]

西炕，设黄蒙（幪）子二尊。炕沿前，地桌一张，南北各安酒壶一把，烧酒盅各二个。米儿酒一大碗，又酒盅二个，鹅翎一根，鸭子一只。（按：原页眉上小字注："相传供鸭，在古时是羊；供鹅，在古时是牛，未知确否。"）主人外面行礼毕，便向西，率领男妇雁翅跪[15]，行礼。第三日跪法相同，唯外闲妇人不行礼。

南炕东首，供鹅一只，光木盘一个，内盛三小碟，俱斟烧酒，用汉香[16]一炷，卧炷之。

牲肉献熟时，五处各供豆面饼一盘。

第二日，杆子上祭天。预备大锅一口，洗刷洁净。锅撑子一个，碗、盆、刀、杓各器用俱备。

祭日五更时，主人洁（竭）诚将杆神请下石座，立在墙边。彻（撤）杆上锡斗，置地桌上。桌上先放三寸磁（瓷）碟二个。在桌子东头，烧满洲香，行三叩礼。毕。然后宰牲。先取血一盅许，置小碟内，再拔猪鬃一绺，置那个小碟。退毛、煮肉，均在院心。支撑子，驾（架）大锅，用柴炭烧造，不得移入内室。唯小米干饭，必主妇所煮，似可在内［屋］锅。即将猪鞭、猪胆摘出，与猪鬃同一小碟。猴（喉）儿骨，置桌上，水泡，亦置碟内，以备祭毕插杆上、置斗中。至献熟时，肉用木盆盛，饭用大碗盛，汤用碗。置铜杓，以便掷撒。再行三叩礼。各种皆然，唯第三日不掷撒，礼毕。将猪血涂杆子尖上，喉骨插在安放锡斗以后，斗安杆竖，主人与宾客，家中上下人等，皆在院中受领神惠无疆矣。

第三日，祭西炕。此神最灵，家道之兴隆，人事之关系，一时之敬恭，俱能显示庥徽，不可稍有怠惰。

先于西炕正中，安一胖枕，次取主人新洁廾衩袍子一件，披在枕上，两袖向前，窿杭[17]全放，以像神之居上临下也。地下炕前，长桌一张，须洁净。桌上陈设酒壶一把，酒盅四个，满洲香一个；在近炕一面桌子上，地下放米儿酒一大碗。五更时，执事者，将猪拿进，放在西炕桌子北，主人免冠，三叩毕。口说满洲话请神，方取酒灌猪耳，聆（领）牲。一闻神领，便急速叩头，以答灵贶。其余仪节同前。唯到此际，最易懈惰，切宜勉力精持。

第四日，换锁。锁绳供在堂屋东南，马神供在堂屋东北。锁绳有专祭，马神无专祭。相传，锁绳是古高禖，祈子孙之神，故主妇祭之。马神，乃当年养群马时所供，至今仍之。唯换锁是妇人之事，故未见其仪节。马神之祀，闻于换锁之后，将红黏谷，放簸箕内，即以米儿酒涂马神牌，令湿，于红黏谷中两面粘之。平时所见，却（确）是如此，不知更有仪注否。

按

《扈什哈哩氏祭祀仪制书》由明善于道光十二年（1832）秋，辑成。咸丰八年三月，由其长子奇侅抄录。书宽11.5厘米，高23.7厘米，无边框，麻纸，小楷手抄本。每页8行，每行22~24字，共12页。现藏于新宾满族自治县榆树乡蔡家村关人会家。

该族《家谱》记载："满洲扈什哈哩氏者，长白山东瓜里察地方之女真人也……二世岳［乐顺］公，以白身仕至领队官，天聪八年，战殁旅顺城，因得世职……本族驻防京师，系满洲正红旗四甲喇，后官永陵，移坟于兴京界内之下夹河处，因家焉……"查《八旗满洲氏族通谱》卷四十二瑚（扈）锡哈理氏，世居瑚锡哈理、卦尔察、宁古塔等六处地方，皆无此支之人。而同书卷三十各地方兀札喇氏（世居二十一处地方），尼喀达传载："正红旗人，世居瓜尔拜地方，国初来归。其子岳罗（乐）顺，由闲散从征旅顺口城，奋勇先登，力战阵亡，优赠骑都尉……"其后世子孙名字、爵位，皆与《家谱》记载相同。两书所载，孰是孰非，无从考证。

注

① 戊午春：即咸丰八年（1858）春。

② 业普丛额：该族九世，明善之堂侄。

③ 庆大弟：该族八世，明善之堂弟，名庆善。

④ 定兴：清属直隶保定府辖县，今河北省保定市定兴县。清代为正黄及两红旗旗地。

⑤ 盛京：今沈阳市。

⑥ 沈水：指盛京城南之河，即今浑河支流五里河。此处指驻

防盛京之族人。

⑦ 夹河：新宾上夹河镇下夹河村。村北山之阳，该族各代祖墓葬于此，有碑记。

⑧ 渥什浑：满语 wesihun，《清文鉴》地舆注："崇高""往东。"福祉注："贵。"《清文总汇》卷十二注："尊、富贵之贵、东边为上之上、仰视之仰、崇、尚、往上之上、向上之上。"即供祖之地方，此族祭祀崇东。

⑨ 道光壬辰春：即道光十二年（1832）春。

⑩ 安公：名安平，该族七世，官骑都尉兼一云骑尉协领，明善之族伯。

⑪ 明善：该族八世，庠生，《祭祀仪制书》之作者。

⑫ 山烟吗法："山烟"满语šanyan。《清文总汇》卷六注："黑白之白、庚辛之庚、伏朏之伏。""吗法"满语 mafa，《清文总汇》卷八注："祖辈、老叟之称、称呼年纪辈数高者。"此处应译为"白山祖爷"。

⑬ 朱才：即满文大掛旗。

⑭ 满洲香：即满族特用的安春香，俗称达子香。

⑮ 雁翅跪：祭祖时，主祭人跪在前头，其身后男左女右分两排一齐跪拜。

⑯ 汉香：俗称线香，今之常见者。

⑰ 窪杭：满语 wahan。《清文总汇》卷十二注："袍子上的马蹄袖口。"

乌喇纳喇氏祭祀礼仪（节录）[1]

大祭祀所用之物件草图列

（所绘祭祀物件图，从略）

祭祀

合将本族冬腊月应行祭祀祖上之礼节，分别列下：

凡祭祀之常礼，皆是五日设。如定有吉期，系冬月二十八的日子，必从二十六日夜黑，使净水淘黄米。理（礼）节，在上屋地下，跪一条腿，淘米不准说闲话。淘完时，空在祖宗案下。候至二十七日，过午轧面。先在影壁前放一张桌子，再扎秫秸把子一个，长三尺，在把子上插年榆枝两支。再将红箱子内衣裳取出来，即是绸布，将黄衣裳绑在东边树枝上，蓝衣裳绑在西边树枝上，并皆相连，放在影壁前面。又在西边就近放一马织[2]或席头均可，上作（堆）黄泥一堆，上插榆树枝一支。然后，用净烧酒一瓶，斟出头两壶来，壶上放上棉花。在炕头上，放执事人净枕头一个。将头壶酒放在东边，二壶酒放在西边。先将头壶酒拿在影壁前，用铜盅六个，影壁前摆三个，泥堆前摆三个，遂将酒斟上，用榆树枝各盅点点，随即去冠，叩首一连三遍。随即将公鸭抓住，在影壁前拜［三］拜，用小线刀子在翅膀底下刺死，将血接在小碟内，将毛并下水去净，整个入锅，连血煮熟，放在方盘内，使耳挖子将头别正，血并放在头上，使松明子[③]点亮，顶在鸭子头上，均放在影壁前桌子上。再将屋内［第］二壶酒拿出来，照前一样点酒，去冠，叩三遍首，即拿家来，同大小人们用手拆吃。此时尚准吃酒。以鸭汤会（烩）小米子饭吃，其饭预先煮好为是。吃完，将骨头送至影壁后。遂将瓶中之酒，照前点酒一遍。即将桌子、榆树枝撤去；将黄、蓝衣裳用油纸包好，仍放于红箱子内，将外板插上，此一段算完。

待至半夜，将日间的黄米面子分出一半蒸熟，外用苏子缘[④]。在上屋净手做饽饽，理应跪之。忙做元（圆）扁形女子、做男童，摆按一、三、五、七、九；二、四、六、八、十，均以上帽计算，以次摆在桌上候用。再另外摆四盘子，均按一、二，一、二之列。做完时，得剩点备用。同时，将公鸡抓住杀死，去毛、下水，备用。整个入锅连血并煮熟，放在方盘内，［头］用耳挖子别正。用头两个碗盛剩汤血，亦放在方盘内。将后摆的头二盘子饽饽，亦放在［方盘］内。预备秫秸一把，右边香碟子一个，即北边。白纸条不论多少，同方盘上之物并鸡毛、下水，俱拿到街外神树底下。此系孤柳树，将纸条绑在树枝上，鸡毛、下水泼在树下，方盘放下。执事人率众去冠跪下，以柳树枝将各物点点，举香碟子一遍，叩首一次，一连三遍。凡来的人，均得去冠叩首，懒者于己身不利。遂将秫秸用火焚之，将鸡拿回来，大家同吃，不准放桌子，不用筷子，均以手为之。此段完。

待至鸡叫时，应发锁密，即系撒米酒。此酒系自家做的，以先预备曲子、黄米，做成两大碗，在此时应用。将院中放一张桌子，仍将以前预备的两盘子饽饽、东西摆上。右边香碟子一个，米酒两碗，碟子两个，每碟上摆铜盅三个外，用酒盅两个，好由碗内起酒，倒在铜盅内。执事人跪在当中，两边各跪一人，用闲盅起酒斟在铜盅内，使新筷子在各盅内点点，举香碟一遍，去冠叩首一次，遂将盅内之酒高扬于前面，如此三遍。勿论何人不准发言，有不尊者与己身不利，慎之为要。礼完，将头盘子饽饽令一人拿起，在院内各处收藏连吃。小童子随后连找带抢。第二盘子饽饽拿在屋中，亦是连藏带抢。此系裔留之规规矩，万不能减越。此段完。

至二十八日，系正日子。早晨，先砍柳树枝一个（棵），高五、六尺，绑在里屋台阶前锁庄（桩）子上。将祖上锁妈妈口袋打开⑤，将内里锁线拉出门外，绑在柳枝上。其柳枝上，先绑上白纸条三、四支。再用赤、黄、黑三色绸条三个，绑在锁线上。然后，在锁妈下放一张小桌，再将前留之羔（糕），另做九个饽饽，一盘子四个，二盘子五个，东西摆上。请下右香碟一个，放于桌上。女执事人跪下，举香碟子三遍，叩头三次，男女同行礼。遂将桌子端在门外柳树下，仍举香叩头三次。将头盘子饽饽留在外边，在柳树枝上抹抹，令男童子看之。礼完，准其吃。二盘子拿进屋，主人先吃，大家亦吃，随将锁线收起。另扫地、炕、净手，将祖宗案并佛爷案子取出摆上。北边系佛爷以横绳系之，前放一桌子。将前原存之饽饽第一二盘子不动，第三以下顺次摆在案前桌子上，再摆铜盅七个，右香碟子一个，再将祖先案子以净秫秸两个夹之，立在南边西炕上，后边放一枕头，案前用方盘一个，将头二盘子饽饽南北摆上。此因旗人之客屋均在西头，所以按南北计算。用铜盅两个，左香碟子一个，北面用酒一壶，南面空壶一个，新筷子一支（双）。执事人跪在中间，二人站在两旁，余者之人，均去冠跪在下边。勿论何人，均不准出言。右边之人，以酒按盅斟之，拿新筷子点之，举香一遍，叩头一次。左边之人，随将酒倒入空壶内，再斟酒，一连三遍。礼毕，即抓公鸡一只，先在祖宗案前拜三拜，以刀刺死，血承（盛）碟内，入锅。仅（浸）出，由当腰斜切两截。前截在南，后截在北，以盘子乘（盛）之，均摆在祖宗案前。随即抓猪（按：原注：其绑猪之绳，应早预备，系以先在西炕沿坐之挫（搓）的。凡祭祀绑猪之绳，均应以先挫（搓）妥，才以免忙迫。）将猪拿在屋内，以左香碟子在猪身上圈三遍，即奠酒三盅，或者领牲，或者奠酒，均听主人之便。自古是领牲后，更（便）奠酒。礼毕，在屋杀死，解以八大件（按：原注：此猪祭完时，后世东西院另有老仙家猪一口，亦在此时抓住，抬至西老院老仙家案下，点香、去冠，叩首三遍。或领牲或奠酒不限），入锅煮熟，下水同入锅煮。熟时，灌血。将各处之肉，各处割点，凑成两碗汤。遂将原有之肉槽子，放在屋地板凳或桌子上。将猪肉拿出来，按件摆入肉槽子内，与仰卧之猪样。下水放在腑内，以生水油网，套在猪头上，汤碗放在两边，左香碟子放在猪身上。（按：原注：倘若在家内曾许下塔哈马的[6]，即系儿马子。就在此时，将马牵进屋来，将鬃尾皆绑上红布条，以香碟子连圈三遍，将马再转三个圈，即牵出去。此马以后勿论何时驾车辕子之时，不准拉女子，亦不准妇女骑之。）同时，两个香碟子以前各跪一人，去冠奠酒，举香叩首，一连三遍。礼毕，收入锅内。遂将屋地放一张桌子，拿切肉墩子两个，得二人片肉。先将下水并血、各盘子切点，每桌一盘肉，多的多片肉，少的少吃。以猪肉汤烩高粱米饭，硬咸菜，每桌两盘子，均在炕上吃，不准放桌子，亦不准吃酒。倘能预先预备油纸、饭单，铺在炕上，以省落油更好。无者听其年长者先吃，吃完速急下去，好待后邦（帮）再吃。每桌四人，人多多吃几回。吃完之时，即将各案子严密收起入匣。将祖宗案前之饽饽并鸭，皆请在祖宗板上，外人不准吃，过三日后，自家吃，此为刻沉肉[7]。午前礼毕。

午后日夕之时，重扫地、炕，再摆六盘饽饽，按一、三、五，二、四、六，以帽算候用。再将匣内另包六套衣掌请出来，即（系）绸布条，挂在案前。依青、黄、白、黑、蓝，由右向左排，再由北往南算。再将饽饽摆好，六个铜盅子，新筷子一支（双）。如前法，举香奠酒。族中所来之人，均去冠，叩首三遍。随即抓猪，抬在案前，或领牲奠酒，叩首一次。在案前杀死，解八大块，将前后（右）蹄解下，备用。将肉入锅煮熟时，贯（灌）血[肠]，切零碎肉两碗，仍将肉槽子放案前，此名为“背灯肉”。将肉摆好，下水仍放在腑内，满肚油盖上。左香碟子放在猪肉上，汤碗仍放两边，举香叩首三遍。遂将第二盘饽饽，移在猪身上。第二盅酒以小盘盛之，令一人拿酒壶并盅子；再令一人将第二件衣掌拿之，唯不准摇动。此二人得妥人，笨者不用。再将猪连桌子抬在房门里，将板门关上，肉槽子顶在门上。此时，屋里屋外之人，不准动转，亦不准出声，要紧尊（遵）训。此时，主人跪于当中，拿酒的跪于左，拿衣裳的跪于右，余者，无论男女大小，均得去冠跪下，再严令屋内外人等，均不准发言或咳嗽，随即止灯，不准有亮。拿酒的斟酒一杯，扬于门上坎上，随举香一次；拿衣裳的急将衣裳摇动一次，大家叩首一遍，如此三遍。礼毕，点灯。即将猪蹄子连饽饽，交与主人自吃，其余入锅备用。随将衣裳并案子慎重包起入匣内，请在祖宗板上里边。将饽饽倒入筐内，即照前规矩，就炕吃饭，系高粱米干饭茂（冒）猪汤[8]，外备咸菜、青酱等。前后吃完，即得多半夜。此段又完。

至二十九日，天朦亮时，将绑猪绳挫（搓）好。另外，再挫（搓）三条，左绳一条，右绳两条[9]，以备梭龙杆子上之用。遂预备饭桌子两张、瓢、碗、刀、勺、洋火等项[10]。第一张桌，放净水一碗、小米子两碟。第二张桌上［放］刷除（帚）、麻绳、瓢、碗、刀、勺等。用锅一口，屋中先煮小米饭一锅，称（盛）出头两盆、头两碗。将两张桌子抬至屋里，主人跪下，将小米子扬于门上坎上少须（许），叩首一次。即将两张桌子，抬在影壁前，扬米一次，叩首一遍。将院中之大锅安好，随即抓猪，此猪系公猪，不可用母猪，切记。绑在影壁前，跪下，将小米往影壁上扬点，猪身亦扬点。去冠，叩首一次。随即领牲或点酒，听主人之便。即将猪杀死，将猪拱嘴割下来，眼皮、尾巴、蹄子、肚皮均割下点，放在第一桌上。再将猪皮全扒下来，开膛将岔骨割下；大梁骨[11]割五节，前三节后两节；泪（肋）条左三右二割下来；泪八（肋巴）扇肉，分左右割两块；后腿肉分左右割两条；将梭子骨挖下，名为“音得分”[12]。库根一条（按：原注：“系肠子头。”俗称肥肠头。）除猪皮、拱嘴、库根等不计外，余者零星肉，均下院中大锅内。不足再割，若（越）肥若（越）好。熟时，捞出来切成丝，再下入锅内。

唯泪（肋）条骨同勒（肋）八（巴）扇不动，将梭子骨提（剔）净。再将肉丝捞出来两碗，头碗在东，二碗在西。再将泪（肋）条摆在碗上，左三右二，大梁骨亦是左三右二摆好。将屋内头盆饭拿在院中，此盆要多，倘其人多，少拉（了）不足吃。两碗饭东西摆上。再用谷草一把，以左右绳将草扎与梭龙杆子头上，左绳在中间，右绳在两头。再将所有的毛皮、肉、饭等项，包在草内扎好。将拱嘴套在尖上，以绳扎住，所余之绳头绠一小绠。再将碟内之米并水，皆扬与（于）影壁上。去冠，叩首一次。虽（遂）肉并饭先给东家吃点。将头碗饭并肉拿入屋中，二碗饭倒入外头锅内，候会（烩）好就由锅内乘（盛）吃。谁不让谁，此为“小人饭”。倘外头人多，饭不足用时，速将碗抉（筷）洗净，拿入屋中再吃。吃完之时，即将猪皮在院中以木沟（钩）膨（绷）起，使豆秸火了（燎）之。将毛烧净，以净水收拾清洁，切成大方块，下锅。候熟时，切成细条，仍照前规矩，就炕分桌而吃，此谓“大人饭”。完了，即送神。用改连纸一张，绑在秫秸上，用净水一瓢；将地、炕扫净；以秫秸［挟］纸，各处擅擅（掸掸），遂将扫地土并骨头、下水等，皆送于影壁后。此段完。

待至三十日，朝起，将炕、地扫净，再将锁线拉出来，绑台阶下柳枝上。遂将小条桌，放在锁头妈妈案下。将右香碟子取下，女主人上香叩首。遂将小桌端在阶前神树下，叩首举香三遍。遂将小跑卵猪[13]抓住，放于树下，以香碟子圈三遍，然后点酒领生（牲）。杀死，去毛、下水，切块入锅。煮熟时，摆在方盘内，似猪样。仍将下水等物，装在腑内，端在神树下，主妇仍举香叩首三遍。男子无论何时，均得去冠叩首。祭完，拿入屋中，仍前吃法。吃完，将锁线收入口袋内。即扫地、炕，仍以秫秸挟改连纸，各处擅擅（掸掸）。遂将骨头、地土等项、纸杆、净水同阶前小神树，一并拿之，送至街外神树下弃之。查此树系街外孤柳树，不能用杂色树，为此切记。此礼全完。

祭祀说明列下

查此祭祀章称（程），自古并无记载，情因牲畜、粮米均不值钱，大祭不甚为难，年年有祭祀的（按：原注："名为使换猪。"），人人明白。后因户大丁多，物品涨价，祭祀之家看少，所以青年之子弟多不明了。于光绪末年，经那寿山、庆玉田[14]二人留一笔记草本，乃是族祖那文林[15]指点，各节稍得大概，很不详细。凡祭祀之大礼，均系五天，以冬、腊月为之。得预备大小公猪四口，均得五六十斤的。唯末日换锁之跑卵，二三十斤即可。其东西院两支人祭祀，多老仙家猪一口。预备公鸭两只，雄鸡一只，黄米至少半斗，小米子半斗，高粱米三、四斗，要请客就得多预备。铜盅九个，锡碗两个，铜抉（筷）子两支，红抉（筷）子一把，银酒两提（编者按：每提因地区不同，为十六至三十斤不等）；釉（曲）子四两，作（做）米酒用；改连纸十张，预备包案子、绑柳枝、送神等用。新拆（析）居之家，请立祖宗，就得祭祀。因事许下心愿，亦得祭祀。年景不好，请缓期亦可。唯小康之家，应年年祭祀，是为冬腊祭。追远常怀，以亦不忘云尔。

按

《那氏族谱》序言载（原载李林主编《满族家谱选》辽宁民族出版社）："系叶赫那拉氏，于清康熙中叶，拨往凤凰城正蓝旗驻防。"查《八旗满洲氏族通谱》卷二十二叶赫地方纳喇氏，立传四十四人，附载九十四人（不含与立传人同宗者），其各支族众中，并未有《族谱》中任何之人。而《八旗满洲氏族通谱》卷二十三乌喇地方纳喇氏，附载中，记有《族谱》始祖齐玛库（瑚），世居乌喇地方，国初来为，隶满洲正蓝旗。其子孙有官职者（共五世十人），与《族谱》所记世次、人名皆相同。该支乌喇纳喇（那拉）

氏创修族谱较晚。1943年该族后裔那庆镇等人，在创修族谱时，有意将自己本支社会地位较低的乌喇纳喇氏，改为社会地位较高的叶赫纳喇氏。

《族谱》中所载家祭礼仪，原为光绪末年，那寿山、庆玉田（皆该族十一世）所留之笔记，经那庆镇（该族十一世）改定。所记其家祭时间、内容、祭品、祭器、程序、礼仪，与其他满族姓氏家祭，多有歧异，这是研究萨满教及满族民俗有价值的资料。

注

① 标题为编者所加。

② 马织：即马杌子，四条腿方形无靠背之木凳。

③ 松明：老松树（油松、红松等）干及根部含油脂，劈成细条，点燃用以照明。

④ 苏子缘：紫苏炒熟研碎，亦称苏子盐儿。

⑤ 锁妈妈口袋：即锁（索）线口袋，内装锁线。

⑥ 塔哈马：又写作“他哈马”，满族家祭中专用之马。儿马子，即公马。

⑦ 刻沉肉：满语kesi yali，意为福肉。

⑧ 茂猪汤：茂（冒），即用各种汤水泡饭之意，口语中常用。

⑨ 左绳：即左手在上搓成的绳。右绳，即右手在上搓成的绳。皆以线麻为之。

⑩ 洋火：清末至民国时期，民间把火柴叫做洋火。此前民间用火镰打火。

⑪ 大梁骨：即脊椎骨。

⑫ 音得分：满语yendebun。《清文鉴》书二注：“兴。”如诗兴，兴旺。

⑬ 小跑卵猪：民间对小公猪的俗称。

⑭ 那寿山：该族十一世。民国时期，历任蓝旗村第一任村长、直隶省第十五统税局办事员、凤城县第六区农务会长、本溪县

碱厂浦东煤矿经理等职。那庆镇，《族谱》撰写者；庆玉田，《祭祀》草本保存者，皆该族十一世。

⑮ 那文林：该族九支九世，通晓家祭礼仪。

索绰罗氏祭祀礼仪[1]

安祖宗方位章程

佛满洲安祖宗，在上屋西墙上。并立两份，每份木头香碟两个。西墙北边安索线口袋，小麻镇箭一根，带线麻编；索绳长三丈二尺或二丈八尺，拴五色细（䌷）条。祖宗架长一尺八寸，中宽八寸，条宽八分，厚六分；板长一尺二寸，宽六寸，厚八分。香碟长四寸，宽一寸六分，高二寸二分。小香碟长二寸二分，宽一寸二分，高一寸六分。黄色大布蒙（幪）子一块，长三尺六寸，宽三尺六寸。黄色小布蒙（幪）子一块，长二尺八寸，宽一尺二寸。

院内中宫立影壁墙，长六尺六寸，高六尺六寸[2]，后面安天地神位，上香之所，安天地杆子一根，高七尺二寸，加锡斗子，出头漏（露）尖。

祭祀应用的器具

单高桌一张；长炕桌一张；方盘一个；圆盘四块；大锅一口；酒壶两把；大酒盅六个；小酒盅六个；快（筷）子六双；大碗八个；五寸碟子十个；小碟子四个；元米一斗[3]；元米酒一罐，烧酒一瓶；祭猪三口；鹅一只。（按：原小字注：“猪羊也可。”）祭祀前二日，不准宰杀，不准煎炒。将元米一斗，在先祖堂前，用净水过清，第二日压面。所有上用的家器洗净。至祭日，起早，西炕放桌一张，桌后放净枕头两个，将小蒙（幪）子蒙上。桌上放六双筷子，六个大酒盅，斟元米酒。香碟子全放桌上，上达子香。春用豆面饽饽；夏用苏叶[④]饽饽；秋、冬用黏糕饽饽，蒸好，装八碟：皂（灶）神一碟；索柱妈妈[⑤]一碟；祭桌上六碟。家主率众行礼三次。

如用羊一只，进屋内请南边头香碟，家主往羊头上按三按，腰按三按，尾按三按，香熏羊打鼻涕为接，次后，宰羊下锅。熟时，每分三刀，切为阿母孙肉（按：原文为满文）六碗，其余按件摆在桌上全供，左蹄含口，贯（灌）血肠（按：此段应为宰猪灌血肠，摆件子，但原文如此写，以抄清时错乱行段所至。）脯（满）肚油蒙头，左肋×（插）刀，家主率众换酒，行礼三次，全撤。第四碗，收，大家吃肉。不放桌，放圈（圆）盘，哈（喝）元米酒，不哈（喝）烧酒。使猪亦然。若使鹅，往上举三举，搧翅为接，宰鹅下锅，熟时，第一碗乌×，第二碗翅膀，第三碗腰节骨，第四碗胸腩（脯），第五碗头，第六碗爪。每碗血肠一节。第四碗收，礼同。

午后，西炕放桌一张，桌后悬大蒙（幪）子。桌上放六双筷子，六个小酒盅，斟烧酒。上线香。蒸好饽饽，装九碟：皂（灶）神一碟，索柱妈妈一碟，留背灯一碟，桌上六碟。用净水一碗，放桌下。换酒。行礼三次。用猪一口，进屋内请牲。每盅酒往猪耳内灌，耳动为接。宰猪下锅，贯（灌）血肠，熟时，放高桌，按件摆上。左蹄含口，脯（瞒）肚油蒙头，左肋×（插）刀。换酒。行礼三次。用北头香碟一个，饽饽一碟，大蒙（幪）子包上。酒盅一个。全放高桌上，抬在房门后背灯用。人在桌旁换酒三次，拿蹄骨扔地下。家主行礼一次。明灯。将桌抬回，全撤。大家吃肉，哈（喝）烧酒。

第二日，天地上还愿。高桌一张，锅一口，碗、筷子、刀、板、勺、水、火、柴户（火），应用的家器，一并齐出。在天地前放高桌，桌上放小米一碟，水一碗，吹泡[⑥]、苦胆一碟。上线香。在院西安锅。用猪一口，不贯（灌）血肠。按件各要一小份，左边长肋二根，右边短肋三根，连头整派，按骨三刀。将小份下锅，煮熟时，切为肉丝两碗，小米饭两碗，筷子四双。拿索子骨套天地杆子上。小肉丝、长短肋两碗，第一碗是给鹏（按：原为满文）的，第二碗胸岔骨是给马法的，供于天地桌上，行礼一次。撒小米子，礼毕。大家吃小肉饭，不哈（喝）酒。饭后，燎猪皮。大肉进屋煮熟，不供，［来人］同吃，［不道谢即走］。将骨拿了送在影壁前[⑦]。用毛［头］纸叠三夹（角）三块，火燎竿（杆）子[⑧]一根，将纸夹上，每人全擦。竿（杆）子、洗碗水，一并送出。

第三日，换锁（索）。在西炕北角放桌，小香碟一个，上达子香。净水碗一个；装爪尖、苦胆碟一个；箭一支；小酒盅一个，斟烧酒。房门外东边，立柳枝一个。毛［头］纸一张，裁条，挂在柳枝上。拉索绳，一头拴在柳枝上，一头拴在祖宗架上。屋里行礼一次。将桌台出，放在柳枝下。用猪一口，在桌前请牲。一盅耳动为接。宰猪下锅，贯（灌）血肠。肉熟，按件［每份］三刀，共合一处，分为两碗，小米饭两碗，筷子四双，供在祭桌上。肉按件摆上。行礼一次，将箭转三转。四碗，每碗拨出一点，为一碗。用外人在门旁等，全搭进屋内，叫他在外吃，吃完将碗放在门外，三日后拿碗。礼毕，全撤。桌立西炕上，本家吃肉，不给外人吃。吃完，收索绳。将洗碗水、扫地土、柳枝一并送出，完事。

一年四季上坟祭祀

清明节，早饭前上坟供饭、斟酒磕头，往坟上填（添）土。坟顶插佛头或押纸[⑨]，不烧纸。上坟回来后，大家吃饭。农历七月十五日，早饭前，上坟供饭，上线香烧纸，斟酒磕头，割除坟上之杂草。上坟回来后，大家吃饭。农历十月初一日，同七月十五。春节，除夕早饭前，上坟供饭，不上香、不烧纸，斟酒磕头。上坟回来后，大家吃饭。除夕晚，黄昏时分，上坟烧包袱。坟远者，可在十字路口烧。包袱，用毛头纸一张制成。包袱内装有金银叠制成金银元宝和烧纸。包袱格式如后（图录略）。

春节礼仪

除夕晚饭后辞岁。先由长辈向祖宗磕头辞旧岁，迎新春，礼毕。由长子、媳向祖宗磕头辞岁，再给玛玛[10]、讷讷[11]磕头辞岁，礼毕。由次子、媳向祖宗磕头辞岁，后给玛玛、讷讷、哥哥、嫂嫂磕头辞岁，礼毕。再由长孙、次孙等按等级顺序向祖宗、爷爷、奶奶、玛玛、讷讷、叔叔、婶母、哥哥、嫂嫂、姐姐等顺序磕头辞岁，礼毕。而后到近支各家各户磕头辞岁。初一零时分，接财神，放鞭炮、煮饺子，给祖宗上供五碗，大家吃饺子。吃毕即拜年，先向祖宗磕头，而后按祖辈、父辈等级顺序行请安礼，磕头拜年，遂后即前往近支家中拜年。次日早饭后，分男女同伙前往同宗各家，逐户磕头拜年。

拜年之意，本族和睦团结，兴旺发达。

按

《索绰罗氏宗谱书》，由七世族人庆春（时任州同）于光绪十五年（1889）八月创修。民国十八年，九世云林续修，石印。1986年4月，十一世华平再次续修，打字油印。该书对祭祀礼仪记载颇详，是研究满族民间祭祀礼仪第一手资料。书中还载有《丧服总图》《本宗九族五服正服之图》，无法排印，故略去。书中《一年四季上坟祭祀》《春节礼仪》两文，是华平续修时所加，原版书无。

此支索绰罗（络）氏，《八旗满洲氏族通谱》卷四十五载：“其始祖松果托，镶红旗人，世居辉发地方，国初来归。以军功赐巴图鲁号，授骑都尉，加至一等轻车都尉。”《宗谱》载“圣祖仁皇帝（康熙）将我先祖自京拨往盛京岫岩”驻防，二世祖舒尔图（舒力突）官防御，葬岫岩。

注

① 标题为编者所加。

②《宗谱》1986年油印本记，影壁墙长六尺五寸，高六尺五寸，与光绪本所记不同。

③ 元米：即大黄米。

④ 苏叶：即紫苏之嫩叶，包黏面小豆泥，蒸熟，称苏子叶饽饽，满族夏季主食之一种。

⑤ 索柱：该族亦称索头，即索线口袋。

⑥ 吹泡：猪膀胱的俗称。

⑦《宗谱》光绪本："将骨拿了送在影壁前。"1986年本：送天地前。两种版本文字差异多处，以下不再一一注出。

⑧ 火燎竿（杆）子：即用火熏燎过的木杆。

⑨ 佛头：亦称佛花，用五彩纸扎制成。该文称清明上坟压纸，这是其他满族各姓氏祭墓所没有的。

⑩ 玛玛：满语，即父亲。

⑪ 讷讷：满语，即母亲。

黑龙江库雅喇氏家祭

吾族家祭，春季应择二月，秋季应择八月或十月，均在上旬。祭之前，通知族人，无论老幼男妇均至，洒扫正室，预置（制）稷米面（按：原小字注：“俗谓黄面。”）、黄豆面、祭猪。（按：原小字注：“均要公猪，稍有白毛及白蹄或肢体不全者，概不可。”）

第一日，择寅、卯等时，祭主率同族人，免冠沐手，在于西炕适中，安设供桌、木架。将屋内神像，悬于架上。再于供桌左侧，不设供桌，铺洁净褥子一个，后边用枕头两个，分立两旁，用男子所穿之开叉（衩）棉袍（按：原小字注：“或夹袍均可”）将外边马祖神匣请近（进）。将神像用鸣镝（按：原下小字注：“即俗谓射马之包头箭。”）杆两端，担在枕上，再将棉袍搭在枕后，仿如神龛式。（按：原小字注：“盖此国初行军，在野所设帐房之意。”）值男子安设神位之初，妇女们选其身体洁净者操作，以黄面置（制）成水饼，煮熟，上沾豆面，共四碟。（按：原小字注：“每碟十五个为率。”）桌上供水饼三碟，蜜拉（蜡）酒二盅（按：原小字注：“蜜拉［酒］，用极细之黄面半碗炒熟，用水熬，略浓，凉之。另以白面少许，用凉水绞（搅）半浓，俟前水温，加入发之。”），香碟二个，烧香。面左边马祖，供水饼一碟，水团子[①]二碗，酒二盅，香碟一个。供设齐备，将猪抬神前，猪头向里。祭祖（主）率同族人齐跪。祭主献爵，用酒浇猪耳，行三跪九叩礼，毕。（按：原小字注：“凡吾满人，大祭均免冠，磕响头。”）宰猪，用小碟接先出之血少许，供于神前。（按：原小字注“以为荐飨之意。”）将猪退（褪）毛[②]，解为八块，煮半熟，以槽盆[③]（按：原小字注：“或桌亦可。”）按照次序、件数，以及肠、肚、肝、肺等类摆列，拈香，仍行三跪九叩礼。（按：原小字注：“此为领熟。”）片时，撤祭，将神像升于原位。

第二日为祈福。仍于五更（按：原小字注：“即寅、卯等时。”），在堂屋门内，席地向外设桌一，焚香，宰猪，叩头，仍前唯宰毕，拿倭延肉（按：原小字注：“何谓倭延肉，猪耳尖、眼皮、拱嘴尖、尾尖、蹄夹上之肉皮，各割少许。”），盛于碗，俟领熟后，将倭约（延）肉掷于房上。（按：原注：“以飨鹊雀之意。”）其解猪领熟同前。

第三日，为祭天。（按：原小字注：“俗谓祭杆子。”）在院内（按：原小字注：“或二门内。”）影壁北面（按：原小字注：“或南墙之北偏东。”），安设木坐（座）（按：原小字注：“高二尺，方宽四寸余。”）或石坐（座）更佳。木杆（按：原小字注：“以松木椽子圆经大头寸五者，裂口、节子少者，为可用。”），长八尺，下端（按：原小字注：“椽子大头。”），以一尺五寸处，要方形，宽一寸五分，其余上端由方处渐而细小且圆，至尖一尺余，比对锡碗相合（按：原小字注：“不可略细。”），杆尖愈锐愈妙，其木总以光滑为上。杆子上端一尺五寸处，安锡碗。祭之前日，将杆坐（座）埋妥。至祭日五更初，在杆子北，设桌一张，上设香碟一个。锡碗杆子，立于木坐（座）左边。将猪抬至供桌之前，焚香行礼如前二日，礼毕。其宰猪血将出时，祭主跪于左，手捧杆子，以尖接血少许，仍浮（复）立于原处。猪宰毕，割倭约（延）肉及胰子、水泡、猪尾、拱咀（嘴）等，盛于锡碗之内。剥皮时，专择一人割取颈骨，务须以刀削净其肉，洁白为美观。剥皮，于耳后处，头于（与）皮相连，勿断取下颈骨。另一人，将右哈拉吧骨（按：原小字注：“即琵琶骨”）相近之肋条（按：原小字注：“即为如意骨。”），解下三条，连同脊骨并肉（按：原小字注：“满语，高色肋。”）。此时，外边埋锅生火，将所解之肋条、脊骨肉，略煮，分与屋内三分之一，外边三分之二，各自切碎，煮粥。（按：原小字注："名谓小肉饭。"）一面将皮剥下，一面涤洗肠、肚，各事全毕，用圭碗盛粥，供于桌上。将猪整供，头于（与）皮，放盖猪上，肠、肚、血盆，供在两旁，再将锡碗并倭约（延）之肉，升于杆子之上，将颈骨套在锡碗上，颈骨□此形（按：原小字注："套时，须要详细，小头向上。"），将杆子安于坐（座）上，务须锡碗、颈骨端正。然后，焚香行礼。已毕。大家共食小肉饭。（按：原小字注："不可屋内外之人混淆。"）吃毕，解猪送进屋。猪皮用苇子燃火，燎之焦黑为度（按：原小字注："其间不必用刀刮，如刮，恐其毛不净。"）以热水刷洗黄色，另用锅煮。凡三日祭肉，不准掺杂，各自盛装，按日，猪骨以及秽水，均于午前收拾，弃于院中，而为洁净。（按：原小字注："祭杆子，不领熟。"）

三日大祭之后，在一月之内（按：原小字注："或三五天。"）祭星。（按：原小字注："为之禳灾。"）择吉期，初更星斗均齐，在房西，向北斗设香案，柳枝一棵。用白毛头纸一张，斜尖一叠，挂柳枝上。用细麻绳穿鸡膀翎七个（按：原小字注："左四右三。"），搭于柳枝之上。香碟一拈香。抬猪（按：原小字注："猪用公的，三五十斤均可。"），行礼。宰猪，领熟。（按：原小字注："按件割倭约肉。"）

此吾族先世，到江［省］以来祭祀一切规范，永无增减，其余屯乡之祭，稍有异同。有祭白山（按：原小字注："小羊在外院内，向东南。"）；有无祖像，仅一马祖者，或祭天，不立杆子，不燎猪皮（按：原小字注："此系二房之后，如后五家子、卧诺屯、大坑、胡家屯，六房也如是。"），或有伊勒罕妈妈之祭，其三房规模与吾七房相仿（按：原小字注："三房者，即大阿拉街。"），盖因日久生疏，素无通问，以致舍本求末，各随其便。

附录：家训（节录有关祭礼部分）

家祭之礼……宜每岁举行。中人，二三年一举；即贫者，亦应五年一举……凡家祭，必择吉期。在祭日以前，须通知各族主祭之家，宜洒扫西舍，洁备祭品。临时之主祭之人，理宜至诚，不得草率。各穆昆与尊长等，均有纠察祭典之责任，不可擅改定制，以图简便……祠堂成立之后，则家祭之例，可以改为祠祭……祠祭，每年以冬至为期，次日为祭祖墓及同域各墓。其同高曾祖各墓，以清明节、七月望、十月朔、腊月念五日，由族中分年轮班，按季分设拜扫。祭祠之日，族众来祠时，应立簿籍三分（份）：（甲）册，专备生育子女者，记其所生年、月、日、时；（乙）册，专记娶妻妾者，系配某氏、籍居里；（丙）册，专记身故者，卒年、月、日及茔葬某处……祭祠之日，由总穆坤及副穆坤④演说本族奉行一切礼法……本族现居江省城乡者，宜仿照选举法，各支公举副穆坤一人，再由各穆坤中复选总穆坤一人。凡祭祠祀墓、判事析理，得由副穆坤议之，总穆坤主张判结之。移驻他省，办法亦如之……

按

以上载于《黑龙江库雅喇氏宗谱》。此《宗谱》创修于康熙十五年（1676）三月，1928年八月第四次续修刊印。现藏于辽宁省图书馆。

《八旗通谱》卷三十四载：库雅喇氏，世居兴堪村、洪鄂村、纷分、珲春、乌苏里、黑龙江、虎尔哈、乌喇、沈阳等十三处地方。此支库雅喇氏世居绥分，后迁居宁古塔、黑龙江等地方，隶满洲正红旗。

注

① 水团子：系小黄米面制成。

② 屋内祭祀猪：宰后用热水烫泡，去毛。

③ 槽盆：用硬木制成的大盆。有长方形（无把、有把两种）、圆形，今已不见。

④ 穆坤：又写作“穆昆”。满语，穆昆达，译作族长。满族各氏族均设一至数名穆昆达，管理本族内一切事务。

吉林他塔喇氏祭祀

——家祭，每岁富者，宜按季一举；中人之家，岁二三举；即贫者，亦应岁一举。他村酌量前去，同村而居者，必举族以往。其无故不至者，穆坤得严词以责之，以尽敦睦之谊。

——家祭，每祀必涓吉。祀前数日，先通知各族主祭之家，宜洒扫西室，虔备祭品。届时，主祭之人，固宜诚敬，与祭者，与各执事人，亦须恪恭将事。各穆坤及尊老，有纠察之责。

——祭田，现在所捐无多。此后，凡吾族富而有力者，或量力捐助，或绝产尽数拨归，庶几集腋成裘，堪资修祠，设塾祭礼及族中一切公益之事。

——始迁祖，原住广北[①]大唐家屯，葬屯北八里雅通河，宜修祠堂于大唐家屯，庶祠祭、墓祭得以同时并举。

——祠祭，以冬至日为期。始迁祖之墓及同域各墓，即以祠祭之次日，为祭期。其余同高曾祖称各墓，以清明、七月望、十月朔、岁腊四日，拜扫。

——祭田款项，拣族中公正一人司之。各穆坤轮流稽查之。

——每年祭田租数项下，除办祭及杂项公用外，所余钱项，即添买祭田，不许多存。若有应办之事，需用甚多，始准预存。

——祭田，如有余资，即作为族中婚嫁、丧葬、恤贫、存寡、奖善、旌贤等费，以资补助。

——冬至祭祀之日，族众来祠时，应立簿三分（份）。一备有生子者，以其所生年、月、日、时登簿；一备有娶妻者，以其配氏族分、里居登簿；一备有身故者，以其卒葬行事登簿。按年轮记，至修谱时，载入谱表，事省而益大。各穆坤宜仿立三分（份），随时登注，以免歧误。

——冬至祭祠之日，由总穆坤及各穆坤演说，俾族人听之，油然而生孝弟（悌）之心。

按

《八旗满洲氏族通谱》卷十一他塔喇氏载："他塔喇氏，为满洲著姓。"其氏族世居扎库木、安褚拉库、讷殷江、宁古塔、长白山、扎克丹、乌喇、萨尔浒等十五处地方。此支他塔喇始祖贝楞额，"太祖朝随穆坤达罗屯来归"（《吉林他塔喇氏家谱》谱表释例），后散处宁古塔等处，康熙十年（1671）移居吉林，隶满洲镶红旗第二佐领。此《家谱》创修于嘉庆十年（1805），其后多次续修。最后一次续修是光绪三十三年（1907），1913年五月，始石印，八册，线装。内容丰富，体例完备。现藏于辽宁省图书馆。

注

① 厂北：此厂指船厂，吉林市旧称。

正黄旗白氏祭祀规矩①

祭祖上规矩

——祭祖上也，无论何年月日敬许祭祀，必俟冬腊月间，择吉日祭祀。前一日与祭日，不宜饮酒。即有嘉宾，亦不宜饮酒。待日将入，敬请祖上榧（匣）位、香碗于西炕上，中设一香案，预换香灰，敬供小米三碟。未祭以前，不准食此新小米子。清水三盅。猪一口，抓时不准绑嘴。主人在祖上、天地、皂（灶）王、菩萨、山神、仓官等外（处）拈香。即领合家人等跪于祖上案前，有官帽戴官帽，无官帽，摘去便帽，敬捧酒杯，点酒于猪耳中。祝曰："或为某有病敬许，或为某远行，敬许太平猪一口。"俟猪耳领声（牲），大家欢喜，叩首而起。将此祭猪，由祖上案下，抬于堂屋，吩咐宰杀。血盆放在香案以旁，烧水退（煺）毛，开膛择肠，诸般洁净，入锅煮熟，使盆各样装献祖上案前。外设一桌，将肉按块摆列如生猪一般。主人拈香，合家叩首。祭毕，将每块割下一块，令盆盛贮，以俟异日。只许本家人吃，不许外人吃，名之为"祭讳肉"。其余仍纳入锅中，怕食之甚凉。此时，令人就炕铺油单或方盘，摆上筷子、盐水，碟内装芥菜末，以蘸肉食。油单在炕中，设一空盘子。将所邀之客，按次让坐。主人命厨夫由锅捞出各样肉，乘热簿簿（薄薄）割片，续添盘中，以陪（备）客食。无论何人，不许食酱。客食完走时，不宜为此拜谢。客当来时，宜给主人主

(祖)上叩喜。客走，合家按序而食此肉，不剩则已，如剩，送至外房收存，不许外姓人吃。至诸般骨头、退（煺）猪毛，均装于缸内，与退（煺）猪水，立时送于沟壕之中，或牲口圈内。此祭祖上始终规矩，以备遵行，免得错谬。

祭天地规矩

——祭天地也，于祭上次日。清晨，迎堂屋门，由里向外，设立香案，恭请天地。香碟寄在香案，敬供小米三碟，清水三盅。有索伦杆则请之，无则使谷草扎把串一长杆，当索伦杆，立于当中门外以旁。此时，外用大锅一口，刷帚、菜板、菜刀、碗、筷子、芥菜末等，预为备齐。此等祭毕，移香案时，均拿出来。俟抓猪一口，不准绑嘴，抬在香案以前，猪头向东，嘴向里。主人于天地、祖上、菩萨、皂（灶）王、仓官、山神各处拈香、叩首毕，遂率合家人，皆跪祭天地香案下。主人将清水按盅向地祭三祭，小米按盅（碟）撤（撒）三撤（撒），索伦杆亦往前压，拜，起落三次，点一盅水，撒一舀米，持杆向外往拜一次，如此三次毕。猪不用领声（牲），合家叩首毕，将此香案、供米、索伦杆、祭猪，一并移在仪门西以旁。又持秫秸三捆，支一马架搬去，二人登（凳）一个，放马架前铺一红毡。令厨夫宰猪，剥皮毕，割肉数斤。用大石三块，将锅支上，用水添满，将肉入内。架（点）火煮热（熟）捞出，抹肉丝两碗盛贮，将预先煮的小米饭亦盛两碗，均供在香案上。大家叩首毕，将肉与小米饭各挪家［屋内］一碗。锅内所煮肉汤并所煮小米干饭挪家［屋内］一多半，留外一少半，均烩小肉饭。尽外食，如食不足，再往家［屋内］食。切记：家［屋内］不宜挪在外，外不宜挪在家［屋内］。此时，猪皮仍披在猪身上。食小肉饭毕，将猪嘴尖[②]、猪胆、猪尾尖、猪索骨、猪鞭、猪吹泡，寄于索伦杆上。用树枝钩子，以备钩猪皮四角。使豆秸小火，燎猪皮洁净，并猪劈开零碎，入于家［屋内］锅煮熟。此时，送回天地香碟，撤香案、马架、板凳、大锅。送索伦杆于娘娘树下，或外边亦可。此猪肉与皮、肠、肚煮熟，如何割片，如何吃法，一切均照祭祖上一样规矩。为此注明，以志不忘。

——每年养小鸡。俟小公鸡长大，宰一只，拈香、持海纸并酒，到山神庙前供祭，敬酒三杯，海纸火化，三叩首而祝曰："保佑小鸡太平。"历年如斯敬奉。

——每年腊月二十三日，敬许山神太平祭猪一口。拈香、烧纸，奠酒而祝曰："每年敬奉山神老爷太平猪一口。"俟猪领声（牲），合家叩首而起。猪在庙前杀。猪头煮熟时，将满（瞒）油蒙上。仍持到庙前供，祭毕，回家方宜食之。

——每年不食苏叶饽饽则已，如做而食之，饽饽熟时，先供后食。祖上一碟，皂（灶）王一碟，北窗台一碟。不许食，切记。

——遇亲朋穿孝者，与本家除五服穿孝者，均不容伊到上屋，为祖上忌孝。只可将穿孝者请到别屋厚待，不然，令伊孝脱，押在别屋，亦可请伊到上屋。遇有亲友近派丧事者，或出五服同居一堡，遇有丧事者，时常往来，复有穿孝之礼，碍难躲避，只可将祖上，使黄布或黄色绸蒙上，菩萨放下帐幔，以使往来。遇有本家丧事者，未待咽气，将祖上请到别屋供奉，仍用布蒙上，俟脱孝后，择吉日请复原位供奉。此系祖先遗规，至如何情节，莫知其详，以待后之知者。

（上录自《满族家谱选编》李林主编　辽宁民族出版社）

按

《白氏源流族谱》，何年创修无记载，仅知二世罗起、保喜等创修《子子孙孙图谱》。该族奉护军校崇厄力为始迁祖，康熙二十六年，由京"拨驻防于盛京岫岩"，原隶正黄旗黑太佐领。其满族原姓氏无记载，1921年，始统一排定字辈。光绪八年（1882），由七世景亮（盛京户部笔帖式委主事兴京仓官）、八世瑜瑞（附贡生、诰封奉政大夫）等人，根据《正黄旗册档》及先辈所创《图谱》，得新修订《族谱》。民国十年，八世瑜瑺、瑜瑞等人续修，石印。全谱共记十一世，男丁五百余人。

《族谱》所载该族的祭祀内容、程序、祭器、祭品、礼仪等，较其他满族各氏族祭祀，多有不同之处，如祭器、香碗、用谷草扎制索伦杆子等，与其他满族祭祀有别。在祭祀内容上，该族祭山神杀猪；祭天“猪不用领牲”；祭仓官；供祖避孝等，皆为该族独特之处。这是研究满族民俗的有价值资料。

注

① 标题为编者所加。

② 猪嘴尖：即猪拱嘴。

满洲祭祀换锁条规

敬书祭祀所宜斋戒、禁忌数条于左：

——每年除夕，接神屋内，南北匣，各点香碟一个。院中西边竿（杆）上，点香碟一个。

——祭前二三日，主祭人或主妇，当亲身率领仆妇等，将祭祀应用荤素器皿、桌张，涤洗揩抹洁净，以备使用。

——祭前二三日，将做糕饼，做酒之米豆，请到家中。主妇率仆妇等，务将米豆之虫吃半（瓣）豆、黑丁、土块及杂米，逐一拣出，淘洗洁净，然后可用。

——每逢祭祀，择定日期。主祭男妇不可出门，丧家犹不可去。务须斋戒，以昭慎重。

——白日祭或背灯［祭］，于未设祭以前，各将猫、狗等畜，或拴于空屋内，或赶出人门外方可。祭时，院内不可令家人往来行走，不许有人声。

——男子磕头，俱系免冠叩首。仆人亦不戴帽。

——祭时，或亲友，或族人叫门，不可开。俟祭毕，然后开门。

——背灯。如有月光日期，务令窗户、门口，用布单遮严，不使稍有隙处露光。

——请牲。于祭之前一日，令人上市，务择毛片一色，无杂毛，诸处齐全者，方可用。断不可用耳上有孔之猪。

——叫人吃肉，不可令有疮疖、残废及孝服人等吃。

——祭肉。于祭之本日食完，方为尽善。如不能［食］完，或次日，或三日内食之皆可。断不可使油肉出三日，此则最紧要者。

——升猪，必将猪身上泥土扫刷洁净方可。

——升猪人，亦须斋戒洁净，方可用之。

——装酒，天寒六日，天暖五日。

——装酒旧例，高江米二升，曲子六两。

——装酒，于嘉庆十六年十一月十三日[①]，用济青中碗，量江米四碗，使曲子三两。

——装酒，嗣后用济青罈装酒，用济青中碗，量江米三碗，使曲子二两五钱。（按：原小字注：装酒于嘉庆二十四年[②]。又定例，用有花白地坛装酒，制准。用铜锅煮江米粥二锅，水离锅口寸余。每锅用四平碗江米，曲三两。）

——每装酒，煮江米粥，澄汁为要。曲子用温水泡。

——蒸糕，用中等江米十五升。（按：原小字注：平量，共蒸五锅。）

——仓米三升。

——豇豆三升，于前一日，用小磨碾破，去碎小，用温水泡之。

——江米每十升，用黄豆二升。豆用温水泡之，急捞出，凉潮干，上锅炒之。

——做水饼，须用开水烫面方可。

——白经文纸一张，长去一寸，先剪三次。祭棚上所粘纸条二条，一寸多宽，上连些，须下剪开。外所余纸，剪成纸钱（按：原小字注：名为喜钱），拴于柳枝上门口，祭时用之。

——祭祀，开酒坛，起去蒙头、酒皮，拂拭洁净，用木勺盛南边坛内酒三勺，倾于北边坛内。又将北边坛内酒盛三勺，倾于南边坛内。然后，将北边坛内酒盛出，用马尾罗澄出清酒二大碗。头碗，初次门口祭时用之。二碗，于二次祭南边匣时用之。

祭祀设摆清单

初次门口祭

用柳枝一枝三岔，上挂纸钱，插立门槛外当中砖缝内。设小桌一张；饽饽二盘；清酒二盅；香碟二个，撒香二道。初次叩首一遍，撒酒三遍，不打札板；后二次叩首，不撒酒，打札板。祭毕，即请柳枝，纸钱，饽饽五、六个，香碟等，于院中西边竿（杆）上安插。将饽饽于竿（杆）上粘些，其余家人分食。初次祭毕，每叩首一次，叩首三次。

二次祭

请南边匣于西面炕上。用长条桌一张，即祭用饽饽三盘，清酒二盅，香碟三个，撒香二道。初次叩首一遍，换酒，不打札板，后二次叩首打札板。祭毕，请匣时，童男等跪于地上，为首者，将匣子顶于顶（头）上，或萨妈，或主祭人跪于一旁，令童男各饮供酒一口。众人叩首毕，请归本位。

三次祭

请北边匣子。先于西炕北头，设木盘一个，枕头一个，家做新棉袍一件，无，亦可用黄缎单一块。一盘上从北起，摆饽饽三盘，浑酒三盅，香碟一个，撒香二道。次于南头设长条桌一张，从南起摆饽饽六盘，浑酒六盅，香碟三个，撒香二道。即请铃铛，安放南边祖宗架上。木盘上，添饽饽，换酒。从北起，长条桌上添饽饽，换酒。从南起祭时，先从北边叩首，起，至南边初次叩首，不打札板，换酒移坛。将北边酒坛，移于长条桌北边腿下地上安放。粘纸条毕，依旧从北至南，交相叩首。二次打札板。祭毕。请匣时，童男跪于地上，为首者顶匣，其余者，顶香碟，各顶饽饽一个，照初次饮供酒。叩首毕，即请归本位。

又，请北边匣时，于屋门东边地上，用酒碗、饽饽一盘设祭。俟北边匣子归位时，即撤，家人分食。

背灯单

西边炕上，用木盘一个，黄缎单一块，枕头一个，家做新棉袍一件，无，亦可。请铃铛，安放枕上祭用。横摆饽饽三汤；若糕，一块至十块皆可用。浑酒二盅；香碟一个，撒香一道。酒坛移于木盘南边安放。初次叩首，不撤灯，不打札板。后二次叩首，撤灯，打札板。叩首，共三次。毕。掌灯，即请归位。

祭天

领牲前，用黄布单二块，将屋内南、北祖宗匣蒙好。俟祭肉人食完，屋内扫净尽后，方可揭去。领牲前，在屋门口内，用小长条高桌一张，上用水盅三个，三寸碟三个。仓米用碟一个；生拿猪尾、眼皮、耳、舌尖、蹄，用碟一个；熟拿碎祭肉，用碟一个。屋内安放毕，即叩首一次，撒水一盅，撒仓米一把。即请祭桌，在院中杆子前安放，故又叩首一次，撒水一盅，撒仓米一把。然后升猪。祭肉熟时，仓米饭二碗，祭肉二炶（?）。供杆桌上，又叩首一次，撒水一盅，撒米一把，共叩首三次，毕。然后安竿（杆），即将仓米、猪尾等于锡碗中安放。所有肉槽、肉盩、叉钩等，俱于初次屋内叩首时，随祭桌拿出，安放院内。即于屋门外西边窗台上，架杆一根，上搭毡一条。皆可设一他他[③]，下设毡坫二个。用矮桌一张，上设案板四、五块，小刀子四、五把，以备切磨（抹）肉丝。

升猪

用妥实饭桌一张，安放在踊路东边偏南。将猪头［朝］南面西，用左手升毕，先拿左、右耳尖，左、右上、下眼皮，上、下嘴唇、舌尖各一块，四蹄左、右各二块，蹄心各一块，猪尾连根拿。剥皮时，先于爪尖上一寸，用刀周转，从肉外开剥，即挑四哨。周身剥毕。拿达忽拉皮时，留尿泡，系连上二份，挂于桌东西凳上。猪，首次拿脖胫骨。又次，拿猪脊净肉，长方条，前后左右，各一块。又次，拿胸叉儿，代（带）膛拿下，随从燕翅中，剜下油、肉一半，下锅。一半，留大肉用。胸岔开一半时，即取心血，染竿

（杆）尖。又次，拿琵琶骨，左右净肉二块……心一半，左肝尖一块，右肺头一块，腰子各一半，臁贴（即脾）代（带）油一半，肚头一块，大肠头一截，小肠一截。贯（灌）血［肠］。拿肝时，将苦胆取下，挂上二份一处。又次，拿左肋条三根，右肋条二根。又次，拿脊骨头二节一块。又次，拿脊骨三节一块。拿毕，随将各份卸开，仍照本骨缝，桌上摆好。将五脏，仍放左右肋下。

供肉

头炶（?）肋条三根，脊骨三节，头份血肠、血丝多一半；二炶（?）肋条二根，脊骨二节，胸岔骨二份，血肠，血丝少一半。饭亦随之头炶（?）肉饭供毕，拿往屋门后左边一举，然后用二炶（?）肉、饭，留院中用之。撤竿（杆）上祭肉后，俟人食小肉净尽，所有代（带）骨肉份及下水等，送入里间屋内大锅煮之。即将猪头，四个爪尖、达忽拉皮，用钗钗（杈）之；周身皮，四面用钩搭起，俱以火燎之。燎透，将毛查（茬），用温水泡，洗刷净，然后入屋内锅煮之。院内诸事洁净，将竿（杆）上祭卓（桌）、三寸碟、水盅，俱各撤去。屋门口西边他他，亦撤去。

大祭应用东西旧例单

老干烧酒五斤（按：原小字注：头瓶三斤，二瓶二斤。），担（掸）子二把，茶叶二斤，烛二斤，高白糖一斤，煤一百五十块，炭二十五斤，白布五尺，白线四文（按：原小字注：二缕），盐半斤，白经文纸一张，大土坯七十块，醋一斤，韭菜三斤，劈柴五十斤，酱瓜二斤，胡萝卜二斤，干各达（疙瘩）二斤，水各达（疙瘩）二斤，酸菜十斤。麻，撮（搓）绳，三根。请柳枝。（按：原小字注：费用钱一百文。）箠箒（炊帚）、瓢、红头发绳五尺。萨妈太太家送糕二块，拿酒，叩首外，萨妈送糕二块，亦拿酒、叩首。

大祭借用东西单

行灶，大、小素槽，切糕卓（桌），屋门祭卓（桌），圆方盘，蒸笼，抬鼓，手鼓，油单，小磨……

换锁（索）应用米豆单

江米升半，外娚化九、七家米合入，碾面。小豆，平中碗一碗。（按：原小字注：煮豆泥。）鱼，随人数多寡，请之。（按：原小字注：鱼用香油酱六文［铜钱］，早晚各分一半，入水内烹之。）

锁（索）补丁，每一份，只用三块，不用红色，不要有刮糨子的。锁（索）线，男用蓝、白线九条，不用杂色；女用蓝、白线四、五条，黄绿线一、二条，共七条，亦不要红色。如生男，锁（索）绳上添弓箭一份，细条一条；如生女，只添细条一条，不用弓箭。细条亦皆不要红色。如开锁（索）时，皆不用锁（索），祭供皆如换锁（索）仪注。

祭用方斗一个，内装米、灰皆可，务求洁净。柳枝一枝三岔，插立斗上，设于上房，俟南炕东头地上，北向。前用饭桌一张，早晚二祭。柳枝上供仓米饭一碗、鱼一尾。男女几人，仓米饭、鱼，亦皆如人数，几碗几尾。香碟一个，香一道。祭时，男女跪于桌前。先用香碟摩顶一次，各缕（捋）麻三次。叩首一次，为一遍，共三遍。早晚二祭，各三遍。每三遍毕，将柳枝上鱼头剥下，仓米饭少许，家人分食，不许拿出院中。其男女鱼、饭，各食其食。所余，父母分食，不许外人吃。

午祭。柳枝上，剪纸衣一件，供于斗上。祭毕，焚化。升内纸灰，用净纸包好，置于男女枕下。如为男换锁（索），用江米水饼九碟，每碟九个；外用五寸碟，盛小水饼九个。每叩首一次，柳枝上粘三个，共三次，粘九个。祭毕，即将柳枝上所粘水饼拿下，家人分食。如男妇同换锁（索），其水饼数从男九数。如单为女换锁（索），用水饼七碟，每碟七个；外用五寸碟，盛小水饼九个。每叩首一次，柳枝上粘三个，亦共三次，粘九个。祭毕，亦令家人分食。如开锁时，男从男数，女从女数外，柳枝上水团一碗，豆泥一碗。男女几人，水团、豆泥，亦如人数几碗。其水团形似祭灶糖饼样大小，当中有一小窝。祭时，男女跪桌前，亦用香一道，香碟各摩顶一次，各缕（捋）麻三次。叩首一次为一遍，共三遍。水团，亦不许外人吃。

按

《满洲祭祀换锁条规》无撰写人，亦不知为满族何姓氏之祭祀条规。全书不分卷，无页数，无标点，装订一册。从文内得知，此书为嘉庆末年，小楷抄写。现藏于北京图书书馆。

此书所载该族祭祀之祭器、祭品、程序、礼仪等，与其他满族祭祀多有差异。这是研究满族民俗和萨满教的重要参考资料。

注

① 嘉庆十六年，1811年。

② 嘉庆二十四年，1819年。

③ 他他，满语tata。《清文总汇》卷七注：“令歇店、令下营、令人拉弓、令人拉扯、令制签、令抽扯。”《大清全书》卷八注：“令人扯弓、下店、下营、抽、掣。”《清文鉴》迁移注：“住下。”此指室外搭盖歇息处。

满洲婚祭礼合仪礼考（节录）

曼殊　震钧[①]

考满洲祭礼，实《仪礼》特牲馈食礼也。余尝有《满洲婚祭礼合仪礼考》一篇，今录之云：满洲六礼，唯婚、祭二礼，不与世同。余尝疑为吉礼之遗，乃以《仪礼》考之，始知即婚礼及特牲、馈食二礼……余既著此文，更载其仪节于此，俾后世有考焉。

如满洲旧家，皆有神堂。神堂之户在东。而墉在西，此《仪礼》户墉之制也。室中以西为上，《仪礼》室中之位也。庋板为神位，宗祏之遗也。设几于地，古之席也。植竿（杆）于庭，贯以锡盘，丧礼之重也。古以代主既虞，废之。满洲无主，遂不废也。祭用特豕，特牲馈食也。其祭也，夫妇亲之，《仪礼》之主人、主妇也。

祭之先一日，主妇亲成糕饵，《仪礼》之主妇视饎也。

祭日厥明，主妇献糕饵十一器，《仪礼》之主妇直祭也。奉首盘于神板上，迩黍稷于席上也。主人跪，巫者祝辞，《仪礼》之释辞于神也。巫者鸣弦索，歌吉辞，古祭乐也。《仪礼》无乐，盖士礼如是，大夫则有之矣。而乐之始作，亦当于释词迎神之际乎。主人出迎牲，《仪礼》之规牲也。既至，振牲令其鸣，《仪礼》之雍人作豕也。置牲于床，即《仪礼》之棜也。省牲，主人亲视之，《仪礼》之视杀也。灶居西方，《仪礼》西荣之位也。以盆盛血献于神前，《诗》之“取其血膋”也。献牲，承以木槃，古之俎也。随肉必献汤，太羹也。

至暮再祭，以幕蔽其窗牖，阴厌也。

明日，晨祭于庭，《仪礼》之绎祭也。《诗》谓之祊。祭毕，阖族大燕，及宾客皆与，《仪礼》之族酬也。此祭礼之合《仪礼》者也。

若婚礼（以下略）。

《仪》曰：谨蠲吉辰，先期三日，主祭者率阖族虔诚致斋。选牺牲，择纯毛净体、牡二牝一（按：原下小字注：唯背灯牲用牝。）；江米、白米、黄豆、稗米、安春香（按：原下小字注：出关沟。）、红烛、白挂钱、新麻、白纸、赤小豆、小鲫鱼、新柳枝一、三色纺绸。（按：原下小字注：白色、蓝色、月白色。）、三色线。（按：原下小字注：作索。）

先期二日，主祭者率阖族，谨将神板拭净，换新挂钱（旗），香碟内易新灰，次将祭器洗拭洁净。应用祭器列后：鸾刀一（按：原下小字注：柄上有铃。），匙，箸，祭桌二，肉俎三，香案一、省牲床一，盛血盆一，和面盆一，锅一，灶一，杓一，铲一，勾（钩）、叉、蒸龙（笼）［各］一，新筐箩一，控筛一，罩（笊）篱，帚，苕，帚，簸箕，蒸布，拭布，净绳六根，秫秸（按：原下小字注：四棍一束，四束，长二尺。），净柴。先期二日，主妇率阖族妇女拣择米豆，取纯净者用。作索照旧式，按应换索子女每人一挂。

先期一日，用新汲水将米豆淘净。米晾微干，豆炒熟，磨面；蒸面，江米九成，加白米一成；煮面，江米八成，加白米二成；和面，用温水香。选新采绿色叶，晒极干，研粗末。亦小豆、小鲫鱼俱换索。用豆煮研泥。

届期朝祭，设蒙（幪）架。（按：原下小字注：蒙以黄布。架以木为之，饰以朱油。）悬幪前设矮桌，列烛二；香碟陈于桌里边，横之。（按：原下小字注：凡三。）主祭者，丑刻[②]，率阖族点香。免冠三叩首，兴。和面蒸熟作饽饽十一盘，每盘十一数。献齐，奉第一盘于神板上。免冠三叩首，兴。顶冠出，请牲。至牲前，用净帚遍扫牲体，换新缚绳，引牲入。至神前陈于地，牲首向上，脊向南。免冠三叩首，兴。视厨役省牲，升牲于床。省牲，用左手盛血以盆，血盆供桌之左。接香。俟肉熟，撤饽饽盘。奉俎以献，牲首向上，插鸾刀于牲首之左。盛汤一碗，加箸一双，供于神板之上。免冠三叩首，兴。稍候撤俎，每分割取肉三片，并撤所供汤，阖族食馂，异姓不与。香息（熄），撤幪，请上香碟。午后，撂骨跳神，礼成。

夕祭，设蒙（幪）架于北炕。悬幪前设矮桌，列烛二，香碟横陈于桌里边。主祭者，未刻[③]，率阖族点香。免冠三叩首，兴。和面蒸熟，作饽饽九盘，每盘九数。献齐，奉第一盘于神板上。免冠三叩首，兴。顶冠出请牲。至牲前，用净帚遍扫牲体，换新缚绳，引牲入。至神前陈于地，牲首向上，脊向东。免冠三叩首，兴。视厨役省牲，升牲于床。省牲，用右手盛血以盆，血盆供于桌之左。接香。俟肉熟时，撤饽饽盘，奉俎以献，牲首向上，插鸾刀于牲首之左。盛汤一碗，加箸一双，奉于神板上。免冠三叩首，兴。息（熄）香，撤火，以布幔遮窗，闭庭户。阖族人等屏息，俟于门外。主妇在内行九跪九九顿首礼，兴。将牲首所插之鸾刀撤下，轻放于案上，呼烛。然后秉烛入。撤幪，上香碟。撤俎，每分（份）割取肉三片，并撤所供汤，阖族人等食馂，异姓不与。背灯礼成。

是晚，将神杆请下，净拭洗斗，即将香案、祭器、锅灶、柴米、水火、盐梅等备具于庭中，以备次日祭天。

次日丑刻，设祭桌于庭中，陈三碟：一盛香；一盛稗米；一虚空留盛牲之全体。设齐，主祭者，率阖族顶冠，行三叩首礼，兴。请香案、祭器等出，设于神杆前，安斗，升旧颈骨于房上，即往请牲。至牲前，以净帚遍扫牲体，换新缚绳。引牲至祭案前陈于地，首向上，脊向东，跪。俟读祝者宣祝词，并洒米三。免冠三叩首，兴。视厨役省牲、升牲于床。省牲，用左手盛血以盆，血盆供于桌之左。主祭者，衅杆尖，毕，立之。脱牲衣，解节，取颈骨（按：原下小字注：先下锅。），取搭枯拉[④]，挂于桌乘。取牲之全体

（按：原下小字注：每一片。），供于碟中。取胸岔及肋骨，左三右二，取塞勒[⑤]带骨三节。取小肉，约十分之三，依次下锅。将大肉连牲衣，供于俎中。接香。俟肉熟时，跪切细丝。供稗米饭二大碗，肉丝二大碗。肉丝上加塞勒并右肋二条，血肠七片；三、四碗稗米饭，饭上各插匙一把，肉丝碗各插箸一双。献齐，顶冠跪。俟读祝者宣祀词祭告，洒米三次。毕，免冠三叩首，兴。取碟中物置杆斗内。剔颈骨，贯杆尖。撤第一碗饭肉，移于庭内；二碗饭肉留于院中。搭枯拉，例与读祝者。候小肉食毕，随（遂）将大肉下锅。午后撂骨毕，燎牲衣。礼成。

换索礼。是日卯刻[⑥]，设石东阶下，竖柳枝，展索绳，系其端于西神板下之右，下系于柳干；将所作（做）新索并净纸，依次挂于柳枝。设矮桌于柳前，桌上设香碟一。系净麻于神箭，立于柳之左。和面作（做）大小饽饽，煮熟大饽饽，摆九九垎（摞）。按换索之子女，每分供碗四：一盛饭；一盛小鲫鱼，每碗一尾；一盛小饽饽，九数；一盛豆泥。供齐，点香。主妇领换索之子女，序跪于柳前。主妇行三叩首礼，换索者随行三叩首礼。主妇兴，请神箭，展麻绕子女之颈；请净纸，拭面身，随即焚化。带索行一叩首礼，兴。其次应换索者，具如之。若有应开索者（按：原下小字注：凡婚嫁者，先须开索。），即将索结为之开释，遂行一叩首礼，不带（戴）索，兴。换毕，将第一碗鱼头，夹于第一个大饽饽内，夹于柳枝丫内。俟午后，令世仆将柳枝请出，即将饽饽与鱼头领食。升柳枝于屋（房）上，撤香案，归神箭，索袱于神板上。换索礼毕。此余家礼也。

余家或小有不同，而大致无异。凡跳神、背灯、祭天，皆夙宾。宾至，不迎送，不设几榻，席地而食，不饮酒，主人不陪食。虽至舆儓，亦均沾溉。祭之夜，阖家不得去衣而寝；日不出门，奉粢奉俎，必恭必慎，置器不得有声。祭用春秋吉服[⑦]。三昼夜，衣素者不得入门，杂色人不得入门。凡有神堂人家，平日亦同此禁。

按

此文原载光绪三十三年丁未（1907）仲春甘棠转舍木刻本曼殊震钧《天咫偶闻》卷二，原文无段落，无标点，现藏国家图书馆。震钧，满族，瓜尔佳氏，字在亭，自号涉江道人，汉名唐晏，生于咸丰七年（1857）。曾任江苏省江都知县，宣统二年（1910）执教于京师大学堂，后任江宁八旗学堂总办。卒于1920年，一生著述十余种。所著《满洲婚祭礼合仪礼考》，实是记述瓜尔佳氏家祭、婚俗，非全体满族之婚、祭礼。此文将瓜尔佳氏家祭礼仪，与《仪礼》相联系，有些地方，显得过于牵强。其他瓜尔佳氏祭祀中，有祭马神之仪，而此文却未有祭马神记载。这是值得研究的一个问题。

注

① 标题为编者所加。曼殊，即满洲的异写。

② 丑刻：即每日的1至3点钟。

③ 未刻：即每日的13至15点钟。

④ 搭枯拉：满语tahūra。《清文总汇》卷七注：蛤蚌，种类很多。此处指猪的扁骨。

⑤ 塞勒：满语seire。《清文总汇》卷五注：脊梁骨；腰节骨。此处指猪的脊椎骨。

⑥ 卯刻：即每日的5~7点钟。

⑦ 吉服：即清代官服，包括吉服冠、龙袍、龙褂、蟒袍、吉服褂、吉服带。皇族及百官、命妇均有定制，不得僭越滥服。多在朝会、节日、婚嫁、祭祀、谒亲拜友等时穿着。

满洲人的跳神祭祖（节录）

武田昌雄

满洲人当初是游牧民族[①]，又因为时常战争的关系，在祭祀的时候，就立一根杆子，望空设祭。后来成为定例，在主院的左方，立一旗杆，一丈来长，上着红漆，顶端有锡顶，杆上有锡斗，叫做神杆，俗名是祖宗杆子。说是这杆最怕孝冲，家中若有白事，必用红绸或红布，将杆缠好；若是有穿孝的来了，不叫他进门。若是有活猪跑进门来，必要把猪留下祭神杆，或是把猪用刀刺出一点儿血来祭一祭。北平[②]故宫的坤宁宫前边儿，有一金顶的红旗杆，那是清朝皇室的神杆。又，满洲人的内室，必供奉神牌，上面并不一定有字，俗名叫做祖宗板子。也有供在一个木龛内的，俗名祖先龛，文言叫做神龛，也叫宝城。龛前有黄缎帘子。若是大户人家，就供龛和牌位在祠堂，不在内室。无论供在何处，总是以西方为上，这是满人供祖先的规矩。早先的时候儿，往满人家内去，若是坐在屋内的西，那是大不恭敬，就因为西方是人家供祖先的地方儿。

满人从先只知祭天，祭朱果仙女，祭长白山神，并不知道祭别的神。清太祖建国之后，和明朝要神像，明朝给送来观音菩萨、关帝、土地三种神像，满人就又供这神。还有明朝的万历太后[③]，因为他（她）很赞助和清朝和议，清朝感谢他（她），也祭祀他（她），叫做万历妈妈，这是满人供的神。

每年春秋的时候，或是因病、因事，特别许的愿，就祭神和祭祖，总是一同祭。在祭神之前，用黄黍米作黏糕，叫做打糕。祭期前三日，每日早晚在神前供酒，供九盘黏糕，叫做乌云。乌云是满洲话“九”的意思。大祭之日，天不亮的时候，主人吉服上祭，家人都男左女右，按行辈排列，随从行礼。供酒和黏糕之外，必要供一黑毛活猪，主人用酒浇在猪耳朵内，猪一叫唤，是为大吉。然后由厨子把猪宰了，用白水煮熟了，盛在铜盘内上供，叫做阿玛尊肉，主人行三跪三献礼，家人都随从行礼。晚上，又照样供白煮肉，撤灯上祭，叫做避灯肉。上祭时，烧一种紫色盘香。

上祭时，必用一个女跳神的，叫做萨玛（满），穿吉服，腰系铜铃，手打太平鼓[4]，跳舞，歌祝词，并撒白米。铃要坠地，说是主得子，吉祥。主人打神版（板），随侍人打神版（板）和乐器，为是增加萨玛的声音。萨玛（满）跳舞完毕，把吉帛交给主人，主人跪领吉帛，行完礼，算是上祭完毕。第三日，祭祀才算一切完毕。

上完祭，聚家人分吃祭祀肉，叫做吃科（克）食。避灯肉，只自家人可吃，不给外人吃。把猪的喉骨穿在神杆之上，到再祭祀时，拿下来烧了。猪的肠、肺、肚等等，搁在神杆的锡斗内，给老鸹[5]吃，不叫别的鸟儿吃。据说是明清交战时，清太祖兵败，藏在野地，有许多的老鸹落下来，把清太祖遮住，明兵没看见就走了，所以后来祭神时，必馁老鸹。祭神之肉，不准拿出门，说是不吉祥。骨头必给狗吃，也不扔出。

祭祀的第三日，男女换锁（索）。锁（索）是男女脖颈上戴的线锁（索），用蓝、白、红、黄线，作（做）一粗圆圈，戴上。说能去病避邪，平常并不永久戴着，每次祭祀时，必换新锁（索）。换锁（索）时，是用箭一枝，在搭扣处，系上细麻，把新锁（索）穿在麻上。又在院中神杆旁，另立一小杆，上插柳枝，柳枝上挂着白纸条。屋中神座木板前，有一钉，把一条黄绒绳拴在钉上，绳的这头儿拉到门外，拴在柳枝上。应换锁（索）的男女，团聚在一处，主祭人拿这箭和新锁（索），在香烟上绕三回，然后换新锁

（索），把旧锁（索）系在黄绒绳上。这黄绒绳平常是收在黄布口袋内，每逢祭祀时，拿出来用。换锁（索）时，是撤下一种供品来，叫换锁（索）的人，大家抢着吃。男子必到娶妻，女子必到出嫁，才不换锁（索）了。

跳神祭祖之期，主人必请亲友来吃祭祀肉。也有亲友自己来贺喜的，客来了，见主人道贺，主人不迎不送，也不特别招待。炕上铺油纸，客围坐炕上，也有坐在地下的。主家仆人刷（片）肉敬客，肉薄如纸。除盘肉之外，还有汤碗，或十二碗，或八碗，并无一定。预备烧酒，请客痛饮；肉汤、米饭，请客尽量而食。北平、新京⑥、奉天，有一种白肉馆儿，就是由这吃祭肉推演出来的……

按

上文原载1936年铅印本《满汉礼俗》祭祀类中的一节。日人武田昌雄于20世纪30年代，对东北及北京等地进行了社会民俗调查，在此基础上，编辑出版了《满汉礼俗》一书。其所载《满洲人的跳神祭祖》一节，对研究萨满教和满族民俗，有一定的参考价值。

注

① 满洲人当初是游牧民族，此论断是错误的。满族在统一族称之前早已定居，以农耕兼渔猎为业。

② 北平：1928年民国政府改北京为北平市。1949年10月恢复北京之名。

③ 万历太后：万历，为明神宗朱翊钧年号。实满族供奉的完立妈妈，亦称佛托妈妈、子孙娘娘，是崇祀本族的女神，主司保佑子孙繁衍，人口平安。

④ 太平鼓：单鼓的别称，汉军八旗祭祀所用，亦称单环鼓。

满洲八旗祭祀所用称抓鼓，亦称单面鼓。

⑤ 老鸹：乌鸦的俗称。

⑥ 新京：今长春市。嘉庆五年（1800）置长春厅，光绪十四年（1888）升为府。1913年撤府改县。1932年设市，1934年改称新京，新中国成立后复称长春市。

满洲跳神仪（节录）

八旗长白旧族[①]、宗室王公家，每祀神前一月，于神房敬造旨酒。用黍米糟曲，如江南造酒式。前三日，每日朝暮献牲二，名曰“乌云”[②]。前一日，敬制糕饵……名曰“打糕”。每神前各置九盘，以为敬献。其大祀日，五鼓献糕于明堂如仪……巫言（者）歌毕，念祝祠，主人敬聆毕，叩首，兴。司香妇敬请如来、观音二神位出户牖西，设龛南向，以供奉之。司俎者呼“进牲”，牲入，主人跪，家人皆跪。巫［者］前致词毕，以酒浇牲耳。牲耳膈（瞩），司俎者高声曰：“神已领牲。”主人叩谢。司俎者挥庖人进，刲牲菹烹毕，及熟荐。选牲肉最精者为醢，供神位前，主人再拜谒，巫人致辞（词）。主人叩毕，巫以系马吉帛进，巫者祝如仪。主人跪领吉帛，付司牧者，叩，兴。始聚宗人分食胙［肉焉］。禁令肉不许出户庭中，讳言死丧事。宾至，主人迎送，不出庭门，［以志敬焉］。暮［时］供七仙女、长白山神、远祖、始祖，位西南向，以神幕隐蔽窗牖，志幽冥之意。［其祝词］，舞刀、进牲，如朝仪。唯伐铜鼓作渊渊声，祝词声调各异［焉］。次早，设位于庭院［神杆］前，位北向。主人吉服如仪。用男巫致词毕，以米洒扬，趋退，主人叩拜。［其］牲肉皆刲为菹醢，和稻米以进，曰幸（祭）天还愿［焉］。再，明日为［于］神位祈福，供以饼［饵］，以五色缕供神前。祝辞（词）毕，以缕系主人胸前，［以］为受福。［凡］三日祭乃毕。［其］长白满洲旧族，近兴京城者[③]，［其］祀典礼仪皆同，（但不于明堂报享焉。）唯舒穆禄氏，供大［昊天］上帝、如来、菩萨诸像，又供貂神于神位侧。纳兰氏[④]，则供羊、鸡、鱼、鸭诸品。［其］用铜铃系腰跳舞，以铃坠为宜男［之］兆［焉］……

跳神一 跳神二

（按：此二段所记内容，与其他文献记载重复，故略。）

跳神三（节录）

旧礼，舍外一见祭至灶烟起，不论相识与否，群至贺，席地坐，以刀割肉自食。后渐以主人力不足供众，遂择请亲友食肉矣。其日，炕上铺油纸，客围坐，主家仆片肉于锡盘飨客，亦设白酒。是日则谓吃肉，吃片肉也。次日则谓吃小肉饭，肉丝冒以汤也。其所谓阿玛尊肉，初不以食客，意谓此不可令客食也。然亦有与客食者，盖主家人多，当其自尝尚不足，故不能食客。若主家人少，自尝有余，又恐弃之，故以食客。初非秘不与客也。客食毕不谢，唯初见时道贺而已，客去主人亦不送。又，主屋院中左方，立一神杆，长丈许，杆上有锡斗，形如浅碗。祭之次日，献牲于杆前，谓之祭天……（锡斗内）每一置食，乌及鹊必来共食，鹰鹯从未敢下，是一奇也。

跳神四（节录）

……祭之第三日换锁（索）……每换锁（索）时，有祭品一度，撤供，即置于带锁（索）者围坐处，群争攫而食之。其未受室于归者，虽年二十余，亦行此礼，亦与群儿攫食，盖受福之意也。

跳神五（节录）

满洲跳神，有一等人专习跳舞诵祝文者，名曰萨吗（满）。（按：原下注：亦满洲人。）跳神之家，先期且简邀之，及至，摘帽向主家神座前叩首。主家供献黑豕毕，萨吗乃头戴神帽；身系腰铃，手击皮鼓，唱太平歌。摇手摆腰，跳舞击鼓。铃声鼓声，一时俱起。鼓每抑扬击之，三击为一节……萨吗（满）诵祝文，旋诵旋跳……其鼓别有手鼓、架鼓，俱系主家自击，紧缓一以萨吗（满）鼓声为应。萨吗（满）诵祝至紧处，则若颠若狂，若以为神之将来也。诵愈疾、跳愈甚，铃鼓声愈急，众鼓轰然矣。少顷，祝将毕，萨吗（满）复若昏若醉，若神之已至，凭其体也。欲行作后仆状，主家预设椅对神置，扶萨吗（满）坐于椅，复作闭气状。主人于是叩神前，持盃酒，灌豕耳。豕挣跃作声，主家乃阖族喜曰：神圣领受矣。乃密为萨吗（满）去鼓、脱帽、解铃，不令铃、鼓少有响声。萨吗（满）良久乃苏，开目则闯然作惊状，以为巳之时神座之无礼也。急叩谢神，徐起贺主家。礼毕。众乃受福。萨吗（满），即古之巫祝也。其跳舞，即婆娑乐神之意。帽上插翎，盖即鹭羽鹭翿羽之意也。必跳舞故曰跳神。二十年前，余尝见之。

附录：满人吃肉大典

凡满洲贵家有大祭祀，或喜庆，则设食肉之会。无论识与不识，若明其礼节者，即可往。初不发简筵请也。至期，院中建芦席棚，高过于屋，如人家喜棚然。遍地铺席，席上又铺红毡，毡上又设坐垫无数。客至，席地盘膝坐垫上，或十人一围，或八、九人一围。坐定，庖人则以肉一方，约十斤，置二尺径铜盘中，献之。更一大铜碗，满盛肉汁，碗中一大铜勺。每人座前，又人各一小铜盘，经八、九寸者，亦无醯酱之属。酒则高粱[5]，倾于大瓷碗中，各人捧碗呷之，以次轮饮。客亦备酱煮高丽纸、解手刀等，自片自食。食愈多，则主人愈乐。若连声高呼添肉，则主人必再三致敬，称谢不已。若并一盘不能竟，则主人不顾也。肉皆白煮，例不准加盐酱，甚嫩美。善片者，能以小刀割如掌如纸之大片，兼肥瘦而有之。满人之量大者，人能至十斤也。主人并不陪食，但巡视各座所食之多寡而已。其仪注，则主客皆须衣冠。客入门，则向主人半跪道喜。毕，即转身随意入座，主人不安座也。食毕即行，不准谢，不准拭口，谓此乃享神馂余，不谢也。拭口则不敬神矣。

按

上文原载1981年上海书店印行《清朝野史大观》卷二中。作者主要采集清人笔记等书有关篇章汇集而成。对满族家祭的祭祀对向、祭品、祭器、过程、礼仪等，作了较为系统的编排，这些资料对研究萨满教及满族民俗，有一定的参考价值。

注

① 八旗长白旧族：指佛（陈）满洲，重点是建州女真后裔。

② 乌云：满语uyun。《清文鉴》数目一注："九。"又，祭祀二注："大祭前报祭。"《清文总录》卷二注："未大祭之先，一连两日祭。"

③ 兴京城：原名赫图阿拉城，为清入关前第一都城。天聪八年（1634），尊称"天眷兴京"。清代于此城设兴京城守尉及八旗各衙门、兴京理事通判衙门等。此城位于新宾满族自治县城西十六公里苏子河南岸，现为全国重点文物保护单位。

④ 纳兰氏：为满族著姓，亦写作纳喇、那拉氏等。

⑤ 高梁：用高梁酿造之酒，俗称烧酒、白酒。

兴京满人祭祀

满人祭祀典礼，甚为隆重。其制约分两项，一曰温达浑，二曰阿布卡。其仪式则有折九大祭、树柳枝祭、祈福换锁祭三项，分别述之。

温达浑[①]。满人谓祖先为温达浑。今俗曰供版（板）子。其制以竖柱二柱，上横之一梁，而以支柱擎之，谓之鱼子，再置一矩形板。板上安放神匣、香碟。碟数各族不同，富察氏二，爱辛（新）觉罗九。神匣则奉祀诸神之代表品：一、佛，黄缎蒙（幪）子；二、菩萨，白绫条；三、关壮缪，白绫条；四、爱辛（新）觉罗始皇帝、后，黄缎条二条；五、八大家，杂色绫条十六条。（按：原注：八大家即佟佳、瓜尔佳、马佳、索齐里、齐佳、富察、那拉、钮姑（祜）禄八氏也。）六、瓦力额摩[②]，梁上白纸巾，或门后悬补绽（丁）条。（按：瓦力额摩，世俗多谓歪里妈妈，音转化矣，乃家宅之女神。）

阿布卡[③]。满人谓天曰阿布卡。（按：《北盟录》：设大木祭天。即索摩杆也，俗曰索龙，系其音转。）其制，树尖杆一，置天井之东南隅，杆底安一石座，杆中插一锡盂。

折九大祭。多于冬至前后行之。俗曰晕祭，《清文鉴》则谓之折九大祭。祭之仪甚繁，且各族大同小异，亦不一致。大抵于第一日温达浑，晨刻进牲，乞神领荐，并陈米酒、米糕。相传酒、米为祀佛者，牲为祀关壮缪者。是日傍晚，再进牲，陈酒、米如仪。司仪宣读祀文。乞神领荐后，煮牲熟，则献件，避灯，迎神。相传谓祀本祖宗也。第二日晨，献牲一次，陈刀、俎、大釜、谷米、干柴等物。由司仪宣读祭文，燔燎迎神。乞神领荐仪成，撒米中庭，剥皮烤之。以肉丝和米做粥，俗曰达子饭。《清文鉴》所谓肉丝粥也。族戚乡里聚食，尽之为快。盖宣尼所谓不出三日者然，如是则折九大祭之礼告成。综是祭也，以用猪三口，青为最多。他如扈锡哈里氏，始则用三牲（按：三口猪），后易之以饿（鹅）一、鸭一、猪一。古时概以波衣[④]为司仪人。用器则有神帽、索（锁）子甲、札板、鼓、锣、锌（钹）、铙等物，各族皆同。亦有塔哈马者[⑤]，今皆失传。然波衣及司仪人，悉为族人祖规，必须亲自割俎。

树柳枝祭。俗曰素祭。《清文鉴》谓之树柳枝祭。祭之仪甚简，祇（只）一日。晨刻，先陈米、酒、糕饼，复树柳枝于索摩杆处。柳枝上挂以佛多[⑥]。晚则祀祖，仍以避灯行之，如是礼成。按《清文鉴》谓之佛多，与清明节所插之佛多同，其制法不过此面纯白色耳。

祈福换锁（索）祭。仪同树柳枝祭。唯每祭，则须将本族继生男女小儿，以红蓝布条，束于索绳上。《清文鉴》谓之祈福换[illegible]（索）。女子之出嫁者，亦行之摘下其布条，曰摘化（他）哈，即借之过礼也。布条，为系命缕之义也。

最敬礼。即三拜九叩也，多行于祭祀。如除夕之辞岁、元旦之拜年，子弟多为长上行之，仅三叩耳。汉人之男女与满人之男子相同。满妇，则代之以拱手礼。（按：此礼详见《清文鉴》。）

相见礼。满人相见，则行屈膝礼，亦曰请安。妇女，则易之以蹲行礼，俱见《清文鉴》。然此礼多行于亲属，至于朋侪，则易以鞠躬矣……

清明节祭祀。满人于清明节，必以为先人墓上插佛头。考之《清文鉴》，由头，为坟上插的花纸钱，俗谓佛头，其谬矣。佛读佛之平声，多亦读平声。

按

此文原载1935年版《兴京县志》第七卷《礼俗·祭祀》。原文无标点。《县志》对居于兴京地区的满族进行了社会调查，记录了20世纪30年代中期，满族家祭的状况，尤其对各种祭祀过程、礼仪记载颇详，这是研究萨满教及满族民俗的第一手资料。

注

① 温达浑：满语倭车库的异译。《清文总汇》卷十二注："神主，家内祭祀之神。"

② 瓦力额摩：满语walimama。《清文鉴》神注："瓦力妈妈。"额摩，满语eme。《清文总汇》卷一注："母亲。"卷十二注："用线拴一条补丁，挂在房门背后，凡生熟吃的物件，从外面拿进屋来，必定与吊的补丁看，才拿进来，故名。"

③ 阿布卡：满语abka。满文各种辞书，皆注为"天"。此处所讲为祭天神。

④ 波衣：蒙古语，意为祭神之司仪人，与满族的萨满职能相同。

⑤ 塔哈马：又写作"他哈马"，此指祭马神之马。

⑥ 佛多：又写作"佛头"。此处指剪出的白纸条，粘到柳枝上。

沈阳满族祭祀礼仪[①]

沈阳为有清丰沛故都[②]，部民典祀，多从旧俗。民籍祀祖祢，设神龛或木主。旗籍则设神杆及神板，祭仪略同曼殊、震钧《天咫偶闻》纪（记）："满洲家祭多与《仪礼》合。"略云：室中以西为上，即室中之位也。庋板为神位，宗祏（祐）之遗也。设几于地，古之席也。植杆于庭，贯以锡盘，丧礼之重也。古以代主，既虞废之。满俗初无神主，故奉以为常。祭用特豕，特牲馈食也。祭前斋戒。届期，夙兴陈祭品，主人拈香，巫祝歌词迎神，雍（佣）人置牲于桌，灌酒猪耳，牲鸣振，俗谓之"领牲"，示神明歆享也。主祭以下，免冠拜。宰牲、献生、荐熟如仪。礼成，馂飨宗族亲宾，谓之"食神余"。此祭先礼也。

祀天，设神案，仪同前。唯满俗每祭取牲血衅杆，贯以颈骨，再祭乃易之。置肉锡盘，以饲乌鹊。也谓清主凡察[③]，为野人掩袭几陷，适乌鹊翔集，追者疑为断菑，不顾而去。后人德之，故每祭必饲，以示不忘云。此祀天礼也。

按，满俗奉祀神杆，由来已久。《后汉书》："三韩诸国邑，各以一人主祭天神，号为天君。立苏涂，以悬铃鼓，事鬼神。"满俗凡祭，家设司祝，与一人主祭者相合。又，满语称神杆为索摩，与苏涂音亦相近。铃鼓亦俱，唯司祝用之，不悬于神杆耳。又，辽、金亦有拜天之俗。《满洲源流考》暨《钦定盛京通志》，俱引前说。据此，则索摩之制，盖兼祀天神、人鬼矣。

四民崇信神教，报德祈福，皆奉家神。祀关圣者最多；大士次之[4]；证功果、御灾患又次之，岁时祭享同前。满、蒙则供奉神板，亦有绣像者，悬黄云缎帘幔，列香盘（碟）四或五，如木主座。说有异同。也谓清太祖[5]请神像于明，明与后土[6]，识者谓为献地之兆；再请，又与观音 、伏魔画像。故宗祀之一为朱果发祥女[7]，一为完立妈妈，此列祀五位者之所宗也。邑绅内阁学士尚贤[8]《柳塘杂著记》："满蒙所奉家神，系肇、兴、景、显四祖，故曰四位神。"闻之吉林都护宗室耆健卿[9]征部下贡生蒙古某君及沈南英得牛录满洲安氏，谓请室奉四祖神位于寝宫，附设御椅二则，奉世主（祖）考妣[10]，以配享四祖，申祫禘尊亲之义，抒晨昏依恋之诚。从龙之族，师沿旧俗，推其敬爱所报，遂使家国同风。安氏于嘉庆朝，曾贰坤仪之选，备位掖庭贵妃，常侍车驾东巡[11]。归宁母家，为言上每有事，于寝宫斋戒二日，谓之中祀，外廷诸臣例不陪祀，故鲜有知其典礼者。并云，每祭必兼祀万历妈妈[12]，但不与四祖并列，此奉祀四神者之所昉也。有举莫废，数典不忘，较前说翔洽有据。近世满、蒙虽立木主，而神杆、神板之制仍存。征（争）仪（议）纷纭，莫衷一是，并存诸说，以俟知者。

按

上文原载1917年铅印本《沈阳县志》礼俗卷中。对沈阳地区民国初期时，满族家祭情况作了综合性记载，反映了时代特点。

注

① 标题为编者所加。

② 丰沛故都：汉高祖刘邦，沛之丰邑人，后因以“丰沛”指帝王的故乡。

③ 凡察：又写作“范嗏”、“樊察”。猛哥帖木儿之从弟，清太祖努尔哈齐的六世叔祖，正统七年，任建州右卫都督同知，掌建州右卫事。

④ 大士：佛教称佛和菩萨为大士。如观音大士等。

⑤ 清太祖：即努尔哈齐，1616年称汗，年号天命。

⑥ 后土：即土地神，亦指祀土地社的社坛。

⑦ 朱果发祥女：指满族民间故事所讲，三仙女佛库伦吞朱果生布库哩雍顺，为爱新觉罗氏始祖。

⑧ 内阁学士尚贤：尚贤，字雅真，蒙古巴禹特氏，隶正白旗。同治年间进士，历任翰林院学士、光禄寺卿、内阁学士、驻藏帮办大臣等职。晚年致休，回居沈阳，为萃升书院主讲，卒年七十一岁。

⑨ 宗室耆健卿：名耆征，郑亲王济尔哈朗七世孙（载字辈），封奉恩将军，光绪二十三年，授吉林副都统，次年因病解职。

⑩ 世祖：即顺治皇帝福临，其考妣，即其父清太宗皇太极及皇后博尔济吉特氏（孝庄文皇后）。

⑪ 嘉庆皇帝一生中先后有十五名后妃，其中皇后二人，贵妃二人，妃四人，嫔六人，贵人一人。各妃嫔之父无安姓氏，名字亦无安字。唯一安嫔之父，名安英，苏完瓜尔佳氏，公爵。其女在嘉庆帝生前充常在，道光皇帝即位后，尊封其为皇考安嫔。道光十七年六月去世。

⑫ 万历妈妈：又写作“完力妈妈”“佛头妈妈”“瓦力妈妈”“瓦力额摩”等，皆为同一语词的异写，为满族家祭中保佑子孙之女神。

凤城满族祭祀礼仪[①]

满人祖先位在西墙，下有窄炕极洁，平时不容人坐卧，唯祭将缚牲，特就此拈绳。祖像不轻绘，每以各色绫条代之，长盈尺，藏之木匣，置净板上。板贴黄挂钱（旗），纸中刻满字，以别为满族。其左为佛头妈妈[②]，有位无像，唯挂一纸袋[③]，内贮五色线绠，长可六、七丈，以“锁”名之。又，南簷下偏西，供长木匣，内藏关帝及观音像，皆绢画者。其常祭，春秋两次。至吉日，净扫西炕，立小木架，先请关帝像悬之。前设几，陈酒三盅；列长方木炉[④]，撒达子香烧之。以黍米面蒸饼，裹芝麻以荐。三叩首已，撤像复位。乃祭祖先及佛头妈妈，礼悉如前。其大祭，唯富家年行一次，在冬季。余或因病许愿，或兄弟析居自立祖像，乃祭。三日为节：第 日，晨起，亦先祭关帝，烧香、荐饼如常祭礼。或用红马一匹，鞍鞯悉俱，牵入庭中，名“他合（哈）马”。家长捧炉烧走三匝，乃去马撤像。即以雄鸭一，至榆树下，杀而烹之，登盘三举，谓“祭神树”。是晚，乃悬祖像，烧香、荐饼如初。旋扛猪至位前，阖眷皆跪，家长向猪耳浇酒，令摇头播耳，名曰“领牲”。杀之，去毛、去脏、去蹄，按规零割，煮熟以荐，仍合为全体，遂掩灯。家长跪位前，摸捌（索）酙（斟）酒，高举过顶，子弟立后，接饮者三。昔人孙为祖尸以代饮食，此节近之。饮已，家长作满洲语数百言，族人助祭者以箸敲碗，口作嗷嗷声应之，殆歌唱侍宴之意。有顷，张灯如前，老幼男妇悉行三叩礼，便撤俎。老少团聚啖肉。以碎肉少许，置锁（索）龙杆上，与乌鹊食。杆树院内左侧，高足八尺，上贯锡碗，能容物。次日，遂祭杆献牲。既领，剥皮、燎毛。熟则烂切炒饭。铺油布院中，聚族食之。路人亦可来餐，行时客勿谢，主不送。如赠燎皮一方，为非常敬意。次晨，祭佛头妈妈，取袋中锁（索）绠（绳），由堂门拖出，系锁（索）龙杆上。及献牲已，牢割熟荐，与祭祖同礼。毕。又有挂锁（索）、改锁（索）之说。于祭之明日，令男女未婚嫁者，咸跪佛头妈妈位前，老主妇以柳枝蘸净水遍洒之，以彩线各套其颈，谓之“挂锁”。越三日，取贮纸袋中。逢再祭日，即拖出锁（索）绠（绳），取前套之彩线拴之。女已字人，令夫家备猪、酒来祭佛头妈妈，为去锁（索）绠（绳）彩线一缕，名曰“改锁（索）”。

按

上文原载民国十年石印《凤城县志》第十二卷礼俗，原文无标点。原作者对居于凤城地区满族各姓氏家祭情况，进行了综合性阐述，反映了该地区20世纪20年代初满族祭祀的特点。

注

① 标题为编者所加。

② 佛头妈妈：与瓦力妈妈意相同，即满族保佑子孙之女神。

③ 纸袋：即原作者对索线口袋的异称。如此称唯此一见。

④ 长方木炉：原作者对香碟的异称。

安东县满族祭礼①

满俗祭先则设神杆，名“素摩杆”。及为板，以各色绫条代祖像，长盈尺，藏木匣内，置神板上。室中以西为上，墙上庋板为神位，宗祏之遗也。下有窄炕，不容坐卧，祭者缚牲特于此处拈绳并设席之地也。植杆于庭左，贯以锡盘，丧礼之重也。古以代主，既虞废之。满俗初无神主，故奉重以为常，亦用以祭天。祭用特豕、特牲，馈食也。祖位左为佛头妈妈，有位无像，唯挂纸袋一，内贮五色线绠，长六七丈，名曰“销（锁）”。又南檐下偏西，供长木匣，内藏关帝像及观音像，皆绢画者。常祭，春秋二次。至吉日，净扫西炕，先请关帝像悬之。前设几，陈酒三杯，列长方木炉，撒达子香末烧之，以黍米面蒸饼裹芝麻以荐。三叩首已，撤像复位。乃祭祖先及佛头妈妈，礼悉如前。大祭，唯富家年行一次，在冬至后；余或因病许愿，或兄弟析居自立祖像，乃祭。以三日为节：第一日，晨起，先祭关帝如常祭祀。或畜红马一匹，平日不乘。祭时，被以鞍鞯，牵之庭中，直立不动，名“他合（哈）马”。家长捧炉绕三匝，乃去马撤像。即以雄鸭一，至神树前杀而烹之，登盘三举，谓“祭神树”。（按：原注：神树皆以榆，取其有寿也。在所居附近，勿剪无伐。祭时所杀之牲，取其膀胱缚树上，并馂余之。骨悉置树下。）是晚，悬祖像，烧香荐饼如初。旋置生豕于位前，阖家皆跪，家长灌酒牲耳。牲鸣振者，俗谓“领牲”，示神明歆享也。乃杀之，去毛、去脏、去蹄，按规零割八块，煮熟以荐，仍合为全体，陈于俎上，遂掩灯。家长跪位前，摸索斟酒，高举过顶，子弟立后，接饮者三。此昔人孙为祖尸以代饮食者也。饮已，家长作满语数百言，族人助祭者，以箸击碗，作声应之，殆歌唱侑食之意。顷，复明灯如前。老幼男妇，悉行三叩礼，遂撒（撤）俎。老少团聚食肉。以碎肉少许，置索摩杆上，与乌鹊食之。次日，遂祭神杆，献牲既领，剥皮燎毛，熟则烂切炒饭。铺油布院中，聚族食之。路人亦可入食，行时客勿谢，主不送。如赠燎皮一方，为非常敬意。次晨，祭佛头妈妈。取袋中锁（索）绠（绳），由堂门引出，系索摩杆上。及献牲已，宰割熟荐，与祭祖同。礼毕。又有挂锁（索）、改锁（索）之俗。于祭之明日，令男女未婚嫁者，成（至）祭佛头妈妈位前，老主妇以柳枝蘸净水洒之，以彩线各套其颈，谓之“挂锁（索）”。越三日，取贮纸袋中。逢再祭日，即引出锁（索）绠（绳），取前套之彩线拴之。女已字人，令夫家备猪酒来祭佛头妈妈，为去锁（索）绠（绳）彩线一缕，名曰“改锁（索）”。至上元、清明、中元、十月朔，致祭于墓，与汉族无异，唯上元送灯者鲜耳。

附录：安东县满族婚礼

满俗结亲，媒妁通信、相见定亲，与汉族同。唯过礼之期，满人旧无柬帖，以簪珥等作定礼。是日，女家中堂，设供桌一，男家所送一切物品，悉陈其上。两家亲翁，并跪酌酒二盅，互递醮祭，谓之“换盅”。（按：原注：一说纳采之日，两家尊亲属聚燕，易杯而饮，谓之“换盅”。至云挂钩，则邻于固矣。）将取（娶）之年，男翁备酒肴向女家宴会，告以某月迎娶，谓之“问话”。女家允许，遂择吉期。期定，于前一月，择良辰备妥结亲时所议定之衣服、首饰、布匹及猪、酒，或翁、或伯、叔同媒人送至女家，俗谓“过大礼”，亦云“下大茶”。至吉日，将彩布陈于中堂，翁或伯、叔先以剪剪开，女家自行裁之，俗名“开剪”。女于是日，改辫发而盘髻，谓之“练习”。至迎娶吉期，男家先由邻近戚友家借寓所。先一日，女家送女至寓所，俗名“打下处”。即于是日，将陪送妆奁送至男家门外，按卓（桌）舁送入室，俗名“过柜箱”。至吉日清晨，男家用彩车往迎，女家以棚车来送。相遇中途，二车外辕相错，互相交接，俗名“插车”，隐喻行营结亲之意。女在棚车换新衣，入彩车。亦有在下处换衣者，须置钱若干于炕上，谓之“压炕钱”。迨车至门，中庭设香案，由宾扶新人至案前，男女同向北，三叩首，名“拜天地”，相传拜北斗。拜毕，入洞房，揭盖头，坐床帐，一切与汉族同。唯汉族妇在女家开面，满族则至男家开面为不同耳[②]。又有先于院中搭席棚或布棚，一拜毕，引新人入棚，行合卺礼，名为“住帐房”。暑时或住一宵，寒时仅坐一时，即入洞房。次日，同拜先祖、父母、舅姑及各尊长、亲属，谓之“分大小”。朝食后，女族即行。无开箱之俗。

汉军旗人，迎亲前一日，每烧香祭祖，跳单鼓神，余如汉人礼。蒙俗婚礼与满俗同。

安东县满族丧礼（节录）

……（殓后），于庭左树高杆，悬红布一幅，长丈余，即古丧礼之重也，送葬时，至茔中，内亲分裂而去。讣闻于戚友。二日俱棺入殓，所谓大殓也。亦有当日或三日大殓者。男妇皆易素服……满、蒙则以白袍带为丧服。草荐环坐守灵。男左女右。灵前供饭一盂，插箸三枚，上里（裹）以棉，为入殓时濡水开光之用。供鸡一只，为必有之品。足下燃灯一盏，常明不熄。置瓦盆一，为烧纸盛灰之用，是为“丧盂”，妇女不时烧纸。二日晚，丧主备香楮、冥镪及刍灵牛马、车轿等，亲宾各以纸箔为赙，齐诣土地庙前，丧主负灵牌送于车轿或马上而焚化之，谓之“送行”，亦名“送盘钱”。人生之戚，至此而极。贫家父母之丧，三日发引安葬。中人之产，则三日闭丧，四日开吊，夜行辞灵礼，至五日而葬。其故家富室，有延至七日而葬者，则必行礼殡。请礼宾赞礼题主，礼宾引主丧者三献礼，有朝奠、午奠、夕奠、夜奠之仪。亲友送挽联、帐额及铭旌、彩幡，以壮观瞻。绅富之家，又有行经殡者。于中庭设经棚，延僧道诵经醮荐，曰“开经”、曰“扬幡”、曰“行香”、曰“取水”、曰“送灯”、曰“拜斗”、曰“过桥”、曰“放施舍”，皆望死者超度之意。辞灵之夕，亲友祭毕，丧主以下焚冥楮于庭，谓之“烧大纸”。翌晨发引。丧主以下齐诣庙叩拜，谓之“辞庙”。然后，扶柩就舆。起棺之时，则碎丧盂，取引魂之意。女眷哭泣随后，至村外即返，亦有送至茔域者。棺上缚雄鸡一，名曰“领魂”。剪纸为钱，随路撒之，义取买路。遇庙拈香，临河焚楮。所经村堡，门楣悉悬铧或罗（锣），以御凶煞。有在道拦舆致奠者，谓之“路祭”。至墓男就圹，内外五服之亲，以次拜诀，哭尽哀，乃窆。既葬，汉俗自丧主以下，皆就墓前除丧服。满俗自成服后，日服白袍至百日始除。不必如汉族之满百日，约在九十日左右，择吉日致祭，并除丧服，俗亦呼为“百日”。然在三年内，男不衣红，女不簪花。既夕，子孙置柴薪于墓前，以火焚之，名曰“送火”，陆续送至三夕乃止。葬后三日，举室至墓所绕行，左右各三周，添土及撒种粮于坟上，焚楮致哀，谓之“圆坟”。由亡日起，每至七日往墓焚楮哀哭，谓之“烧七”，七七乃止，亦有至十七者。百日剃发、致祭……三年外，忌日鲜有祭者。

烧香（节录）

在昔汉、满各族，每因家门多故，许愿以祭先祖，名曰“烧香”，又名“喜乐祖宗”，盖意在安神祈福耳。行之多在秋冬之际，亦有于婚娶前一日行之者……满人有三日夜者，名“烧大香”。祭日，悬新宗谱，陈祭品，河洛鱼与猪头为必有之品……满人烧香，设祭棚三座，或一座，分上、中、下。上棚设天神画像，次二座设九幽十狱善恶报应诸像。杀牲设祭，亦用单鼓三四人③，多者或至十六人。一人穿花衣，头插雕翎三本，旁缀缨穗，装成脚（角）

色。童子一人怀抱圆鼓，在棚内旋转，或起或卧，不发一声，转晕再换一人，如此更换旋转，昼夜不息，名“滚小鼓”。单鼓初不茹荤，过一日祭完天神，将画像卷起，其余一切尽行撤于祖先堂。主人此日避荤，单鼓则开荤，击鼓且唱，名曰“请祖先”。主人跪听祝告，焚纸、奠酒，悉如所命，名曰“安座”。来宾各备祭仪，主人遍问其先人名氏，书之纸囊，内贮冥镪，名曰“包袱”。于是时烧之，来宾皆跪拜，单鼓亦且歌且祝，若款待外宾然。旋就堂前击鼓，劝诸神及祖先欢饮，鸡鸣始已。次晨，亦击鼓数声，为主人求福。取新梳篦、绒绠、彩花种种，作势与各像妆饰，亦名“开光”。及夕，有排张郎、放钱粮各节。礼仪既备，特著神帽请神，作附体状，臂担梁秸（粱秸）一本，以铡断之，亦名“打刀”。稍息，击鼓收场，作送神语，家长老幼悉面门跪，纸灰飞腾，声声爆竹，而祭礼毕矣。

自设警察，以烧香近于巫风，且观者男女混杂，有伤风化，与跳神一并禁止，不时捕治。然习俗既深，迄今尚有暗中偷行者，未能一律禁绝也。

跳神（节录）

巫觋之流，业是者名“萨满”，或转音曰“茶马”，俗称为“大神”。自称香童，奉胡、黄等仙，与人疗邪病。有男有女，据云神迫为之，否则为祟。病家邀至，先悬神像，为布画数幅，可遮半壁。其间男者、女者、骑者、步者，各执旗、枪、刀、剑，烘染云雾层层，上列坐佛与菩萨为其祖师。又有画狐狸、狼、蛇等，总名“神案”。案前盘中置古镜，浸以鸡血，名曰“托离”④。云系神物，能自飞舞，得诸山石壁上，可按摩诸病。又有神帽、花裙、腰铃、铁环、单面鼓及钢叉等。及夜作法，庭外设桌，挑布为旗。桌上置斗盛粮，插香七炷，名“七星坛”。时萨满妆讫，头戴羽帽，腰系响铃、花裙，手击铁环、单面鼓，面坛喃喃作词，呼某山、某洞、某神及遍，砰然作响，谓神来。恃有人扶掖（按：俗名“二大神”），挺身一跃，便旋步至神案前坐，作怪音，索烟及酒。主人曲意应酬，并长跪问病由，告以何物为妖，如何可解。已乃跃起，复击鼓数声，是为神退。事毕索钱，并香斗粮、挑旗布，皆取之。又有用铡刀切病，钢叉逐邪者……前清光绪之际，县境男女大神百有余人……嗣后，省署暨警务处，迭次申令严禁跳神治病，警察亦认真查拿，巫风几乎息矣。

按

上文及附录诸文，原载1931年铅印本《安东县志》。对该地区满族祭祀礼仪、婚礼、丧礼以及萨满教中的烧香、跳神仪式，作了综合性记载，特别是萨满的活动，较其他志书记载的尤详，这对研究萨满教及满族民俗，提供了重要的资料。

注

① 安东：今丹东市。

② 开面：即将新娘脸上的绒毛，用一根长线绞掉。

③ 单鼓：此处是对祭祀司祝人的俗称，单鼓子，实是对一般萨满的异称。

④ 托离：满语toli。《清文鉴》祭祀器用二注：“神镜。”《清文总汇》卷七注：“巫人用的小镜子。”

吉林省满族祭祀礼仪[①]

祭祀典礼（节录）

满洲最重一祭星、一祭祖。至春秋祭，则前一日，以黍米（俗名“黄米”）煮熟，捣作饼，曰“打糕”，荐享后，以食合族并亲串。以族人为察玛[②]，戴神帽，系裙摇（腰）铃，持鼓跳舞，口诵吉词，众人击鼓相和，曰“跳家神”。乃祭，磨黄米面作（做）小饼，内实豆馅，外裹苏子叶，以之奉先，曰“苏子叶饽饽”。余与春秋祭同……

满洲无论富贵士（仕）宦，其内室必供奉神牌，只一木版（板）无字，亦有用木龛者。室之中，西壁一龛，北壁一龛。凡室南向、北向，以西方为上；东向、西向，则以南为上。龛设于南，龛下有悬帘帏者。具以黄云缎为之，有不以帘帏者。北龛上设一椅，椅下有木五，形若木主之座。西龛上设一杌，杌下有木三。春秋择日致祭，谓之“跳神”。其木则香盘也，祭时以香末洒于木上燃之。所跳之神，人多莫知，相传以为祭祖。按所奉之神，首观世音菩萨，次伏魔大帝[③]，次土地，是以用香盘三也。其礼，前期斋戒，祭用豕，必择其毛纯黑无杂色者。及期，未明以豕置于神前，主祭者捧酒，尊而祝之毕，以酒浇豕耳，豕动则吉；否则复叩祝曰：“齐盛不洁与，斋戒不虔与，或有不吉，将牲未纯与？”下至细事一一默祝，以牲动为限。即于神前割牲豕，熟按首尾、肩胁、肺心列于俎，各取少许置大铜碗，名“阿玛尊肉”供之。行三跪三献礼，主祭者前，次以行辈序立，妇女后之，免冠叩首有声。礼毕，即神前尝所供阿玛尊肉，盖受胙意也。至晚，复献牲如晨礼，撤灯而祭，名“避灯肉”。其礼，祭神之肉不得出门，其骨与狗，狗所余夜弃户外，亦有焚为灰而埋者。唯避灯肉，则以送亲友云。是日飨客，客食毕不谢，唯初见时道贺而已，客去亦不送。

又，祭杆。置丈余细木于墙院南隅，置斗其上，形如浅碗。祭之次日，献牲于杆前，谓之“祭天”。男子皆免冠拜，妇女则不与。其斗中，切猪肠及肺、肚置其中，用以饲乌。每祭，乌及鹊来食。锡斗之上，杆梢之下，以猪之喉骨横衔之；再祭时，则以新易旧而火之。祭之第三日“换锁（索）”。换锁（索）者，换童男女脖上所带（戴）之旧锁（索）也。其锁（索）以线为之。

（上载光绪十七年刻本《吉林通志》）

跳神

满人病，轻服药，而重跳（按：原注：“音条”。）神，亦有无病而跳神者。而跳神者，富贵家或月一跳或季一跳，至岁终，则无有弗跳者。未跳之先，树丈余细木于墙院南隅，置斗其上，谓之曰竿（杆）。祭时，著肉斗中，必有鸦来啄食，谓为神享。跳神者或用女巫，或以冢妇，以铃系臂后[④]，摇之作声，而手击鼓。鼓以单牛皮冒铁圈，有环数枚在柄，且击且摇，其声索索然。而口致颂祷之词，词不可辨。祷毕，跳跃旋转，有老虎、回回诸名色。供祭者，猪肉及飞石阿峰[⑤]者，黏谷米糕也。色黄如玉，质腻，糁（掺）以豆粉，蘸以蜜。跳毕，以此遍馈邻里、亲族，而肉则拉人于家食之，以尽为度，不尽以为不祥。

（《柳边纪略》卷四）

跳神

跳神，犹之乎祀先也。率女子为之，头带（戴）如兜鍪，腰系裙，累累带（戴）诸铜铁，摇曳之有声。口喃喃，鼓嘈嘈。以竿绾细布片于炕，而缚一豕，以酒灌其耳与鬣，耳、鬣动即吉。手刃之，取其肠胃，而手捹之，亦有吉凶兆。女子韶秀者，亦如歌舞状，老则厌，男子更厌矣。

马神，则牵马于庭中，以红绿布帛绦，系其尾鬣，而喃喃以祝之云。

跳毕，则召诸亲戚啖生（牲）肉，酌以米儿酒，尽醉饱。不许怀而出其户，曰神怒也。

满人祭礼

祭礼，则较汉人之手续为繁重……可分为四项，述之于下。

索勒杆子

院中置树木杆，高丈余，杆端置斗，春秋佳节必祭之。祭时，在其下宰猪、羊，置肠、肺、心、肝于斗内，以供乌鹊之食，谓乌鸦曾救其祖先樊察也。相传樊察为异族所追逐，奔远之，止立。有乌鸦群集其顶，追者遥望以为伐木之余，忽之，乃得脱。族人以为神鸟，而感其德，故立杆子于院以祭之。

祭远祖

各家室内，均供神龛（按：原小字注：以供其远祖肇、兴、景、显四帝，及其本姓始祖之神位。），黄缎为帏，下有木盘。岁时致祭，男女序列罗拜，叩头有声。祭毕，大飨亲友，不令酒肉有余。其古代分胙之遗意乎。

祭祖宗

祭祖（按：原下小字注：本姓自高祖以下之祖。），则专以黍米煮熟，用油微煎之，家人围坐持箸捣之成饼[⑥]，名曰“打糕”，荐享后以食合族及戚旧。又以黍米面作（做）成小饼，内实豆馅，外裹荔叶，以之奉祖，曰“荔叶饽饽”[7]。祭时，以族人或家妇扮为萨玛[8]，戴神冠，系腰铃，击鼓跳舞。二人相和，四座围视，同声和合，均为满语，不能听真，唯语意皆取吉祥，是曰：“跳家神。”其余各种细节尚多，繁琐拉杂，无关重要，故从略焉。

祭神

族人所祭之神与汉人同，而特重观世音菩萨、伏魔大帝（关羽）及土地神。故祭时磔豕献酒，必敬必虔焉。

满人礼式

族人重常礼，每见必请安问好，自长及幼皆问及之。且男女可相互行之，非如汉礼男女之别特严也。

一、跪拜：（甲）、三跪九叩礼。凡祭祖先、拜父母及岳父母行之。近亦多代以一跪三叩礼。（乙）、二跪六叩礼。拜祖墓及临长者丧行之。（丙）、一跪三叩礼。拜师、官及神行之。

二、请安：曲（屈）膝礼也，亦曰“打谦（千）”，为旗人所特有。有大安、双安、时安之别。（甲）、请大安时，屈右膝及地，右臂下垂，长幼、主奴之间行之。（乙）、请安，乃亲友久别初见时，先请一安，以示敬意，再请一安，以问家属之安康。（丙）、请安时，乃一曲（屈）膝之礼，日常相见行之，如新礼之点头然。

妇女之礼，拜则合手及额，跪则叩首一次，必以右手抚鬓角（按：原下小字注：俗曰“摩鬓角”。）一次，犹男子之作揖也。礼轻者，则微曲双膝，作半跪状，曰“跪安”。

按

上文对吉林地区满族民间祭祀礼仪，作了综合性记述。从中可以看到海西女真后裔祭祀特点，与建州女真后裔、东海女真后裔有着一定的差异。这些差异，主要因居住地域不同，而产生的歧异。为研究萨满教和满族民俗，提供了重要参考资料。

注

① 标题为编者所加。

② 察玛：又写作萨莫、萨玛、萨嘛、萨吗等，皆为萨满的异写。

③ 伏魔大帝：道教对三国蜀将关羽，宋朝追封其为惠公，又封王，万历三十三年（1605）加封为“三界伏魔大帝神威远震天尊关圣帝君”。佛教以关公为护伽蓝神而供奉祭之。

④ 以铃系臂后：原书记述者不识萨满所系之腰铃，故如此记载。

⑤ 飞石阿峰：满语 fisihe。《清文鉴》米谷一注：“小黄米。”《清文总汇》卷十二注：“小黄米，稷。”《大清全书》卷十四注：“黏谷，黍，黄米。”阿峰，满语“cfcn”的音转，即饽饽的统称。此词应译作黏糕。

⑥ 持箸捣之成饼：此载实误，用筷子是做不成打糕的。应用杵或木榔头在石板上反复捶打蒸熟的黄米，制成打糕。

⑦ 荔叶饽饽：荔枝是热带树种，北方不产，满族从未做过荔叶饽饽。满族有苏子叶饽饽、波罗叶饽饽、椴叶饽饽等。

⑧ 扮为萨玛：萨满是萨满教中的神职人员，不可任意装扮。

海龙县满族祭礼[1]

满洲人有春秋郊祭之举行，即祭索伦杆。届日（按：原小字注：记得春为四月一日，秋为十月一日。），张布棚于郊外青草地，杀豕宰羊，如法祭奠。其祭法，用酒灌畜（豕）耳。畜（豕）摇耳，则曰“领牲”。旋将猪、羊肉用火燔烤后，再投釜煮熟，分食与祭各人，名曰“虎白”，肉味甚甘美。

祭神（节录）

海龙满、汉杂处，同化已久，唯祭典有同者、有不同者。其祭祀猪，名之为“还愿”。届祭日夜五鼓[2]，设香案于庭前，将猪置桌上屠之，割猪之上唇及腰脊、尾尖各少许，掷房上，曰“领牲”。以祭余请亲友食，曰“食祭肉”。然亦只限以三日，出三日则不食之矣……满人除祀祖外，兼有祭索伦妈妈之举。祭法，猪两口，有剥皮者，有退（煺）毛者，以一口邀亲友食，亲友席地坐，戒饮酒。以一口为肉糜，羼小米煮粥，曰“小肉饭”。锅灶按（安）置大门外，以备素不相识之行人食。是夕，跳莺歌神，并食夜饭，余则分赠亲友。其祭时，大半在每年十月初……

跳神（节录）

按，跳神之降，闻为满洲人所首创。满洲民族，其部落多聚集于深山崇谷（崇山深谷），彼视草木、鸟兽、鳞介、昆虫为上帝赋予蹄爪，涵养林泽，不可轻丧生命，有违上天好生之德，因而崇奉为神为鬼，相戒不杀生害命，亦民族仁者之用心也。后世信巫，向之求财、向之乞（祈）福，亦名存实亡，殊可慨也。

按

《海龙县志》（1937年铅印版）所载满族祭祀礼仪，虽然简略，但突出了本地特点。居海龙地区的满族祭祀名称、地点、祭品、过程、礼仪等，多与其他地方满族有较大差异。如祭天，多数满族在自家院中进行，而海龙满族却到郊外举行。这对研究萨满教和满族民俗提供了新的资料。

注

① 海龙县：今更称梅河口市，位于吉林省西南部。清末设海龙府，1913年撤府设县。

② 五鼓：又称五更、五夜。汉魏之后，把一夜分为甲、乙、丙、丁、戊五个时辰。五鼓即戊夜，天刚亮时。

黑龙江省满族祭祀

满洲人家祭，或冬至节祭告一次。预诹吉日，时宪书考宜祭祀日即可用，不用寅、亥二日[①]。黎明，恭迎祖宗神匣于前藏祭祀者之家。祖宗匣有一分（份）者，有二分（份）者，均藏先像。祭器有：哈吗刀，刀形，以铜铁为之，四周有孔[②]，系以连环，摇之有声；轰务[③]，以木杆为之，长二尺有半，杆端缀铜铃；抬鼓，单环鼓，扎（札）板、腰铃、裙子、盅，匙，箸、碗、碟，几架；槽盆，刳木为之，长约五尺，上宽二尺，底半之，为祭时宰猪去皮毛及盛肉之用诸类。是日，同族咸莅襄礼祀。正室西炕上，设几安架，恭悬先像，藉以乞单。依（伊）尔根觉罗氏各族，用乞单缀黄布三幅为之，广三尺，袤四尺。祀毕，敛而纳之祖宗匣。乞单，清语（满语）布幅也。凡包袱，族帜之属，皆有是称。几上供黄米饭一盂。家萨满二人，捧香碟，烧年期香[④]。所用香皆自制，谓之“年期香”。香木产山谷石崖上，高二三尺，叶色浓绿，开红花，花时香满山谷。立秋前，采取花叶阴干之，研为细末烧之，香气极佳。萨满腰系腰铃，持哈吗刀，族人击单环鼓，男童二人击扎（札）板，相与乐神，萨满歌乐词三章。每章毕，主祭、助祭者，咸行叩首礼。礼毕，乃宰豕去皮，析为十一件，熟而荐之，盛以槽盆。萨满手摇轰务，歌乐词三章。主祭、助祭者，行礼如前。朝祭讫，食福胙。亲友毕会，方盘代几，实肉其中。盆下藉（垫之意）以油纸，不设几案。既夕复祭，萨满手单环鼓，歌乐词三章。主祭、助祭者，行礼如前。宰豕、析豕、荐豕亦如前。萨满复歌乐词三章，乃息（熄）灯烛。族人击大鼓，童男敲扎（札）板，萨满手摇神铃，歌乐词六章。歌毕，举灯烛，食福胙如前。

次日黎明，祭天地，俗曰“还愿”。院中照壁后，置大案一，上供木酒盅（盅）三枚、黍米一碟。宰豕去皮，析为十一件，陈于照壁东偏；其西偏置锅灶。取用少许熟之，切为多数小方，盛以瓷盆二；又以木碗二，实小米饭，同供之案。萨满单腿跪地，口念安祭，即祝词，以铜匙举肉与饭，向西南分列，主祭者行九叩首礼。院之东隅立杆一，高数丈，名曰“索莫吉杆”，又曰“祖宗杆”[⑤]。上悬锡斗；贫者用木斗。祭时，实豕尾、豕胆暨小米于斗；杆首尖锐，以豕项骨横贯之。或之满洲初以采参为业，杆即采参者之器也。立杆院中，示别于他种族之帜。实物于斗，以饷乌鸦。盖乌鸦曾救满人先祖之难，故附祭以报其德。或云立杆祀天也，以高为贵，取其上与天通。礼毕，食祭余于院中，名曰“吃小肉饭”。午后，煮肉燎皮，会食于屋内，名曰“吃大肉饭”。是夕，祭星于东房烟筒前。祭时，熄灯烛，一人白衣跪地，左手持木刀刺豕；木刀尚质，刺后以刀易之。祭毕，仍与亲友共食之。食毕，举灯烛。凡祭，用黑豕，无杂色，馂余瘗院中，不少留，则弃之河。祭期以两日为率，富者或延至六七日。萨满或男或女，名数多寡，随家之丰啬而定。旧时，家祭礼岁一举行，或冬至节祭告，近不多见。呼兰，满洲公姓，本属宗室，先世为呼兰城守尉[⑥]，因家焉。其家祭恒用牛，或言黄带子，例得用太牢云。又有因事故、疾病许愿，致祭祈祖先者；有因富贵平安，喜而致祭答祖先者。室内供神牌或木龛，唯南房以西为上，东向、西向以南方为上，致祭必择吉辰。如许愿之祭，其豕由许愿之日指定，必择毛纯黑无杂色者。指定后，无论缓至三年五年，此豕绝不作他用。及期黎明，以豕置于神前，主祭者捧酒祷祝。祝毕，以酒灌豕耳动，谓之“领牲”。若豕不动，仍复叩祝，以领牲为止。领牲后，即于神前割而烹之。肉熟，取豕之首、尾、肩、胁、肺、心，各切少许，置大铜盘中，名“阿吗尊肉”，供之神前，行三跪三献礼。主祭者及男妇，按行辈以次排跪，均叩首。礼毕，即神前尝之，盖受胙之意也。至晚复献，如晨礼，撤灯而祭，其肉谓之“闭灯肉”。食余则埋之。祭时，有专习跳舞者，名“萨玛”，祭者必先期具柬邀之。祭日献豕毕，萨玛头戴神帽，身系腰铃，手击皮鼓，腰与手足盘旋舞动，鼓声、铃声一时并作，又诵祝文唱歌，以申祈祷之意。院中左方立一神杆，上有锡斗如盘。祭之次日，献牲于杆，谓之“祭天”，祭毕，取猪肠、肺、肚等物，置于锡斗中，以饲乌鸦。祭之日，亲友来贺，即则席地坐，以刀割肉自食。食毕不谢，客去主亦不送。又，家谱以布为之，藉以高丽纸，既殁始填名讳，生存者不入谱。又，祀祖先在正室西墙，墙支木板，谓之“祖宗板”，上奉祖匣，供香碟；其下设炕，有丧服者不得坐，食犬肉及服犬皮毛者不得坐。又，家祭未逾月，有丧者相过从，不接待……又，按萨玛教为满洲一种宗教，亦犹蒙古之喇嘛，其名见诸《北盟录》。金时，此教盛行。凡祭祀、祈禳必跳神，名曰“萨玛”，亦曰“叉玛”，或曰“萨嘛”，俗作“萨满”，音讹也。跳神，有跳家神、跳大神之别。祭祀用者，曰“跳家神”，族中人多能之，亦曰“萨玛”。其专以治病惑人者曰“跳大神”。三月三日、九月九日（按：农历。），为跳神会期，有延僧道、方士建斋醮者。神来时，萨玛必与一人相问答。萨玛为大神，其一人为小神，是名“扎林”⑦。扎林唱歌，居主人与萨玛之间传达神意，能解神语，能道主人事，盖萨玛相也。萨玛教初立时，男萨玛多扎库他氏，女萨玛多舒穆鲁氏。后则他氏无不能者，然男教男学，女教女学。同姓人，谓之“家萨玛”。衣钵相承，法门各异。至神之所托，多为狐、黄、白、柳、虺五种。降神时，主者祭以羊、鲤。萨玛戴尖帽，如兜鍪，绿（缘）檐垂五色纸条，长蔽面，外悬小镜二，如两目，拖绛布裙，腰铜铃、铁铛，手太平鼓，鼓两耳铁丝贯钱，其钱不使相并。鼓声镗镗，钱声钬钬，胁肩蹈足，应节翔舞且歌，词不甚了了，尾声似曰“耶格耶”。已而神来，萨玛词气动作悉肖所凭。柔而和必狐，刚而厉必虎，险而峭必蛇，踊而捷必猿，妈妈神噢咻而善嗽，姑娘神觍腆而善啐，哥儿神雄赳而善喝。啜羊血、嚼鲤肉，执梃刃画病人腹，口喃喃似咒，或以镜摩体，遇病则陷不可拔，云振荡之骨节皆鸣，而病即去。唯或愈或不愈，然神曰马祭则杀马，牛祭则杀牛，羊祭则刲羊，往往杀无算，而病人死，其家亦败。为害如此。此风多在僻远之多。此教今日犹盛，问其术，则谓搜温额奇苏诸神，喜跳荡为乐，久不跳便将为祟。故其降神之法，先以数人作萨玛状绕室行，一人忽倒地、忽起，两足左右跳荡作诸态，众即曰“神来！神来！”盖是人即神所凭也。往时能作幻术，与满人大同而小异。利刃刺病人患处，或截作两段，刀出如故，此法西人谓之传摄气术……此外，如吐火吞刀、飞镜走带、舞马于室、室内能见星月诸幻术，今多不传。

又，满洲家立索摩竿（杆），春秋二仲行还愿、跳神、背灯、换索诸礼。又，满洲乌札库氏各族祀绸条，裁白绸为之，凡五副，副十余条，条宽寸余，长尺余，祀毕敛而纳之祖宗匣。祀绸条者，或云为先世纪念物，或云为子孙求福。

又，库雅剌满洲，选家犬肥洁者，畜室中饲以粱肉，以备祭天。然其俗平时不食犬肉，不御狗皮，曰忌讳，今不尽然。

伊彻满洲⑧，病亦请萨玛跳神。满洲小儿病，其母黎明以杓击门，大呼儿名，曰“博德珠”。如是七声，数日病辄愈，谓之“叫魂”。处处有之。“博德珠”，家来之谓。

附录：满洲婚礼（节录）

满洲婚礼，先由媒妁作伐，议成，男家率子谒女之父母，名曰“认亲”，并馈礼物……（新郎亲迎，院内）设幕一，为青庐结彩。庭中设香案一，上置烛，香斗一，宝瓶一对，斗中设弓箭。新妇降舆，由新郎之姊妹或诸姑导新妇入青庐，新郎手去新妇蒙面红巾，行合卺礼。礼毕，婿出。梳头者入，开面梳头。新夫妇宴于庐内，谓之“观宴”。宴已，新郎偕新妇，诣香案前，行三叩首礼。礼毕，入庐。移置宝瓶于牖下，新妇再理发，梳旗式头，另著吉服。是时，男家备席，宴送亲客及贺喜者。宴毕，送嫁亲辞去，来宾亦相继散。晚间，设席于洞房，备长寿面、子孙饽饽等物，新郎新妇同食之。翌日，设席酬谢亲友。第三日，举行新妇庙见及回门礼。

满洲丧礼（节录）

满洲丧礼，父母初丧后，当日小殓……家人即日成服。男戴无缨秋帽，服前后开褉（气）之白布长衫，束白布带，长一丈二尺，足着青布靴；女散发，戴白布包头，着白衫，不开褉。庭中立高杆，上端系红色幡。一日二祭，男左女右，祭毕返供灵前。二日或三日，择吉时大殓。棺形上窄下宽，盖深而高。棺内以铜钱铺成人形，钱数等死者年岁。用清水洗死者面目，谓之“开光”。三日举行“送三”……亲友毕至，送供献物品及纸扎、香烛、纸箱及冥镪等物，于城隍庙前或郊外焚化。每日两祭举哀。殡期促迫，或七日、或九日，近亦选择时日，迟至百日内。先二、三日讣告亲友。庭前支席为棚，设筵鼓乐，开奠、领奠，亲族均在丧次，谓之“守灵”。发引前夕，行辞灵礼，亲友均祭。发引时，以白布挽柩，孝子肩承之，亲友咸送至墓所。富贵者用石修圹，内作屋形，设炕皮棺，或用椁及以砖砌之，再用瓦器贮油燃灯，或历岁余始熄，谓之“万年灯”。贫者木棺土埋而已。葬毕，丧主返庐谢客。越三日，亲友同往验坟。每七日皆致祭于墓，亦有延僧道诵经者。至百日大祭，除孝服、换素服，计二十七阅月服满。三年，书死者名讳于宗谱，举行祔（袝）祖礼。

满洲宴礼（节录）

满洲宴客，旧尚手把肉或全羊……所谓手把肉者，操刀自割而食也。土人割肉不得法，有屯老二之诮。满洲民俗，有大宴会，主家男女必更迭起舞，大率举一袖丁额，及一袖丁背，盘旋作势，中一人歌，众皆以“空齐”二字和之，谓之曰“空齐”，盖以此为寿也。每宴客，坐客南炕，主人先送烟，次献乳茶，名曰“乳子茶”，次注酒于爵，承以盘。客年长，主长跪以一手进之，客受而饮，不为礼，饮毕乃起；客年稍长于主，则亦跪而饮，饮毕客坐，主乃起；客年小于主，则主立而酌客，客跪而饮，饮毕起而坐。与席少年欲酌，同饮者与主客献酬等。凡饮酒时不食，饮已，乃设油布于前，名曰“划单”，进特牲，以刀割而食之，已尽赐客仆。仆席地坐叩头，对主食不避……

按

以上诸文原载1931年铅印本《黑龙江志稿》。对居于黑龙江省内的满族家祭作了较详记载，并对满族的婚礼、丧礼、宴礼等也作了记载。所载满族家祭的祭器、祭品、过程、礼仪等，较其他省满族祭祀有明显的差异。这对研究萨满教及满族民俗，提供了有价值资料。

注

① 寅、亥二日：清代之前，中国用六十个干支（天干地支）循环使用，记载年、月、日。寅，为地支第三位；亥，为地支第十二位。记年，六十为一循环；记日，因月建大小不同，每月中，有四至六个寅、亥日。

② 哈吗刀：四周有孔。神刀，笔者见过数把，并非四周有孔，而是刀背及刀柄有数孔，每孔拴一小铁连环，摇之有响声。刃部、刀尖上无孔。

③ 轰务：满语honggon。《五体清文鉴》卷六祭祀器用类二注：“神铃。”为满族祭祀所用响器之一。俗称串铃。

④ 年期香：安春香的别称，亦称七里香，俗称达子香。

⑤ 索莫吉杆：即索伦杆，汉语称作神杆。

⑥ 城守尉：清代于全国各地次要城镇设八旗驻防城守尉衙门，其主将名城守尉，武职正三品。

黄带子。爱新觉罗氏家族，显祖塔克世后裔子孙称宗室，系金黄色腰带，故称黄带子，因罪革退者降束红带子。塔克世兄弟后裔及六祖子孙，称觉罗，系红色带子，因罪革退者降束紫带子。

⑦ 扎林：满语jarimbi。《清文鉴》祭祀二注："念神歌。"

⑧ 伊彻满洲：伊彻，满语ice。《清文鉴》新旧注："新。"《大清全书》卷二注："新、初、染。"故称新满洲，指清康熙朝后，将居于东北偏远地区的库雅喇、虎尔哈、赫哲等人，按牛录（佐领）编入满洲八旗之中，驻防当差。入关前编入满洲八旗之人，称为佛（陈、旧）满洲。伊彻，尚有人写作伊齐、伊库、义齐，皆系满语"ice"的同音异译。

呼兰县满族祭礼

预诹祭日（按：原小字注：时宪书宜祭祀日皆可，唯不用寅、亥二日。按古礼，特牲馈食不诹日，少牢馈食则诹用柔日，而以丁亥为宜。《仪礼》："来日丁亥，用荐岁事"是也。），门插柳枝。届期昧爽，恭迎祖宗匣于前祭祀者之家，安奉适室西壁上，设几供黄米饭一盂。（按：原下小字注：《仪礼·特牲馈事》曰："主妇视饎爨于西堂下。"《少牢馈食》曰："廪爨在雍爨之北。"按，饎爨、廪爨，皆炊黍稷者也。《传》曰："粢盛丰备。"今祭，供黄米饭，颇有古风。）燃年期香。萨嘛（按：原下小字注：司祭事者，学而后成。）系长裙，系以腰铃（按：原下小字注：铜或铁为之，摇则有声。），持哈吗刀（按：原下小字注：刀之四周有孔，系以连环，使可发声。）起舞，以乐神。继歌满语祭文三章，宗人击环鼓、敲札板助之。每章歌毕，主祭、助祭者皆稽首。礼毕，宰豕去皮（按：原下小字注：豕须自家豢养，色纯黑而肥者方用之。《仪礼》曰："宗人视牲告充，雍正作豕。"《周礼》曰："充人展牲则告，牷硕牲则赞。"《礼记》曰"君召牛，纳而视之，择其毛而卜之。"《左传》曰："吾牲牷肥腯。"盖古之祭也，用牲至为慎重。今满人对于祭牲颇能致其诚信，远师古道。），解剖十一件，熟而荐之。萨嘛手摇轰务（按：原下小字注：木杆也。首端缀铜铃六或八枚。），复歌祭文三章，主祭等行礼如前。是为朝祭。夕祭，萨嘛击环鼓，歌祭文三章，主祭、助祭行礼。解豕、荐豕一同朝祭。萨嘛更歌祭文一章，乃熄灯烛。宗人击大鼓，敲札板，萨嘛手摇神铃，用满语历述祖德宗功，间以祭文，同族咸叩首拜。兴。举灯烛，食福胙。戚友毕至，不设几案，陈肉方盘中，藉以油纸。次日黎明祭天地。院中设大案一具，上供玄酒[①]三樽，小米一盘。宰家豕去皮，仍析十一件，陈于迎壁东偏。其西偏设锅灶，制肉醢两碗，小米饭两碗，同供之案。萨嘛曲一膝南向跪，口念安祭（按：原下小字注：即祝词。），主祭等行九叩礼，取索莫吉杆（按：原下小字注：祖宗杆子。），以血衅之，并纳豕尾、豕胆、小米等于杆之锡斗中，族人向之行礼。礼毕，馂祭余于院中，曰"吃小肉饭"。午后，煮肉烤皮，会食于室中，曰"吃大肉饭"。凡祭肉，例不少留，余者瘗之，骨则抛于河中。祭期以两日为率，富者或延至六七日，有换索、祭星等仪节。族中有公姓者，祭牲用牛，因系前清宗室，故用太牢馈食典礼。旧时，满洲家祭，岁一举行。近年不多见矣。

附录：旗人婚礼

议以媒妁。有成约，男家择吉，具布帛、饰品、猪、酒，率子诣女家，陈列祖堂，两亲家手执杯酒互换之，同稽首拜，继则婿拜之，并拜尊长，名曰"换盅"。迎娶前，由媒氏传递庚帖，仍致布帛等物，丰啬视家贫富。及亮轿日，新郎冠带披红，对子马、鼓乐旗锣等仪，同汉族。亲迎及女家门，闭拒数分钟而后肃入，举家咸称婿为"新客"，设席宴之（按：原下小字注：汉族除先一日亲迎者为家备席，余则茶点而已。）。入席前，例以钱，或银或金指环与之，名曰"开口利"。女挽髻，覆红巾升舆，送亲婆及送亲兄弟姊妹等随之。行至门，亦迟久而纳之，如拒郎然。香案陈设略如汉族。唯新、陈满洲、卦尔察等族[②]，并置木炭、木柈各一小束，且于案傍支彩布为幕。（按：原下小字注：《酉阳杂俎》载："北方婚礼用青布幔为屋，谓之'青庐'，于此交拜。"可知唐时已有此俗，但用彩布与青布稍不同耳。）女降舆，由姑姊辈导入，新郎为揭覆布，女向吉方端坐半时，开面理发，作妇装。男女家俱进酒席宴新女妇，名曰“官饭”。饭毕，同至香案前，南向拜天地（按：原下小字注：汉军族无幕，拜天地毕，履马鞍，挑覆巾，坐福，一如汉族。），入洞房。先拜祖先，次皂（灶）君，次尊亲辈，更以次拜见戚友，曰“上拜”。亭午，大宴来宾，曰“正席”。日夕，夫妇食面，曰“吃长寿面”（汉军于管饭时食之，此时则吃子孙饺子。）。三日，同谒岳家，曰“回门。”四日或五日，无家庙者，同赴祖茔拜奠，当庙见礼。

满族丧礼

停尸正寝（按：原下小字注：《仪礼·士丧礼》：“死于适室。”适室，正寝也。此礼颇合。），丧皆长服，富者帛，而贫者布；两手实铜钱或金、银小馃（锞），帏以夷衾。（按：原下小字注：《仪礼》：“始死，帏用敛衾。”小敛以往用夷衾，是古制。原有两衾，今旗俗用一衾，汉俗则并此而无之矣。）焚纸扎车马于庭，谓之“倒头车”。即日成服。服皆齐衰，无斩衰之制，腰系绞带，长丈余。满洲青履黑帽，汉军均白冠服。侍丧子居左，媳持丧杖居右，坐卧藉苫草。庭前立高杆，上悬红幡，谓之“灵魂幡”，日三次祭之。殓于三日或二日。棺式，满洲上锐下宽，状极高大；汉军上宽下杀，同汉族。内布垫背钱，满、汉皆同。停柩中堂，亦有于院内席棚中者。第三日宰牲设筵，戚友咸莅，焚扎彩、冥镪于城隍庙，谓之“送褡裢”。若妇女丧、纸牛一具，由婿家供之。自始丧至第七日，孝眷每日两祭两哀。（按：原下小字注：按古礼，始丧至殡，哭不绝声。殡至虞，朝夕哭于殡宫，两朝夕之间，哀至则哭，即《仪礼》所谓昼夜无时哭也。虞至练，哭无定时，一二日哀志则哭，即《仪礼》所谓哭无时也。《礼记》：“鲁人有鲜祥而莫歌者，子路笑之。孔子曰：‘逾月则其善也。’”可知去古愈远，性情愈少。若伤肾、干肝、焦肺、泣血，水浆不入口，三日不举火，三年不见齿，更非所论于今人矣。《檀弓》有曰：“丧礼，与其哀不足而礼有余也，不若礼不足而哀有余也。”乡人之执丧者，请听斯言。）凡七日及三七、五七、七七各日皆大祭，启期至速须逾三七，迟则不过百日。开吊、候奠、辞灵各礼，诵经、鼓乐、扎彩、设席各事，一同汉族。发靷，白布扎棺，丧主在前以肩引之，既葬返庐谢客。无虞祭，不成主。三日省墓，行圆坟礼。百日备猪、羊、醴酒等祭品，并炸面为馓，满名曰：“乌拨什户”，约同戚族祭于墓。祭毕，释除孝服，谓之“脱孝”。一周、三周、忌辰，亦往祭焉。

按

上文原载1920年铅印本《呼兰县志》民俗卷。对居于呼兰地区满族的家祭及婚、丧礼仪作了较详记载，而且突出了地区特点，这对研究萨满和满族民俗等，有一定的参考价值。

注

① 玄酒：古代无酒，行祭礼时，以净水当酒用，故称此水为玄酒，或称元酒。

② 卦尔察：非为一个民族，而是满族早期的一个部族名称。另，满族中有卦尔察氏，世居长白山北麓。

双城县满人祭礼

满人最重祭祀典礼，无论富贵、仕宦，其内室必有神牌，只一木板无字，亦有用木龛者。室中西壁一龛，北壁一龛。凡室南向、北向，以西方为上；东向、西向，则以南方为上。龛设于南，龛下有悬帘帏者，具以黄云缎为之；有不以帘帏者。北龛上（按：上字应为“前”字。）设一椅，椅下有木五，形若木主之座。西龛上（前）设一杌，杌下有木三，其木乃香盘也。春秋择日致祭，或因许愿致祭，谓之“跳神”。前一日，以黍米（俗名黄米）煮熟，捣作饼，曰“打糕”，荐享后，以食合族并亲串。以族人为察玛[①]，戴神帽，摇铃，持鼓跳舞，口诵吉词，众人击鼓相和，曰“跳家神”。及祭，磨黄米面作小饼，内实豆馅，外裹苏叶，以之奉先，曰“苏子叶饽饽”。祭时，以达子香末洒香盘中燃之。所跳之神，人多莫知，相传以为祭祖。按所奉神有三：一为观世音菩萨；一为伏魔大帝；一为土地，故用香盘三也。礼期前，须斋戒。用豕，必择纯黑无杂色者。及期，未明置豕神前，主祭者捧酒杯而祝之毕，以酒浇豕耳，豕动啼则吉，谓之“领牲”，于是，全家叩首；否则，复叩而祝曰：“斋盛不洁与，斋戒不虔与，或有不吉，将牲未纯与”，下至细事，一一默祝，至豕动啼为止。即于神前割豕肉入锅，煮微熟取出，按首、尾、肩、胁、肺、心列于俎，各取少许，置大铜碗，名“阿玛尊肉”，供之，行三跪三献礼。主祭者前（后），次以行辈序立，妇女后之，免冠叩首有声。礼毕，即神前尝所供阿玛尊肉，盖受胙意也。将祭肉撤下，再入锅煮大熟，邀亲友共食之。食时不饮酒，不设桌，在炕铺油布或麻席（藘），四人一席。晚复献牲如晨礼，将肉入锅煮微熟，息（熄）灯为祭，名“背灯肉”，并用米酒。既毕，撤肉再煮大熟，仍邀亲邻同食，曰“吃背灯肉”。其礼，祭肉不得出门，其骨与犬，犬所余，夜弃户外，亦有焚为灰而埋者，唯背灯肉，则可送亲友云。是日飨客，客初至，口道贺，食毕不谢，去迹不送。次日，祭杆，乃不忘祖德之意。以其先祖当年创业艰难，首入山采野菜，持一杆名“娑腊杆”[②]，用披草莽，备捍御，顶有圆碗式，盖插地贮食物以就食者也。祭杆时，置丈余细木于院内南隅，置锡斗其上，形同浅碗，曰“娑腊杆”。献牲杆前，谓之“祭天”。男子皆免冠拜，妇女不与焉。斗中生置豕之肠、胃及肺等，用以饲乌鹊，乌鹊来食则吉；或只在杆下撒五谷粮以饲之，曰“祭鸦鹊神”。此亦有由：当前清建国时，国人叛乱，其国王樊（凡）察逃之荒野，追者将及，为乌鹊所蔽而免于难，以是世世深德乌鹊焉。锡斗之上、杆梢之下，以豕喉骨横衔之；再祭时，则以新易旧而火之。并将豕皮剥下燎去毛，在室内外锅中分煮，熟则切而聚族食之。斯时，在室外食者，不得入室内食；在室内食者，不得出室外食。又有拉锁（索）、换销（索）之说，于祭之次日行之。锁（索）以五彩线打成粗绳，绳缝间夹五色布条，在屋西北隅上首有钉挂起，拖至门外，系左旁柳枝上，下陈黄米粉团及煮熟小鱼二碗，于是，跪而拜，是曰“拉锁（索）”。换锁（索）者，换童男女脖上所带之旧锁（索）也。锁（索），以彩线为之。

附录：跳神（节录）

俗呼之为跳大神，称其人为大神，巫类也。为之者，有男有女，以为专业，或称之为“萨玛”，亦曰“叉玛”，盖满语而音之转也。萨玛者，在昔为满人通奉之一种教名，此即其教徒耳，专以治病驱邪惑人敛财。自称香童，奉胡、黄等仙，云系其神迫使为之，否则加祸。出而执业，谓之“出马”……跳神时，其人腰系铃铛，手执皮鼓；先击鼓，摇身振铃，喃喃作咒，旋闻铃声甚急，身体颤动，忽体直如僵，即神来附其体矣。旁一人名二神，扶掖之，并击鼓歌问；始起立作神语回答，称系某山、某词、某神，作怪状怪声类疯癫，索烟酒；更有能作种种幻术者，如吞火、自刃等事者。其治病之术：大抵幼者，则云系某庙神之侍从投生者，必须制纸人为替身，送庙焚而代之服役方可；壮者、老者，则谓冲犯鬼崇（祟），为之作法驱逐。既讫，乃为神退状，而复常态，索钱之外，并香案上之供品、钱物悉取之以行。此辈为人治病时，有害命及奸淫之事发生，近年警察严禁，其风渐息，然暗中仍属不少，乡间尤多云。

按

上文原载1926年铅印本《双城县志》（今改双城市）。所记满族祭祀之祭品、祭器名称、过程、礼仪等，与他处满族祭祀有较大的差异，是研究萨满教和满族民俗中，值得注意的一个特殊情况。

注

① 察玛：为萨满的音译异写。

② 娑腊杆：如此称索伦杆者，尚属首见。

绥化县满族祭祀[①]

满族忌日祭于墓。家祭择时宪书之宜祭祀日举行焉，唯不用寅、亥二日。祭品（器）用哈吗刀（按：原注有误，此神刀非四周有孔，而是刀背及刀柄有孔，系以连环。）、轰务（按：原下小字注：以木杆为之，长二尺许，端缀铜铃。）、单环鼓、札板、腰铃、杯、匙、碗、箸、几架、槽盆等物。同族者咸往致祭，迎祖先像于前祭者之家（按：原下小字注：后有祭者，至此迎之。），供于正室西墙。墙支木板，谓之“祖宗板”，［供］以黄米饭一盂。家萨满二人，焚香讫，萨满系腰铃，持哈吗刀，族人或系（击）单环鼓，或系（击）札板；萨满歌乐词三章，凡歌一章，主祭及助［祭］者行叩首礼一次。乃宰猪去皮，猪用纯黑毛色，析为十一件，熟而荐之。萨满重歌乐词，每章，主祭及助祭者行礼如前。祭毕，度（席）地食福［胙］。铺油纸一张，不设度（席），以盆代几。夕复祭，萨满击鼓，歌乐词，主祭及助祭者行礼如前。复宰豕、析豕、荐豕，族人再食福胙。次日昧爽，仍祭天地于院中。设案照壁后，案供木酒杯三只，小米饭一盂。宰豕陈于照壁东偏，西偏置锅灶。割肉少许，煮熟切成小方块，盛以瓷盆；又以木碗二，盛小米饭，并供案上。萨满跪诵祝词，以铜匙举肉，向南分布，斯时，主祭者行九叩首礼。乃以豕尾及小米饭，纳置锁（索）莫杆锡斗内，谓之“天贶”。祭毕，族众食余院中，谓之“小肉饭”。午后，煮肉燎皮，食于室内，谓之“吃大肉饭”。凡食祭肉，以尽为度，有余则肉瘗于地，骨投于河。祭期或二三日，或五六日；萨满或男或女，或多或寡，均视家之丰俭。富者岁一举行，今则此风稍戢，已不数觏矣。其他清明、年节、七月望、十月朔[2]，谓“循例祭”，皆祭于墓。

附录：满洲婚礼

满洲婚礼，先以媒妁；有成议，男家率其子谒女家之父母及尊辈，名曰“认亲”，馈手镯一副及首饰、布帛、猪、酒，谓之“下定礼”。亦有不用礼物，而独折以钱者。行娶之年，遣媒灼询女年庚，然后择吉订期。有亲迎者，有不亲迎者。亲迎者，先一日备彩舆、鼓乐。婿乘马，导骑或六人、或八人，至女家拜其先祖及父母。女家亦于是日，备妆奁送女于归。翌晨，女升舆，婿辞，乘马先归，俟于庭前。彩舆至门，迟迟始纳之。院中设香案一，案庋宝瓶壶、香斗；斗置弓矢、戥杆。香案之旁，支木为棚，幕以彩布。女降舆，婿之姊妹辈导入帐房，去覆首巾；婿入行合卺礼。婿出，女开面梳发，作新妇妆。女家备席宴婿于帐房，名曰“官饭”。宴毕，同诣香案前，行三叩首礼，是谓“拜天地”。既入洞房，新妇坐床撤（撒）帐，重理发，更新衣。是时，婿家食送亲者，名曰“下马饭”。饭罢，新妇装束竟，下床偕婿出拜先祖，谒舅姑及尊长。日既夕，宴饮宾客及送亲者，名曰“正席”。洞房宴，名曰“长寿面”。第三日，婿率妇同诣妇家行返马礼，名曰“回门”。不亲迎者，仅用一轿车至女家，将新妇接回，并无鼓乐、导骑，其他礼节略同。

按

上文原载《绥化县志》（1920年铅印版）。对居于绥化地区满族家祭的祭器、祭期、过程、礼仪等作了记述，特别是对萨满在祭祀中的活动、作用记载尤详。这对研究萨满教，提供了有价值资料。

注

① 绥化县：清置绥化厅，光绪年间升为府，1913年撤府改县，今由县改为市。

② 七月望：即农历七月十五日，为中元节。十月朔。即农历十月初一日，俗称“鬼节”。

依兰县新、陈满洲祭礼

伊库满族祭礼[1]

此部落之人，昔年唯知渔猎，乏农、商与工，读书者尤乏其人。渔者每祷河神，猎者每祷山神，究不知何神也。各乡村崇奉巫祝。（按：原下小字注：满语曰“务汗”。）跳神（按：原下小字注：满语曰“萨满山毕”。）业此者男女皆有，跳神时，腰系铁铃、扎裙子，项系铜镜，手系（击）半面扁皮鼓[2]，抖擞跳舞。旁立一人，口中喃喃诵祝，莫辨其词。（按：原下小字注：与精神学之施术、被术者相似。）少时，系铃之人突现凶猛之状态，以神自居。斯时，男女聚集一室，询病人之休咎。每至春秋，各家备猪、酒，献祖祠之前（按：原下小字注：满语曰“哦沈逼”。），汉文曰“祭神”，遍请宗邻食祭余。凡巫家必置多杆于宅西祖祠之前，上刻鳞虫鸟兽之类，多少不等。每至三月三、九月九，巫家有跳神之举。届时，排队而行，不紊秩序，前一人手执雁翎刀；一人手擎木人二（按：原下小字注：名曰“哀米”）；一人手执木鹰；大巫身穿神衣，腰扎神裙，头戴神帽，以铁为之，帽上有叉如鹿角，年逾久而叉愈多，衣裙多飘带，腰铃上系一皮［带］，长九丈。凡与祭者，均在后牵皮带随同游行本屯，一唱百和，祝本［屯］平安，当犹是［乡］人傩之遗意也。每至昔日疗病之处，屋主备酒一壶、饭二盂，俾从者皆入屋，再用水一碗，洒地上。大巫入座饮酒毕，代屋主祝福。大巫回本家房西立杆处，大跳大舞，宰祭猪以享多人。所称祖先者，乃以木雕略似人形，置房西山墙板格上，神名土语曰“托罗”。

每家年终必悬宗图于家堂或家庙，上绘九人、七人不等。中一人，穿黄马褂，顶冠束带，侍立六人，亦均冠带整齐，其手各携弓矢，亦追远之意耳。又，炕西北隅，供二木人，名曰“干工”，病者多祷之。又，房后，供七星庙，旁立小旗杆，上有三叉，斗上插四小旗，名曰“邪（那）丹（按：即七。）乌什哈（按：即星。）”。

每逢春秋，宰猪煮饼，于无风之夜祭之，请屯邻共享其余，唯不燃灯烛。食毕，留帽，或巾一件，明日取回，曰“乌什哈他库拉”。（按：原下小字注：言祭七星背灯用。）又，家家供树一株，旁列木人一个，为天神，曰“色勒可嘎呢”。又刻二小木人，名“朱那雅”（按：原下小字注：译二使役。），亦春秋宰猪祭之。当日，在树下煮熟，村邻共啖，但须一餐而尽，祭名曰“乌徒库（树也）他库拉（祭也）”。以上伊库满族之旧俗，今已逐渐改良矣。

查佛满族祭礼[③]

查佛满洲人，居依者，岁三次。春秋两［季］用黏糕，夏用苏叶。先在西面拴一横绳，绳上系洼丹[④]，用双方黄缎子为之，再将索林（按：原下小字注：即汉语神位。）悬于洼丹之上。其三神之妆饰：一用大方纸剪成条，一剪成连环钱样卷之，掛于洼丹之上；一用线缎为衣，罩于二纸神之上；一用红缎为衣，如前之妆饰。有三日，一日之分，平常祭一日，如因特别许愿，以三为限。第一日，祭用黏糕、米酒、炉香，并置神刀一。（满名，哈妈刀。）北炕，悬皮鼓一，一人击之；门旁有二人“打查拉工”。（按：原下小字注：以色木板三块，长一尺三寸，宽二寸，以双手击之。）第一次，肯珲萨门[⑤]便衣致祭，立案前，双手捧刀，刀刃向本身，以刀背对神摇之，上下点三点。读祷词毕，萨门放下神刀，“打查拉工.”之二人跪神前；另有二人，各以盘承神前酒杯献之。献毕，将酒赐予“打查拉工”之人。如是者三，仍将酒杯斟酒，供神前。族中人拜跪毕，将祭马衔枚牵入内室，对神立，致祭人以双手执神前第二香炉[⑥]，献祝词。祝毕，右手执香炉绕马首三周毕，再将末二位神前之酒，倾入七寸盘内，与马饮之。饮毕，用木盅一，置于马五叉骨上[⑦]，向外牵之，木盅落地，主人拾而怀之，向神叩首，马鬃、尾系红绿彩布一条。礼毕，撤祭，请神入椟，洼丹收讫。再请第二神椟，此次共神九位，统用二寸宽、一尺二寸长红绿绸布为衣。居中七位，用二缎条之妆饰；旁二位，用条拼成，悬于横绳之上。另一位，在神椟之内者，其衣亦用四条拼之。神前供奉香炉三；黏糕九盘；酒八杯，一、三、五、七用白酒，二、四、六、八用米酒。案下炕上设木方盘一，内盛黏糕二分（份），米酒一盅，以供德吉[⑧]。再将前次收讫之洼丹，另设一案，将神刀置洼丹上，其前有米酒一盅，黏糕一分（份）。又有轰乌一分（份）（按：原下小字注：即汉语神铃。），悬于横绳南梢，系以柞木细棍二根作（做）成，长三尺，每棍梢系铜铃五。设毕，另一人以帚扫地。扫毕，族中人行礼毕，前次捧刀之人，即更衣盥洗，手持半面皮鼓，腰系铁铃、扎裙子，在门内对神行礼，每步请一安，行三步，立于神前，击一点之鼓式，致祝词。祝毕后退，鼓击五点之式，先二后三，彳亍前进，使腰铃有声，缓缓退至门槛。另一人接皮鼓，又一人请下神铃，双手举交，其人接过神铃举起，上下频频擞之。鼓击三点式，对神请安一次，转身向外走，至门外，向天致祝词。旁一人手执盘至神案前，取第一、二两杯酒置盘中，捧至户内。待祷祝献酒时，奉酒人即单腿跪，双手举酒盅向上洒之，如此者三。献酒人回至内室，将神前各酒倾出另斟，一、三、五、七用米酒，二、四、六、八用白酒。致祭人祝毕，向神行单跪礼。另一人接神铃，悬横绳之上。祷祝之人，仍持半面鼓击之，用九点之鼓式，先二后七，彳亍横行，绕屋一周毕，手击三点鼓式，向神上行单跪礼三，立定，高声祝词如前。祝毕，退至门槛，再转地一周如前状；复立定，再击三点鼓式，向前一步；再击二次毕，另易他人，或男或女，仍如前状，唯不再动神铃耳。如三日致祭者，第二日同上之规定，祭品用霍霍力（按：原下小字注：以黄米面做饼，合捏其中，两头开口者。）[⑨]。第三日用都莫（按：原下小字注：即汉语打糕。）[⑩]，即黄米糕，形如西洋糕，上撒炒熟之元豆面，盛盘内，每盘五角。祭如前。致祭之时间，皆在日暮。祭毕，众人撤祭品，请神入椟，神铃、神刀、洼丹置椟上，将横绳收讫。

又，至燃灯时，另设案，置背灯架于案后，上置洼丹，上供九位神中之第一位。案南旁放神刀一，桌后面斜掛神铃。神前设香炉一，黏糕二长方；上用盘盛酒杯二，一白酒、二米酒；另设白酒一盅，酒壶一把，米酒一碗，内有小木勺一。族人叩首，令外姓人关门息（熄）灯。主人著便服，手执腰铃，对神立定，后面“打查拉工”二人，北面大鼓一人，仍击慢三点鼓式，致祭，致祝词。祝词毕，将腰铃放下，暗中停住鼓声，再取神铃举起，向神上下擞动，再读祝词。祝毕，将神铃置案后，即将腰铃取来，双手摇之，击大鼓者击三点急声鼓，以陪急读祝词。祝毕燃灯，族中人礼毕，请神入椟，移案地上。外姓人开门，再以神糕、神酒酬外人。祭毕。

按

上文原载《依兰县志》(1925年铅印版)。依兰是清代八旗主要驻防城之一。康熙年间筑城，设协领防守，雍正十年设副都统，光绪三十一年设依兰府，民国撤府改县，设依兰道。原隶吉林省，今属黑龙江省。该县志对满族家祭作了详细记载，特别是对新满洲家祭的祭祀神位、祭器、祭品、名称、过程、礼仪等，作了详细记载，从中看清了新、旧（陈）满洲家祭特点和差异，这是研究萨满教和满族民俗的重要资料。

注

① 伊库满族：伊库，为满语“ice”的音译异写，即新旧之新。尚写作伊彻、伊齐、义齐。对清初之后被编入满洲八旗之人，如此称之。

② 半面扁皮鼓：即抓鼓，其背中一环，有细绳四面撑之。

③ 查佛满族：满语fo manju。《清文总汇》卷十二注：“新旧之旧。”指清初之前编入满洲八旗之人。

④ 洼丹：满语wadan。又写作“窀单”“挖单”等，皆是同一词语之音译异写，意为绌布单或旗幅。

⑤ 萨门：即萨满之异写。

⑥ 香炉：文中之香炉，实是香碟。

⑦ 五叉骨：即马之尾骨。

⑧ 德吉：满语dergi。《清文鉴》注：“君、上。”等。《清文总汇》卷七注：“天上之上、君上之上、上下之上、高。”等。

⑨ 霍霍力：满语hohori。《清文总汇》卷四注：“耳门，乃高突出，俗名小耳子。”《清文鉴》人身二注：“耳门。”此词应为“hoho efen”，《五体清文鉴》卷二十七饽饽类一注：“水饺子。”此黏面无馅角子，是满族饺子之一种。尚有白面、荞面等内包肉、菜、糖等馅之饺子。

⑩ 都莫：满语tūme efen。《清文总汇》卷八注：“小黄米等黏米蒸的稀黏打的糕。”

桦川县满族大祭礼（节录）

满族大祭礼，备少牢羊二、豕三。豕之用：其一祀祖，二更初垂帘息（熄）烛，举家屏息，跪以侑食。其一祀鹊，大门内东偏，立七尺七寸或九尺三寸高竿（杆），置斗其上，制以锡，形如浅碗，名之曰“哧啰竿”[①]。祭之次日，献牲于前，谓之“祭天”。以肠、肺生置其中，以饲鹊。又置猪喉骨其端，祭则易以新者。其一未详。羊则祭毕，碎切为片，和小米作（做）粥，煮以大釜，熟则与人食之。其请食祭余，席地以板，不设桌，遵祖仪也。其年祭，设祖堂，室之西支木作架，供祖匣其上，中书福字贴之；挂钱（旗）长二尺半，宽尺许，中刻满文，其色白，旁悬布囊一，其色黄。搓线为绳，长四、五丈，贯以竹签，长二寸许，每诞男女，以蓝色绸条系之，贮于囊中。女将嫁，祭祖时，绳扯门外树上。（按：原下小字注：贵用柳。）以酒浇猪左耳，鸣则吉。即取女条出之，余仍贮囊中。又制新枕一，以为供品，呼之曰“太妈妈”。（按：原下小字注：“相传，罕王入关时，患头痛，来一媪，以手术医之愈，媪忽不见。囊，媪物；枕，备媪所休息也。家中大小每有恙，必呼太妈妈祝之。”）蒸黍杀鸡作供，同案分享。祭祖用黍酒[②]，迎神则易之；太妈妈则以清水，不设酒也。

除夕烧包袱，名曰“辞岁”。节令均与汉族同，唯清明上坟送佛头[③]，木竿（杆）长五尺许，取五色纸扎如头，每坟插其一。奠毕，取向最初祖坟焚之。十月朔，糊褡［裢］，贮五色大纸焚于坟前，谓“送寒衣”也……

附录：满族婚礼（节录）

满族……唯大礼必须送猪一，名之曰“载（摘）他哈”，译意为“祭祖”，告女已许字，将适人也。先娶之日，以聘物、妆奁送男家，鼓吹迎之，名之曰“送嫁妆”。安排毕，婿亲往岳家拜谢女父母，名之曰“谢针线”（按：原下小字注：此礼由奉省城迁来者行之，沈北则否。）。亲迎日，抱轿结缡，一切无异，唯下轿无论时之早晚，必先就别室或席地并坐，名之曰“坐帐”。俟星宿出全，夫妇入洞房，屏去亲客，息（熄）烛和衣共卧一小时，名之曰“合房”。然后，设桌，置杯酒一，相向跪而各饮其半，名之曰“交杯”。（按：原下小字注：即古合卺礼。）然后，双双出至中庭天地桌前，妇立而不拜，婿向北行一跪三叩礼，名之曰“拜北斗”。（按：原下小字注：即拜天地）毕，入室谒祖及尊长，皆跪拜……

按

上文原载《桦川县志》（1928年铅印版）。其志所载满族大祭礼较其他地区满族家祭，有一定的差异。特别是祭器、祭品等有地区特点。其墓祭礼仪，与辽东地区满族墓祭相近。

注

① 唠啰竿：即索伦杆的异写。

② 黍酒：即自制米酒。

③ 佛头：取五色纸扎如头。此记有误，非“纸扎如头”，而是用五色纸扎一朵花，花下有各种图案飘带，绑于棍头，插于坟头上。

瑷珲县满洲家祭

满洲家祭，预诹吉日。（按：原下小字注：时宪书注明宜祭祀日，即可用，唯不用寅、亥二日。）是日黎明，恭迎祖宗匣于前祭者之家。（按：原下小字注：内藏先像，亦有绸条者。）祭器有哈吗刀（按：原注有误。刀非四周有孔，只刀背与刀柄有数孔及连环）、轰务（按：原下小字注：以木杆（棍）为之，长二尺有半，杆（棍）首缀铜铃数枚。）、抬鼓、单环鼓、扎（札）板、腰铃、裙子、盅、壶、匙、箸、碗、碟、几架、槽盆（按：原下小字注：刳杨木为之，长约五尺，上宽二尺，底半之。），为祭时宰猪去皮毛及承（盛）肉之用诸类。是日，同族咸莅，襄助祭祀。正室西炕，设几安架，恭悬先像，藉以乞单。几上供黄［米］面饽饽数盘，亦有黄米一盂者。家萨满二人捧香碟，烧年期香讫，萨满击（系）腰铃，持哈马刀，族人击单环鼓，童男二人击扎（札）板，相与乐神。萨满歌乐词三章毕，主祭、助祭者咸行叩首礼。礼毕，乃宰豕去皮，析为十一件，熟而荐之，盛以槽盆。萨满手摇轰务，歌乐词三章，主祭、助祭者行礼如前。朝祭讫，食福胙。亲友毕至，方盘代几，肠、肚、心、肝二碗，白肉一盘，酒饭相款族人。即将木盆实以肉，抬于炕上，下藉油纸，不设几案，共食共饮。即夕复祭。萨满手［持］单环鼓，歌乐词三章，主祭、助祭者行礼如前。宰豕、析豕、荐豕如前。萨满复歌乐词一章，乃息（熄）灯烛。族人击大鼓，童男敲扎（札）板，萨满手摇神铃，歌乐词六章。歌毕，举灯烛，食福胙如前。次日黎明，祭天地，俗曰“还愿”。院中照壁北，置大案一具，上供木酒盅三枚，小米子一碟。宰豕去皮，析为十一件，陈于照壁东偏。其西偏安锅设灶，取肉少许熟之，切为多数小方，盛以瓷盆二；又以木碗二，实小米饭，同供之案。萨满单腿跪地，口念安祭祝词，以铜匙举肉与饭，南向分布，主祭者行九叩礼。寻以豕尾、小米纳置锁（索）莫杆锡斗，以答天贶。礼毕，食祭余于院中，名曰“食小肉饭”。午后，煮肉燎皮，会食于屋内，名曰“吃大肉饭”。是夕祭星，无灯烛，宰豕、析豕、荐豕如前。祭毕，仍与亲友共食之。凡祭，用黑豕无杂色者。祭肉余者，瘗院中，不少留。豕骨弃之河。祭期以两日为率，富者或延至六七日。萨满或男或女，名数多寡，随家丰俭。旧时，家祭礼岁一举行，近多间年矣。

满洲祖宗板，高庋正室西墙上，其下设炕，有丧服者不得坐，食犬肉及服犬皮毛者不得坐。祭未逾月，有丧服者相过从，不接待。满洲宅院中立杆一，高丈余，名曰“索莫吉杆”，又曰“祖宗杆”，上悬锡斗，贫者用木斗。家祭时，实豕尾、豕胆暨小米于斗。杆首尖锐，以豕项骨横贯之。咸云立杆祀天地，以高为贵，取其上与天通。满洲家祭，所用香皆自制，谓之“年期香”……

满洲妇女跪拜礼：跪地以右手三摸鬓，即三叩首……女未出阁，年节庆贺，虽尊辈前不行叩首礼。既于归，对于舅姑行叩首礼；对于母家，如未出阁时……

附录：满族婚礼

先以媒妁，有成议，男家率其子谒女之父母及尊辈，名曰“认亲”。馈与镯一副，首饰、布帛、猪、酒咸具，谓之“定礼”。礼之厚薄，视家之丰俭。行娶之年，遣媒通讯，然后择吉迎娶。前几日，仍送猪、酒、米、面与女家。迎婚前一日，女家送妆奁与男家，款其来宾。翌辰（晨），备彩舆迎亲。女挽发髻，升舆，婿拜辞，乘马同归。院内设供案，列宝瓶、香斗，斗上置弓矢、秤锤，新人下轿，夫妇同拜天地。婿之姑姊辈导入洞房，行合卺礼，谓之“交杯酒”。婿出，女开面梳发，坐帐。既夕，夫妇食长寿面。次早，即拜祖，拜见舅姑及戚友尊辈。第三日，夫妇同诣岳家，行返马礼，名曰“回门”。

按

上文原载1920年铅印本《瑷珲县志》。瑷珲，清初置黑龙江将军驻守，其后将军府内移，于此设黑龙江副都统。光绪三十四年，置瑷珲直隶厅，民国撤厅改县，1956年更称爱辉县，今改设黑河市。该县志，记载了20世纪20年代初瑷珲地区满族家祭基本情况，特别对萨满在祭祀活动中的礼仪记载较详，这为研究近代萨满教情况，提供了有价值的资料。

呼和浩特市满族祭礼（节录）①

平素祭典。里屋西墙上供有祖宗板（按：原下注：满语，倭库。）和家谱……祖宗板下首，还有一小木箱，箱内供有关老爷神像和观音菩萨神像。

院里影壁前立着的索罗杆长七尺半，上挂（安）一只锡斗。祭祀时，内盛猪肉块和祭祀饽饽等物。

满族祝寿和家中有喜事，都要隆重庆贺一番。过去，有钱的满族，每年四次。（按：原下注：按季。）每逢家有重大事，必要祭典三天，所谓“一祭佛，二祭祖，三祭母”。

一祭佛。（按：原下注：满语：福希赫[2]。）头天先把关帝、观音佛像“请”下来，让小男孩抱着骑马在院中走一圈儿，谓之“备马下地”。

二祭祖。（按：原下注：满语：渥扯库。）头天晚上，拉一口肥猪到祖宗板下“领牲”。用酒灌猪耳，一动便认为祖宗已“领牲”。然后，拉出院内杀死，大卸八块，煮熟后供在祖宗板下。将灯光、香火熄灭，称之“背灯”，请祖宗享受。

第二天，在索罗杆前祭天地。（按：原下注：满语：阿布卡、纳。）家主手托香碟，高唱满语祭祀歌。歌词大意是：“上天有灵，请接受××家族的祈祷。在我家有了××喜事，全托您的保佑。今天，我带领全家向您敬贡（供），请您接受。并请您继续保佑我家事事吉祥如意，合家平安，多福多寿。”

全家人跪立随声附和。礼毕，全家人在索罗杆下分食猪肉，过往客人也可进门分享。

三祭母。（按：原下注：满语：佛勒格楚克[3]。）第三天清晨，把“佛托妈妈”神袋请下来，挂在索罗杆下。杆下摆贡（供），家人席地就餐。这一天，忌外人来……

家祭：每岁富者宜按季一举；中人之家，岁二三举；即贫者，亦应岁一举。他村酌量前去，同村而居者，必举族以往。其无故不至者，穆坤［达］得严词以责之，以尽敦睦之谊。

家祭每祀必涓吉。祀前数日，先通知各族主祭之家，宜洒扫西室，虔备祭品。届时，主祭之人固宜诚敬，与祭者与执事，亦须恪恭将事。各穆坤［达］及尊长，有纠察之责……

祠祭，以冬至日为期。始迁祖之墓及同域各墓，即以祠祭之，次日为祭期。其余同高曾祖称（祢）各墓，以清明、七月望、十月朔、岁腊四日拜扫。

祠祭始迁祖，墓祭各费，均由祭田租粮项下供备，不准迟误潦草……

按

上文原载佟靖仁《呼和浩特满族简史》第十二章。明隆庆年间，改库库和屯为归化城，清乾隆初年，于此东北建绥远城，俗称新城。绥远将军驻此城。后置归化绥远厅，管理满、蒙事务。1913年，撤厅，合二城为归绥县。1928年，改设归绥市，为绥远省省会。1954年撤省，合并内蒙古自治区，改称呼和浩特市，为内蒙古自治区首府。清代，二城皆有八旗官兵驻防，遂成为满族聚居地之一。其祭祀礼仪，与他处满族相较，大同小异，程序有所简化。

注

① 标题为编者所加。

② 福希赫：满语，正确读音应为“fucihi”（福齐西）。《大清全

书》卷十四注："佛。"《清文总汇》卷十二注："佛、菩萨。"

③ 佛勒格楚克：满语母，有两个词，一是"eme"（额莫）；二是"eniye"（额尼也）。佛多妈妈，亦称鄂谟锡（奥莫西）妈妈。"fodo"（佛多）是fodoho之词首，《清文鉴》祭祀器用二注："求福柳枝。"或称柳树。满族崇柳，换索祭必用柳。其原意为祭保婴神。满语"omosi mama"（鄂谟锡玛玛），《清文总汇》卷二注："求福之神，即子孙娘娘。"虽称呼不同，其意相同。

宁安县萨满教[1]

萨满教，为满洲最古之宗教，且原始于满洲。《北盟录》云：金[2] 以女巫为萨满，或曰“珊蛮”。

《满洲地志》：萨满教，今为东部悉比里亚古德人[3] 所奉者；在满洲为索伦达瑚尔哈、互尔哈人[4] 等所奉者。

据亚古德人云：萨满教未行时，无所谓宗教者。宗教之传，即萨满始也。然萨满者，由何处授其教，又其出现何时？亚大律人不能详之。萨满教师，即巫类也。为一切祈祷，谓常有魔鬼附属于身，主神有统治世界之知能，不现其形体，坐于最上之天。在地下者，为驱使小神。萨满分天为七层，造物主在于最高之天，其他诸神，皆居以下诸天。

又谓诸善神，名亚伊； 诸恶魔，名亚巴绥。人人之灵魂，亦无更异。唯因其善恶之行事，而变其性质耳。因行事有善恶，故信天上，亦各分阶级。其恶行之甚者，坠于无底地狱。

又，萨满教谓有三界，上界曰巴尔兰由尔查，即天也；中界曰额尔土土伊都，即地也；下界曰叶尔羌珠几牙几，即地狱也。上界为诸神住所，下界为恶魔住所，中界即人类繁殖之地。魔鬼为世界司罪人之罚者，然恐其持威而为虐行，故造物主，遣他诸神保护人民，魔鬼实施其主神之命令。

又据，萨满教谓人之灵魂，因生前之行事，可成鬼神之作用。又，生存时，虽梦寐之间，其灵魂亦离体，向各处徘徊。人之罹病者，即灵魂出游时，为魔鬼所捕获，久不释放，则人必死，然得萨满祈愿于魔鬼，反（返）其灵魂，得保其告痊。故供奉者，常与病时，依赖于萨满。萨满施其祈祷，病痊时，则受其酬报；若不愈，则诳曰：因其献祭不通于魔鬼之意，故不将其灵魂释放云。

萨满之外，又有女萨满，名乌答。看与萨满同势力稍逊，位次于萨满之下。唯预言及探失物、求盗品时，以依赖之；又能医精神病，故亦专敬之。也不特［受］人民尊敬，且畏怖之，恐其降害也。

昔时，萨满之死，其尸葬于树上，遗迹至今有存者。盖葬于树之上，选大树之枝叶繁茂者，伐其枝，穿穴于树干，以可以纳尸为率。今于树干之空隙中，有铁制之罐子、木制之食匙及斧、小刀、手鼓之破朽者；又棺中有破脑盖及数片残骨，并铁片、铜片，可证为萨满之装饰、衣服等具也。

按

萨满教为满洲人通行之教，实起于东部也。其名见诸《北盟录》，盖金时已有之矣。凡祭祀祈祷，必跳神，名曰叉玛，即萨满之别者。跳神者，大类有神淫病者，头戴尖帽，如兜鍪，缘簷缀五色纸条，下垂蔽面，外悬小镜二，如两目状，身着长布裙，遍系铜铃。精其术者，能如《汉书》所载：西域眩人，擅吞刀吐火之奇。击鼓蹲舞，口作满语喃喃，不可辨。有跳家神、跳大神之别。跳家神者，祭祀用之，一族之中多有能者。跳大神，则专以治病惑人，即神巫是也。宁安居满洲，东部临瑚尔哈河[⑤]，其信奉萨满之多，自不待言。自民国改元后，此风似稍减矣。

附录：

家祭

满族每年两次举行家祭，祭时，于上房西炕，排列木人，或各色绫条，用以代表祖先。（按：原下注：非个人之祖先，乃满族公共之祖先，故虽曰家祭，其实国祭。）祭之前一日，以黍米煮熟作（做）饼，曰打糕。荐享后，以食戚族。又于族中择一人为察玛，戴神帽、系裙、摇铃、持鼓、跳舞，口诵吉词，众人击鼓相和，曰跳家神。祭用豕，割豕肉，置碗内，供于神前，名阿玛尊肉。至晚，复献牲如晨礼。晚间撤灯，而祭名曰避灯。祭神之肉不得出门，惟避灯肉，可以馈亲友。又，立七尺七寸，或九尺三寸高细木于院内之南隅，置斗其上，形如浅碗，名曰祭杆。祭之次日，献牲于杆前，谓之祭天。以猪肠及肝、肺生置其中，用以饲乌。又以猪之喉骨，贯于杆梢，再祭时，以新易旧。

满族婚礼（节录）

宁安，原为满族之发源地……大抵男家欲求婚于女家，须先托女家至戚或知交一人为媒，略备赞品，前往女家致意。如女家首肯，即将女子生年、月、日、时，开送于男家。请日者[⑥]推算其命运之优劣及与男命之有无冲克。如均允协，媒人再往女家，并议聘礼。如女家所求不奢，男家即具备各物，亲往女家送之。（按：原下注：俗曰“过礼”，此举汉族男子必同往，满族反是。）旋即择吉，遣媒告之女家。女家无异言，即预备亲迎矣。（按：原下注：婚期前数日，男家须将一切聘礼，如数遣媒人送于女家，并协同年长妇女一人，持剪刀为女子裁衣一件，亦有仅作形势（式）者，俗称开剪子，亦曰过大礼。满语曰：送乌林[⑦]。）及婚期，男家门列鼓乐，新即（郎）身披彩红，头插金花，乘马或坐轿，前女家亲迎……偕妇坐帐中……七日，女家筵婿及女，款以盛馔，曰“回门”……

按

上文原载1924年钢版油印本《宁安县志》卷三、卷四，原文无标点。县志对萨满教的起源、历史、教义、祭仪等作了明确阐述，是他书所没有的记载。特别是对萨满的等级、分工、职责及萨满死后的葬仪、随葬品等记载，尤为难得。对原宁安地区满族家祭的祭器、过程、礼仪等，亦有本地区特点。这些是我们研究萨满教及满族民俗的重要资料。

注

① 宁安县：原为建州女真地。1607年，被清太祖招服。天命年间设佐领等官兵驻守。顺治年间，设镇守宁古塔等处将军，领其地。康熙十五年（1676），将军府迁于今吉林市，其地仍设副都统镇守。宣统二年（1910），由厅升为府。1913年撤府改县。今由县改市。

② 金：此为大金（1115—1234）。

③ 悉比里：今写作西伯利亚。

④ 索伦：清代对达斡尔，又写作“达瑚哩”“达哈尔”“达瑚尔”“打虎儿”等。鄂温克等部族，统称为索伦部或索伦人。

⑤ 瑚尔哈河：今牡丹江，为松花江主要支流之一。清以前曾称为忽尔海河、瑚尔喀河、胡里改江等名称。

⑥ 日者：古时对占卜筮之人，称为日者。

⑦ 乌林：满语ulin。《清文鉴》货财一注：“货财。”《清文总汇》卷二注：“财帛之财。”可译作财物。

佟佳氏教萨玛规矩

序

阖族四大支，公遵祖法，教授萨玛，以企述志述事孝思。约集族人等，在北口钦屯[①]，于伪康德七年[②]（庚辰）十一月二十七日吉时，举行盛事。委（唯）恐时过境迁，再逢此举，尚致乖谬，成宪错落规模，是以仅将教乌云（即萨玛），祭祖之始末关节以暨荐享之制法，排陈之列法，笔之于此，兼之以图，俾为后生接续，志廓律（志规矩）之一助云尔。是岁庚辰十一月二十七日

萨玛鼎勋序[③]

第一乌云之办法

起乌云前一日，淘净黏谷米（小黄米）、磕（磨）面，预备时食之荐享。熬米酒，酸酒，预备供酒之荐享。起，五更，将所磕（磨）之面，撒羔（糕），煮煮［黄］米饭，作（做）水团饽饽，并荞面三尖块饼，制造完全，黎明陈列之。

先请祖匣降龛，即将供盘献龛上。供盘内盛撒羔（糕）两方，水团九枚，荞面尖九片，黄米饭一盂。

启宣祖匣之前：（一）设祖架于西炕，架前置神桌炕下中间，设米酒罈。（二）神桌设香炉碗三事（个）（按：原下小字注：香碗

在祖匣内，与黄蒙（幪）子一并请出，临时装净灰。），供盘九具，每盘盛撒盖（糕）各一方。第一盘献荞面尖九枚、水团子九枚，黄米饭一盂，同献撒羔（糕）之上。其［余］八盘撒羔（糕）各盛一方，各献荞面尖五枚、水团子五枚、黄米饭一盂，同设米酒碗四事（个），烧酒杯四事（个）。即时宣租，南炕设汤子（堂子）神供盘两具，每盘撒羔（糕）一方、荞面尖五枚、水团子五枚、黄米饭一盂、米酒碗两事（个）、烧酒盅两事（个）、树皮拈香（按：原注：年子香）两片（盘），以上荐享，用木方盘盛置。

荐享完毕，老萨玛跪念佛博密[④]，族中［人］静跪叩首。□酒三次，接跳饽饽神。立，使神刀、台（抬）鼓、恰器[⑤]。此后，将新学萨玛，此前日沐浴，此时换新裤褂、新袜、履，履忌用色，履底新净无泥为是。群端坐地（按：原注：只限抬神者。），面向祖爷，头蔽白新小褂或裙子，手执秸秆，端夹白纸四条，以观抬神之验。（按：原注：至于三姓萨玛请否，均可。）此则老萨玛跪，将所学之萨玛或因病许［愿］、或族人公推各缘由，祷恳上达祖爷。此外，群人持手鼓急声振动，还用祖爷香，薰抬神人之鼻，以助灵应。见秸秆纸条一摆，即是祖爷，抬起置南炕苏醒。萨玛率族人跪谢祖爷，收祖匣就位。次将秸秆向日焚化，以上抬神之次序。为此，查此项台（抬）神规模，固属雅遗，唯以香烟薰鼻，以手鼓震耳，对于人的生理的，诚恐有碍，是以全族公议，嗣后，再有台（抬）神之事，就采择族中灵（伶）俐儿童。（按：原注：识字为佳。）老萨玛跪祷一切毕，新萨玛向祖叩首，就去学念神语可耳。故此次即有南屯新学萨玛一名，就是按照此次改例，查其成绩，与台（抬）神者不次，可见我们祖爷默默中，为算认许。此后，永遵改例，未为不可。

日暮，移神架、神桌于北炕。桌上设供盘九具，每盘盛撒羔（糕）一方。唯第四盘盛撒羔（糕）两方……荞面尖、黄米饭、水团子等，米酒杯、烧酒盅、香炉碗，陈列之法如上午无异。将第二坛米酒，设北炕下中间，萨玛请祖匣降龛，仍即将供盘献龛上，盘盛撒羔（糕）两方（按：原下小字注：祖龛两事，供正房西壁，白日祭，请南边的；晚间祭，请北边的。）。启匣宣祖裳，燃烛、拈香，老萨玛跳饽饽神。其后，将前午台（抬）神者有未得祖择之人，重行台（抬）神之事，台（抬）神之规模，与前午无异。稍息，背灯。用抬鼓、恰器、腰铃、环子四，非林事完后，燃烛，收祖匣，启门。此第一日之事如此。

第二日，五更撒羔（糕）。黎明，神架、神桌，陈设供献如昨晨，只用九盘撒羔（糕）而已。祖匣降龛，仍用供盘盛撒羔（糕）两方，献龛上。启宣祖裳，拈香、洒酒如数。南炕设汤子（堂子）神如昨，而老萨玛跪念汤子（堂子）神佛博密，接跳饽饽神，一切如前。即用吉时领猪，猪进屋到上堂伏倒，而老萨玛跪诵，用猪敬祖之虔诚，此时只用恰器。主祭者遇官香，则户长遇私许，则东家持净水滴猪耳，猪摇头领受，以志诚敬之验。该猪就地用缩伦[⑥]，就堂屋地槽盆内用净开水退（煺）好（按：即煺猪毛），按荐卸好，净水煮好，即时献荐。晚祭等项，如烧香一样。唯教乌云不换锁、不祭天（按：原下注：完乌云后，烧官香照例。）。

本族教乌云之旧例，共三乌云，每乌云原例九天，后改七天，现在共计二十一天，为乌云终了。一乌云就是烧香一次。第一天，淘米磕（磨）面。次晨撒羔（糕）□□祭猪摆荐。如想节约之办法，可以鸡代猪祭，一切规模，如猪一样，与烧香无异。一乌云七天（按：原下注：祭祖三日，歇乌云四日），这们（么）延长日期，就是要的教萨玛学神。至乌云终了，则全族一起烧香一次，例谓烧官香。再有回乌云之说，是例定，教完乌云后，道（到）教萨玛的老师傅家，全族出资备祭，给老萨玛烧香酬劳之敬意，所谓回乌云是耶。现在生活节约，关于此例，亦可改之，如实不忍备礼馈送也，觉适宜。

（附祭祀大小图式二十三幅，从略。）

附录：晚祭求语[7]

神光出现了。那拉库[8]！

不要推诿这一时刻的到来。那拉库！

这是出自本分的星辰之光啊。那拉库！

光芒啊，闪闪辉煌。那拉库！

这是神施恩惠于我们，让我族繁衍牲畜啊。那拉库！

教化我族牲畜繁衍，将施恩惠的精气集聚我族。那拉库！

教化我族变得温和贤真，这恩惠怎能不要呢？那拉库！

神啊，请给我族更多、永远的贤德与智慧啊。那拉库！

新月必定代替旧月，我们承受这样的转换轮回。那拉库！

明白寿命有长的日子。那拉库！

献出真诚的跳家神。那拉库！

供奉家养的小牲畜，就是我们的家奴子。那拉库！

迎来寿命的第八个福日。那拉库！

为了报答神的恩赐，让我们共同跳神，解脱痛苦。那拉库！

为了报答神的更多恩赐和给予，祈望八福来解脱不幸。那拉库！

摆上供神的膳食，桌上安春香，让神灵乘此出现。那拉库！

请神品尝米酒的甘甜，将对对奠酒送到神前。那拉库！

一对家主立于神的面前，毕恭毕敬。那拉库！

让身体强壮的家人进来，也为祈神求福。那拉库！

用对对奠酒，抿血的纪念子来祭典祖神，这是我们共同意愿啊。那拉库！

来呀，共同祭祀祖神啊。那拉库！

第一个得到神祖的圣传心法，获取神祖赐福与赈济。那拉库！

祖神亲口传授聪明睿智的心法。那拉库！

让我们百年不得病灾。那拉库！

人活六十无疾而终，也是快乐的呀。那拉库！（以上为神头语）

第二篇（接神头）

大吉祥之光出现了。卡徒那约[9]！

祈福求神，神也不会推辞。卡徒那约！

今有当家人（报姓名头衔）。卡徒那约。

今有内当家人（报姓名所属）。卡徒那约！

双双述说心中愿望（求神之愿望）。卡徒那约！

由内亲家人向神行对对奠酒祭典。卡徒那约！

由当家人在一旁敬恭拜礼。卡徒那约！

萨玛领班带领族人站立恭敬。卡徒那约！

敬恭家养的小牲畜，以表心意。卡徒那约！

敬奉贵重的供品，为表神祖给予我们的恩惠。卡徒那约！

点起安春香，恭请神灵乘此情景显灵。卡徒那约！

把香甜的米酒，供到神祖面前，让我们与神对对奠酒。卡徒那约！

一双家主来到神的面前，毕恭毕敬地站礼；让强壮的家人也进来同行站礼。卡徒那约！

差事人从神的那里领取神意。卡徒那约！

依托奠酒，抿血的纪念子。表达心意，卡徒那约！

恭请众神可要领取我们的心意呀。卡徒那约！

第三篇（也可称第三遍，加神头后，以此下念）

大吉祥之光出现了。妞孙[10]！

在这一刻，不要推诿了。妞孙！

某当家人（报姓名头衔）。妞孙！

萨玛与家主一起站起来。妞孙！

共同为神祖跳神，以解脱报答神祖平素的恩赐。妞孙！

二篇神头

光辉耀眼啊。妞孙！

北斗七星啊。那拉库！

仔细地擦好箭把子，放好金斗子，部落章京开始举行礼仪。

各位神祖啊，明亮的神光已经出现，您们不可推辞到来。

在这一时刻，我们借着神光，仰望着您们的崇高，绝不敢有一丝的轻视。

三编神头

北斗七星啊，吉祥。那拉库！

仔细擦好箭把子，由部落章京放置到神面前。

神光已经降临，这一刻，神祖您包涵平素我们对您的冷落。

趁着大祭的祖宗神光，我们仰望着祖宗的崇高，决（绝）不敢轻视。

背灯祭祝求用语

神光已经出现。那拉库！

神光已照射到了门窗和帽沿（檐）儿上了。那拉库！

给神躹躬祈求吉庆礼赞吧。那拉库！

我们对神的恭敬志气坚定不变。那拉库！

快进入堂子为祈神上供吧。那拉库！

神光出现，不要惊慌呀。那拉库！

某人（报姓名住地）当家人同内人一起，祝祷神灵了。那拉库！

这生命的柳枝啊。那拉库！
施泽恩惠让我们繁衍后代。那拉库！
柳神啊，您帮我们繁衍后代当然劳苦。那拉库！
您从天上下来为我们送子。那拉库！
您是这样永远的温和、贤德，又充满智慧。那拉库！
您是充满着生命的气息呀。那拉库！
您施恩惠与福祉给家主。那拉库！
家主怎能不用跳神这样的礼仪来报答呢。那拉库！
在堂子里摆上石弩。那拉库！
将豆、米洒落在堂中。那拉库！
桌上安春香啊，您可别推诿，乘上这气势来吧。那拉库！
挂上萨满写的赞语祝愿条幅，将祭酒一并送到神前。那拉库！
当家人依靠神的恩典啊。那拉库！
与神对对奠酒，献上抿血的纪念子。那拉库！
为神祖献上钱财币帛。那拉库！
佛陀大神啊，请您领受我们的心愿吧。那拉库！
首先保佑家主的香火兴旺啊。那拉库！
家主亲口许下：跟随佛陀的意识行事啊。那拉库！
祈求百年无病灾。那拉库！
过六十多的家主（报姓名）也无病痛。那拉库！
神主啊，您首先降下喜福，来教化我们。那拉库！
然后降给我们多福多寿，教化我们快乐。那拉库！
把佳肴美酒送上，您可接受啊。那拉库！
此后，我们年年都仰仗神灵，您可授受啊。那拉库！

第二编神头

注视着神光啊，我们摆上供品，请神别推辞，包涵平素的冷落。那拉库！

支起锅撑子，供上福肉。那拉库！

福寿双全的章京，挂起玲珑的金斗子。那拉库！

请出一双祖宗神匣到供桌前，借着星辰之光，让我们仰望祭拜，绝不轻视冷落。那拉库！

第三编章

这一时刻，神光已经出现，别再推辞了。呆迷郭吉七[11]！

点燃数个火把，与星光一起连接。出豆（痘）时（天花）上供还愿是我们的心意啊。呆迷郭吉七！

这神光已照耀到门窗、帽沿（檐）儿之光啊。呆迷郭吉七！

人们愈加祈求万全尊福，就会抛弃所有的蠢笨，求来长命的生气。呆迷郭吉七！

北斗七星神，是箭擦着的把子，映照苍穹。呆迷郭吉七！

就会引来千万颗星出现，降福人间。呆迷郭吉七！

千万颗星如弓牌佩箭排列在一旁，把守着关隘。呆迷郭吉七！

不让病灾出来祸灾人间。呆迷郭吉七！

点燃的火把如神腊（蜡）之光侍奉一旁，收纳起灾祸。呆迷郭吉七！

铲除怪兽，迎来欢乐，这是我们的祈盼厄林[12]。呆迷郭吉七！

伤处已长出茸毛，不要惧怕了。呆迷郭吉七！

供奉家养的小牲畜，为祈求神的保佑护卫之光普照。

神明啊，请听我们不断地祈祷吧！

呼叫着量出米谷升碗的余音，这是神灵恩赐的食物。呆迷郭吉七！

沿着线轴方向摸着慢走，为祈安康降福。呆迷郭吉七！

神灵继续不断地给我们施恩降福。呆迷郭吉七！

让我们给神明献上美酒佳肴，这是我们应该承受的。呆迷郭吉七！

第四编神头

北斗神光已经出现。那拉库！

有福寿的章京，将珍藏的金斗子挂在神前。

一双家主老诚厚道，仰望着神光祭拜，分外虔诚。

供上美酒佳肴，为的是让神灵接受，借助神气来促佑当家人。

晚祭跪神前好言求语

全出齐了。妞孙！

七星神啊。那拉库！

章京将金斗子挂在祖神前了。卡图（徒）那约！

长子、后裔们跪到祖神前了。

神光已经照耀来临，请不要拒绝我们祭拜。

我们是守本分的人，仰望着星光福气，绝不敢轻视。祖神给我族施恩加惠，造就家族繁衍生蓄。这样的恩惠谁能可比呢？这样的操劳，谁能忘记呢？

祖神啊，家族后裔如春芽续发，子孙传承，这都是祖宗传下来的生命不息的给予呀！

生命不断降于本族，这正如新月必将代替旧月，这是祖宗的贡献啊！

记下恶日，不忘五行吉日。当家人（报姓名）、内当家（报姓名），越来越要以虔诚之心，前来亲口许愿。

为祖宗对对奠酒，跳神献酒食，斟满杯酒，献给祖神。

跳神啊，献上家养的小牲畜，纳八方之福气，这是当家人应该侍奉祖宗的。

跳神的执事人，施礼祭拜了。侍奉祖神在堂子中，这是心意。把豆米洒落堂中，点上安春香。祖神，您别推诿，乘这时令显灵吧！

挂上萨满写好的祝语条幅，将米酒、奠酒供到神前，祈望祖神领取当事人的祭礼。

与祖神对对奠酒，献上歃血的纪念子，来表达执事人的心意。

将钱财当祭品，献给祖神；将钱财币帛献给祖神，求其祖宗保佑。

将火把点燃，为想祖宗，亲口许愿。

祈求百年无病灾，六十多岁无病痛。族人同获吉祥福瑞。

祈望福瑞首先出现，献出您的教化。保佑全族子孙快乐。

从现在这个时刻，愿降福瑞安康，也请祖宗接受全族人的祈福祝祷。

祭天祝语

中天未央，该是祈祭之际。

望苍穹天宇，该是领受祭拜之时。

今有饥寒家族姓氏（可报姓名，主事人——萨玛代替亦可）赵姓族人，皆因何由（可述说明白），有当家人（报姓名）、内当家人（报姓名及所属），由于家有出天花子孙后裔，按次序说明。老大不会责备，我们愿虔诚之心，亲口许下心愿，将天神的恩德记在心里，以肝胆相助，指引家族相聚。

犹如新月必将代替旧月，一定会迎来吉日吉月来临。

让我们告诉后代子孙，表达已有的愿望，不惘天的恩德。

打来清净的水，供奉上米饭，与天神对对奠酒。

实指望萨满师傅的直言相谏：不忘老天给予的荣耀与体面，借供奉表达心意。

今难得全族兄弟相聚，这也是天神在暗中引见相会的结果。这实在符合族人的心意，让我们获得这么美好的相聚。

是天神为我们支配洒满金辉的宝鼎，送来铁青的黑江水，洗清这乌黑的福猪，拿出这珍重的粮谷，这都是天神赐给的家产，让我们猪满圈，甚至多得（的）可以上市去卖，以换银钱。

天神让我族充溢着种芽兴旺般的生命气息。我们只有祝祷之术来报天恩，请接受我们的祝祷。

天神降福，使我们的伤痛得以渐好。给予我们山阳之光，给族里有了依靠。这是帮助我们世代族人做出最好的周济。

正是因为如此，我族当家人才出自如此真诚，敬告天神。

求助老天爷赐给全族安康太平。这样，六十开外，也会无病无灾；年届百岁，也无大病大灾，即使平素，染病染灾也不会从一旁来到。

祝我老人安康，幼童皆清吉，全家太平，小孩如临神光。

让我们在天神前，敬供上豹皮，有文采姿色的马皮，供品一个也不遗漏。首领抬头见喜，是天赐之喜。承蒙神的护佑，让全族安祥如饴，祖辈安康。

神啊，如我们有过错，请神主担得。萨玛有错，神主也担得。

全族太平安康，全托天老爷的恩赐。

我们供奉多多的福猪，让天神发出恻隐，护佑我族。

萨满为此对天呼唤礼赞。

按

上文原载1940年鼎勋等人所纂《佟赵全书》手抄本内，现藏于抚顺市满族联谊会佟明宽处。该族以扈尔汉为始祖，隶满洲正白旗。《八旗通志》卷一百五十二正白旗满洲世职大臣一载：达尔汉辖，本名扈尔汉，姓佟佳氏。万历十六年（1588），随父扈喇虎来归，太祖养以为子，赐姓觉罗，征战有功，授三等总兵官世职（后称三等子），居五大臣之列。其后裔今多居辽宁省抚顺、新宾、铁岭及吉林省永吉县等地。

萨满是萨满教的神职人员，有专兼职之分，有大萨满小萨满

（二神）之别，操持本氏族（本姓家族）的祭祀禳灾祈福、占卜、治病、除邪等宗教活动。萨满是如何产生、怎样传承其技艺？有关记载萨满教的书籍语焉不详，而《教萨玛规矩》一文，对族内公推出的新萨满，老萨满对其如何考验、认可、程序、礼仪、教授内容、时间（天数）等，都作了详明记述。这是研究萨满教的第一手资料。

教萨满的重要内容之一，就是教新萨满念熟各种祭祀中的神词。神词一语，在不同氏族内，亦称作神谕、神歌、祝语、用语等。《佟赵全书》中记载了十八章祝语。此外，还用汉字注音满语各种祭器、祭品、十二属（生肖）、十二月、三十日、四时（四季）、日期时刻、男女称呼、吉祥话等常用语百余句。本书从中选取十章祝语，供研究者参考。

前后文内萨满一词，亦写作萨玛，因保持原文原貌，未作统一处理。

注

① 北口钦屯：位于吉林省永吉县境内。

② 伪康德七年：1940年。

③ 鼎勋：该族十八世，老萨满，1940年主持续修家谱。

④ 佛博密：又写作“佛波密”“倭勒密”。满语，为唱诵、歌颂之意。各种内容不同的神词，统称为佛博密。

⑤ 恰器：即札板。满语carki。《清文鉴》祭祀器用二注：“札板，乐器三楂板。”

⑥ 缩伦：满语šolon。《清文总汇》卷六注：凡×物的×子并烧肉的铁×子。凡铁或木器尖子上做尖了，凡戳用的。此处专指杀祭祀猪用的铁、木签子。圆锥形，长尺许。

⑦ 晚祭求语：此章祝词原注为神头语，祭摆饽饽和福肉时也用此语。

⑧ 那拉库：满语衬词。

⑨ 卡徒那约：满语衬词。

⑩ 妞孙：满语衬词，呼霓虹之状。

⑪ 呆迷郭吉七：满语衬词。

⑫ 厄林：满语 erin。《清文鉴》时令二注："时。"时令八注："时辰。"《清文总汇》卷一注："四时之时、十二时之时、一时乃八刻也。"此句可译作时。

瓜尔佳氏祭祀图仪

按

此书为棉纸线装一册，书宽13厘米，高24.5厘米。全书仅有封皮红题签浓墨楷书《瓜尔佳氏祭祀图仪》八个字（以下简称《图仪》）。各帧图无文字说明，无页码，无序号，无绘画者姓名。每幅图圈以单线边框，画幅大小不等，最大幅为对开，宽22厘米，高21.5厘米。每幅图皆以传统的白描技法绘画，技法娴熟，婉转流畅，轻重刚柔，精细工整，生动真实。所画器物形象逼真，人物比例协调，神态各异。特别是所绘衣纹，“笔画细如游丝，圆如莼茎”，堪称上品。

书末绘有对开宽22.7厘米，高19.9厘米之清朝行政区划示意图。图中西部为叶尔羌、阿哩，北部为唐努山乌梁海，土谢图，东北部为黑龙江、吉林（含黑龙江入海口地区）及内地各省名称，以点线作为各省区界线。所绘黄河汇淮河入海；黄河、淮河、长江三江河下游相通。黑龙江将军驻地，标在黑龙江右岸瑷珲处。康熙二十二年设黑龙江将军，驻瑷珲（今黑河市）；二十九年移驻墨尔根（今嫩江县）；三十八年移驻嫩江东岸之齐齐哈尔。综观全图地名特点，当是所绘康熙朝中期全国舆地疆域全图。

为便于解读《图仪》，编者按原绘图顺序及内容，予以编号，并根据满族各氏族家祭礼仪记载的相关内容，逐幅拟定题目，加以注释说明，供研究者参考。

图一、香碟图

注

《钮祜禄氏祭天祭神仪注》："祧神应用祭器：共香碟九个，（木制、每个）宽三寸，高五寸，长七寸。"《索绰罗氏祭祀礼仪》："（木制香碟）大（两个，各）长四寸，宽一寸六分，高二寸二分；小香碟长二寸二分，宽一寸二分，高一寸六分。"《钦定满洲祭神祭天典礼》（以下简称《钦礼》）："祭神祭天供献陈设器用形式图说明：（飨殿内用）铜香碟，长五寸三分，宽三寸五分，高五寸。亭式殿、尚锡神亭内均用铜香炉，长九寸，宽七寸，高九寸五分。点香镂花镀金银香碟，长七寸，宽四寸，高四寸。"《富察氏祭祀仪注本》：（供香碟）二架、共八个。《赫舍里氏祈福换索仪规》："请香碟（木制）三个。"《满洲婚祭礼合仪礼考》："香碟（三个）陈于桌里边，横之。"《凤城县志》："长方木炉，撒达子香烧之。"满族各氏族所用香碟，皆自制，木质亚腰形，四周有素面者，亦有雕莲纹、曲线纹等，尺寸不等，少者一个，多者九个。唯爱新觉罗氏用铜、银香碟，饰以龙纹。本图香碟为亚腰长方形，素面无纹。

图二、祖宗板及支架图

注

《索绰罗氏祭祀礼仪》："祖宗架长一尺八寸，中宽八寸，条宽八分，厚六分。祖宗板为一尺二寸，宽六寸，厚八分，安架上。"

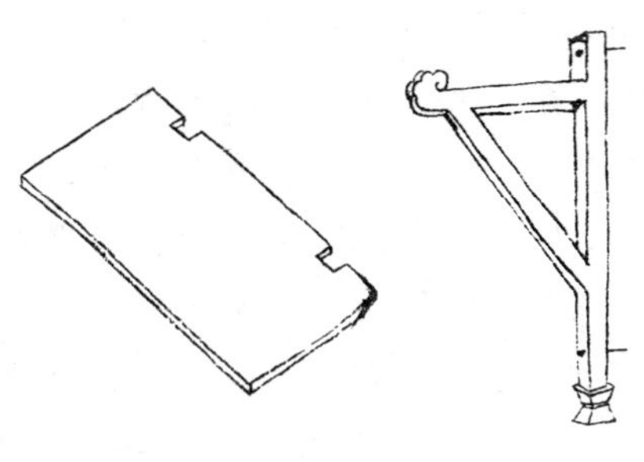

《兴京县志》："满人祭祀典礼……供板子，其制以竖柱二柱，上横之一梁，而以支柱擎之，谓之鱼子，再置一矩形板。"《钦礼》："神板长二尺九寸，宽一尺一寸，厚一寸。"《满洲婚祭礼合仪礼考》："室中以西为上……度板为神位。（祭前）谨将神板拭净。"《富察氏祭祀仪注本》："特请祖板二架。"《吉林通志》："满洲无论富贵仕宦，其内室必供奉神牌，只一木版（板）无字，亦有用木龛者。"《辽滨塔瓜尔佳氏祭礼大略》："我家神龛，设于正寝西壁上，南北有二，各用二扬手，上安一板。"《依兰县志》："伊库满族（新满洲），所称祖先者，乃以木雕略似人形，置房西山墙板格上，神名土语曰'托罗'。"满族各氏族西山墙上祖宗板，多为南、北各一板，亦有只一板者，其板前沿皆贴一黄色或白色满文挂旗。本图祖宗板支架扬手，亦称鱼子，为云头纹。

图三、祖宗匣图

注

《黑龙江志稿》："黎明，恭迎祖宗匣于前藏祭祀者之家。祖宗匣有一分者，有二分者，均藏先像。"《辽滨塔瓜尔佳氏祭仪大略》："南龛一大匣，内贮神索绳与斡单布。"《佟佳氏教萨玛规矩》："先请神匣降龛。"《乌喇纳喇氏祭祀礼仪》："（背灯祭）将匣内另包六套衣裳请出来。（祭完）将衣服并案子慎重包起入匣内，请在祖宗板上里边。"《兴京县志》："神匣则置奉祀诸神之代表品。"《依兰县志》：

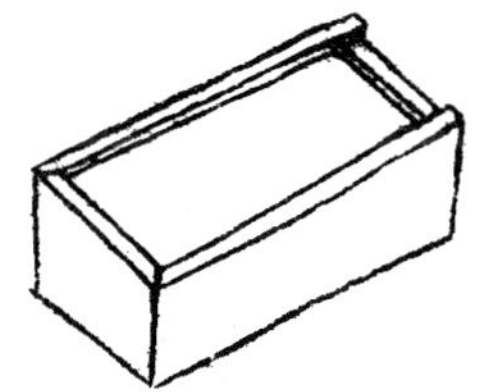

“请第二神椟（第一神匣未作详述），此次，共神九位，悬于横绳之上。另一位，在神椟之内者，其衣亦用四条拼之……礼毕，请神入椟，移案地上。”《奉天通志》：“南檐下偏西，供长木匣，内藏关帝及观音像，皆绢画者。”《黑龙江志稿》：“满洲乌札库氏各族祀绸条，祀毕敛而纳之祖宗匣。”满族各氏族所用祖宗匣，皆为长方形大抽屉匣，漆以红油，尺寸无定式。一般长二三尺，宽六七寸，高七八寸不等。本图祖宗匣尺寸不详，为一长方形抽屉匣。

图四、香匣图

注

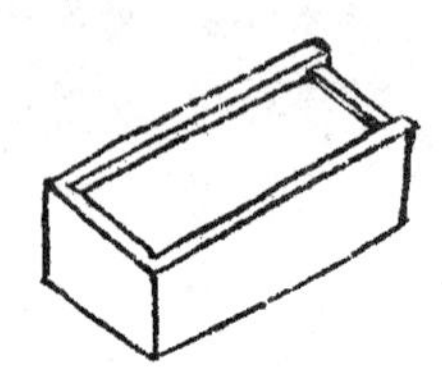

《钦礼》卷六：“盛七里香镶嵌螺钿漆匣，长一尺，宽六寸五分，高六寸一分。点七里香末银瓦垅，长九寸五分，宽五分。”《钮祜禄氏祭天祭神仪注》：“香匣一个，香匙一把，香箸一双，香式二个。”《辽滨塔瓜尔佳氏祭仪大略》：“北龛一小匣，内贮香末。”《镶蓝旗赵氏祭祀事项》：“达子香包，在南祖宗板之北。”余亲见满族白氏现用香匣，用薄木板制成，无纹饰，无色彩，长约一尺，宽约五寸，高约五寸，抽屉式上盖，内装安春香末。随匣还有一把扠勺，长约四寸，勺口约一寸。本图所绘香匣，为长方形抽屉盖，尺寸小于祖宗匣。

图五、神箭图

注

《钦礼》：“求福所用系练麻神箭长二尺九寸五分。”《索绰罗氏祭祀礼仪》："公镇箭一根。"《辽滨塔瓜尔佳氏祭祀大略》："神箭一支……放在龛下扬手子上。"《镶蓝旗赵氏祭祀事项》："祖上箭头向南。"《安图瓜尔佳氏祭祀礼仪》："（换索）将五色线索，绕箭头上，立右桌靠蒙（幪）架。"《满洲婚祭礼合仪礼考》："（换索）系净麻于神箭，立于柳之左。"《黑龙江库雅喇氏家祭》："将神像用鸣镐（按：原下小字注：即俗谓射马之包头箭。）杆两端，担在枕上，再将棉袍搭在枕后，仿如神龛式。"《辽滨塔瓜尔佳氏祭仪大略》："将神箭打开，如有新生男添三批（匹）麻、生女二批（匹）。将神箭立于桌上南边。"本图所绘神箭，其尾端绑有麻三缕。

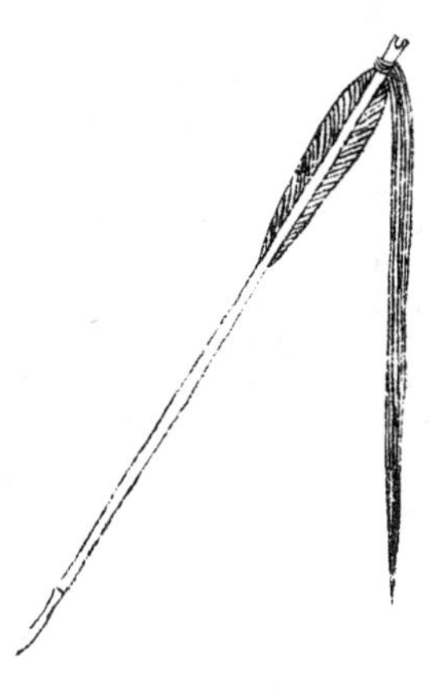

图六、神幔架图

注

《钦礼》卷六："掛夕祭神幔所用黑漆架，高三尺七寸，宽四尺八寸。"《钮祜禄氏祭天祭神典礼》："神幔架二分（份）。安神幔架，将神幔悬于架上，铃铛挂于幔架西头。""（祭天）将蒙（幪）子架请出，安设于院西向东正中，上搭红毡一条，前放矮桌二张。"《镶蓝旗赵氏祭祀事项》："幔子架及幔子，黄色排好……唯毛纸手中，系架之南北各一。"《安图瓜尔佳

氏祭祀礼仪》："（西炕立蒙（幪）架）马他力哈四长条，均两下分缝完，拴蒙（幪）架上右边。又做人他力哈与索线……拴蒙（幪）架左边。""（晚祭）立蒙（幪）架同前。"《辽滨塔瓜尔佳氏祭仪大略》："将斡单架子安插妥当，放在南边神龛前（西炕上），即将所作他哈绸子与新索共搭于其上。""有神马者，亦将二他哈绸条，搭于其上北边。"《黑龙江库雅喇氏家祭》："将屋内神像，悬于架上。"《满洲婚祭礼合仪礼考》："届期朝祭，设蒙（幪）架。（按：原下小字注：架以木为之，饰以朱油）……夕祭，设蒙（幪）架于北炕。"《凤城县志》："至吉日，净扫西炕，立小木架，先请关帝像悬之，前设几，陈酒三盅，列长方木炉，撒达子香烧之。"《黑龙江志稿》："（黎明）正室西房炕上设几安架，恭悬先像，藉以挖单。"《依兰县志》："另设案，置背灯架于案后，上置洼丹，上供九位神中之第一位。"本图神幔架尺寸不明，其底座两腿为镂空卷云纹，其上横梁两头为云头纹。

图七、窀单图

注

《伊尔根觉罗氏家祭》："用窀单，缀黄布三幅为之，广三尺，

柔（袤）四尺。"《索绰罗氏祭祀礼仪》："黄色大蒙（幪）子一块，长三尺六寸，宽三尺六寸；小黄布蒙（幪）子一块，长二尺八寸，宽一尺二寸。"《钦礼》卷六："朝祭所用镶红片金黄缎神幔，高六尺三寸，宽七尺；夕祭所用镶红片金青缎神幔，高五尺，宽四尺九寸。"《钮祜禄氏祭天祭神仪注》："祧神应用祭器：早辰（晨）神幔一分，上用

红云缎，下用黄云缎；背灯神幔一分，通身用墨绿缎。”“另有大白布窀单二块，六尺见方；小白布窀单二块。”《满洲婚祭礼合仪礼考》：“届期朝祭，设蒙（幪）架，蒙以黄布。”《扈什哈哩氏祭祀仪制书》：“西炕，设黄蒙（幪）子二尊。”《赫舍里氏祈福换索仪规》：“正午时，将黄蒙（幪）子请出，系神架上。”《安图瓜尔佳氏祭祀礼仪》：“（晚祭供肉后）蒙（幪）架抬过，蒙（幪）子叠好。”《辽滨塔瓜尔佳氏祭仪大略》：“（斡单架子）蒙上杏黄斡单。”《双城县志》：“龛设于南，龛下有悬帘帏者，俱以黄云缎为之，有不以帘帏者。”《依兰县志》：“（佛满族）先在西面拴一横绳，绳上系洼丹（窀单），用双方黄缎子为之，再将索林（按：原注：即汉语神位）悬于洼丹之上。”《黑龙江志稿》：“挖单，清（满）语布幅也，凡包袱、旗帜之属，皆有是称。”本图所绘窀单，为三幅布连缀而成，近方形。

图八、神杆、石座图

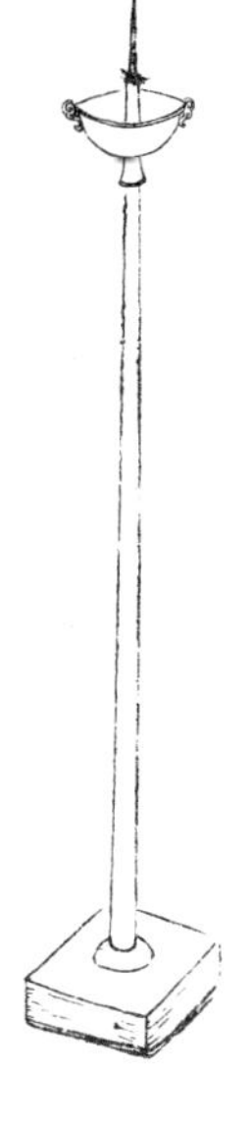

注

《钮祜禄氏祭大祭神仪注》：“索木杆，高一丈三尺，根见方三寸，上有锡碗一个。矮柱五尺，见方四寸。”《索绰罗氏祭祀礼仪》：“天地杆子一根，高七尺二寸，加锡斗子，出头露尖。”《黑龙江库雅喇氏家祭》：“木杆长八尺，下端以一尺五寸处要方形，至尖一尺余，安锡碗。”《凤城县志》：“锁龙杆，树院内左侧，高足八尺，上贯锡碗，能容物。”《瑷珲县志》：“满洲宅院中立杆一，高丈余，名曰索莫吉杆，上悬锡斗。”《宁安县志》：“杆七尺七寸或九尺三寸。”《钦礼》卷六：“楠木神杆长一丈三尺；斗圆径七寸，高六寸；灰柱（楠木）长五尺五寸。”《吉林通志》：“祭杆，置丈余细木于墙院南隅，置斗其上，形如浅碗。”《望奎县志》：“院中左方立一神杆，杆长丈余，上有锡斗如盘。”《黑龙江志稿》：“院之东隅立杆一，高数（?）丈，名曰‘索莫吉杆’，又曰‘祖宗杆’，上悬锡斗，贫者用木斗。祭时，实豕尾、豕胆暨小米于斗；杆首尖锐，以豕项骨横贯之。（祭毕）取猪肠、肺、肚等物置于锡斗中以饲乌鸦。”《依兰县志》：“伊库（新）满族……凡巫家必置多杆于宅西祖祠之前，上刻鳞虫鸟兽之类，多少不等。”《赫舍里氏祭祀规条》：“神杆以秫秸三根，捆把为神杆，上横拐为神斗，供奉在神桌上，尖向东南斜设。”《富察氏祭祀仪注本》：“主祭人用好秫秸三根，以绳系九道，立在大门东。前放桌子一张，上供小米、高粱各一碗，以作乌鸦等食。”《正黄旗白氏祭祀规矩》：“有索伦杆则请之，无，则使谷草扎把串一长杆，当索伦杆，立于当中门外以旁。”《奉天通志》：“植杆于庭院南隅，贯以锡盘，名曰‘索摩杆子’。”《辉发萨克达氏祭祀换锁仪规》：“神向，安设大杆子，连白石座、木栏杆一份。”《钦礼》卷六：“立杆大祭日立神杆之石，高三尺八寸，方三尺。”《钮祜禄氏祭天祭神仪注》：“（立杆）石墩高一尺五寸，方一尺五寸。”陈满洲各氏族所立神杆高低尺寸不一，所立方位相同，其石座多为方形，亦有圆形者，中心点皆有方孔。本图所绘神杆顶端锡碗口沿左右相对处，有纹饰，其石座方形，但中心为圆孔。

图九、索绳图

注

《索绰罗氏祭祀礼仪》：“西墙北边安索绳口袋……带线麻编索绳长三丈二尺，拴五色细条。”《安东县志》：“五色线绠，长六七丈，名曰‘锁’。”《桦川县志》：“搓线为绳，长四五丈。”《钦礼》卷六：“春秋二季大祭，用索绳各三条。捻索绳棉线三觔八两。求福祭祀，做索绳用黄、绿二色棉线一觔八两。”《辽滨塔瓜尔佳氏祭仪大略》：“将神匣索绳取出，内拴于神龛南扬手上，外拴于神树枝上。”《满洲跳神还愿典例》：“由九家敛取捻线索棉花线补丁，敬捻作索线二条……装索高丽布口袋，长二尺一寸，宽一尺四寸。”《双城县志》：“锁以五色线打成粗绳，绳缝间夹五色布条、在屋西北隅上首有钉挂起，拖至门外，系左旁柳枝上，下陈黄米粉团及煮熟小鱼二碗，于是跪而拜，是曰‘拉锁’。”《扈什哈哩氏祭祀仪制书》：“相传，锁绳是古高禖，祈子孙之神，故主妇祭之。”本图所绘索绳，仅一长绳，长度不详。

图十、索及绸片图

注

《赫舍里氏祭祀规条》：“预计孩童。用三蓝线，每人辫锁（索）一挂，上钉绸补丁一块，挂在神箭扣上……所有领锁（索）孩童，围桌跪桌旁。（承祭妇）三叩头毕，收锁（索），散给孩童，各代（戴）项上……三日摘下，挂在神箭铁上，俟全时，收在口袋内，俟下次换锁（索）时，俱拴在锁（索）绳上。”《安图瓜尔佳氏祭祀礼仪》：“做人他力哈（方块）与索线，按人数多二三枚方可，完，拴蒙（幪）架左边。”《凤城县志》：“令男女未婚嫁者，咸跪佛头妈妈位前，老主妇以柳枝蘸净水遍洒之，以彩线各套其颈，谓之‘挂锁（索）’。越三日，取贮纸袋中。逢再祭日，既拖出锁（索）绠，取前之彩线拴之。”《满洲婚祭礼合仪礼考》：“将所作新索并净纸，依次挂于柳枝……三色纺绸（按：原下小字注：白色、蓝色、月白色。）、三色线。（按：原下小字注：作索。）作索照旧式，按应换索子女每人一挂……主妇领换索之子女，序跪于柳前。主妇行三叩首礼，换索者随行三叩首礼。主妇兴，请神箭、展麻绕子女之颈；请净纸，拭面身，随即焚化。带索行一叩首礼。兴。其次应换索者，俱如之。”《满洲祭祀换锁条规》：“锁补丁，每一份，只用三块，不用红色，不要有刮糨子的。锁（索）线，男用蓝、白线九条，不用杂色；女用蓝、白线四五条，黄、绿线一二条，共七条，亦不要红色。”姚元之《竹叶亭杂记》卷三：“旧礼，生人后，乞线于亲戚家，为之作锁（索）。今不复乞线，但买线为之。线用蓝、白二色，亦有用红、黄者，聚为粗线作圈。”《双城县志》：“‘换锁（索）’者，换童男女脖上所带（戴）之旧锁（索）也。锁（索）以彩线为之。”《满洲西林觉罗氏祭祀书》：“预令家人，在外募化蓝、白棉花线，每家三五条。募化之家三五家、或七九家，宜单不宜双……视儿女之数，编成线索……戴项三日，取下收藏。”本图所绘索线为一短绳；绸片三方，用线钉在一起，系于索绳之一端。

图十一、绸条图

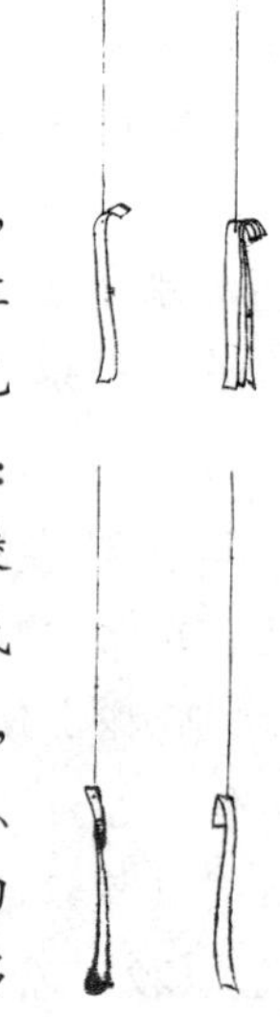

注

《凤城县志》：“祖像不轻绘，每以各色绫条代之，长盈尺，藏之木匣，置净板（祖宗板）上。”《黑龙江志稿》：“满洲乌札库氏各族祀绸条，裁白绸为之，凡五副，副十余条，条宽寸余，长尺余。”《兴京县志》：“（神位）一、佛，黄缎幪之（子）；二、菩萨，白绫条三；三、关壮缪，白绫条；四、爱辛（新）觉罗氏始皇帝、后，黄缎条二；五、八大家杂色绫条十六，按：八大家即佟佳、瓜尔佳、马佳、索齐里、齐佳、富察、那拉、钮祜禄八氏也；六、瓦力额摩，梁上白纸巾或门后悬补绽（丁）条，按：瓦力额摩，世俗多谓歪里妈妈，音转化矣，乃家宅之女神。”《乌喇纳喇氏祭祀礼仪》：“（神衣）即绸布条，挂在案前，依青、黄、白、黑、蓝，由右向左排，即由北往南算。”《依兰县志》：“（神位）统用二寸宽、一尺二寸长红、绿绸布为衣。”《钮祜禄氏祭天祭神仪注》：“每于祭大神之前一日，主妇则将洁净新红绸，剪出九条，每条长五寸，宽一寸，上用红线串成一式，收于北炕神柜上。”

《赫舍里氏祈福换索仪规》：“每逢升娶添子，增人进口，请索后，索绳上应添䌷条，不拘颜色，绫罗纱帛，是新料俱可添用，缎子不可用。”《辉发萨克达氏祭祀换锁仪规》：“将新䌷条红色、蓝色、月白色䌷条，拴在线锁（索）上。”《索绰罗氏祭祀礼仪》：“（索绳）拴五色绸条。”《乌喇纳喇氏祭祀礼仪》：“用赤、黄、黑三色绸条三个，绑在锁（索）线上。”《满洲祭祀换锁条规》：“如生男，锁（索）绳上添弓箭一份，䌷条一条；如生女，只添䌷条一条，不用弓箭。䌷条亦皆不要红色。”《兴京县志》：“每祭，则须将本族继生男女小儿，以红、蓝布条，束于索绳上。”《桦川县志》：“每诞男女，以蓝色绸条系之（索绳）。”《双城县志》：“（索）绳缝间夹五色布条。”《钦礼》：“索绳上所夹绸条，用九色绸，各色各三尺。春秋大祭，索绳上夹九色绸条，各色各九尺。”兴京那氏：生男，绸条上绑一小弓箭，杏条或柳条制，长二寸，弦为棉线，箭为一细小木棍绑在弦上；生女，䌷条上绑一狍或鹿嘎拉哈。《辽滨塔瓜尔佳氏祭物图式》：“新生男，以红线穿红䌷条三；新生女，以红线穿红䌷条三。”

《钮祜禄氏祭天祭神仪注》：“拴马红绸条，每条长五寸，宽一寸……将此红绸条递于拉马人。拉马人接过，则由南转下，拉于院中西廊下，将红绸拴马门鬃上一条，脖鬃上一条，马尾上一条，拴完，再由中门拉出。”《乌喇纳喇氏祭祀礼仪》：“将鬃、尾皆绑上红布条。”《辽滨塔瓜尔佳氏祭物图式》：“若神马，则穿红䌷条，前后（按：头尾）共二条。”《钦礼》：“堂子式殿祭马神仪注：白马十匹，司祝官（将绸条）授予牧长，系于马之鬃、尾。”

满族家祭中，所用绸条颜色、尺寸不一，大体分为三类。一是祭祖用作影像之绸条；二是换索祭绑在索线上之绸条；三是祭马神所用绸条。本图所绘绸条二种，一是新生男女所用绸条，二是祭马神绸条，其颜色、尺寸不详。

图十二、圆饼饽饽图

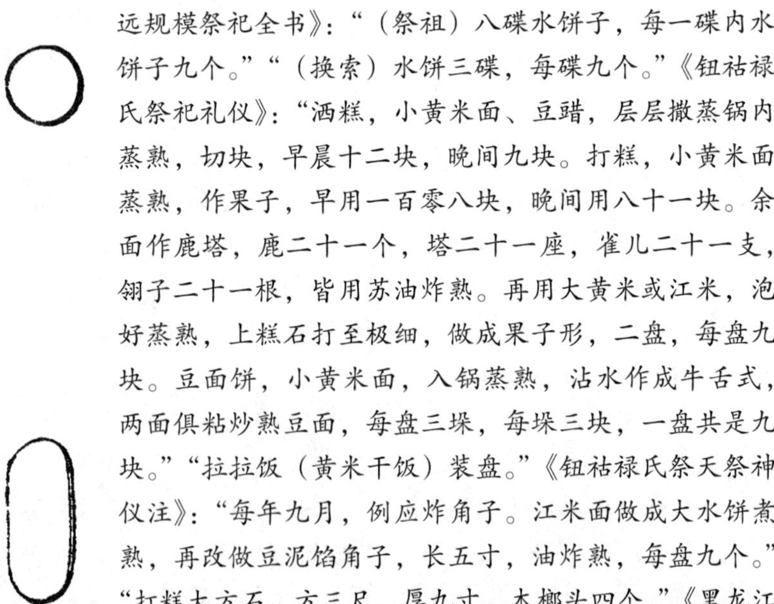

注

《赫舍里氏祭祀规条》："（换索及晚祭）做大饽饽百余个，其余做小饽饽。"《安图瓜尔佳氏祭礼礼仪》："漂小饽饽十八个，分作两碗；再漂大圆饼八十一个，共九摞。"《正红旗瓜尔佳氏祭祀》："（祭天供桌）饽饽三盘，当中一大盘，两边用小盘。""（换索）年（黏）黄米面饽饽十八个，一碟内九个。"《满洲祭祀换锁条规》："水饼九碟。做水饼，须用开水烫面方可。"《舒舒觉罗哈拉永远规模祭祀全书》："（祭祖）八碟水饼子，每一碟内水饼子九个。""（换索）水饼三碟，每碟九个。"《钮祜禄氏祭祀礼仪》："洒糕，小黄米面、豆踖，层层撒蒸锅内蒸熟，切块，早晨十二块，晚间九块。打糕，小黄米面蒸熟，作果子，早用一百零八块，晚间用八十一块。余面作鹿塔，鹿二十一个，塔二十一座，雀儿二十一支，翎子二十一根，皆用苏油炸熟。再用大黄米或江米，泡好蒸熟，上糕石打至极细，做成果子形，二盘，每盘九块。豆面饼，小黄米面，入锅蒸熟，沾水作成牛舌式，两面俱粘炒熟豆面，每盘三垛，每垛三块，一盘共是九块。""拉拉饭（黄米干饭）装盘。"《钮祜禄氏祭天祭神仪注》："每年九月，例应炸角子。江米面做成大水饼煮熟，再改做豆泥馅角子，长五寸，油炸熟，每盘九个。""打糕大方石，方三尺，厚九寸。木榔头四个。"《黑龙江库雅喇氏家祭》："（祭祖）桌上供水饼三碟。""（祭马神）供水饼一碟，水团子三碗。"《富察氏祭祀仪注本》："（糕）供献九碟，每碟九个。"《依兰县志》："（祭祖）粘糕九盘。第二日……祭品用霍霍力（按：原注：以黄米面做饼，合捏其中，两头开口者。）。第三日，用都莫（按：原注：即汉语打糕。），即黄米糕，形如西洋糕，上撒炒熟之元豆面，盛盘内，每盘五角。"《满洲婚祭礼合仪礼考》："和面蒸熟，作饽饽十一盘，每盘十一数。"《钦礼》："打糕各九盘，洒糕九盘。""……打糕石，圆经二尺五寸，厚五寸。打糕木榔头，柄长三尺五寸，围径一寸五分，头长九寸，围径三尺五分。"本图所绘一小圆饼，一长圆饼。

图十三、苏子叶饽饽图

注

《吉林通志》："磨黄米面作小饼，内实豆馅（小豆泥），外裹苏叶，以之奉先，曰'苏子叶饽饽'。"《钮祜禄氏祭天祭神仪注》："每年四月，应用菠罗叶（按：嫩柞树叶。）做饽饽跳神，如不得菠罗叶，即用椴树叶，二样俱可……令人找得九百张……江米面，包豆馅角子，用此叶满包好，送神锅蒸透。五月，苏子叶饽饽神，其一切仪注，俱于四月菠罗叶饽饽神礼同。"《正黄旗白氏祭祀规矩》："每年不食苏叶饽饽则已，如做而食之，饽饽熟时，先供后食。祖上一碟，皂（灶）王一碟，北窗台一碟，不许先食，切记！"《辽滨塔瓜尔佳氏祭仪大略》："秋则以苏叶包饼，内裹小豆。"《钦礼》："大内，椴叶一万片，苏油十舫。苏叶一万片，苏油一舫。"苏子叶饽饽，形态似饺子。今辽东、吉林等地满族，每年皆食。本图所绘苏子叶饽饽，一小圆形，一大长圆形。

图十四、祭前预备祭品祭器图

注

《钮祜禄氏祭祀礼仪》："每于祭祀前二日，定期嗑［磕］头。西炕设桌一张，香碟四个；北炕设桌一张，香碟三个。（如自家无猪）请牲祭祀，须约略猪价银数，将银用布幅托放煠［碟］内。供在西炕上桌之东北外角上……即煮饭作酒。次日清晨，将银领出请猪。"《奉天通志》："室中以西为上，即室中之位也。度板为神位，悬黄云缎幔，列香盘（碟）四或五。"《满洲婚祭礼合仪礼考》："先期二日，主妇率阖族妇女拣择米豆，取纯净者用……先期一日，用新汲水将米豆淘净。"《钮祜禄氏祭天祭神仪注》："祭之前二三日，将做糕、做酒之类豆，请至家中。""主妇率众妇在神堂中南炕，务将米豆之虫吃、半（瓣）豆、黑丁、土块及杂米，逐一拣出，淘洗

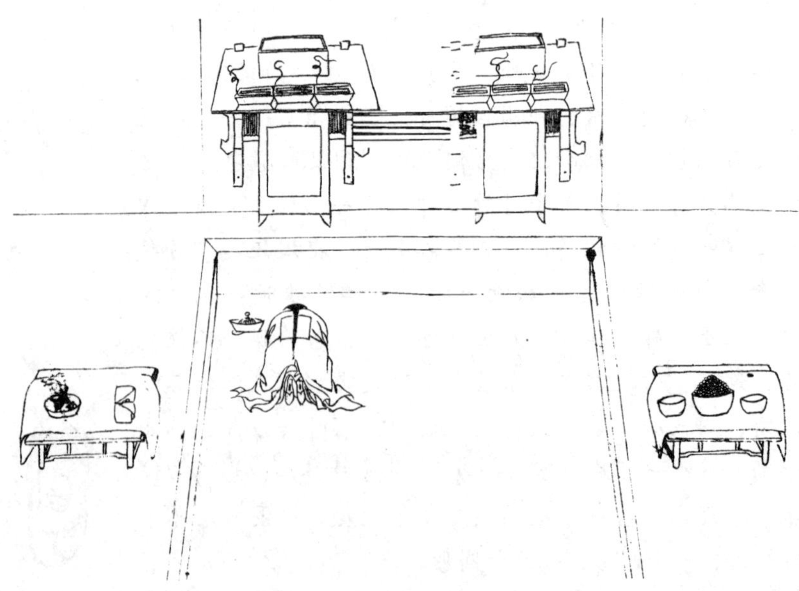

洁净，然后可用。”《辽滨塔满族家祭》：“先期告吉图式：西墙安设祖宗板二，板上香碟各三。北炕桌上，放米豆；南炕桌上预备作索物品。”《瑷珲县志》：“正室西炕上，设几安架，恭悬先像，藉以挖单。”本图所绘，室内西墙中之上方，祖宗板二，南北并排。南板上供祖宗匣及三香碟横排、点燃；北板上供香匣及三香碟横排、点燃。北炕上之矮桌放米豆、空碗，预挑米豆。南炕上之矮桌放盘，内盛剪刀、线等，预备做索线。主人对神位行叩首礼。

图十五、祭祀器物图

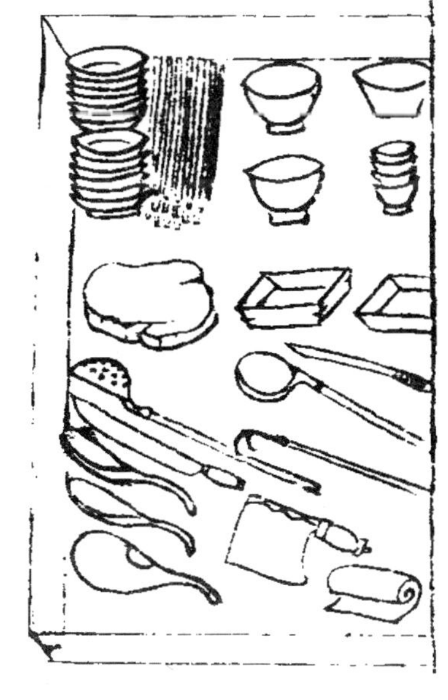

注

《正黄旗白氏祭祀规矩》：“（祭天）用大锅一口、刷帚、茶板、茶刀、碗、筷子等。”《绥化县志》：“满旗祭礼：用杯、匙、箸、几架、槽盆等物。”《钮祜禄氏祭天祭神仪注》：“祧神应用祭器：……供匙二把；供箸二双；供用大碗四个（七寸口面）；供用小盅十五个（三寸口面）；供用大盘一个（一尺八寸口面）；供盘十五个（九寸大）；香盘一个（七寸大）；米碟三个（三寸大）；托盘二个；瓷酒缸二个；大酒缸一个（淋酒用，随木座）；大水缸一个；矮水缸二个（打糕用）；酒罐二个；缸盆二个（一尺八寸口面）；瓷盆一个（一尺二寸口面）；铁签一把；铜大笊篱一个；铜勺四把；铜漏子一把；铁钩子一把；背灯罩灯一个；木把小刀二把；有环大鸾刀（神刀）一把；压幔石二块；供矮桌二张；供高桌一张；粗高桌一张；供肉大槽一个（锡里）；整木大饭槽二个；丫尔虎槽二个（按：即有把槽盆）；长春凳一条；大长方糕盘一个；小长方盘二个；小案板八块；大神锅一口；大蒸笼一分（份）；大蒸篦一分（份）；蒸篦木架一个；大行灶一个（还愿用）；大铜锅一口（还愿用）；小行灶一个；小铜锅一口；大小锅盖各一个；打糕大方石一块（随草墩、席垫）；木榔头四个；大饭菠（笸）萝（箩）二个；大面菠萝（笸箩）二个；大瓢一把；小瓢二把；绢罗一个；马尾罗一个；大白布它单二块（六尺见方）；小白布它单二块；红毡二条。”《满洲婚祭礼合仪礼考》：“应用祭器列后：鸾刀一（按：原下小字注：柄上有铃），匙，箸，肉俎三，香案一，省牲床一，盛血盆一，和面盆一，锅一，灶一，杓一，铲一，勾、叉、蒸龙（笼）[各]一，新笸箩一，控筛一，罩（笊）篱，帚，芀，帚，簸箕，蒸布，拭布，净绳六根，秫秸（按：原下小字注：四根一束，四束，长二尺。），净柴。”《黑龙江志稿》：“……盅[壶]，匙，箸，碗，碟，几架，槽盆。”《钦礼》：“供肉银里楠木大槽盆，长三尺一寸五分，宽一尺八寸，高七寸。小槽盆（银里楠木），长二尺二寸五分，宽一尺五寸，高七寸。”“乌木筋，长一尺。”“淘米用有炳大木槽盆，长七尺，高八寸，口径宽二尺。”本图所绘祭祀器物有：有盆，大、小碗，碟，筷子，菜板，菜刀，尖刀，刮刀，方盘，漏勺，钩，瓢等器物。

图十六、供米豆图

注

《钮祜禄氏祭祀礼仪》：“（做洒糕、打糕等）将舂净之小黄米一斗，于[做]酒后，淘洗洁净，分盛二筛内控粉，各坐于缸盆上，用木板凳二条，摆放于挨西炕前地上。”《赫舍里氏祈福换索仪规》：“将赤小豆，祭日前请到家，供于西炕上。”《钮祜禄氏祭天祭

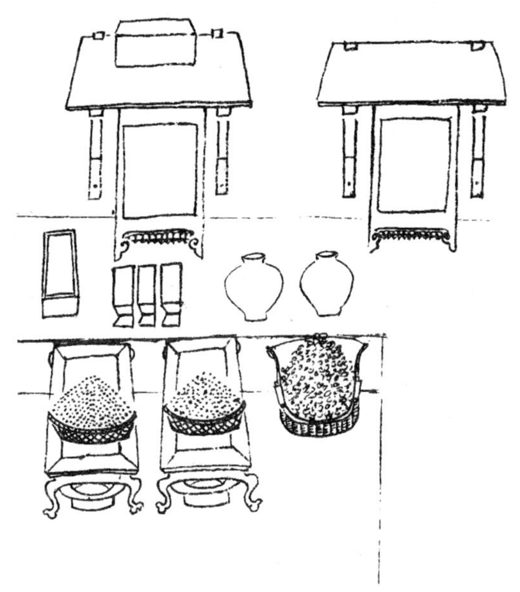

神仪注》："（祭前二日）将面、豆俱分为两分（份），分妥，俱放于北炕神柜傍。"《乌喇纳喇氏祭祀礼仪》："（祭前二日）使净水淘黄米……淘完时，空（控）在祖宗案下。"《满洲西林觉罗氏祭祀书》："其做饽饽之米、豆，亦各用净袋盛装，供设于神下。"本图所绘，米豆淘洗洁净后，分别装在两个筛子和一个簸箕内，摆在西炕祖位地下槽盆上及地上。

图十七、换香碟陈灰图

注

《镶蓝旗赵氏祭祀事项》："上午晨起，将祖上之香碟灰换好，须用净草灰，高粱楷（秸）、豆楷（秸）灰均可……再将包幔架破纸及旧白满彩（按：旧挂旗）、香碟内陈灰，均送至人迹鲜至处焚化，南园外处亦可。"《正黄旗白氏祭祀规矩》："待日将入……（西

炕）中设一香案，预备换香灰。”《钮祜禄氏祭天祭神仪注》：“神上供用香碟净灰，例应于年终除夕日换新灰，余日俱不可动。每于年终除夕日正午，主妇令人将祭用高桌预设于大屋正中，主妇乃沐手，令人将神堂灶内新灰取出筛净，盛于盘内。再令人将堂子上香碟两个，请入屋内正中桌上，则将陈灰去净，将新灰换妥，再用红纸覆上，用手压平，收拾洁净，则去所覆红纸，仍安供原处。次将早辰（晨）供用香碟四个，照样易换新灰，仍送原处安供。毕，将晚间背灯供用香碟三个，亦按次照样易换新灰，收拾洁净，毕，安供原处。虽此小节，亦必须主妇亲看收拾，断不可委之仆妇，以示诚敬可也。”（按：原下双小字注：将陈灰，仍送神灶内，不可抛弃。）《满洲婚祭礼合仪礼考》：“（祭日）先期二日，主祭者率阖族，谨将神板拭净，换新挂钱（旗），香碟内易新灰，次将祭器洗拭洁净。”《辽滨塔满族家祭》：“当祭之时，前一日，将香碟请下，先南后北，重筛净灰，俱著于龛前。”本图所绘，由一名男人用罗筛灰易换新灰。

图十八、制酒图

注

《乌喇纳喇氏祭祀礼仪》：“（米酒）此酒系自家做的，以先预备以曲子、黄米，做成两大碗，在此时（祭天）应用。”《钮祜禄氏祭祀礼仪》：“米儿酒，于定期磕头前二日，将祭祀所用一切小黄米、大黄米，俱各舂簸洁净。俟定期磕头毕，请香碟后，将小黄米三升，宽汤煮粥。锅滚后，舀清米汤一小盆，晾凉，用槐曲十二

两，砸烂，入凉米汤内泡揩，再用筛罗过净。将浓粥盛装盆内，用木勺搅温入曲水合匀，分装两瓶，放北炕倭扯库门东正中炕热处，用祭祀上净蓝布它单双层裹严，上放尖刀一把，尖东靶（把）西，刃向北，上放磁（瓷）碟一个装灰，上香一路，点火。止一次此酒二瓶，分早晚供献。淋酒，江米、小黄米俱可。以米六升，拣净舂好，于磕头定期之前二日淘净，用凉水浆泡。磕头前一日，即入锅蒸饭……沾烧酒拨拌，俟温时，用上槐曲一块……拌入饭内……盛注地缸……放于北炕西头正中热处使发……须两日工夫，方能出酒……舀出两小缸，以备早晚供献。”《钮祜禄氏祭天祭神仪注》：“每于祭大神之前九日……盛二坛，放于北炕西头神柜前……至祭日五更，则将西边之酒坛，先抬至西炕沿下正中，以备供用。东边酒坛，系背灯时，方抬至炕沿下备用。”“（淋酒）俟祭之前一日……接清酒二坛，放于北炕上，以备祭日供用。”《正红旗瓜尔佳氏祭祀》：“先两日，做酒两瓶，安放前炕西头……又备一小瓶为京达密酒。”《满洲西林觉罗氏祭祀书》：“做酒黄米饭冷后，大盆盛装。先将秤准曲泡水，拌入饭内，次将米饭澄出米汤，倾入盆内，然后，用木勺搅匀，装盛净罈，口封盖严紧……家酿三日成酒，俗名‘米儿酒’。此酒只于春、夏、秋三季供献。若冬季祭祀，及背灯供神，则用家中自烧酒。”本图所绘，由一名妇女淘米煮饭做酒，酒坛二，封好，放在西炕祖位前。南边酒坛口上放尖刀一把，坛后香碟一，点燃。

图十九、做饽饽图

注

《钮祜禄氏祭天祭神仪注》：“（打糕）前期三日，主妇带同仆妇，将应用江米选洁净细白者四斗，做豆面之黄豆八升拣出，用簸（笸）箩装好，上盖窀单，暂放于北炕西头春凳上。次日（淘米磨面）……祭之前一日，……三更，（主妇）令家人等进内打糕……视令众仆妇，做成糕块（按：原下双行小字注：二寸宽，九寸长。），分摆于应供各盘内（按：原下双行小字注：每盘先供一个，每层二个，即撒豆面一层。），如此打成，屋内九台。则即打堂子上并神幔后供用三台，如式摆供。”该家族制作其他各种供用饽饽，皆由主妇主持。《富察氏祭祀仪注本》：“令厨下蒸糕，选优秀妇女们做饽饽。供献九碟，每碟九个。”《赫舍里氏祈福换索仪规》：“做饽饽（黄米面），共作（做）二十五个（大的），备用不拘。作（做）小饽饽，将黄米面揉荔枝大，将中指在面中点一坑，曰“小饽饽”（盛碗内）。”《满洲婚祭礼合仪礼考》：“和面，用温水香。”《辽滨塔瓜尔佳氏祭仪大略》：“祭之日黎明而早起也。先令主妇帅（率）众妇女，将黄米面蒸成糕，取出揣合作（做）小圆饼九九八十一枚，余作（做）圆长饼，外捏面剂二碗，俱分先后。”《满洲西林觉罗氏祭祀书》：“于南炕沿安放桌一张，做成饽饽。此饽饽式样，或长饼，或圆饼，或笼蒸，或油煎，均听承祭者之便。”本图所绘，南炕沿下站一免冠男人，用盆揣面。长方形炕桌之西、南、东三面，坐四名妇女做圆饼饽饽。

图二十、预备告成图

注

《钮祜禄氏祭天祭神仪注》：该族预备祭品、摆供［屋内］、背灯祭等，皆由主妇主持。《安图瓜尔佳氏祭祀礼仪》：“执祭人必用正嫡、六耳环全备妇人。亲庶孀居，或被出者，俱不用也。”《辽滨塔瓜尔佳氏敬神图像》注：“由主妇一人，向祖位正中叩首，禀告祭祀预备告成。”本图所绘，由主妇一人，在南祖宗板下，点香，向神位叩首，禀告祭祀预备告成。

第二十一、阖家参神图

注

《钮祜禄氏祭天祭神仪注》："磕头：主祭男子率众子弟在南傍跪，其众妇女在北傍跪，俱系一跪一叩，两手加额打问心，三次。"《吉林新志》："岁时致祭，男女序列罗拜，叩头有声。"《满洲婚祭礼合仪礼考》："主祭者，丑刻率阖族点香，免冠三叩首。"《瑷珲县志》："满洲家祭，正室西炕上设几安架，恭悬先像，藉以挖单。几上供黄面饽饽数盘，亦有黄米一盂者……主祭、助祭者，咸

行叩首礼。”《赫舍里氏祭祀规条》：“将蒙（幪）子挂上，将南边三个香碟，请供在炕桌上。（饽饽）摆九盘，每盘九个，里面五盘，外面四盘。阖家行三跪九叩礼。”《辽滨塔瓜尔佳氏祭仪大略》：“参，拜也。主人帅（率）众皆序立，若尊长有疾者休于他所。于是，俱跪叩三次，换酒三次。”本图所绘，南祖宗板下设蒙（幪）架，挂宅单及索。幪前地下设大供桌一张，供九盘饽饽、三盅酒及两个香碟。索绳挂好，神箭桌上南头。其大桌下设一小供桌，香碟一、饽饽一盘、酒一盅。南炕西头摆矮供桌一张，上供饽饽九摞，饭两碗，汤两碗，盘两个。北祖宗板上三个香碟请下，并排顺放西炕上，不点燃。香碟两旁，各放一酒坛及碟、盅、勺等物。北炕放一笸箩，内装饽饽。主人率子弟免冠按辈分齿序跪于南，妇女亦按序跪于北，共向祖位行叩首礼。

图二十二、立柳枝、拉索、请猪图

注

《正红旗瓜尔佳氏祭祀》：“柳树枝一枝，安在门外东边。”《赫舍里氏祈福换索仪规》：“请柳枝，要三杈九股。如无，必须请三大杈，要紧。”《乌喇纳喇氏祭祀礼仪》：“砍柳树一棵，高五六尺，绑在里屋台阶前锁桩子上。”《满洲跳神还愿典例》：“砍取高九尺、见圆三寸柳树一棵……将柳枝插立石座上。”《安图瓜尔佳氏祭祀礼仪》：“于祭前一日，备柳枝一株，与石安放房门外，将柳枝插其上。（祭日晨起）将索绳、纸条一份，同拴门外柳枝上。又将瓷香碟拈香端出，放在柳下石上。执祭人立对右供板，手擎索箭行出门外，右绕柳枝三遍，回立桌前，如此三遍，将索箭立放原处……午后换索……又将柜上纸条拴柳枝上，磁（瓷）碟拈香，执祭人左手擎箭，右手端盘行至门外柳枝下，左绕三圈，走至小人席上，助祭人将盘内饽饽拿下三个，放小豆碗内，如此者三。后将箭上线索拿

下，放在饽饽桌上，抬在柳枝下。前三撂粘在柳枝上，余收起，三日后，家中人自食。再赴席，小人与子弟等用线索拴在柳枝上，即时解下，与他力哈以（一）并拴在索绳上。”《双城县志》：“在屋西北隅上首有钉挂起［索线绳］，拖至门外，系左旁柳枝上，下陈黄米粉团及煮熟小鱼二碗，于是跪而拜，是曰‘拉锁’（索）。”《满洲婚祭礼合仪礼考》：“是日卯刻，设石东阶下，竖柳枝，展索绳，系其端于西神板下之右，下系于柳干。将所作新索并净纸，依次挂于柳枝。设矮桌于柳前，桌上设香碟一。系净麻于神箭，立于柳之左……（午后）升柳枝于屋（房）上，撤香案，归神箭，索袱于神板上。”《镶蓝旗赵氏祭祀事项》：“猪贰口，无杂毛。一牡，即公猪；一牝，即屯猪。”《满洲祭祀换锁条规》：“请牲，务择毛片一色，无杂毛，诸处齐全者，方可用，断不可耳上有孔之猪。”《钮祜禄氏祭天祭神仪注》：“请牲，每逢祭神，于祭之前一日，令人上市请牲。务择毛片纯色，无杂毛，诸处齐全，洁净，方可……如力量足者，总须家内蓄者更好。”《富察氏祭祀仪注本》：“搓左股绳子三条，绑猪嘴用的……头一天下午，抓猪绑好，放在祖宗屋外，猪头向东。族中人全脱帽行礼［叩首］。女子们行举手礼……”《正黄旗白氏祭祀规矩》：“（祭祖）猪一口，抓时不准绑嘴。”本图所绘，门外阶东，竖柳枝一棵，一人往柳枝上绑索线、挟饽饽。主人免冠立阶上，面对柳枝，右手持神箭，左手端一碗。院中放一猪，绑四蹄，不绑嘴。

图二十三、祭马神图

注

《奉天通志》：“畜红马一匹，平日不乘，祭时被以鞍鞯，牵入庭中，直立不动，名‘他合马’。主人捧香炉，绕行三匝，及去马撤像。”《钦礼》：“堂子式殿祭马神仪注：白马十匹。司祝官［将绸条］于香碟上薰，授予牧长，系于马之鬃、尾。”《乌喇纳喇氏祭祀礼仪》：“嗒哈马，即系儿马子（按：公马）。就在此时（按：摆猪件子后），将马牵进来，将鬃、尾皆绑上红布条，以香碟子连圈三遍，将马再转三个圈。即牵出去。此马以后无论何时架车辕子之时，不准拉女子，亦不准妇女骑之。”

《依兰县志》："将祭马衔枚牵入内室，对神立，致祭人以双手执神前第二香炉（碟），献祝词。祝毕，右手执香炉（碟）绕马首三周毕，再将末二神前之酒，倾入七寸盘内，与马饮之。饮毕，用木盅一，置于马五叉骨上，向外牵之，木盅落地，主人拾而怀之，向神叩首，马鬃尾系红、绿彩布一条。"《钮祜禄氏祭天祭神仪注》："剪拴红绸条（按：原下双行小字注：名为塔尔哈布丁）：每于祭大神之前一日，主妇则将洁净新红绸剪出九条，每条长五寸，宽一寸，上用红线串成一式，收于北炕神柜上。俟祭之日五鼓，安供香碟时，则供于北首。行礼后，将香碟在马鼻上熏过，则将此红绸条递于拉马人。拉马人接过，则由南转下拉于院中西廊下，将红绸拴马门鬃上一条、脖鬃上一条、马尾上一条。拴完，再由中门拉出。"《安图瓜尔佳氏祭祀礼仪》："马他力哈（按：即绸条），四长条，均两下分缝完……执祭人将马他力哈绕三遍，递于子弟，拴马尾上。无马，拴厩中亦可。"《扈什哈哩氏祭祀仪制书》："马神供在堂屋东北……马神之祀，闻于换锁之后。将红黏谷放簸箕内，即以米儿酒塗马神牌，令湿，于红黏谷中两面粘之。"《辽滨塔瓜尔佳氏祭仪大略》："如有神马者，将引至神前西向立。主人将桌下香碟奉起，从马头而上越至尾后，由里边绕回，如此三次。［他哈布］一编于首，一编于尾……随将马笼头摘下，放出……凡祭用神马者，家能畜马，即以敬许特用，后须终养之。"本图所绘，神马西向立，主人免冠右手持香碟点燃，从马身上绕过；马首及尾各站一人，亦免冠，将他哈布丁系于马门鬃和马尾。

图二十四、领牲图

注

《钮祜禄氏祭祀礼仪》："（晨祭）拿猪，将所有捆绳解净，散拉腿进屋，头西，肚北，一人手搬下边前腿使卧。萨玛太太跪于挨炕正中稍偏北，面西（按：晚祭面北），用盅盛水，放碟内，举过顶，唱祝……将水递与主祭男子，跪于猪南面向西（按：晚祭跪于猪东面北），接水，亦举祝，再浇猪耳，领接。”《赫舍里氏祭祀规条》：“将净水灌在猪耳内，领了，阖家叩头。”《镶蓝旗赵氏祭祀事项》：“族中人跪，不许外姓人跪。［主人］用甜酒一盅，灌猪耳左耳，头摇即接矣。然后叩首。”《正黄旗白氏祭祀规矩》：“（主人）即领阖家人跪于祖上案前（摘帽），敬捧酒杯，点酒于猪耳中，祝曰‘或为某有病敬许，或为某远行，敬许太平猪一口’。俟猪领声（牲），大家欢喜，叩首而起。”《安图瓜尔佳氏祭祀礼仪》：“（晨

祭）主祭人跪右边扶猪，执祭人跪左边端碟盅掏（舀）水，高举一遭，递与主人，将水灌入猪右耳内。”《富察氏祭祀仪注本》：“食完抬猪，先将猪身上用新笤帚扫七下，主祭人和合族执猪耳，扶猪走三步，进屋至祖宗前。猪头向外，左耳向上，合家人等全跪下，主祭人用盆中酒水，对正猪耳头眼浇之。猪耳一晃摇，为领牲。族人一齐大声说‘咧’。全叩头，不拘数，越多越好。礼毕，站起时，向主祭人道喜。”《凤城县志》：“旋扛猪至位前，合眷皆跪，家长向猪浇酒，令摇头播耳，名曰‘领牲’。”《满洲婚祭礼合仪礼考》：“（朝祭）顶冠出，请牲，至牲前净帚遍扫牲体，换新缚绳，引牲入，至神前陈于地。牲首向上，脊向南。（按：夕祭，祭天，脊向东。）免冠三叩首，兴……省牲。”《钮祜禄氏祭天祭神仪注》：“主妇将酒亲手盛出，敬举默祝。叩首后，递主祭男子接过，亦敬举默祝，叩首。随少少灌猪耳，牲接，则叩首起。如不接，则可另换酒再灌。如仍不接，则将盛出之酒并盅碗俱换，另盛净酒，如猪耳不通，则可将猪翻转另灌。如仍不接，连三次不接，则即将此猪换第二日所用之猪。第二日，另请，务令接受方是。”本图所绘，猪首向西，背向北，左耳向上，扶猪人跪猪南面，主妇立北面递酒与主人，主人跪猪北，左手端碗，右手拿盅向猪左耳灌酒，余众男人跪主人之后。

图二十五、屋内杀牲图

注

《钮祜禄氏祭祀礼仪》：“（晚祭）抬进矮桌，放于迎门地正中，将猪抬放矮桌上宰。”《佟佳氏教萨玛规矩》：“晨祭在上屋南炕边，使缩龙杀猪。一人按猪，领猪人紧紧持绳，使缩龙（签）人杀猪，用预先备秫秸杨（瓤）三根合一，塞缩龙穴眼上……用净开水退好［毛］。晚祭在堂屋地迎面，刀杀之。”《钮祜禄氏祭天祭神仪

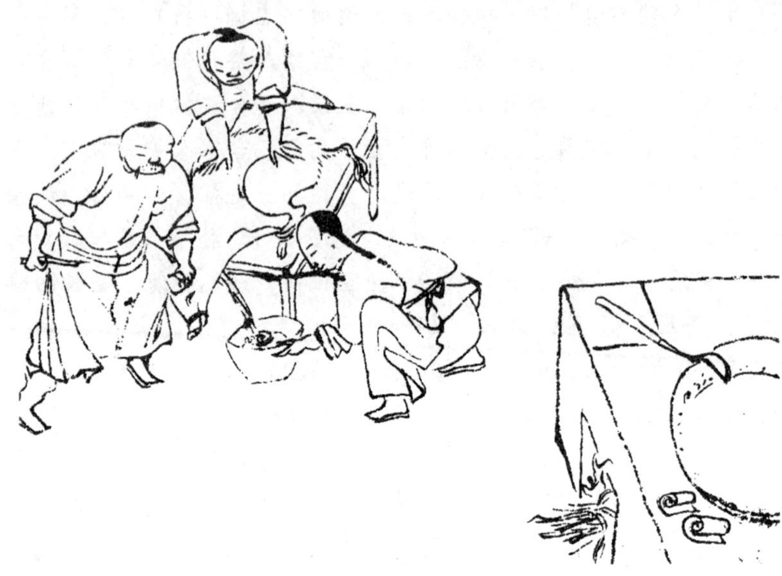

注》："主妇则将铁签授予请猪人，请猪人接签省牲。"《正黄旗白氏祭祀规矩》："将此祭猪由祖上案下，抬于堂屋，吩咐宰杀。血盆放在香案以旁，烧水退（煺）猪。"《安图瓜尔佳氏祭祀礼仪》："助祭人持签，左手签死。"《镶蓝旗赵氏祭祀事项》："（晨祭，领牲后）再行杀猪。用左手将毛去净，唯猪蹄甲、鞭，置供桌下供之。""（晚祭）用右手杀猪。"本图所绘，一人按猪于矮桌上，一人持签杀猪，一人用盆接血。灶上大锅烧开水，锅台上放有长把勺和两把刮刀（按：煺猪毛专用工具。），准备退（煺）猪毛。

图二十六、挂索图

注

《奉天通志》："有挂锁、换锁（索）之俗。于祭之翌日，令男女未婚嫁者，咸跪完立妈妈位前，老主妇以柳枝蘸净水洒之，以彩线各套其颈，谓之‘挂锁（索）’。越三日，取贮纸袋中。逢再祭日，即引出锁（索）绠，取前套之彩线拴之。女已字人，令夫家备猪、酒，来祭完立妈妈，为去锁（索）绠彩线一缕，名曰‘换锁（索）’。”《辉发萨克达氏祭祀换锁仪规》：“线锁（索）拈（捻）好，将旧䌷条夹上数条，拈在新线上。将新䌷条红色、蓝色、月白色䌷条拴在线锁（索）上。”《赫舍里氏祈福换索仪规》：“每逢升娶添子增人进口，请索后，索绳上应添䌷条，不拘颜色，绫罗纱帛，是新料俱可添用。缎子不可用。”《赫舍里氏祭祀规条》：“预计孩童［人数］，用三蓝线，每人辫锁（索）一挂，上钉绸补丁一块，挂在神箭扣上……所有领锁挂孩童围桌跪桌旁。持箭妇人，将箭上之蔴，拂孩童之头，绕之孩童，各掳其蔴怀之。绕一周，向南叩头，如是三绕。三叩头毕，收锁（索），散给孩童，各

代（戴）项上。”《满洲祭祀换锁条规》：“锁（索）补丁，每一份，只用三块，不用红色，不要用刮糨子的。锁（索）线，男用蓝、白线九条，不用杂色；女用蓝、白线四、五条，黄、绿线一、二条，共七条，亦不要红色的。”《满洲婚祭礼合仪礼考》：“换索礼，是日卯刻……主妇领换索之子女，序跪于柳前。主妇行三叩首礼，换索者随行三叩首礼。主妇兴，请神箭，展麻绕子女之颈；请净纸，拭面身，随即焚化。带索行一叩首礼，兴。其次应换索者，俱如之。”《安图瓜尔佳氏祭祀礼仪》：“午后换索……小人与子弟等用线索拴柳枝上，即时解下，与他力哈以（一）并拴在索绳上。”本图所绘，该族换索在西屋进行。西炕前设供桌，上摆饽饽、酒及香碟等。应换索之人对祖位跪于供桌前，主妇一人为其挂索。

图二十七、解猪图

注

《正黄旗白氏祭祀规矩》：“（猪宰杀后）烧水退（煺）毛，开膛择肠，诸般洁净。”《钮祜禄氏祭祀礼仪》：“（将猪）使签签老。抬进矮桌，放在迎门地正中，将猪抬放矮桌上，头向西，剥皮、解件。”《赫舍里氏祭祀规条》：“（猪）开膛时，将尿泡、苦胆取出，并蹄甲，亦放在七窍碟内。”《辉发萨克达氏祭祀换锁仪规》：“劈猪退

毛开膛，将尿泡、苦胆别下锅，用小碟盛上，放在桌上，供肉时撒在房上。”《乌喇纳喇氏祭祀礼仪》：“（猪）在案前杀死，解八大块，将前、后蹄子解下，备用。”《富察氏祭祀仪注本》：“宰猪抬厨中退（煺）好，割八大块，猪头不算。”《镶蓝旗赵氏祭祀事项》：“将猪割作八件，猪头一件，腿四件、腰梁乌刹尾合一件、胁（肋）八（巴）二件、胸谱（脯）一小件，外有心、肝、肺、肠、胃等。”本图所绘，猪退（煺）毛后，仰放矮桌上，后一人系围裙持刀开膛，前一人系围裙持刀割猪头。两旁各站一人扯把前后腿。扯把前腿之人身前站一儿童，抱其大腿，欲看又怕之神态。

图二十八、倒肠灌血图

注

《钮祜禄氏祭天祭神仪注》：“取血先供神前；次，收拾下水……取大、小肠在神桌前南边跪灌［血］毕。”《钮祜禄氏祭祀礼仪》：“血槽上放小木勺一把，靶（把）向西，以便灌肠。灌完血肠，将血槽随血肠拿入屋内……下随（水）在院内西南角倒洗。猪头蹄尾，在大灶上燎刷洁净。”《镶蓝旗赵氏祭祀事项》：“肠于弄净，用血灌二根。”《安图瓜尔佳氏祭祀礼仪》：“将血盆放供桌右首。（背灯祭）血盆放（供桌）左首，再灌血肠。”《满洲婚祭礼合仪礼考》：“（朝祭）省牲，用左手盛血以盆，血盆供桌之左。（夕祭）省牲，用右手盛血以盆，血盆供于桌之左。”《正黄旗白氏祭祀规矩》：“血盆放在香案以旁，烧水退（煺）毛，开膛择肠。”《富察氏祭礼仪注本》：“宰猪抬厨中退（煺）好……灌血肠一条。”本图所绘，屋内有系围裙四名男子，在西屋地下，分别倒肠洗肠、灌血肠。

图二十九、煮肉图

注

《黑龙江库雅喇氏家祭》："将猪退（煺）毛，解为八块，煮半熟。"《乌喇纳喇氏祭祀礼仪》："解以八大件，入锅煮熟，下水入锅同煮。"《镶蓝旗赵氏祭祀事项》："（猪各部件）煮好。"《呼兰县志》："解剖十一件，熟而荐之。"《双城县志》："于神前割豕肉入锅，煮微熟取出。"《满洲祭祀换锁条规》："（猪肉、油）一半，下

锅。”《赫舍里氏祈福换索仪规》：“下锅时，将右蹄含在猪嘴内，必须含妥，一并煮熟。”《钮祜禄氏祭天祭神仪注》：“按分（份）卸开，送入神锅，加火煮。［血肠］下锅煮熟。”《辽滨塔瓜尔佳氏祭仪大略》：“将血攮开，以水调之，即肠肚收拾洁净，则灌于肠中，亦著锅内与肉并煮。”《满洲西林觉罗氏祭祀书》：“将逐块肉，用盘盛送下锅……其肉务必者透熟，方可捞取。”本图所绘，由二人免冠系围裙在厨内大锅中，煮件肉。

图三十、摆祭拿件图

注

《富察氏祭祀仪注本》：“把木资（质）槽盆放祖宗前，先献猪头，装槽盆中，［按］顺序一一地献上。上一块，用刀片割一薄片，三片亦好……装碗内……共九碗，祖宗前八碗（按：祖宗板上供一碗），由北往南上。上齐时，成一个整猪形。将血肠一条围猪嘴上，用网油一张，盖在猪头上，木柄小尖刀一把，插猪的左鼻孔中。”《赫舍里氏祭祀规条》：“猪首幪网油，用血肠一条，作扯手。左嘴边，插小刀一把。”《镶蓝旗赵氏祭祀事项》：“（八件）置桌上对作整猪样，头向西，头间插尖刀一把，供之。”《乌喇纳喇氏祭祀礼仪》：“将原有之肉槽子，放在屋地板凳或桌子上。将猪肉拿出来，按件摆入肉槽子内，与仰卧之猪样。下水放在腑内，以生水油网套在猪头上。汤碗放在两边；左香碟子放在猪身上。”《满洲婚祭礼合仪礼考》：“俟肉熟……奉俎以献，首向上，插鸾刀于牲首之

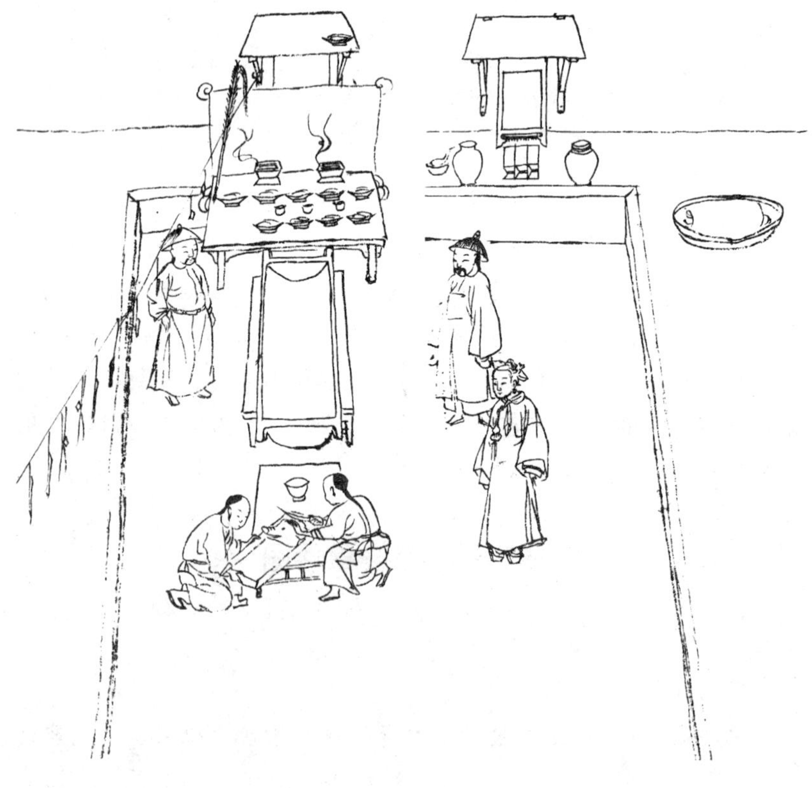

左。”《钮祜禄氏祭天祭神仪注》：“供肉，每于肉熟时，槽上二人先至槽子两旁，将槽撢净。立候一人，将肉用方盘捧至槽前，先捧四大腿大骨等件，后捧下水。槽上人则按件俱片数片于大碗内，如式摆妥。将细血肠并膁贴搭头上，于右旁插木靶（把）小刀一柄。再将硬肋骨一个，放于乌×（叉）上，插木靶（把）小刀一柄，供于神桌北头，供汤一盅……随退了，以待主位叩首。”本图所绘，西屋南祖宗板下，西炕上立神幔架，其前地下设供桌，桌上二香碟点燃，摆供品及酒。供桌前放大槽盆，槽盆南立一戴冠男人，主人戴冠及主妇立于槽盆北，皆面视摆件人。槽盆前，放一矮桌，桌前两男人免冠单腿跪，摆件片肉。

图三十一、供牲献礼图

注

《正黄旗白氏祭祀规矩》：“（摆完件后）主人拈香，合家叩首。”《钮祜禄氏祭天祭神仪注》：“堂子上磕头……主祭男子率众子弟在南傍跪，其众妇女在北傍跪，俱系一跪一叩，两手加额打问心三次……男子叩首，俱系免冠叩首，不戴帽。其所有神上执事家人等，例不戴帽。”《富察氏祭祀仪注本》：“（摆件）上齐时，合族行参礼，脱帽叩头为参。”《双城县志》：“（摆完）行三跪三献礼。主祭者前，次以行辈序立，妇女后之，免冠叩首有声。”《赫舍里氏祭祀规条》：“（摆好后）阖家行三跪九叩礼。”《辽滨塔瓜尔佳氏祭仪大略》：“至一切完备，即将拿件小桌撤去。主人及亲朋俱跪叩三次，换酒三次，即为终献。”《满洲西林觉罗氏祭祀书》：“（摆件后，酒）斟满三盅，高举摇荡，口颂老清语，劝进爵者三声，轻轻托神，沾酒一次，跪者俱随声叩头一次，如是行礼［三次］。”本图所绘，摆完件子和供品后，香碟点燃，主人率众子弟以序向南祖宗板神位免冠跪，众妇女跪于北侧面向神位，行叩献礼。

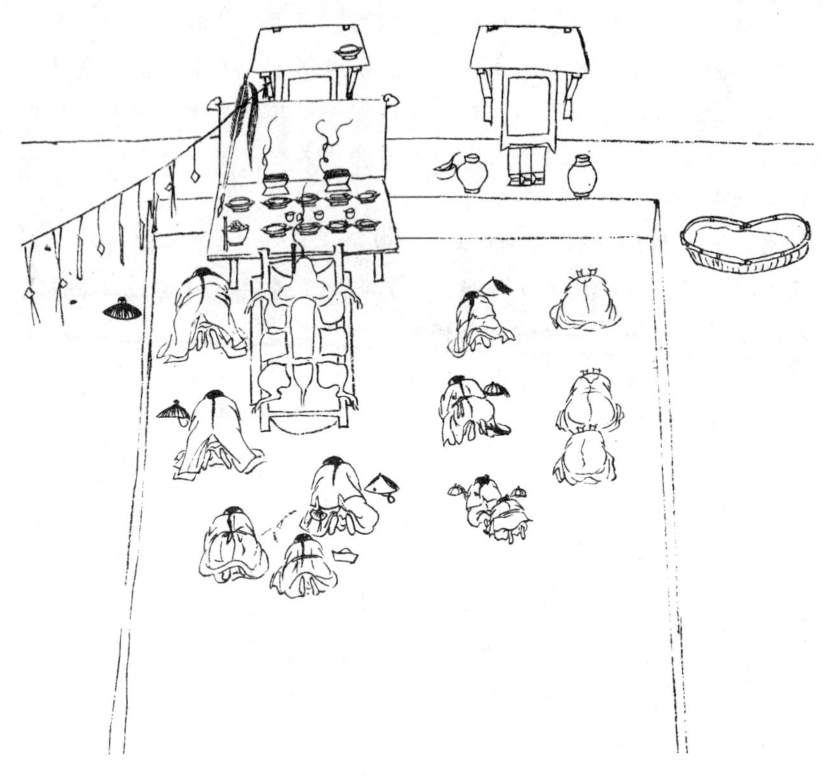

图三十二、拿胙肉图

注

《钮祜禄氏祭祀礼仪》："（肉）按件俱割三、五片，装碗内，是阿母孙肉，浇汤安筯，供肉槽正中猪头后。"《钮祜禄氏祭天祭神仪注》："俟肉好……每块先片数片，共盛一碗，并添汤满碗，供箸一双，供在槽肉猪首南傍。"《镶蓝旗赵氏祭祀事项》："每件割一块，心等亦割，切碎加汤，入二碗，分南北供之。"《乌喇纳喇氏祭祀礼仪》："将各处之肉，各处割点，凑成两碗汤。"《舒舒觉罗哈拉

永远规模祭祀全书》："阿玛孙肉以汤。第一碗，仓米饭，匙一把；第二碗，阿玛孙肉上，血肠一寸长、五块，上盖右肋条三根，筯一双；第三碗，苍（仓）米饭一碗，匙一把；第四碗，阿玛孙肉上，血肠一寸长、七节，上盖左肋条五根，筯一双。"《双城县志》："（猪各件）各取少许，置大铜碗，名'阿玛尊肉'供之，行三跪三献礼。"本图所绘，由三人片阿玛孙肉，装碗内。

图三十三、受胙图

注

《钮祜禄氏祭祀礼仪》："主祭人将碗内阿母孙肉撤下，用筋翻挑三次，向西举碗，立叩受祚（胙）礼。尝一、二块，递给萨吗太太尝肉。此为领福祚阿母孙肉，不但不给外人吃，即未出嫁之女，亦不给吃。"《双城县志》："即神前尝所供阿玛尊肉，盖受胙意也。"《瑷珲县志》："朝祭、夕祭，皆食福胙。"《辽滨塔瓜尔佳氏祭仪大略》："胙，福肉也。古礼：主人跪拜食饮神惠……我家礼，于此则主人先食拿件肉，亲尝神酒，食换索饭，盖俱受胙之意也。"《赫舍里氏祈福换索仪规》："其家长尝胙，散福。"《钮祜禄氏祭天

祭神仪注》："此阿木苏肉者，乃神赐神惠也，例应于背灯请牲前午间，率子弟男妇食毕……在此阿木苏肉，例应不与外人食。"本图所绘，主人向祖位行叩首礼后，尝胙肉。

图三十四、客贺图

注

《辽滨塔瓜尔佳氏祭仪大略》："待亲友渐至，或有知礼者，亦向上再拜。"《正黄旗白氏祭祀规矩》："客当来时，宜给主人主

［祖］上叩喜。”《镶蓝旗赵氏祭祀事项》：“外姓先叩首，而后可食。”《吉林通志》：“（客）唯见时，道贺而已。”《双城县志》：“客初至，口道贺。”《望奎县志》：“戚友至者皆贺。”本图所绘，两名客人至，戴冠向祖位行礼。

图三十五、飨客图

注

《正黄旗白氏祭祀规矩》：“此时，令人就炕铺油单或方盘，设一空盘子。将所邀之客，按次让坐。主人命厨夫由锅捞出各样肉，

乘热薄薄割片，续添于盘中，以陪客食。无论何人，不许食酱……客走，合家按序而食此肉。”《乌喇纳喇氏祭祀礼仪》：“遂将屋地放一张桌子，拿切肉墩两个，得二人片肉。先将下水并血，各盘子切点，每桌一盘肉，多的多片，少的少吃。以猪肉汤烩高粱米饭；硬咸菜，每桌两盘子，均在炕上吃。不准放桌子，亦不准吃酒。倘能须先预备油氏、饭单，铺在炕上，以省落油更好。无者，听其年长者先吃，吃完急速下去，好待后邦（帮）再吃。每桌四人，人多多吃几回。”《富察氏祭祀仪注本》：“吃祭肉规则，不放桌子，不使筷子；葱蒜一概不许吃……以树枝作筷子，以表祖宗出征时候，适野设席，风餐的样子，就地坐席，即是露宿的一样。后裔们要知先祖的辛苦，以此之故，才永久存祭祀之诚。”《吉林通志》：“是日飨客，客食毕不谢……客去亦不送。”《呼兰县志》：“戚友毕至， 不设几案，陈肉方盘中，藉以油纸。”《双城县志》：“将祭肉撤下，再入锅煮大熟，邀亲友来共食之。食时不饮酒，不设桌，在炕铺油布或麻席，四人一席……晚复献牲如晨礼，仍邀亲邻同食，曰‘吃背灯肉’，并用米酒。”《望奎县志》：“祭之日，戚友至者皆贺，既则席地坐，以刀割肉自食。食毕不谢，客去亦不送。”《凤城县志》：“路人亦可来餐，行时客勿谢，主不送。如赠燎皮一方，为非常敬意。”《清代野记》（梁溪坐观老人）卷上满人吃肉大典：“满洲贵家有大祭祀或喜庆，则设食肉之会。无论认识与不识，若明其礼节者□□□。初不发简延请也。至期，院中建芦席棚……又铺红毡，毡又设坐垫无数。客至，席地盘膝坐，垫上或十人一围，或八九人一围。坐定，庖人则以肉一方约十斤，置二尺径铜盘中献之；更一大铜碗，满盛肉汁，碗中一大铜勺。每人座前又人各一小铜盘，径八九寸者，亦无醯酱之属。酒则高粱，倾于大瓷碗中，各人捧碗呷之，以次轮饮。客亦备酱煮高丽纸、解手刀等，自片自食。食愈多则主人愈乐，若连声高呼：添肉，则主人必再三致敬，称谢不已。若一盘不能竟，则主人不顾也……主人并不陪食，但巡视各座所食多寡而已……［客］食毕即行，不准谢，不准拭口，谓此乃享神馂余，不谢也。拭口，则不敬神矣。”《竹叶亭杂记》（姚元之）卷三：“其日，炕上铺以油纸，客围坐，主家仆片肉于锡盘飨客，亦设白酒。”本图所绘，西屋南北炕皆铺油单、设坐垫。客戴帽盘膝坐油单旁。家仆单腿跪炕沿下片肉，供客享食。

图三十六、撂骨辞神图

注

《钮祜禄氏祭祀礼仪》：“（晨祭）俟诸事毕，查齐骨数，撤下蒙（幪）子上北边钱纸，放骨头方盘上。萨吗太太行一跪三叩礼。

撩（撂）骨头，舀汤半瓢，将碟内苦胆、尿泡、钱眼纸、盅内血渣等物，俱倒汤瓢内，连净纸，随骨头撩（撂）大门外十字路口。”《镶蓝旗赵氏祭祀事项》：“（晨祭）饭毕，将猪毛、骨、猪便（鞭）、蹄甲，粪不在内，弃东大门里埋之。（背灯祭）猪毛及蹄甲、便（鞭）、骨等，则送至大门西门里。”《正黄旗白氏祭祀规矩》：“（晨祭）诸般骨头、退（煺）猪毛，均装于缸内，与退（煺）猪水，立时送于沟壕之中，或牲口圈内。”《辽滨塔瓜尔佳氏祭仪大略》：“我家礼，于食神惠之后，再将一牲之骨，刮刻干净，供于神前，复上香，一行跪叩。即毕，再将骨与毛、粪等物，俱扔于门外静处，示食毕不留神惠之意。”《钮祜禄氏祭天祭神仪注》：“每于祭肉吃毕，正午时，槽上人则将骨头查全，并将供酒、喜纸、钱眼、猪蹄尖等件，俱装入槽内。主妇则在神前，行一跪一叩首礼。毕，槽上则将骨头请下，至院中索莫杆处，将槽内骨拿出数件，撩（撂）于杆前，余再送外边洁净河内，万不可秽污。”《赫舍里氏祈福换索仪规》：“午前，掸扫洁净，撂骨头，收索。”《索绰罗氏祭祀礼仪》：“将骨拿了送天地前……将洗碗水、扫地土、柳枝一并送出。”《富察氏祭祀仪注本》：“把猪的骨头，全端送到郊外。”《吉林通志》：“（背灯祭）其骨与狗，狗所余，夜弃户外，亦有焚为灰而埋者。”本图所绘，飨客后，男主人向祖位行叩首礼。家仆将猪胆及退（煺）猪毛水等，用木桶送出屋外。

图三十七、摘索撤馔图

注

《赫舍里氏祭祀规条》：“孩童代（戴）锁，三日摘下，挂在神箭铁上，俟全时，收在口袋内，俟下次换锁时，俱拴在锁绳上……阖家人行三跪九叩礼。礼毕，收幪子请起，并香碟安板上原位。”《安图瓜尔佳氏祭祀礼仪》：“小人与子弟等用线索……即时解下，与他力哈并拴在索绳上……明日，索绳收起。”《凤城县志》：“（挂锁）越三日，取贮纸袋中，逢再祭日，即拖出锁绠，取前套之彩线拴之。”《辽滨塔瓜尔佳氏祭仪大略》：“凡神桌所供酒馂一切撤去，著于龛前。候晚祭毕，始将六香碟一齐上香，纳于龛上，连索绳与斡单并两匣与神箭及斡单架子，亦俱撤去，如旧安置妥协。遂再拜，即所谓纳主撤馂。”《乌喇纳喇氏祭祀礼仪》：“再用赤、黄、黑三色绸条三个，绑在锁线上……吃完，将锁线收入口袋内。”本图所绘，一人将索线系于索绳上之后，将索绳收起。一人将祖位前供桌上各项供品装入方盘中撤下。然后主人及主妇等人，男前女后，向祖位叩拜。

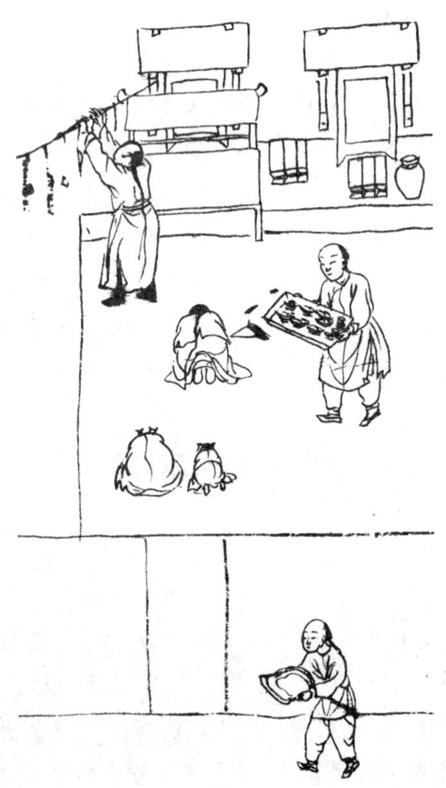

图三十八、背灯祭图

注

《钮祜禄氏祭祀礼仪》："晚间，北炕摆桌二张，靠西边设蒙（幪）架，拴青布蒙（幪）子，中挂铃铛，铃铛杆在北边，铃铛向前，安放时万不许响。东边设宝座，蒙（幪）子前摆香碟二个，宝座前摆香碟一个，上香二路点火。每香碟前供酒一钟（盅）；共供饽饽九盘。取水如早晨一样，供桌下正中炕沿上。行三跪九叩礼。

拿猪不捆，顺腿绊住，抬进屋（领牲、宰杀、解件、摆件等）亦如早晨，唯不拿阿母孙肉……将炕上供的饽饽西头两盘不动，留着背灯，余七盘撤去。换酒。行三跪九叩礼，起。猪头插尖刀不动。再换酒，将香碟内火拨去，屋内所有灯火尽行撤去。令四仆妇拉布幔，将萨吗太太三面遮住，止留北面。诸人俱出屋外静候，不得有声。止（只）萨吗太太一人脱去大褂，在幔内行三跪九叩礼。毕，点灯撤幔，再行一跪三叩礼。将猪头搬歪，拔去尖刀。抬下肉桌，放于屋东头地正中。尊藏香碟，收蒙（幪）子、宝座，是晚间礼毕。”《赫舍里氏祭祀规条》：“晚祭，未正预备。放上桌子，呈请蒙（幪）子。香碟之人，先行三跪九叩礼。（四香碟点燃）阖家行三跪九叩礼。（摆供、领牲、摆件后）阖家行三跪九叩礼。礼毕，将香碟内火，俱拨灭。将蒙（幪）子撤去……将门户闭严，不使见亮。领牲妇一人，向上行三跪九叩礼。礼毕，叫点灯。持灯进屋，将肉槽子内香碟，请供板子上。撤供。不供猪头。礼毕。”《安图瓜尔氏祭祀礼仪》：“晚祭，放桌，请酒瓶，立蒙（幪）架同前。请左供板香碟，拈香。供糕十二盘，酒九盅，摆列同前……省牲、宰、退如前……供肉时，样同前，必见星宿。又扫地、换酒、磕头三遍……添换背灯酒，撤去灯火，止谈笑痰嗽声。执祭人磕头四次，每次三叩。完，持灯撤供。”《钮祜禄氏祭天祭神仪注》：“主妇脱去大褂，即带众妇安供背灯神桌于北炕西中后，安神幔架……（领牲、解件、摆件等同晨祭礼）主祭男妇率子弟，同行礼三次……礼毕，主祭男子出门外，即关门、熄香、背灯。众仆妇将幔遮好，主妇在幔内，自行一跪三叩礼一次（按：原下小字注：神上仆妇即高声在库房内说“背灯了”三字）。毕，撤下小刀，即收神幔、香碟，撤供糕、酒。主祭男子带众家人开门入屋，将供肉供桌搭下，在屋门房门之中，按分（份）摆出，分送亲族。此即桃大神并背灯礼也。”《乌喇纳喇氏祭祀礼仪》：“将猪［肉］连桌子抬在房门里，将板门关上，肉槽子顶在门上。此时，屋里屋外之人，不准动转，亦不准出声，要紧遵训。此时，主人跪于当中，拿酒的跪于左，拿衣掌（按：神衣）的跪于右，余者，无论男女大小，均得去冠跪下。再严令屋内外人等，均不准发言或咳嗽，随即止灯，不准有亮。拿酒的斟酒一杯，扬于门上坎上，随举香一次；拿衣裳的摇动一次，大家叩首一遍，如此三遍。礼毕，点灯［撤供］。”《满洲婚祭礼合仪礼考》：“息（熄）香、彻（撤）火，以布幔遮窗，闭庭户。阖族人等屏息俟于门外，主妇在内行九跪九顿首礼。兴。将牲首所插之鸾刀撤下，轻放于案上。呼烛。撤幪，上香碟。撤俎。每分割取肉三片，并撤所供汤。阖族人等食馂，异姓不与，背灯礼成。”《奉天通志》：“（摆件后）遂掩灯。主人跪位前，摸索斟酒，高举过顶，子弟立后接饮三。此昔人孙为祖尸以代饮食者也。饮已，主人作满语数百言。旅（族）人助祭者，以箸击碗，作声应之，殆歌以侑食之意。顷，复张灯如前，老幼男妇悉跪，行三叩首礼。礼毕，乃撤俎，老少团聚食肉。以碎肉少许置索摩杆锡盘上，以饲乌鹊。此谓之‘避灯祭’。”《呼兰县志》：“夕祭，萨嘛击环鼓，歌祭文三章。主祭、助祭行礼。解豕、荐豕一同朝祭。萨嘛更歌祭文一章，仍熄灯烛。宗人击大鼓，敲札板。萨嘛手摇神铃，用满语历述祖德宗功，间以祭文。同族咸叩首拜。兴。举灯烛，食福胙。”《依兰县志》：“至燃灯时，另设案，置背灯架于案后，上置洼丹，上供九位神中之第一位。案南傍放神刀一，桌后面斜挂神铃。神前香炉一；黏糕二长方；上用盘盛酒杯二，一白酒，二米酒。另设白酒一盅，酒壶一把；米酒一碗，内有小木勺一。族人叩首，令外姓人关门熄灯。主人著便服，手执腰铃，对神立定，后面‘打查拉工’二人，北面大鼓一人，仍击慢三点鼓式。致祭，致祝词。祝词毕，将腰铃放下，暗中停住鼓声。再取神铃举起，向神上下摇动，再读祝词。礼毕，将神铃置案后，将腰铃取来，双手摇之，击大鼓者击三点急声鼓，以陪急读祝词。祝毕，燃灯。族中人礼毕，请神入椟，移案地上。外姓人开门，再以神糕、神酒酬外人。祭毕。”《佟佳氏教萨玛规矩》：“日暮，移神架、神桌于北炕。桌上设供盘九具，每盘盛撒羔（糕）一方……启匣宣祖裳，燃灯、拈香，老萨玛跳饽饽神……稍息，背灯。用抬鼓、恰器、腰铃、环子四、非林事完后，燃烛，收祖匣，启门。”本图所绘，主人、主妇率众子弟在供桌前，男北女南，免冠向北祖宗板之祖位叩拜。

图三十九、祭天请命图

注

《正黄旗白氏祭祀规矩》：“祭天地也，于祭祖上次日。”《钮祜禄氏祭天祭神仪注》：“次日祭天之礼……乃祭天神耳。”《黑龙江库

雅喇氏家察》："第三日，为祭天。"《吉林通志》："祭天，男子皆免冠拜，妇人则不与。"《满洲祭祀换锁（索）条规》："祭天，领牲前，用黄布单二块，将屋内南、北祖宗匣蒙好……在屋门口内，用小长条高桌一张，上用水盅三个，三寸碟三个……屋内安放毕，即叩首一次……"《赫舍里氏祭祀规条》："还愿，丑初预备。屋内向门设神桌一张，正中设香碟一个，盛香灰，上横添香一道。（神杆）供奉在神桌上，尖向东南斜设……屋内东边矮桌迤北，跪二人。一人预备请神桌，一人预备请火把。俟内外俱齐，神桌上点香。萨玛在神桌北，面向南神桌站立伺候。（念神歌）大家在神桌迤北跪听。神歌念毕，大家碰（磕）头。"《辽滨塔瓜尔佳氏祭仪大略》："于屋内龛前横设一桌，用水、米各二碟，由南夹陈于上，即将神竿（杆）取来，收拾洁净，倒放于桌上南头。若未立神竿（杆）者，则现以秫秸作竿（杆），上用麻绳四道，绑草把尺许以代之。于是，主人于两龛上香，亲自跪叩，以禀命于先人。"《满洲西林觉罗氏祭祀书》："（祭天神，于祭祖神之次日）祭时，令人赞颂，声明祭祀缘由，并告白承祭者姓氏年齿。"本图所绘，西墙两祖宗板上各横放香碟三，点燃。西炕前地上供桌，南北各立一人。请神杆人将神杆戳于供桌南头后，主人率男人于供桌前向祖位行叩首礼。

图四十、门内迎神图

注

《正黄旗白氏祭祀规矩》："清晨迎堂屋门，由里向外，设立香案，恭请天地。"《满洲婚祭礼合仪礼考》："丑刻，设祭桌于庭中，陈三碟：一盛香；一盛稗米；一虚空留盛牲之全体。设齐，主祭者，率阖族顶冠，行三叩首礼。"《赫舍里氏祭祀规条》："丑初预备，屋内向门设神桌一张，正中设香碟一个，盛香灰，上横添香一道。东设空碟一个，以备盛七窍。西设空碟一个，以备盛福儿骨。北设碟一个，盛仓米。［神杆］供奉在神桌上，尖向东南斜设……萨玛在神桌北，面向南神桌站立伺候。念神歌，洒（撒）米三次。大家在神桌迤北跪听。神歌念毕，大家碰（磕）头。”《乌喇纳喇氏祭祀礼仪》：“将两张桌子抬至屋里，主人跪下，将小米子扬于门上坎少须（许），叩首一次。”《满洲祭祀换锁（索）条规》：“在屋门内，［桌］安放毕，即叩首一次，洒水一盅，洒仓米一把。”《辽滨塔瓜尔佳氏祭仪大略》：“令人将神竿（杆）与桌抬至房门内，东西放。主人率众向外俱跪，令读祝者立于桌西，左手捧西边米碟，右手将米向外撒，朗诵清（按：满语）祝文一番，米碟仍

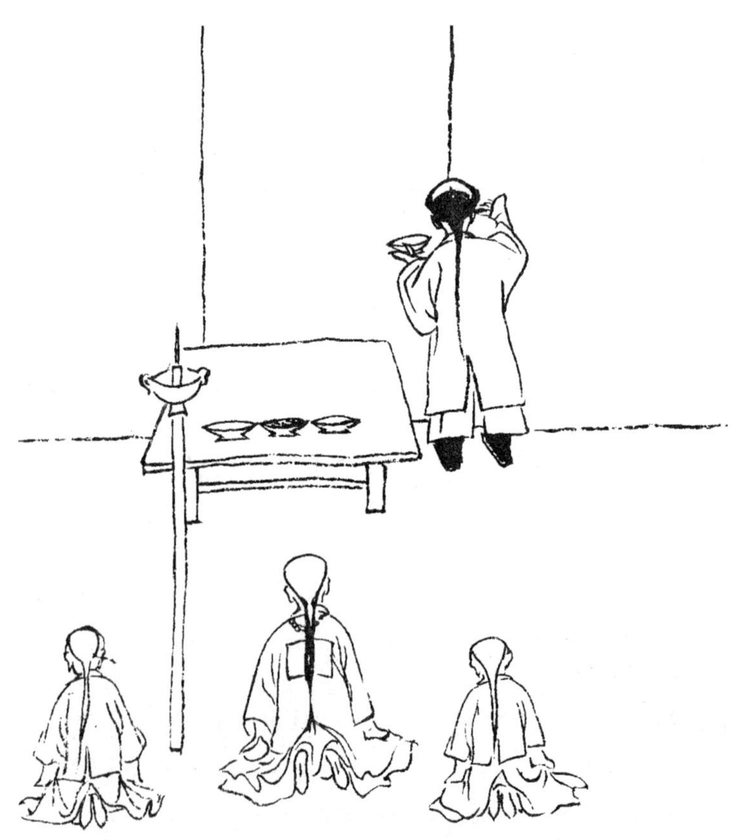

放桌上，主人与众俱三叩，即迎神也。”《满洲西林觉罗氏祭祀书》：“（承祭者）先去帽露顶，敬谨秉诚，行至供桌前，用手点香。跪叩毕，起立。两手捧取香碟，复跪，用两手高举香碟默祷，放下香碟。次用左手高举水碗；右手取匙捺水，向门外高洒三匙。次用左手执米碟，右手捻米一撮，向门外高洒三撮。毕，即跪，叩头有声。起立，其桌令人抬出，安设于祭杆座前。”本图所绘，供桌摆在房门口内，主人戴冠面南站在桌东侧，左手端米碟，右手抓米向门外撒。余众免冠跪桌北面南，行叩首礼。

图四十一、祭天预备器物图

注

《赫舍里氏祭祀规条》：“请神杆先出，第一请神桌，第二请水，第三请火把，第四请槽子，第五大家随出……神桌东，设矮桌一张，上放水壶一把。神桌西，设矮桌一张，上放秫秸一把。迤西，又设火炉一个。东矮桌东，设槽子一个，内盛供碗四个，匙子一把，筷子一双，并一切应用之物备齐。”《安图瓜尔佳氏祭祀礼仪》：“应用刷帚、笊篱等物，预备屋内。”《正黄旗白氏祭祀规

矩》："外用大锅一口，刷帚、菜板、菜刀、碗、筷子、芥菜末等，预为备齐。用大石三块，将锅支上……用树枝钩子，以备钩猪皮四角。"《乌喇纳喇氏祭祀礼仪》："天蒙亮之时，将绑猪绳搓好。另外再搓三条，左绳一条，右绳两条，以备梭龙杆子上之用。遂预备饭桌子两张、瓢、碗、刀、勺、洋火等项。"《辉发萨克达氏祭祀换锁仪规》："（院内）靠西边安放行灶，烟筒口对杆石，柴火、水备齐……安设大杆子连白石座，木栏杆……应用祭器、行灶、大锅、肉槽子、杉木方盘、小杌子、木碗、木碟、嵌花锡碗、锡碟、锡盘等件，以及万字香盒、小刀、酒杯、匙、箸、做糕酒，大小家具全份。"《富察氏祭祀仪注本》："铁钩子九把，烤猪皮用。木把铁尖刀一件，筷子二双，其余酌核办理。"《扈什哈哩氏祭祀仪制书》："预备大锅一口，洗刷洁净。锅撑子一个，碗、盆、刀、杓各器用俱备。"《钮祜禄氏祭祀礼仪》："或铁灶或揸砖灶或控锅腔俱可，上安大锅，满注净水，烧滚以便煮肉。"《满洲祭祀换锁条规》："（各器物）俱于初次屋内叩首时，随祭桌拿出，安放院内。"本图所绘，将大锅安放院西侧铁撑上点火，烧水。家人将菜板、菜刀、勺、尖刀、碗、盘等，从屋内抬至院中，安放在两矮桌上，以便备用。

图四十二、院中降神图

注

《钮祜禄氏祭祀礼仪》："在杪木杆（按：即神杆）北，设高桌一张，供锡碟三个，装熟稗米三碟。将杪木杆由石鼓请下，拔去杆尖陈骨，请下锡碗，擦洗洁净，供于高桌上锡碟之南。杆子亦用净布洗擦，斜立于高桌之北面，靠桌之东角。令人拿猪，去捆绳，唯后腿各拴单绳一条，长不过二三尺，猪头向南，肚向西卧。拿猪人跪于猪东，主祭人率领子弟对桌敬跪。萨吗挨高桌站立，一手举装米锡碟，一手捻米一撮，向空掷撒，诵祝祭神歌，共撒米三把。诵毕神歌，萨吗退下，主祭人等行一跪九叩礼。”《安图瓜尔佳氏祭祀礼仪》：“拿猪，一人在院中东边扶立祭猪，助祭人立桌后，以右手撒米，念颂吉言。主祭人桌后跪诵完，磕头起……将神杆拔下，坡立桌后。”《正黄旗白氏祭祀规矩》：“抓猪一口，不准绑嘴，抬在香案以（之）前，猪头向东，嘴向门里。主人于天地、祖上、菩萨、皂（灶）王、仓官、山神各处拈香、叩首毕，遂率合家人皆跪祭天地香案下。主人将清水按盅向地祭三祭，小米按盅（碟）撤（撒）三撒，索伦杆亦往前压，拜，起落三次。”《乌喇纳喇氏祭祀礼仪》：“将两张桌子抬在影壁前，扬米一次，叩首一遍。将院中大锅安好，遂即抓猪，此猪系雄猪，不可用母猪，切记……将小米往影壁上扬点，猪身亦扬点。去冠，叩首一次，随即领生（牲）或点

酒，听主人之便。”《赫舍里氏祭祀规条》：“将猪前后腿十字捆毕，请牲，请在神桌北众人前。猪头向南，左耳向上。大家在神桌迤北跪听。萨吗洒（撒）米三次，神歌念毕，大家碰（磕）头。”《辉发萨克达氏祭祀换锁（索）仪规》：“将猪抬在案上，猪腿向西，人向石头杆磕头。”《辽滨塔瓜尔佳氏祭仪大略》：“荐牲，主人于牲前神桌之北帅（率）众俱跪，令祝者复洒（撒）米诵文，悉如迎神之仪。共叩毕，仍将米碟放故处。”本图所绘，主人站立供桌西侧，面对影壁，左手端米碟，右手抓米向空中撒。祭猪四蹄绑好，头向西南，肚朝南。众人免冠跪于供桌与猪之间，行叩首礼。

图四十三、院中杀牲图

注

《富察氏祭祀仪注本》：“主祭人将猪令人抬至梭龙杆前，如屋内祭式一样，左耳向上，主祭人浇酒，猪领牲。合族人一样照屋内

行礼道喜。"《正黄旗白氏祭祀规矩》："猪不用领声（牲）……在仪门西以旁……命厨夫宰猪剥皮。"《安图瓜尔佳氏祭祀礼仪》："助祭人持签，左手签死……祭猪开膛，将梭罗杆尖戳猪膛粘（沾）血，复立桌前原处。"《钮祜禄氏祭天祭神仪注》："萨莫即将铁签授予签猪人，签猪人接签省牲。"《辉发萨克达氏祭祀换锁（索）仪规》："左手簩猪，将杆尖染红，仍立石后。"《正红旗瓜尔佳氏祭祀》："用猪一口，于在桌前。念满语一遍，猪领升（牲）。"《黑龙江库雅喇氏家祭》："其宰猪肉将出时，祭主跪于左，手捧杆子，以尖接血少许，仍复立于原处。"《赫舍里氏祭祀规条》："将猪向神桌侵（宰）之，将刀口血并开膛心血，擦杆尖上，立在铁镢（橛），上下拴好。"本图所绘，供桌北之矮桌上，猪头朝西，肚朝南，一人按猪；一人持刀杀猪；一人站猪南持神杆，准备接血染杆尖；一人站猪西南处，左手端空碟，准备接猪胆等物件。

图四十四、剥猪皮图

注

《钮祜禄氏祭祀礼仪》："剥猪皮，剥皮时，脖尾不可挑断，唯割开四肢，按半边划剥。剥完半边，再割那半边……此分下随（水），在院内东南角倒洗。"《富察氏祭祀仪注本》："礼毕，宰猪剥皮。"《正黄旗白氏祭祀规矩》："命厨夫宰猪剥

皮。”《黑龙江库雅喇氏家祭》：“一面将皮剥下，一面涤洗肠、肚。剥皮，于耳后处于与皮相连，勿断取下颈骨。”《满洲祭祀换锁条规》：“剥皮时，先于爪尖上一寸，用刀周转，从肉外开剥，即挑四哨（梢），周身剥。”《辽滨塔瓜尔佳氏祭仪大略》：“（剥）周身皮，唯头与四蹄不剥。”本图所绘，院中，三男人持刀剥皮开膛，二男一女在其西北倒肠，用盆洗净。

图四十五、祭天割件图

注

《安图瓜尔佳氏祭祀礼仪》：“将猪遍身按件割下些须（许），放桌上西边碟内。”《辉发萨克达氏祭祀换锁（索）仪规》：“将猪耳、猪嘴头、两眼皮、四蹄、心、尾尖，共俱一碗。”《乌喇纳喇氏祭祀

礼仪》："将猪拱嘴割下来，眼皮、尾巴、蹄子、肚皮均割下点，放在第一桌上……开膛将岔骨割下，大梁骨割五节，前三节后两节；泪（肋）条左三右二割下来；泪（肋）八（巴）扇肉，分左右割两块；后腿肉分左右割两条；将梭子骨挖下，名为'音得分'。库根一条……余者零星肉均下院中大锅内……熟时，捞出来切成丝，再下入锅内。"《黑龙江库雅喇氏家祭》："割倭约（延）肉及胰子、水泡、猪尾、拱咀等，盛于锡碗之内……将所解之肋条、脊骨肉，略煮，分与屋内三分之一，外边三分之二，各自切碎。"《赫舍里氏祭祀规条》："生拿七窍、胆，盛东小碟内，并达呼噜皮，搭在神桌北秤上。择肉下锅，余皆按份解开。"《辽滨塔瓜尔佳氏祭仪大略》："按牲鼻、唇与舌、两眼、两耳、四蹄合脐与尾，共十三处，各割少许，著于碟内，将碟仍放原处……开膛取尿包、胰子、肛门、苦胆四样取出，放在东边米碟之旁。次解两肋，左边头三根、右边头两根。再将腰脊两边与四腿之旁、肚子两边，各割一条，合上胸叉、喉骨共十二处，俱著锅内煮之……及诸样皆熟，除胸叉、肋条外，按样捞出，亦各割少许，放在东边米碟内，余俱剁碎作丝，复著锅内煮之。"《钮祜禄氏祭祀礼仪》："即照解骨件数，按件割拿……所有心、肝、脾、肺、肠、肚、瞒肚油、脂油、鸡冠油、腰子、里脊肉，俱分半入锅……煮熟抹丝。"《吉林通志》："（神杆）其斗中切猪肠及肺、肚生置其中，用以饲乌。每祭，乌及鹊来食。锡斗之上，杆梢之下，以猪之喉骨横衔之；再祭时，则以新易旧而火之。"《绥化县志》："以豕尾及小米纳置锁莫杆锡斗内，谓之'天贶'。"本图所绘，院中供桌后，主人拿神杆，一人往锡斗内装猪尾、肠等物。三人在矮桌上切肉、肠等，另一人在院中大锅煮肉。

图四十六、祭天参神图

注

《钮祜禄氏祭祀礼仪》:“在杪木杆北，设高桌一张，供锡碟三个，装熟稗米三碟……以桌之东头起，供头碗汤饭，次二碗汤饭，插匙筯。主祭人仍对桌敬跪，萨吗前挨桌站立，一手举米碟，一手撒米，诵供肉神歌，撒米三把，诵毕神歌，萨吗退下。主祭人等行三跪九叩礼。起，将锡碗安杆上。脖项骨鼓肚向外，安杆尖上。所有锡碟盛装生件、熟件，并余剩稗米，俱装锡碗内，以供喜雀(鹊)、乌鸦食用。锡碗具扣放高桌上。”《富察氏祭祀礼仪注本》:

“（杆）前放桌子一张，上供小米、高粱各一碗，以作乌鸦等食……令人把猪的喉骨，套在梭龙杆子尖上。”《正黄旗白氏祭祀规矩》：“抹肉丝两碗盛贮；将预先煮的小米饭亦盛两碗，均供香案上。大家叩首。”《安图瓜尔佳氏祭祀礼仪》：“供时，稗米饭盛两碗、肉丝两碗，放高桌前边。先东起一碗饭、二肉丝碗，三饭碗、四肉丝碗。又，筷子两双，斜插两饭碗上；铜匙两把，靶（把）朝外，斜放两肉丝碗上，俱放碗东边。又，撒米念诵，磕头同前。完，将碟内零肉俱装杆上锡碗内，立起安正。”《辉发萨克达氏祭祀换锁（索）仪规》：“取肉丝二碗，筋（肋）条左三右二，摆在肉丝碗上；用仓米饭两碗，供在杆前，磕头……锡碗子对准两个眼系在东西，单眼是正北面。猪索骨有眼是正北面。”《满洲祭祀换锁条规》：“祭桌，在院中杆子前安放。（主祭人洒水三盅、米三把）共叩首三次。毕，然后安竿（杆），即将仓米、猪尾等于锡碗中安放。”《正红旗瓜尔佳氏祭祀》：“将猪上各样内全少割，放在天义（地）杆碗内；将猪喉骨，套在杆子尖上。”《赫舍里氏祭祀规条》：“萨玛在神桌北，西南……念神歌，洒（撒）米三次。大家在神桌迤北跪听。神歌念毕，大家行三跪九叩礼。礼毕，将胆捆在横拐上，将碟扣上。将索子骨插在杆尖上，将碟子扣上。将七窍、达呼噜皮，请在皀（灶）内焚之。”《黑龙江库雅喇氏家祭》：“（猪各件）盛于锡碗内……升于杆子之上……务须锡碗，颈骨端正。然后，焚香行礼。”本图所绘，院内供桌西侧，主人戴冠站立，左手端米碟，右手抓米向空抛撒。索伦杆安石座上，锡斗内盛装尾等物。众子弟免冠面南，在供桌后行叩首礼。

图四十七、摆件备馔图

注

《钮祜禄氏祭祀礼仪》：“猪之全身皮骨，俯摆于供肉锡里木槽

内，用原皮苫盖，仍似整猪俯卧势，头向南，供于矮桌上，以便祝诵行礼……剩下髓（水）、油块、血清，各装小槽，俱放锡里木槽内猪皮下。”《黑龙江库雅喇氏家祭》：“将猪整供，头于（与）皮，放盖猪上，肠、肚、血盆，供在两旁……然后，焚香行礼。”《满洲祭祀换锁（索）条规》：“将［猪］各份卸开，仍照本骨缝，桌上摆好。将五脏，仍放左、右肋下。”《富察氏祭礼仪注本》：“肉照屋内祭一样献件子。”《呼兰县志》：“宰家豕去皮，仍析十一件，陈于影壁东偏。其西偏设锅灶，制肉醢两碗，小米饭两碗，同供之案。”本图所绘，二名解猪人，在供桌北矮桌上，将整猪按件卸开，放在另一矮桌上。影壁北，二人在大锅中煮食品。

图四十八、燎皮毛图

注

《富察氏祭祀仪注本》："唯有猪的皮，用豆秸火烤，烤好煮好，盖槽盆上，像一个整猪形。"《正黄旗白氏祭祀规矩》："用树枝钩子，以备钩猪皮四角，使豆秸小火，燎猪毛洁净。"《乌喇纳喇氏祭祀礼仪》："将猪毛在院中以木沟（钩）膨（绷）起，使豆秸火了（燎）之，将毛烧净。"《黑龙江库雅喇氏家祭》："猪皮用苇子燃火，燎之焦黑为度。"《满洲祭祀换锁（索）条规》："即将猪头、四

个爪尖、达勿拉皮，用钗钗（叉）之；周身皮，四面用钩搭起，俱以火燎之。”《安图瓜尔佳氏祭祀礼仪》：“抓（扒）皮燎毛。”《舒舒觉罗哈拉永远规模祭祀全书》：“将猪皮用杈子架上，用稷秸火烘燎。”《辽滨塔瓜尔佳氏祭仪大略》：“将皮与蹄、头与胸叉，皮有毛者，俱以火燎焦，收拾洁净，亦拿进屋，一并煮之。”《满洲西林觉罗氏祭祀书》：“用铁钩四把，搭起牲皮；铁叉二把，串贯牲首、爪，俱在灶燎烧牲毛，务令燎透。”《凤城县志》：“（猪）剥皮燎毛。”本图所绘，院中，有七人用钩子将猪皮撑开，在火上燎毛。一人用杈子叉猪头，亦在火上燎毛。

图四十九、刮洗皮毛图

注

《乌喇纳喇氏祭祀礼仪》：“将（猪皮）毛燎净，以净水收拾清洁，切成大方块，下锅，候熟时切成丝。”《满洲祭祀换锁（索）条规》：“（皮）燎透，将毛查（茬），用温水泡，洗刷净，然后入屋内锅煮之。”《黑龙江库雅喇氏家祭》：“（燎皮）以热水刷洗黄色，另用锅煮。”《正黄旗白氏祭祀规矩》：“燎猪毛洁净……于家锅煮熟。”《钮祜禄氏祭祀礼仪》：“燎刷洁净，拿进屋内，一并下锅。”《辽滨塔瓜尔佳氏祭仪大略》：“皮有毛者，俱以火燎佳，收拾洁净，拿进屋，一并煮之。”《满洲西林觉罗氏祭祀书》：“燎毛牲皮连盆，放于屋内中间地上，令一二家人在盆东面西，一腿跪坐，持刀刮皮，务令肉内短毛，尽行刮净，皮色纯黄无黑色，方将盆至大锅，将刮净牲皮，亦同下锅煮透熟烂。”本图所绘，三人在院中，将猪头、爪、皮用刀刮水洗，收拾洁净。

图五十、吃小肉饭图

注

《富察氏祭祀仪注本》：“供梭罗杆子（按：即神杆。）桌上的碗中肉片，措合一堆混合切碎小肉丁，合小米子入锅，煮稀一大锅，名曰‘小肉饭’。屋内也作（做）一锅，不许内外乱吃，各在各地场吃。”《正黄旗白氏祭祀规矩》：“（院中供桌上肉饭）将肉与小米饭各挪家一碗，锅内所煮肉汤并所煮小米干饭，挪家一多半，留外一少半，均烩小肉饭。尽外食，如食不足，再往家食。切记：家不宜挪在外，外不宜挪在家。”《乌喇纳喇氏祭祀礼

仪》："将屋内头盆饭拿在院中，此盆要多，倘其人多，少拉（了）不足吃。将（按：院中供桌上）头碗饭并肉，拿入屋中。二碗饭连肉倒入外头锅内，将头盆饭下锅内，候会（烩）好，就由锅内乘（盛）吃，谁不让谁，此为'小人饭'。倘外头人多，饭不足用时，速将碗扶（筷）洗净，拿入屋中再吃。"《黑龙江库雅喇氏家祭》："（祭天礼毕）大家共食小肉饭。"（按：原下小字注：不可屋内外之人混淆。）《辽滨塔瓜尔佳氏祭仪大略》："当立竿（杆）安神后，即将东边饭碗与肉丝碗，并胸叉，俱撤于屋。至西边碗内饭与肉，具著院中锅内，并下小米饭。再将所预备菜团，量其咸淡，著于锅内，与饭拌匀。无论上下生熟人等，俱在院内共食神惠，谓之小肉饭。"《瑷珲县志》："礼毕，食祭余于院中，名曰'食小肉饭'。"《竹叶亭杂记》卷三："次日，则谓喫小肉饭，肉丝冒以汤也。"《凤城县志》："（肉）熟则烂切炒饭。铺油布院中，聚族食之。路人亦可来餐。"本图所绘，于院中矮桌周围，众人席地而坐，共享小肉饭。

图五十一、食大肉饭图

注

《索绰罗氏祭祀礼仪》："大肉进屋煮熟，不供同吃。"《黑龙江志稿》："午后，煮肉燎皮，会食于屋内，名曰'吃大肉饭'。"《辉发萨克达氏祭祀换锁（索）仪规》："其余六成肉，盛在肉槽内，猪皮盖上大肉。午正，下锅吃净。"《乌喇纳喇氏祭祀礼仪》："将头碗饭并肉拿入屋中，仍照前规矩，就炕分桌而食，此为'大人饭'。完了，即送神。"《呼兰县志》："午后，煮肉烤皮，会食于室中，曰'吃大肉饭'。凡祭肉，例不少留，余者瘗之。"《安图瓜尔佳氏祭祀礼仪》："午后换索，先将肉煮熟后……大家同喫大肉。"本图所绘，室内，主人端坐北炕正中炕沿上。南炕铺油单，放碗筷，地上

二人端肉饭，准备合家吃大肉饭。

图五十二、祭天撂骨图

注

《乌喇纳喇氏祭祀礼仪》：“（大肉饭后）即送神。用改连纸一张，绑在秫秸上；用净水一瓢；将地、炕扫净。以秫秸［挟］纸，各处擅擅（掸掸），随将扫地土并骨头、下水等，皆送与（于）影壁后。”《富察氏祭祀仪注本》：“把猪的骨，全端送到郊外。”《安图瓜尔佳氏祭祀礼仪》：“将大肉剔骨，骨装在肉槽内，撒米一

把……抬至梭罗杆子下，移放他处。”《辉发萨克达氏祭祀换锁（索）仪规》：“将骨头抛在街上。”《黑龙江库雅喇氏家祭》：“（祭天）猪骨以及秽水，均于午前收拾，弃于院中，而为洁净。”《索绰罗氏祭祀礼仪》：“（大肉饭后）将骨拿了送天地前。”《钮祜禄氏祭祀礼仪》：“俟剔净有头，查全数目，舀汤半瓢，撩（撂）骨头于杪木杆东。”《呼兰县志》：“（祭天）骨则抛于河中。”《瑷珲县志》：“（祭天）豕骨弃之河。”本图所绘，两人在屋内将猪骨剔干净，装入方盘中，送至院中神杆西供桌上，原供四碟全扣过来，主人面南行叩首礼。

图五十三、单换索参神图

注

《赫舍里氏祭祀规条》："将锁绳自屋内拉出，拴在柳枝上……向板子上放上桌子（摆供品点香）……三叩头毕，收锁……"《乌喇纳喇氏祭祀礼仪》："在锁妈下放一张小桌，再将前留之糕，另做九个饽饽……东西摆上。请下右香碟一个，放与（于）桌上。女执事人跪下，举香碟子三遍，叩头三次，男女同行礼。"《满洲祭祀换锁（索）条规》："（换索）香碟一个，香一道。

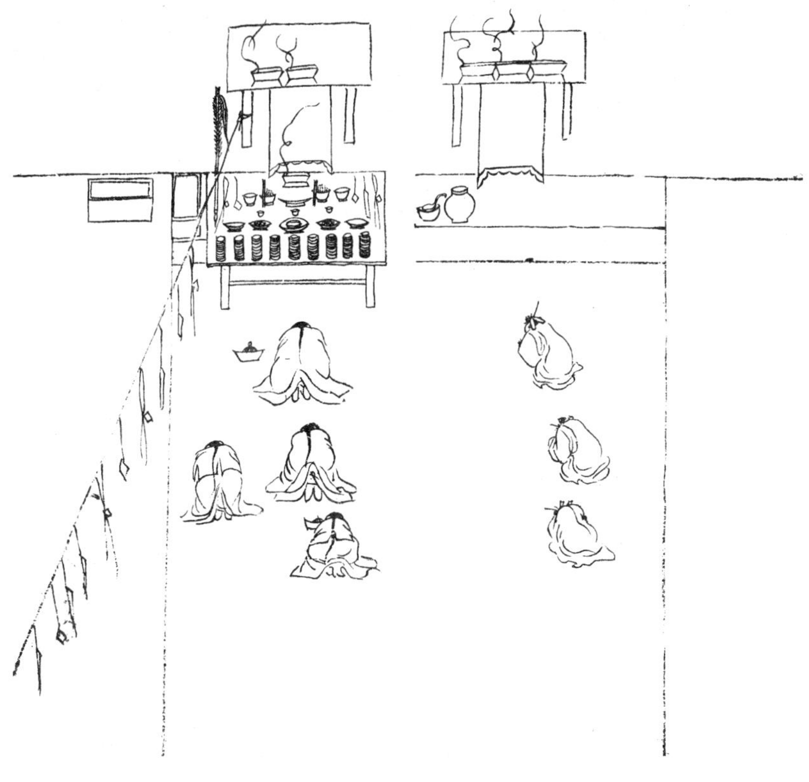

祭时，男女跪于桌前……叩首一次，为一遍，共三遍。”《辽滨塔瓜尔佳氏祭仪大略》：“（单换索）先期卜日……若只单换索，当具馔已完，即于南［龛］之前设一大桌，上供小米饭两碗，箸各一双，著于碗上南边，前或供支鸡一盘、汤二碗。若鱼数尾，则盛二碗代汤。则（再）前则供圆长饼一盘，共九枚。西旁面剂二碗，两边豆面［饼］两碟。则（再）前九罗（摞）饼横到外边矣……随（遂）上香。将酒瓶上香碟，供于桌上西头中间，余碟仍供龛上。再将酒瓶打开，酌酒三杯，供于桌上。主人乃帅（率）众俱跪，敬叩三次，换酒三次。随（遂）拿箭执酒，夹九罗（摞）［饼］仪具如前。若只换索而无牲，则于参神后即领索。至香尽，则食九罗（摞）饼。及午刻，即摘索而具撤矣。毕，仍一齐上香，将香碟共请龛上，跪叩如前，即单换索之礼也。”本图所绘，索绳拉好，供桌放在南祖宗板下，神箭于供桌南头，请下南祖宗板北头香碟放供桌上点燃，南、北祖宗板上各香碟亦点燃。主人率众子弟在南、主妇率众妇在北、皆面西向祖位行叩首礼。

图五十四、复命图

注

《赫舍里氏祭祀规条》：“礼毕，将蒙（幪）子请起，并香碟按（安）板上原位。”《安图瓜尔佳氏祭祀礼仪》：“执祭人磕头四次，每次三叩完，持灯撤供。撤供先右首起撤去。”《凤城县志》：“三叩首已，撤像复位。”《依兰县志》：“祭毕，众人撤祭品，请神入椟，神铃、神刀、洼丹置椟上，将横绳收讫。”《辽滨塔瓜尔佳氏祭仪大略》：“（礼毕）则通共上香，将香碟具覆于龛上，随将索绳与斡单贮于大匣，与香匣一并拿于龛上。再将神箭与斡单架子，著于两龛下扬手上。主人跪叩再拜，而告利（礼）成焉。”本图所绘，撤供后，祖宗匣放南祖宗上，三个香碟横放匣前，不点燃；香匣放北祖宗板上，三个香碟横放匣前，点燃。男主人在北祖位前免冠行叩首礼；主妇在南祖位前行叩首礼。

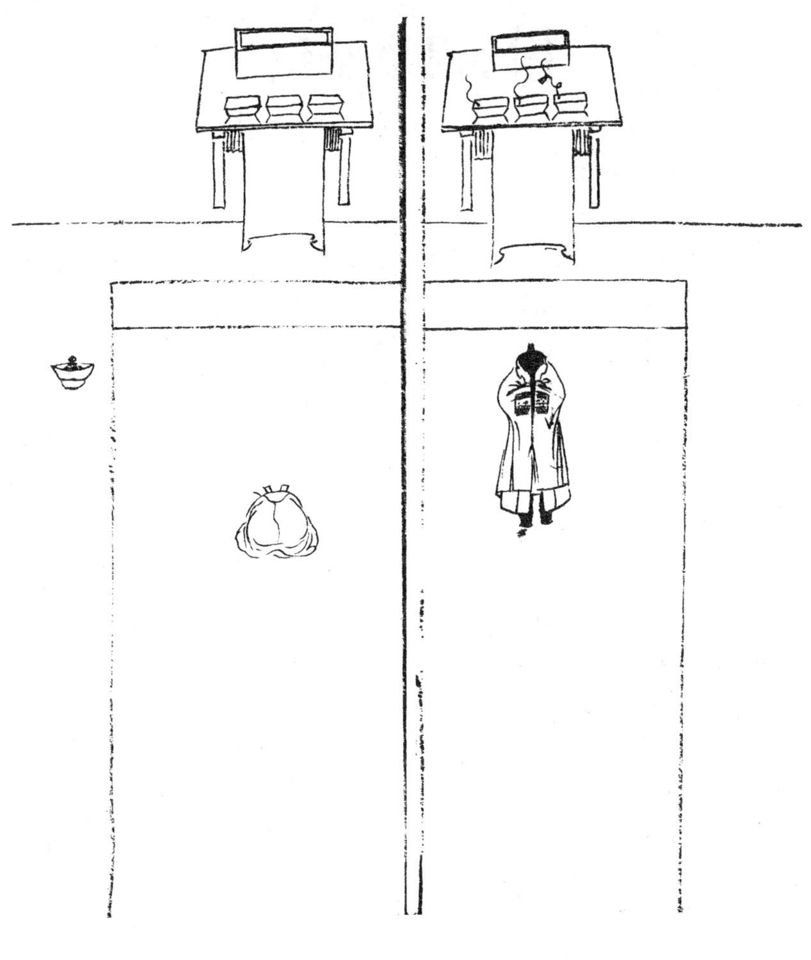

王氏祖墓祭仪[1]

——管理祀田之家，存粮存钱永无利息。尝考报本追远，莫先于祭，而祭分隆杀，尤在于功，此祖德宗功之自古为昭也。我先君子，首益以寿城，次立以祀田，报本垂后，功亦足表于吾族矣。惜既立之秋，未及躬亲祀事，竟溘然而长逝。不肖毓秀幸叨末职，未暗仪文，不过按时拟祭，以承志云尔。至若奉祀事于春秋，荐馨香于俎豆，不丰不俭，俾世世子孙撙节行之而勿替。是则余之所厚望也。夫爰以为志。祭仪等次，恭铭于后：

——先君至始祖墓前，每桌分为三行。近墓边一行，置酒盏、匙、箸各二器，羹、饭各二怨（碗）；次二行，设鱼、肉、脯醢各一簋，面食两盘；次三行，间陈茶、果、蔬菜五碟。海笺纸五十张，铂一百张，冥衣纸五张。大宗家兄玉玑主祭[2]。

——自先君至始祖各昆仲墓前，每桌分为二行。近墓边一行，置盏箸各二器；羹、饭各一碗，面食一碟；次行，设鱼、肉、蔬菜各一簋。海笺纸一十五张，铂五十张，冥衣纸三张。各支心（小）宗主祭。

——心（小）宗支派及殇亡乏嗣墓前，每桌置盏、箸各二器，鱼、肉、[蔬]菜共俱一簋，羹、饭各一碗，面食一碟。海笺纸十二张，铂二十张，冥衣纸一张。各支派之嫡长子主祭。

——墓祭毕，再祀土地。朱子谓：吾先公之体魄，即依托于山林，而祀土神之礼，当与墓前一样，为吾先公以报功焉。所以后祭者，盖有吾亲方有是神也。宜撤去冥衣纸，加曹黄纸五张可也。

道光二十九年八月　七世孙

玉彦公　谕改为毓秀谨识[3]

右仪等次，由十七年三月清明拟行。恐世远怠忽，是以镌石志之。

追捐胞兄玉玑公九品职衔告墓文

维咸丰五年岁次乙卯十月望三日[4]，弟毓秀率继先等[5]，敢昭告于胞兄玉玑公之墓，曰：痛唯吾兄生前，披星而出，不避艰苦；戴月而入，何思晏安，是以家道得享丰亨，子孙赖以温饱。虽本先考之遗模，而亦未尝不资吾兄之力也。近日衣食粗（初）足，举室晏然。正拟捐篪谐作，荆庭偕老，岂期于壬子[6]二月间，辄遭不造，竟为千古之别。弟虽讼之公庭，无奈官□□□，迄今四年之久，愤懑未伸，悲怨至极。今逢皇上覃恩天下，谕示军民，纳镪拜官，因与吾兄捐纳九品衔。由此韦布以更，簪绂以加，虽未得显于生前，犹可增辉于地府，亦可少舒弟之愤怒于万一也。谨以酒脯用伸虔告，尚飨。（上文原载李林主编《满族家谱选编》辽宁民族出版社）

按

王氏，祖籍山东蓬莱县，于明末清初之际，因“荒岁频仍，流寇侵扰，天人交迫，存济维艰，不得已而舍故居，赴关东”（《王氏族谱》序），于今辽宁省本溪县磨士（石）峪定居。康熙年“授田入册”，遂入“镶红旗满洲第一佐领。”《祖墓祭仪》，为该族七世毓秀所撰。该族是满洲八旗内的包衣人，其后裔现多自报满族。毓秀所记墓祭礼仪，既有满族特点，也有某些汉族特点，这是研究现代满族发展与民俗的有价值参考资料。为死者捐纳官衔，又著文载入《族谱》，甚为罕见。由此，可窥见清末捐纳制度之一斑。

注

① 标题为编者所加。

② 玉玑，字监远。该族长支七世，时为宗（族）长。

③ 道光二十九年，1849年。毓秀，字邦彦。原名玉秀，该族七世。道光十八年（1838），由领催授镇国公府七品典仪官，改名毓秀。此镇国公指裕亲王福全（康熙帝之兄）六世孙继善，道光十六年袭镇国公，咸丰十一年故。

④ 咸丰五年：1855年。

⑤ 继先：八世，玉玑长子，毓秀之侄。时为宗长。

⑥ 壬子：咸丰二年（1852）。

洪氏宗和堂坟山祭田规条

民国十一年八月望后[①]，族兄洪子宣与余（铁民）[②]及族侄洪成章、墨林四人，见族中公产无人经理，强梁者任意自为，爰立规则数条，呈请县署立案，蒙批准如所拟办理，并宜楷书缮存。

凡物之生，各有所本。重其本者昌，扶其枝者旺。溯吾族自始祖居于是土，迄今凡二百余年。以生以长，济济绳绳，遂成洪氏之堡焉。初，始祖之来也，携有二子；二子生六孙，六孙又各生其子，以生其孙，故吾族有六大支之说焉。其间生齿日繁，因而徙于他地者，世有其人。然子孙虽间有他徙，而祖宗之坟墓则仍在焉。坟茔有二，均在斯堡之西，曰老坟山，始祖之墓在焉。曰西坟山，二世祖之墓在焉。始祖、二世祖墓之下则吾族。凡居斯地祖若宗之坟墓均在焉。坟之外有山二，曰北山，曰西山。北山在老坟之北，而与平行西山，则西坟山之祖山也。南北绵亘约四里，昔均荒山。自《养蚕法》行，七世族长锡聚、锡英、锡山等，率全族子弟，遍种橡树[③]，报领剪（茧）照。以兴蚕业。而于西山则留三分之一，以为全族樵采、牧养之地焉。今者山既荟蔚矣，而冢亦累累矣。年远日久，子孙各亲其孙，各祖其祖，先祖若宗有不得血食者，不知凡几。苏子[④]所谓情见于亲，亲见于服；服尽则亲尽，亲尽则情尽，情尽则相见祖如路人者，此亦人情之常，无可为讳者也。然宗族之繁，自吾视之，固有亲疏；若始祖视之，则均是子孙，无亲疏也。始祖之视，既无亲疏，则吾辈安得不体祖宗之意以行之乎！同人等有见于此，爰以至公之心行至公之事。于坟墓也整理之，其有他徙、绝祀者，祭扫之。山林也，保护之，其有破坏林业者，公敌之。以全族之公产，兴全族之利益。承先人之贻谋，启后裔之良规，责实在吾辈也。今全族聚会，公议规则，谨列于后，以共遵守。

规则（节录）

第一条　此老坟山、西坟山，为洪氏全族之坟山。此北山、西山，为洪氏全族之山。凡属洪氏本族之人，均有保护之责，享用之权（按：原注：此享用权，据居本堡及附近者言。远徙者不在此例，但如迁回，仍一律同待）。

第二条　每年定于夏历十月一日，大祭祖墓一次。其花费，则由族中公产出项下，动用之。（按：原注：举办此事，由四条公举诸人。）

第三条　此公族之出产，附祭祀花费外，其余以兴本堡全族公益事务为宗旨。其有远徙他方及千里者，不得干涉，享用。但有迁回，仍一体相待。

第四条　此山坟祭田公有诸所事务，为管理便利起见，公举经理二人、司帐（账）二人，检查八人。凡钱项之花费、储蓄、契照、字据之收存祭记，均由经理人指令司帐（账）者，详记其收存处所出入细目，其有不实不尽处，检查人得纠正之帐（账）目。每至年终清算，榜示周知。

第五条　（款项经理存储事，略）

第六条　凡经理、检查、司帐（账）诸人，均系义务职，以五年为期，期满另举。前期人如有被选者，得连任。其有未及期而生他故，得集族人补选之。（按：原注：补选以前人期为限）至举办公益事务，动用款项，则由所举诸人及族老决定之。决定以多数为准。

（以下诸条，为坟树、山场、蚕场等管理事，故略。）

第十一条　本规则，自批准立案之日施行。其有不适不尽处，日后得集四条诸人同意，随时更正添补之。

（按：批准立案时间是：民国十一年十一月十六日。）

附录：祭文底稿

维　　年　月　日，夏历十月初一日，洪氏全族子孙，谨以香楮牲醴，致祭于洪氏全族之始祖，二世祖，三世祖，四、五、六、七、八世祖之墓前，跪而言曰：慎终追远，先圣所重；水源木本，理无二致；一本散于万殊，万殊原属一本。溯始祖之来，以数人之力，辟草莱，植田产，以遗子孙。今吾辈千百人，以生以长，安居于是土者，皆赖先人经营蹄（缔）造之力也。然路隔幽冥，事奉维艰，所可借以稍达涓埃之意者，则岁时省坟墓，荐馨香而已。凡属洪氏族祖，其各陟降在堂，清酒一樽，是祖之享；纸花飞舞，是祖欢畅；祖其有灵，来格来尝。伏维尚飨。

洪氏全族子孙敬奠

（上录自《满族家谱研究》傅波等著　辽宁民族出版社）

按

洪氏，失其满族姓，以其高祖洪雅名之首字“洪”为姓氏。该族入关后，隶满洲正蓝旗，吉昌牛录，居北京紫竹林胡同。康熙二十六年（1687）“拨于关左。驻防岫岩”。因其三世祖山林保，以佐领随军征云南等地十二载，“回籍后，灰于仕进，乃于乾隆二十一年（1756）投入民籍，垦荒殖（植）田”。今其后裔，仍自报满族。

洪氏，特别重视墓祭，于1922年，族中公议，制定墓祭、坟山及树木等管理规则十一条。此族虽投入民籍，但仍保留满族墓祭特点，这是研究满族民俗的有价值参考资料。

注

① 民国十一年：即1922年。

② 铁民：八世，洪汝琏，字铁民。《洪氏宗和堂坟山祭田规条》即其撰写。

③ 橡树：即栎树，俗称柞树。落叶乔木，木材可用于建筑、制家具。嫩叶，饲柞蚕，包饽饽。

④ 苏子：指《苏氏族谱》论亲情孝悌忠信笃敬之撰者。

觉尔察氏各户供奉神板香碟之神名位

南边神板之正座：关圣帝君，清封护国明王佛。
左边之座：观音菩萨。
右边之座：弥勒菩萨。
北边神板之首座：天。
二座：地。
三座：君。
四座：亲。
五座：师。

按

此《神名位》原载《福陵觉尔察氏谱书》第二卷。其谱书创修于乾隆四年（1739），有该族十一世骁骑参领兼佐领七十序。《八旗满洲氏族通谱》未载该氏。《八旗通志·旗分志》及《谱书》载：该族世居觉尔察地方（今新宾永陵镇苏子河南岸觉尔察城）“隶正黄旗包衣第二参领所属第二满洲佐领。”此支族人世代为永陵、福陵之守陵官。其家祭神位与其他满族家祭神位，有较大差异，今录出，供研究萨满及满族民俗参考。

萨满念杆清汉表文折底

备腥礼享于上者，汪吉氏之嗣保庆，生于甲戌之岁[①]。唯思仰赖皇天眷佑之恩，升至外任，公私顺理属坦绥定，适为住所吉祥，人口平安，躬亲向上，泥首许以修胙作祭，择吉期斋戒。乃于同治岁次癸亥[②]二月十二日，用洁豬，灌牵于杆处，修尚享奉捡于天，百无禁忌，永消疾灾，好人当逢，恶人当避，继续以升，康泰以度子孙，昌福庆集，喜于此祭，永乐昇平，告献之忱，望祈神祇尚享，为此谨祝。

按

此祭文满汉两种文字对译手抄本，现藏于国家图书馆。

此祭文为满洲镶白旗汪吉氏保庆，为其升外任，特择吉举行家祭，于领牲时之祝词。升任祝词罕见，故本书录之。

注

① 甲戌：嘉庆十九年（1814），主祭者之生年。

② 同治岁次癸亥：同治二年（1863）。

乌苏氏《敬天祭文》

安者安朱米，阿卜卡得端吉，
上天以闻
哈束力哈拉，△哈拉，
某姓氏（按：原本姓氏）
△阿你牙，卧索浑博也，
属年小身
额勒阿尼牙，伊讷库必牙
今年本月
三音伊能伊博，孙卓非。
选择吉日
巴彦博洛力，额苏合非音，卧卜莫，
作为太平
乌力尖，扎发非，
供用乌猪
阿卜卡得，京乌勒奇，
敬上天
兴色勒古你音，博勒合合安朱米，
诚心恭敬
乌林你及达非，巴彦尼拜非，京乌勒莫，
供献
安巴阿卜卡得，托木索莫该娄。

谨禀上天收领
额勒七朱勒什，博伊古卜七，安巴阿几各，
阖家大小人等
满乌阿你牙，尔哈春阿库，
百年无病
你音朱阿你牙，尼莫库阿库，卧卜莫，
六十年无灾
扎拉汗果尔敏，阿你牙，按卜拉，色拉卜都，
寿长多岁
恩特合莫，窝些莫，卡尔马他杭额，
永远依靠
阿卜卡得，阿克丹迷，
上天保护
拜楞额，束克吉娄米。
伏乞上天收领

附录：
哈哈：男人。
喝喝：女人。
阿几各朱色：小孩子。
尼莫库扎林得：因病。
昂阿阿尔扎哈：亲口许愿。
（满语十二属　　略）

按

乌苏氏，为满族著姓，世居长白山、海兰、瓦尔喀、讷殷等地方。其族谱，嘉庆二十一年（1816）正月立，共记十二世（今已至

二十世)，用满文记载，未译成汉文。该族人在正蓝旗拥有二个世管佐领，二个公中佐领；在镶白旗拥有五个世管佐领。在《八旗满洲氏族通谱》卷三十七中，立传者十九人，附载五十七人。是一个地位显赫的家族。

《敬天祭文》由该族六世生住塔礼之十一世孙穆凤岐保存至今。书高16.5厘米，宽11.8厘米。从纸张、墨迹看，与族谱相同，应是同时期抄本。

舒舒觉罗氏背灯神词

高高的天呵！
祈祝您永恒飘浮。
茫茫的苍穹呵！
聆听钮欢台吉讲的经。
正值良辰，
恭请诸位神祇相继上路吧！

恭祀天神之子，
正是端庄的太阳沉落的时辰呵！
正是行空的太阳变暗的时辰呵！

巡天而游的大神们，
巡地而行的金佛们，
正是千星闪烁的时辰呵！
正是万星出没的时辰呵！
正是飞禽敛羽、缩身睡卧的时辰呵！
正是野兽回巢蜷头休憩的时辰呵！
正是万物歇息的时辰呵！
正是疲惫的人们酣睡的时辰呵！
正是牛马入圈的时辰呵！
正是平民百姓隐遁的时辰呵！

正是大国的孩子们卧床的时辰呵！
正是门窗紧闭的时辰呵！
正是红色的糠灯熄灯的时辰呵！

小萨满系上衣裙和腰铃，
头上戴着神帽，
紧握手鼓和鼓鞭。
八十枚腰铃系在腰间，
九十块布片飘在帽顶。
二十条绸幡镶在衣服外边，
四十片彩绸披挂在身上。
萨满着装收拾停当，
恭恭敬敬立在门内，
迎候众神祇光临。

祇请晚间巡游的美丽神祇呵，
召唤夜里行走的神灵。
正是神祖降临的时辰呵！
正是家神徘徊的时辰呵！
从盛京而来；
从田野而来；
从山谷而来。
祇请神主降临，
从青天而降；
从云端而降；
降落在山角（脚）下。
踏着青云走过来，
站在金子般的窗户边
——大神请来了。

站在银子般的窗户边
——智慧之神请来了。
听到手鼓的声响，
你们从千里之外奔来。
听到神鼓的声音，
你们从万里之遥降临。
为美丽的神帽而来，
为华丽的彩条而来，
为精美的腰铃而来，
为多姿的夜装而来。

喜气洋洋地进来吧，
恭请众神祇光临。
请附在萨满的身上，
进来吧！
进来吧！
期待众神咸臻。

按

上文原载石光伟、刘厚生《满族萨满跳神》第一部分背灯祭。

永吉县瓜尔佳氏换索神词

祈请佛里佛托鄂谟锡玛玛神灵。
取来垂柳枝条，
插在屋门近处。
牵来换索之绳，
拴上绸片，
祭拜鄂谟锡玛玛。
手里拿着弓箭，
把绳子拴在梅花箭上，
恭请鄂谟锡玛玛降福施恩。
哈苏里哈拉，
本家姓关。
奴才在家祭祀鄂谟锡玛玛，
众口许愿，
满口应承，
恭祀鄂谟锡玛玛，
辞去旧月换新月。
手拿线麻，
拴上弓箭。
子孙捻线，
揣在怀中。
乞求根深叶茂，

子孙绵延。
叩拜鄂谟锡玛玛，
为了后辈子孙，
供上鱼牲，
摆上九样饽饽。
供上洁净的饭食，
恭敬陈设，
乞求鄂谟锡玛玛尚飨。
点上芸香，
竭诚领神。
自此以后，
百年无灾罹，
六十年无病患。
永享鄂谟锡玛玛之恩译，
承继鄂谟锡玛玛之香火。

按

上文原载石光伟、刘厚生编著《满族萨满跳神》第一部分跳家神。

九台市石克特里氏祭天神词

嘛…………[1]
安吉！安珠[2]！
请天悉听！
祈天承领。
庄重的苍穹明察，
茫茫的青天指教。
迎之以九层之天，
今日吉，
早晨顺。
哈苏里哈拉[3]。
本家为石姓，
何年生肖之兵恳萨满。
为承天祭祝，
跪拜于地叩请天神。
先以一只手掌去拿，
再以双手接取。
面对天神拱手向上，
石姓之小男儿生肖何属。
小女子同是此属，
亲口许愿。
满口应承，

过了春天。
喜迎金秋，
辞去旧月。
迎来新月，
择定吉日。
选好良辰，
恭请天神。
取来净水做米饭，
取来泉水做豆羹。
和之于铁锅，
过之于香烛之火。
将家养的肥猪蹄子绑妥，
供在房门里的地桌上。
山上挑好新木棍，
立起松木的索罗杆。
把箭靠依在树上，
敬迎阿布卡恩都力[④]。
领来何属之亲眷，
遇灾得病在地。
禳灾不成反而加重，
卧病于炕。
七八余天了，
又躺在木板上。
四十余天了，
口干舌燥。
吃喝不进食物，
乞求大神救治。
去八方请萨满栽力查看[⑤]，
请到九位萨满诊治。

是何因由，
何事有过，
查明何事情，
时逢于天，
请天保佑，
欲其生、惧其痉挛。
小子是年，
饮热水，
发热汗。
饮的是好水，
出的是好汗。
饮的是白水，
出的是透汗。
吃饭香甜有味道了，
可以站起来了，
能从炕上下地了。
百年无灾罹，
六十年无病患。
抬头见喜，
举目心欢。
牙齿整齐，
头发丰满。
前有子嗣，
后有奴婢。
夫妻成对，
子孙吉祥。
牛马成群，
体魄肥壮。
鸡鸭满院，

饲养有方。
吃粮当差，
驱马耕耘。
不陷沟壑，
不遇盗贼。
求得福路，
拒贼于门。
获得生路，
举起一只手掌，
便可拿到天上；
抬起双手，
便可举到云端。
莫要欠债，
岁岁平安。
禳除灾难，
顺喜康泰。
载之于书，
铭刻于心。
将供奉之神馇，
择其尚好者收去。
晓谕萨满，
祈神尚飨。

按

上文原载石光伟、刘厚生编著《满族萨满跳神研究》第三部分祭天神。1932年设吉林省九台县，今改市，位于长春市东北。

注

① 原注：嗻，请诸位神悉听之呼号。

② 原注：安吉、安珠，意思是我们正在祭天还愿念杆子。

③ 哈苏里哈拉：亦写作哈斯忽里、达苏里。满语意为根基或本姓。

④ 阿布卡恩都力：满语 abka，即天；enduri，即神，译作天神。

⑤ 栽力：满语 jaici，《清文总汇》卷十注："第二。"《清文鉴》数目二注："第二。"俗称大萨满为大神，一般萨满为二神，不戴神帽。

排神神词（石姓）

嚒……
为何事，
奉祀神祇。
哈苏里哈拉，
本是石姓，
前来承祭。
老师傅生肖何属，
君子领祀。
大萨满生肖何属，
以授年祈香。
何属之萨满额真[①]，
为承祭祀。
三托克索之人[②]，
则示之以忠。
世代子孙，
宗族共睦，
各得尊荣，
皆跪拜于地，
从萨满而学，
视额真而立。
洒扫干净，

该摆的摆上。
该进的香焚之，
安春香燃起，
汉香点上。
水团子等祭神饽饽及小件供品，
都是面做的。
君子奉祀于祠堂，
众人从祭，
恭而请之。
供上鲜桃，
抬来面食。
大声念诵，
小声应承。
所居之长白山，
山势绵峦，
越过九峰、八脊、七脉，
四百余年自河而下者，
神祖长白祖爷是也。
红脸的撮哈占爷[3]，
骑的是匹火龙驹[4]
统帅“巴图鲁”众神，
能征善战光彩照人。
四十名强汉骑大马，
二十名勇士步下行。
自尼什哈河而降，
尼真布库瞒尼、
巴那俄真瞒尼[5]，
皓齿白发，
行于长白山，

住在山上的楼阁中，
建筑在高高的金子般的山峰上，
从银河般的松花江下来，
头位太爷神舒崇阿，
率领围日月相转的大瞒尼神，
手持大铜镜（托里），
自辉发河下来。
把胡雅奇巴雅拉分为三支呵，
居长白山，
住在三个山峰的泉水旁，
金楼银阁，
来自辉发河。
二位太爷师傅，
是属虎的玛法神呵[⑥]，
自色勒河而来。
赊棱泰瞒尼神，
手持铁鞭。
巴克他瞒尼神，
手执滴达枪[⑦]。
行在长白山，
住在阿兰奇峰，
从那彦河而来。
三位太爷师傅，
承继舒崇阿祖爷。
扎克他瞒尼神，
手持双刀。
胡闫瞒尼神，
手持钢叉。
居长白山，

自天而降，
落在亭上，
自色勒河而来。
四位太爷师傅，
号称奇卓神，
住在河岸。
查罕布库瞒尼，
手握铁棒；
多霍落瞒尼，
手持三股叉。
居长白山，
自松花江而来。
五位太爷师傅，
号称勇健神，
居五层峰。
西勒奇瞒尼，
居长白山，
从东江而来。
六位太爷师傅，
佛库车[⑧]，
越过色赫利峰。
萨拉布库瞒尼，
手持金戈，
居长白山。
七位太爷属牛，
舒拉水之灵魂呵，
众人皆听之。
居长白山峰之上，
是为七位神祖呵。

长白山上，
有大飞虎神、鸟神、大雕，
展开巨大的翅膀在天上翱翔，
使日月都暗淡无光。
安春鹰神从长白峰而降，
还有水鸟神，
住在长白山东边的山峰上，
此外还有白鸟神。
舒录瞒尼与荒野鸟神，
鹡鸰鸟相迎，
自长白山而降。
金炼火龙神，
居住在长白山峰顶，
降于拉林河。
飞虎神，
费珠玛法迎请，
居九峰金壑。
还有母卧虎神呵，
公虎神，
离花虎神，
大黑虎神，
金虎神相迎请。
居于长白山，
自岩岭而下。
八十位豺貅神，
九十位狼神迎请，
居长白山，
自银壑而降。
前来迎请的还有黑熊神，

金钱豹神，
越过长白山，
到了尼西哈河岸。
这里迎接的还有八庹蟒神。
九庹蛇神，
自青天而降。
金花火神[9]，
沿途而行。
居长白山，
依兰阿立瞒尼。
金刺毛鹰神，
银刺毛鹰神，
各自在所居的山峰，
栖于楼中，
京城巍巍，
盛京可见。
小栽力诵念
学习承继。
神悯良者，
祭祀依靠善者。
不要食言，
不要改口。
自早到晚，
请送诸送。
石姓小男儿生肖何属，
出生何月。
小女儿生肖何属。
祈求来日平安，
康泰度日。

男妇老少，
人人安康，
娶媳养子欢欢喜喜。
男人承差，
所行之处，
皆平安，
可取显赫功名。
家里牛马满院，
不遇盗贼。
求福有道，
不与人为敌。
谋生有方，
家庭和睦。
以教为养，
宗族子孙，
得以保佑。
穆昆达获得信赖，
全靠萨满传习。
神歌诵念完备，
祈神眷佑、慈爱。
以求康泰者，
百年无灾祸，
百年无罪罹。
自此以后，
世世代代，
大化翔洽，
尽力祈福。

按

此首神词，原载石光伟、刘厚生《满族萨满跳神研究》。该书重点介绍萨满各种祭祀神词达一百二十首（含汉军八旗坛续神歌四十六首），是研究满族萨满教的珍贵资料。

注

① 额真：满语 ejen。《清文总汇》卷一注："主子、君、皇帝。"此处为主萨满。

② 托克索：满语 tokso。《清文鉴》十九城廓注："庄屯。"《清文总汇》卷七注："屯里、庄子。"《大清全书》卷九注："村子。"

③ 撮哈占爷：满语 cooha janggin。汉意为统兵的将军。

④ 火龙驹：意为红色的千里马。

⑤ 原注：尼真布库和巴那俄真是撮哈占爷的侍从，武艺高强。

⑥ 玛法：满语 mafa。《清文总汇》卷八注："祖辈、老叟、年纪辈数高者。"

⑦ 滴达枪：满语 gida。《五体清文鉴》卷九军器类注："枪、矛。"

⑧ 佛库车：满语 fekucembi。《清文鉴》十四行走注："踊跃、跳。"《清文总汇》卷十二注："凡人大喜大忧脚跳、脚往高里一跳一跳的。"

⑨ 原注：金花火神，满语为"爱新托亚哈恩都里"，这是一位司火女神。放金花火神时，神堂除了香火之外，其他的灯火全部熄灭。萨满与一位栽力双手执燃香起舞于神堂与坛场中，意味着把神奇的火种撒满人间。萨满手中的燃香，随腕部的转动而清香四溢，整个舞蹈动作轻柔、舒展，具有浓厚的女性魅力。

答对鹰神神词（石姓）

因何故，为何人？
居于长白山，自青天而降。
第一峰有座金楼阁，
第二峰有座银楼阁，
第三峰有座铁楼阁，
三层峰九重楼。
檀香木三庹粗，
枝繁叶茂。
不享全巢，
不栖根穴。
向松柏、瓯李飞来，
安邱拉鹰神呵。
石首金喙，
银鼻铜脖，
铁冠锡腰。
翅蔽天地，
尾掩星月。
皂青一体，
羽毛丰满。
出自大国，
名扬雕群。

万年得道，
千年修行。
石姓来求，
七星斗下，
何属之萨满额真，
点燃一柱（炷）香。

按

原载前书。鹰神是满族民间祭祀中，供奉的诸野神中重要神祇之一。祭祀时，萨满在鼓声中，表演雄鹰展翅翱翔、搏击长空的各种舞姿，表达对鹰神的敬仰。

奉天蒙人祭礼[①]

蒙人祭祀，设祖先像，高尺许，宽二寸强，青布折叠为身，白绫裹丝绵缝为头，面长二寸有奇，宽与身称，写眉目须发，亦有用貂尾为发须，佛珠为睛者。以黄布一方，折还取均，半为前幔，半为后靠；以像就靠上下缝固，复将靠之下幅折还三、四寸，遮像下体，幔乃垂下，上以竹竿横穿之，备悬挂，名曰“影神”，位供置屋之西墙，又称曰“佛”。蒙人供佛率五尊，曰天、地佛，曰福、禄佛，曰护身佛。护身佛为家长当兵者供之，否则不供；其人临终，纳置尸怀。今多用绫画像，新年卷幔露半面，逾元宵则否。每焚香叩首，男去帽，女摸鬓。凡食新物及瓜果、菜蔬皆祭，此常祭也。唯兄弟析居自立佛像，或子为父母立像之始，方行大祭。（按：原下注：或有外姓妇生子其家，及妇分娩未弥月入其门者，旧为污秽影神，乃祭易新者。）祭时，先祭天地，设香案，案之一角缚草盈把，中插双柳木枝，以牡豕献之。主祭者跪向牲耳灌酒，神领牲，杀而剥之，取其膀胱挂木枝上。移时，取置箕内，撒以细米，送高处饲乌鹊。余肉入釜，以飨宗族来与祭者。及夕，祭佛及先考妣。（按：原下注：蒙俗，父母已故，子为立像供奉。及子妇亦故，孙撤祖位，为其父母立像矣。像与佛同藏之木匣，曰“影神匣”，庋置西墙佛像右而稍低。）初于佛位前献牲，去毛、去脏、去蹄，脔割烹熟，登俎合为全体，头向前顶划缝，内夹灯芯一枚，以绵卷芦管蘸苏油[②]为之。祭父母之牲，亦同时领牲，宰杀以荐。第去毛、脏、蹄甲、不割不烹，以净布蘸热汤擦之，气蓬蓬若初出于鼎。斯时，神位前茶饭碟内，皆插灯芯而燃之。长幼皆跪，宗族来者亦随之，家长作蒙古语数百言，以示敬意。（按：原下注：自蒙古语失传，祭时特用通蒙古语者助祭，名“百（按：读音伯）艺”[③]。今百艺亦失传，唯按位礼拜而已。）及起，家长手掀猪头，口啮气管者三，始令撤俎。影神各垂幔入匣。以馂余黍饭赐孩童，并割生肉两方，各穿肋骨三根，分置净饭，名“克食肉”[④]，越三日乃撤去。此蒙古旧时祭礼之概略也，近渐失传，多习汉制矣。

按

上文原载《奉天通志》卷九十八礼俗祭祀。其所载蒙人祭祀，实是蒙古八旗后裔之祭礼，多采自原奉天省辖府，厅、州、县志，综合编纂而成。此文突出了蒙古八旗家祭的特点，同时也看清了，清代至民国期间，满、蒙古、汉在祭祀上的相互影响。如，其祭祀中领牲、献牲、祭品，以及礼仪等多与满族相近。这对民俗学的比较研究，提供了有价值的资料。标题为编者所加。

注

① 奉天省：清初设奉天府，治盛京城（今沈阳市）。康熙四年（1665）改镇守辽东等处将军为镇守奉天等处将军，驻盛京城。光绪三十三年（1907），裁将军，设奉天省。1929年，改称辽宁省。其辖境相当于今辽宁省（旧柳条边以西除外）及内蒙古呼伦贝尔盟、哲里木盟各一部分，吉林省西北和西南等地方。

② 苏油：苏子，为唇形科一年生草本油料作物，有紫苏、白苏。其种子可榨油，嫩叶可做菜、包饽饽。茎叶、苏子皆入药。满族祭祀及食用的苏子叶饽饽，即用此嫩叶所做。其油常用作做菜，炸角子（黏面），亦可点灯等用。

③ 百艺：蒙古语，又写作“伯衣”“波衣”等。为蒙古族家祭

中的司祭者，其职能与萨满相近。

④ 克食：满语kesi。《清文总汇》卷十一注："主子的恩。造化。受天的福。恩。幸。"克食肉满语kesi yali。即祚肉，俗称为"吃祭礼肉"。

凤城蒙古八旗祭祀礼仪[1]

蒙人祖先像，四位、五位不等。高尺许，宽二寸强，青布折叠为身，白绫裹绵缝为头，而长二寸有奇，宽与身称，以新笔净墨开写眉目。初，发须有貂尾，睛珠用佛珠。近以购办綦难，概施墨。需黄布一方，折还取均，半为前幔，半为后靠，以像就靠，上下缝固，复将靠之下幅折还三四寸，遮像下体，幔乃垂下。上以竹竿横穿之，以备悬挂，名曰“影神”。位在屋之西墙，别名为“佛”。新年卷幔露面，逾元宵节则否。每焚香叩首，男去帽，女摸鬓。年食新者，须登盘向之三举，瓜果、蔬菜皆然。其大祭不轻举，譬有外姓妇生子其家，或分娩未周月，冒入门内，则为污秽影神，乃祭，易新者。亦有弟兄析居，自立佛像行祭礼者。祭时，先考先妣以次受飨，盖蒙俗父母已故，子为立像供奉；及子妇亦故，孙撤祖位，为其父母立像矣。像与佛像同，以有无须别男女，藏之木匣，名“影神匣”。匣宽长，置净板上，板钉西墙，在佛像位右而稍低。凡立父母影神，必同时祭佛，于冬腊月择吉行之。晨起，去佛及祖父母像，净地火化，遂取新席（薦）一张，铺向西炕。炕皆窄，折席半面附墙，悬新佛像及父母像，前陈黍饭数碟，按神位爇香。乃先祭天地，设香案，案之一角缚草盈把，中插双椏木枝，以豕之牡者献之。家长跪向耳内浇酒，如摇头领牲，杀而剥之，取其膀腔（胱）挂木枝上。移时，取置箕内，撒以细米，送高处与乌鹊食。余肉入釜，以食宗族来拜者。及夜，乃祭佛及先考先妣。初，于佛位前献牲，既领，去毛、去脏、去蹄，按规零割烹熟，块块登俎，合为全体，俾头向前，顶划一缝，内夹灯芯一枚，乃棉花卷芦管蘸苏油为之。当献牲祭佛时，祭父母之猪，亦领牲宰杀，同时以荐然，第去毛、脏、蹄甲，不割不烹，以净布蘸热汤擦之，气蓬蓬若初出于鼎。斯时，神位前黍饭碟内皆插灯芯，并燃之，光明如昼，一家长幼皆跪，宗族来拜者随之。初，家长尚作蒙古语数百言，以示敬意，今皆失传，唯按位礼拜而已。及起，家长手掀猪头，口啮气管者三，便令撤俎，各影神或垂幔，或入匣，悉复定位。以所供黍饭，赐孩童食，女龄不与。并割生肉两方，各穿肋骨三根，分置净板，名“克食肉”。越三日乃撤。其祭礼如是。

又，巴尔虎[②]事佛甚虔。初来凤合邀喇嘛诵经一次，今礼俗渐改，按时烧香而已。敬祖以纸代神牌，富贵家每立祠致祭。

按

上文原载《凤城县志》（1921年石印版）卷十二祭祀，原文无标点。另，《安东县志》（1931年铅印版）祭祀卷。两书所载蒙古八旗祭祀礼仪，内容与文字基本相同。

注

① 凤城：康熙二十六年（1687），设凤凰城城守尉衙门。光绪二年（1876），设凤凰直隶厅。民国初年，撤厅改县，民国三年，更称凤城县。今改为市。标题为编者所加。

② 巴尔虎：蒙古部族名，原居喀尔卡（亦写作喀尔喀）地方，今蒙古人民共和国色楞河、鄂尔浑河流域。康熙二十七年（1688）归服清朝。康熙三十一年（1692），拨往辽阳、凤凰城、复州、金州等七城一千二百人，编入旗籍。当年拨凤凰城四十八人附于正黄旗，后设佐领一人统之。时人称他们为巴尔虎旗。

呼兰县蒙古族祭祀[1]

祭时，设几于佛前，供献醴酒三盏[2]、小米两碟。燃烛、拈香膜拜讫，移几阈内，南向稽首，宰羊或豕，取祖宗杆以血涂之；解肉、荐肉、吃肉饭，如满洲然。亦有祭于夜间者，用童男女各一人，分跪香案左右，缚羊地下，洒以冷水，刲腹摘心，不使流血，析八件，熟而荐之。行礼毕，亲族会食福胙。

按

上文原载《呼兰县志》（1920年铅印版）。清朝初于此设城守尉衙门，派八旗兵驻防。光绪五年（1879），改设呼兰副都统衙门。光绪三十一年（1905），设呼兰府。1913年，撤府改县。其文记载蒙古八旗祭祀礼仪比较简略，特点不突出，是因此处驻防蒙古八旗兵较少，又与满洲八旗兵同城而居，因之受满族祭祀礼影响较大所至。

注

① 标题为编者所加。

② 醴酒：即甜酒，为黄米所酿造。

奉天汉军八旗祭礼[1]

汉军供祖用木龛，长可六七尺，宽二尺许，高三尺有奇，后为平板，前辟多门，刻以龙凤，油饰华美。龛置堂屋中间，高与梁齐，入户则见之，朔望送香，有专梯，名曰“家堂”。然所祀祖先之外，复有眼光、关帝、玄坛、五道诸神[2]。以纸画像糊木框上，名曰“案”。其祭名曰“烧香”，亦曰“跳堂神”，以两夕为节。每因有病许愿始举行，或婚娶事先一日亦行之。晨起，火焚旧像，易以新者，置之净室。洁扫木龛，内置二锡壶，中贮妇女耳缀(坠)，名曰“宝瓶”，下设供桌，陈列供品，猪头尤要。午后，有名神将者数人来（按：原下小字注：俗称“单鼓子”），取粱秸二本，长五六尺，剪彩纸为网罾之属，层树供桌后，名“花红竿”。既夕，院铺净席，折半附凳，排列新案。案前设几，陈酒三杯，家人老幼皆跪，戚友随之。神将击单面鼓，并摇腰铃，且击且唱，余众和之，意谓迎神也。唱毕，令主人捧案就龛，跪听神将祝辞，烧纸奠酒，悉如所命，移时乃毕，名曰“安坐”。(按：原下小字注：是日来宾贺者，各备香烛、果供、猪羊等物。）即书先人名氏于纸袋，内贮冥镪，名曰“包袱”，诣街焚之，家人戚友皆跪拜。神将亦歌亦祝。焚毕，旋就堂前群歌击鼓以侑神，鸡鸣始已。次晨，复击鼓歌唱，为主人祚福，并升梯就龛，以新梳、亲篦、绒绠、彩花犄张作势，余众下立，击鼓歌舞，随势和之，名曰“开光”。及夕，又有放虎、放鬼、排张郎（蟑螂）、放钱粮诸剧。(按：原下小字注：词态鄙琐，不及备述。）神将复取案上猪头、膀骨进酒，邀戚友饮，意谓肉为神啖，飧客唯余零骨也。即复斟酒半盅，劝主人饮，意谓骨且飧客，唯滴酒，聊自饮也。又取龛上宝瓶，脱其银坠，令主人张襟跪接，意谓受祭神喜，赐以财也。复解衣裸臂，作神附体状，取粱秸横臂上，以铡刀就臂断之，粱秸折而臂不伤，名曰“打刀”。稍息，群相击鼓收场，唱送神歌，取花红竿抛置院中。神将息鼓，家人老幼悉面门跪拜，焚纸帛，燃爆竹，而祭礼毕。

按

上文原载1934年铅印本《奉天通志》卷九十八祭礼。其所记汉军八旗祭礼仪，有地区特点。祭祀神位、祭器、时间、祭品、过程、礼仪等，既与汉族家祭有别，又与满族家祭不同，自成体系。但从中可以看出，吸收了满族家祭的许多特色。

注

① 标题为编者所加。

② 眼光：即眼光娘娘，医眼疾。关帝，即蜀将关羽，被佛教神化，称关帝，列为伽蓝神之一。玄坛，古代神话中的北方之神。即二十八宿中的北方七宿：斗、牛、女、虚、危、室、壁。“玄武谓龟、蛇，位在北方，故曰玄，身有鳞甲，故曰武。”道教以其为护卫神之一。后又附会为人，得道飞升，玉帝册封为玄武，称作真武帝君。其祀像披发、黑衣、踏龟蛇，从者执黑旗。五道，亦称五趣。佛、道教皆有此说。即地狱、饿鬼、畜生、人、天，五种轮回转生说。亦有六道说。

凤城县汉军八旗祭祀[①]

汉军供祖以龛，形类道冠，长六七尺，宽二尺许，高三尺有奇，后为平板，前有柱而多门，周遭雕龙刻凤，着色施釉，颇华丽。位置高与梁齐，入门仰面则见之。朔望送香有专梯，总名“家堂”，实不仅祖先也。故所供论几案，如第眼光、关帝、七神[②]及宗谱，谓之四案，若益以玄坛、五道各种，则有五案、六案、七案不等。概以纸画糊之框，各框各像，框数如案数。其祭名“喜乐祖上”，亦曰“烧香”，以两夕为节。每因有病许愿始举。有婚娶事，先一日亦行之。晨起，火焚旧像，余框概糊新者，置之净室。龛内洁扫，前置二锡壶，中贮妇女耳赘（坠），名曰“宝瓶”。下设供桌，预陈祭物，猪头尤为要品。午后，有俗名神将者一人来（按：原下小字注：即单鼓子），取粱（梁）秸二本，长五六尺，剪彩纸为网，罥之层层，树供桌后，名“花红竿”。日下，院铺净席（蓆），折半附橙（凳），排列新案前，设几，陈酒三盅，家长老幼皆跪，戚友来贺者随之。后即神将击单面鼓且唱，为请所供诸神及老少亡灵赴筵。请遍，令家长顶各案入门，就龛复跪，听神将祝告，烧纸奠酒，悉如所命，许人（久）乃已，名曰“安坐”。是日来贺者，各备祭仪，或面、或钱，家长遍问其先人名氏，书之纸囊，内贮冥镪，名曰“包袱”，于是时烧之。戚友皆跪拜，神将亦且歌且祝，若款待外宾然。旋就堂前击鼓，劝诸神及祖先欢饮，鸡鸣始已。次晨，亦击鼓数声，为主人求福。升梯就龛，取新梳、新篦、绒绠、彩花种种，作势与各像装饰，亦名“开光”。及夕，有排张郎、放钱粮备细节。(按：原下小字注：其语鄙琐，不详载。)神将并取案上猪头下颌骨拖之进酒，邀戚友饮，意以肉为神啖，飨客唯余零骨也。即复酙酒半盅，劝家长饮，意以骨且飨客，唯余滴酒聊自饮也。又取龛上宝瓶，脱其银赘（坠），令家长张襟跪接，意以受祭神喜，赐以财也。各节似合古礼。即备特著神帽，请神作附体状，臂担梁（粱）秸一本，以铡［刀］断之，亦曰“打刀”。稍息，便击鼓收场，作送神语，取花红竿抛置院中，神将息鼓，家长老幼悉面门跪，纸灰飞腾，声声爆竹，而祭礼毕。

按

上文原载1921年石印本《凤城县志》卷十二祭祀。其所载凤城驻防汉军八旗祭祀礼仪，有地域特点，与辽东及吉林省西南部各地驻防汉军八旗家祭基本相同。

注

① 标题为编者所加。

② 七神：佛教用语，亦称七佛。即释迦牟尼佛及其之前六佛，通称“过去七佛”。

黑龙江汉军八旗祭礼[①]

汉军祭祀，有家祭及升祔祭之分。家祭，即平日不换神案；升祔祭，则换神案。祀日无定期，择吉举行。祭之一日，宰牲豵豚一。先于神前奠酒，行三叩礼，领生（牲），然后宰之。祭日之寅时，主祭者吉服冠带，诣庭所设香案前，拈香行礼毕，谓之“迎神”。如系升祔祭，则将香案上供之祖先及神纸牌，亲手捧入室内，执事者接过，奉安神牌及祖先牌于龛中，并供献之猪首一，猪左胁方肉三，每方带胁（肋）骨二条，再拈香行礼。是日，以祭肉宴亲友。亲友来贺者，赠香一二封，以示敬献之意。至初更时，备祭品一席，陈列香烛，并将纸箔保福[②]，即袋内实纸箔，按辈行陈列于地焚化。保福上书先人名讳，奠酒行礼，撤去供献物品。凡遇先人忌日，祭于墓。清明节、中元节、十月朔及年终十二月二十五、六日，祭亦如之。汉军祖龛供于厅堂高处。陈汉军[③]供五堂：左为财神，次关帝，次七神，次观音，次祖先；新汉军[④]四案，无财神。朔、望均炷香行礼。又陈汉军家祭，或因事故、疾病许致祭者，奉神龛于中堂祭之。前二日，请善画者新绘神像，装成轴，置于村中土神祠内。及期，倩萨玛，俗名“跳单鼓神”，三四人或四五人，晚间于龛前击环鼓，唱歌词。约二三小时。次日，鸡鸣即起，主祭者率家人子弟，谒土神词（祠）迎像。主祭者背负马鞍，手执短木杖，伏身将画像置于马鞍上，匍匐而为，萨玛击鼓唱歌随行。至家，将旧像请出焚之，易其新者，设供焚香，昼夜不绝。午间，于院中置矮桌数张，上设酒肴、果品，主祭者率家人子妇向西跪，萨玛南向立，击鼓唱歌，其词不外劝人改恶从善、报本孝亲之意，约二三小时始止。是日，戚友皆来贺，所携祭品有香、烛、供馃等类，祭家设筵款之，宴毕皆去。晚间，萨玛有一人戴神帽，披云笺，系腰铃，手持单环鼓，随舞、随击、随唱，左右盘旋；击鼓头镗，作婆娑舞，余二三人依声和之。舞毕，将神前所供之猪首，不用刀匕，以手臂（劈）开。开毕，唱送神歌，焚香化帛而退。

附录：汉军婚礼

汉军联姻，先由媒妁作伐，经女家允许，男家备酒礼，亲谒女之父母，名曰“会亲家”。继则择日纳采名曰“换盅”。前二日，送猪、酒。届期，婿之父母或其他尊属率同诣祖先堂，与女之父母或其他尊属，东西相向对拜。拜毕，互敬酒。再命新郎拜礼于祖先堂，次拜女之父母、尊长。礼毕，宴而归。迨卜吉迎娶，前一日为女家过妆奁之期，男家亲友届期亲往襄事。女家送奁与男家，男女客例以四人，鼓吹前导。男家于斯日，新郎率彩舆游街，鼓吹列仗，谓之“演轿”，并至女家行谢嫁妆礼。亲迎之日，新郎率彩舆仪从赴女家，女家备筵宴新郎及随新郎迎娶之人。女梳发为髻（按：原下小字注：丫髻，小姑娘装束。挽发为髻，合抓髻大妻之义），著华服（按：原下小字注：男家所备。），首覆红巾，女兄嫂或伯叔父母扶之升舆。沿途放爆竹，鼓乐导行，婿乘马先归，待于庭。舆至，稍迟始启门入。庭设香案，设备之物与满、汉同。履红毡至香案前，先由婿之尊亲属拈香讫，令新夫妇同拜。拜已，有女童二人执宝瓶、铜镜左右立，由伴娘与新妇置怀中，导入房。新郎亲手去其覆首红巾；至房，向神所在之方而坐，谓之“坐福”。行合卺礼，新妇亲谒祖先堂及谒翁姑、尊长，礼均一跪三叩首。宴新亲及来宾。喜筵宴毕，婿拱立大门外送之。第三日，新妇偕婿赴女家，谓之“回门”礼仪制，略与汉人婚礼同。

汉军丧礼

汉军父母初丧，即日成服。冠履幂白布，或戴白毡帽，均衣白衫，前后开褉，带长一丈二尺；女用白布包头，服不开褉。院内立高竿（杆），上系红幡，名曰“魂幡”，早、暮二次祭奠。祭毕，将祭品返供灵前。二三日大殓。以净水洗死者面目，名曰“开光”，衔铜钱或金银、珍珠于死者口内。殓之华朴，亦视家之有无。棺式上厚微窄，下薄而宽，前壮后小，绘以彩色。棺内糊纸或布帛，棺底垫黄土，散列铜钱作人形，上覆七星薄板，板上为棺盖，与民籍同。既殓，停柩正室，或扎席棚停于庭中。第三日，举行“送三”礼，亦曰“送行”。亡人至七日早一点钟时，丧主举行家祭礼。次日，招宴与祭亲友。三七日、五七日、七七日均举行之。葬期发引，期无一定，以择吉日举行之。期前讣告亲友，届期至丧家吊奠。出殡后，仍穿孝服，至百日服阕后，改穿青布服二十七个月，妇女持服期同。期年行周祭礼。三年行三周祭礼，并将亡人名讳升袝（祔）于祖先堂神位内，即升袝（祔）礼，乃著吉服。

按

上文原载《黑龙江志稿》（1933年铅印版）。所载黑龙江驻防汉军八旗祭礼，更接近满洲八旗祭祀礼仪。内载陈汉军、新汉军之分，官修书无此记载，民间有此说。

注

① 标题为编者所加。

② 保福：即包袱之异写。

③ 陈汉军：清入关前被编入汉军八旗之人。

④ 新汉军：清入关后被编入汉军八旗之人。另一说，康熙年间以后被编入汉军八旗之人。

望奎县汉军祭礼[1]

汉军人家，有陈汉、新汉之分。陈汉人祭祀，谓之“烧香”。有因事故、疾病许［愿］者，谓之“烧愿香”；平时举行者，谓之“烧太平香”。其神龛系于中堂，龛高二丈余，长八、九尺，高及棚顶；前檐雕刻玲珑小屏门，或六扇，或十扇，内悬长二尺、宽一尺余之画像，中间为关帝、火神、龙王、山神、土地等神，东边为唐将薛仁贵、王君廓等[2]，西则本家之祖先也。祭之前二日，请善画者将所有神像重新摹绘，装裱成轴，置村中土地祠内。至期，先邀萨玛（按：原下小字注：俗名“跳单鼓的”。）三、四人或四、五人，晚间于龛前击单环鼓、唱歌词，约二、三小时。次日，鸡初鸣即起，主祭者率家人子弟，谒土地祠请神像。主祭者背负马鞍，手执短木杖，伏身立，将画像置于鞍上，匍匐而归，萨吗击鼓唱歌随行。至家，将旧像请出焚之，另悬新轴，设供焚香，昼夜不绝。午间，于院中置矮桌数张，上摆酒肴数品，主祭者率家人子妇西向跪，萨吗南向立，击鼓唱歌，其辞皆劝人改恶从善、扳本孝亲之意，约二三小时始止。是日，戚友皆来道贺，所携祭品有香、烛、供馃等类，祭家设筵招待，席毕皆去。晚间，萨吗有一人带（戴）神帽、披云笺、系腰铃，手持单环鼓，随舞随击，随击随唱，左右盘旋，其余二三人依声和之。舞毕，将神前所供之猪首不用刀匕，以手掰开。开毕，唱送神歌，焚香化帛而退。

附录

汉军婚礼

汉军婚礼，男女两家仪妥，再烦媒妁将男之庚帖送于女家，女之庚帖送于男家，男家备瓶酒、方肉，率其子谒女之父母，名曰“换庚帖”，又曰“会亲家”。继则择日纳采，名曰“过礼”。前二日，送猪一口、酒二瓶，女家受讫，列于祖先堂下。届期，男之父母率其子诣女家。既至，叙寒暄后，同往礼堂，先男亲家东西相向对拜，拜毕，互相敬酒，已而女亲家及姻亲尊长皆对拜，互相敬酒，名曰“换盅”。换讫，婿拜女家祖先及女之父母、尊长。拜罢，筵宴而归。迨迎娶之年，先遣媒妁致意女家；允可，然后择吉，筹备一切。及期，婿行亲迎礼，衣裳冠履，轿马仪从，皆如满洲。至女家，拜女之父母，行三叩首礼，女家皆以新姑爷称之。唯婿先不与人谈，设筵亦不食，必女家实钱于腰褡内与新姑爷压腰，乃始言笑饮食，谓之“开口钱”，亦曰“见面礼”。翌晨为吉期，又曰“正日子”。女早起，梳发为髻，著新红棉袄、棉裤（按：原下小字注：男家所备），首覆红巾。装讫，女之兄或伯叔抱上轿。婿乘马先行，俟于庭前。轿至门，稍迟一二分钟，始令入，谓之“别（憋）性”。庭前设香案。（按：原下小字注：设备之物，与汉、满同。）女下车（轿），二伴婆左右扶持，红毡贴（铺）地，沿行至香案前，婿父拈香讫，男女同拜天地。拜已，伴婆导入洞房，有女童二人，执宝瓶、铜镜立于左右，伴婆接过，皆搭于新妇肩上；门限覆以马鞍，越而过之，取平安之义。入门，婿持秤杆挑去蒙头红布；至洞房内，向福神所在之方而坐，谓之“坐福”。若系租房或当房，不便取福神分向者，则于院内另设布棚坐福已，始入洞房。继则开脸、梳头，亦如满洲式。梳讫，女弟导婿入洞房，新郎新妇同吃长寿面。食已，拜祖、拜灶，次拜男家之尊长及翁姑。已则宴女家送亲客及亲友，名曰“官席”，又曰“正席”。席罢，女家来者皆去，婿拱立大门外以送之。晚间，新夫妇同席吃饺子，名曰“子孙饽饽”。第三日，新妇偕新郎来女家，谓之“回门”。第五日，拜先茔，即古之庙见礼也。

汉军丧礼

汉军丧仪与满洲略同，唯初丧时，冠履以白布幂之，亦有戴白毡帽者。孝衫、孝带、开光、入殓等式，亦与满洲人无异。棺式上厚而窄，下薄而宽，前高大，后低小，外绘五色花彩，内糊以纸，富者糊以布，距底三寸许架以木板，下垫黄土。既殓，停于正室。第三日，送褡裢，亦曰“送行”。若女丧，则婿家备纸牛一头焚之。择日开吊，讣告亲友。庭中搭灵棚，或有高数丈，起一层楼、二层楼者，内悬孝幔、设香案、灵牌，孝眷集于其中，男左女右，戚友吊奠者，皆在灵牌前行礼。发引、砌墓、验坟等式，亦如满洲。富贵之家，于开吊日，多延僧道诵经，以超度死者灵魂；贫者无之。

按

上文原载1919年铅印本《望奎县志》。望奎，民国时设县，原为海伦县的一部分，为通肯副都统辖境。该县志所载汉军八旗祭祀礼仪与他处汉军八旗祭祀礼仪，各有异同，但更接近满洲八旗祭祀礼仪。

注

① 标题为编者所加。

② 薛仁贵：唐初名将，善骑射。征服高丽，任右威卫大将军兼安东都护等职，封平阳郡公。在辽东地区，薛仁贵、大刀王君廓之故事，广为流传。

瑷珲县汉军祭礼

汉军祭神，每年五月十三日，有祭关圣帝君者，多（冬）有年终腊祭，恭祀天地于院中者，亦有之，均系一家，向神祝祭。先具酒三盅，降香一束，主祭者跪请领牲，六叩首起，即以供酒典（点）入豕耳，如连摇头者，谓之“已领”，又三叩首。礼毕，宰豕洗净，复献白于神前，有馒首五碗、茶三盏、纸馃盘三个。祭天地有包马一个、降香一束，化纸盘、包马，献茶浆，放炸（鞭）炮，三跪九叩。礼毕，则割豕全身要处，献之房上。戚友毕至，食福胙。是夕，豕骨弃江为讫。且祭祖于祠，祭亲于墓。均于每年三月清明扫墓，修理茔树，谓之“插柳”。十月朔日，谓之“送寒衣”。两次虔备冥楮、香、酒，均各亲诣祠、墓，降香、祭酒，叩化（首）行礼。其七月望日，谓之“鬼节”；年底腊月二十五日、二十七日，谓之“年坟”，均虔备祭席、冥楮、香、酒，亲诣祠、墓降香、奠酒，虔伸祭祀，则为一年礼成。唯三月清明、七月望日两期，举家男女毕赴，尤为虔敬。

汉军祖龛设于厅堂，有五案者，中则观音大士，左关帝，右眼光，又左天、地、君、亲、师，又右祖先谱牒，朔望均敬香行礼。亦有三案者，观音、关帝、财神。一案者为多，皆供关帝。敬香之礼，与前同焉。

按

上文原载《瑷珲县志》(1920年铅印版)。其对汉军八旗祭祀之祭期、祭品较详。

后 记

满族民间祭祀礼仪，是满族自己特有传统民俗这一丰富多彩的社会生活画卷的组成部分。我之所以编纂此书，主要目的是为大家研究满族历史、民俗、语言文字、文化艺术等提供难得见到的原始资料。由于本人满语文水平有限，对汉字记音满语，特别是口语方言的翻译，难免有不确切处，敬请专家、学者指正。

2012年5月20日